한국
사회과학의
기원

이데올로기와 근대화의 이론 체계

지은이 **홍정완** 洪定完

한국 근현대 사상사를 공부해왔다. 연세대학교 대학원 사학과에서 전후 한국 사회과학 연구와 근대화 담론의 형성을 주제로 박사학위를 받았다. 현재 연세대학교 근대한국학연구소 HK연구교수로 재직 중이며, 1960~80년대 한국 사회과학과 역사학에 관한 공부를 이어가고 있다. 저서로는 『함께 움직이는 거울, ‘아시아’』, 『6·25전쟁과 냉전 지식체계의 형성』, 『디지털 인문학과 근대한국학』(이상 공저) 등이 있으며, 논문으로는 「전후 재건과 지식인층의 ‘道義’ 담론」, 「해방 이후 남한 ‘국민운동(國民運動)’의 국가·국민론과 교토학파의 철학」, 「일제하~해방후 한치진(韓稚振)의 학문체계 정립과 ‘민주주의’론」 등이 있다.

한국 사회과학의 기원 — 이데올로기와 근대화의 이론 체계

1판 1쇄 인쇄 2021년 8월 31일
1판 2쇄 발행 2022년 5월 31일

지은이 홍정완
펴낸이 정순구
책임편집 정윤경
기획편집 조원식 조수정
마케팅 황주영

출력 블루엔
용지 한서지업사
인쇄 한영문화사
제본 대원바인더리

펴낸곳 (주) 역사비평사
등록 제300-2007-139호 (2007. 9. 20)
주소 10497 : 경기도 고양시 덕양구 화중로 100(비전타워21) 506호
전화 02-741-6123~5
팩스 02-741-6126
홈페이지 www.yukbi.com
이메일 yukbi88@naver.com

ⓒ 홍정완, 2021

ISBN 978-89-7696-447-2   93910

역비한국학연구총서 39

한국 사회과학의 기원

| 이데올로기와 근대화의 이론 체계 |

홍정완 지음

역사비평사

차례

책머
리에

근래 들어 사회사를 비롯하여 다양한 분야에 관한 연구가 진척되고 있지만, 그동안 역사학계의 한국(남한) 현대사 연구의 주된 흐름은 정치사·정책사, 운동사 연구였다. 풀어 말한다면, 해방 후 국가건설운동과 분단·전쟁, 미국의 대한 정책을 축으로 한 한미관계, 집권 세력을 중심으로 한 정치사·정책사, 그리고 독재 체제에 저항하는 운동사 연구가 주류였다. 분단-냉전질서에 침윤되었던 한국의 지배질서로 인해 한국 현대사 자체가 오랫동안 객관적인 연구의 대상조차 되지 못했기 때문에, 1980년대 이후 30여 년의 길지 않은 연구사 속에서 이런 연구경향은 어찌 보면 필연적인 것이었을지도 모른다.

사상과 이데올로기에 관한 연구 또한 이로부터 자유로울 수는 없었다. 지배와 저항 이데올로기를 축으로 정치사·정책사, 운동사의 일환으로서 연구되거나 미국의 대한 기술·교육 원조 프로그램과 공보 활동 등이 미친 영향을 해명하는 연구가 주된 흐름을 이루었다. 이러한 연구경향 속에서 대학을 중심으로 한 한국 사회의 지적, 문화적 재생산 체계가 갖는 상대적 자율성의 문제는 주변화되었고, 그에 따라 반공주의·자유민주주의·민족주의 등 지배와 저항의 이데올로기만으로 해소될 수 없는, 구체적인 사회적 현안을 인식하고 실천적 전망을 제공하는 이념적, 지적 체계가 갖는 위상과 중요성 또한 주목받기 어려웠다.

이와 같이 학계의 관심을 받지 못한 이념적, 지적 체계가 이 책의 대상이다. 대학을 축으로 한국 사회가 처한 역사적, 세계적 '현실'과 실천적 '전망'에 관한 이념적, 지적 프레임을 제공한 대표적인 집단은 사회과학자들이었다. 이 책은 그들이 산출한 이데올로기와 지식체계를 정치사·정책사, 운동사의 일환으로서 파악하는 것이 아니라 '사상사'의 관점에서 조명하려 한 것이다.

대학원 진학 이후 한국 근현대 사상사를 공부한다고 생각했다. 그럼에도 '사상사'가 무엇인지에 대해 체계적으로 정의해보겠다는 생각은 거의 하지 않았던 것 같다. 스쳐가듯 사상, 사상사의 의미에 대해 느끼는 정도가 전부였다. 사상사가 무엇인지, 아니 무엇이 사상사인지 규정하는 것보다, 사상사를 공부하고 서술할 때 이렇게 하기보다는 저렇게 해야 한다, 저렇게 해보고 싶다는 식의 생각만 많았던 것 같다. 그래서 박사학위논문을 쓰면서 처음으로 시도한 '사상사'에 대한 정의 또한 그저 '저렇게'를 담아낸 것뿐이었다.

나에게 '저렇게'는 두 가지 방향이었다. 하나는 특정 주제를 둘러싸고 나타난 사상의 전체적인 '지형'을 파악하고, 그것이 어떻게 단절, 지속, 변동해 갔는가를 재현하는 것이었다. 특정 인물의 사상을 심도 있게 연구하여 재현하는 것은 사상사 연구의 주요한 방법임에 틀림없다. 하지만 그러한 방법은 함께 길항하며 움직였던 사상적 맥락이 부각되지 못한 채 특정 인물의 사상적 궤적을 뒤쫓아 재구성하는 것으로 귀결될 수 있음에 수차례 직면했다. 나의 빈약한 사상사 공부를 절감하면서 그와 같은 낭패를 반복하지 않기 위해 전체적인 사상 지형을 파악하는 방향으로 나아가려 했다.

다른 하나는 '사상사'의 관점에서 근현대 한국 사회의 역사적 경로를 좀 더 객관화하여 파악할 수 있는 방도를 찾으려는 것이었다. 나는 그 방도를 세계와 동아시아의 사상적 지평 속에서 찾고자 했다. 한국 사회의 사상적 흐름을 동아시아와 세계의 사상적 변동과 긴밀히 연관하여 파악하고, 그 속에서 반복과 차이, 전유의 양상을 밝힘으로써 '사상사'의 관점에서 근현대 한국 사회의 이데올로기와 지적 체계의 특성에 다가서고자 했다.

'저렇게' 사상사 공부의 방향을 잡아가는 속에서 그에 부합하는 주제를 찾아 박사학위논문 준비에 들어섰다. 주제의 단초는 '제3세계'였다. 즉 1950~60년대 한국 사회의 아시아·아프리카 '제3세계' 국가들에 대한 인식과 대응을 추적하는 것이었다. 한국전쟁 이후 냉전의 최전선이라 불렸던 한국은 자신과 유사하게 식민지 지배를 받고, 제2차 세계대전 이후 독립하여 냉전질서 속에서 민족주의적인 노선을 취하고 있던 제3세계 국가들의 움직임을 어떻게 전유하면서 스스로의 진로를 만들어갔는가를 밝히려는 것이었다.

그런데 제3세계 민족주의에 대한 전유 양상을 검토하는 과정에서 '후진성' 극복에 관한 논의에 주목하지 않을 수 없었고, 이후 연구방향을 대폭 조정하게 되었다. 한국전쟁 이후 한국 사회에서 후진성 극복, 산업화, 근대화에 관한 논의를 주도했던 것은 사회과학자들이었다. 이들의 후진성 극복, 근대화 언설을 체계적으로 분석하기 위해서는 그것의 토대가 되었던 이론 체계에 대한 해명이 필요했다. 나아가 횡으로는 사회과학자들의 전체적인 지적 지형을 그려내고 싶었고, 종으로는 분단과 전쟁, 혁명과 쿠데타의 역사적 격동 속에서 그들의 이데올로기와 지적 체계의 변동양상을 밝히고자 했다.

해방 이후부터 1960년대 중반까지 정치학, 경제학 등 사회과학 이론 체계를 분석하는 작업은 역사학을 공부해온 나에게 결코 용이한 것이 아니었다. 더구나 이 시기는 한국 사회과학이 '일본제국-식민지' 학술·지식체계로부터 '냉전-미국'의 학술·지식체계로 전환하는 시기였기에 더욱 그러했다. 상당 기간 분석작업은 뒤로 제쳐두고, 자료와 연구문헌을 읽으며 배우고 또 배우는 과정을 연속했다. 학위논문 작성은 수차례 미루어졌고, 그로 인한 심적 압박감은 더해졌지만, 새로운 지적 세계를 만나 배우는 가운데 당대의 지식체계를 구조화해 나가는 경험은 즐겁고 짜릿한 것이기도 했다. 시간에 쫓겨 작성한 박사학위논문의 초고는 짜임새 없이 엉성했고, 진전시켜야 할 부분은 산적해 있었다. 골격도 크게 바로잡아야 했고 살도 많이 붙여야 했지만, 응급처치만 하고 크게 진전시키지 못한 채 학위논문을 제출했다.

이 책은 필자의 박사학위논문을 수정, 보완한 결과이다. 졸업 이후 3년 동안 조금씩 박사학위논문의 내용을 보완하는 작업을 진행하여 부분적으로 모양새가 조금 갖추어지면 학술지에 단독 논문으로 발표하기도 했다. 여전히 만족스럽지 못한 부분들이 있지만, 이제 매듭을 짓고 세상에 내놓으려 한다.

지난 세기가 저물 무렵 사학과 학부생이 되었을 때 나는 역사학에 관심이 없었고 졸업해서 밥벌이한다는 생각이었다. 역사 공부를 '업'으로 삼는 것은 꿈도 꾸지 않았다. 내가 역사학 공부의 길을 걷겠다고 결심하게 된 계기는 학부 시절 몇 차례 수강했던 고(故) 방기중 선생님의 한국 근현대 사상사 수업이었다. 당시 세미나 방식으로 진행된 선생님의 사상사 수업에서 학생들의 발표, 토론은 학술대회에 못지않은 팽팽한 긴장감 속에서 진행되었다. 발표, 토론을 마치고 선생님의 코멘트와 보충 강의가 진행되었는데, 학생들의 생각이 미치지 못한 부분들에 대한 날카롭고 명료한 설명이 참으로 인상적이었다. 선생님의 사상사 수업에 매료되어 대학원에 진학하겠다는 어려운 결심을 했고, 선생님의 지도로 사상사 연구자가 갖추어야 할 공부에 대한 태도와 방법을 익힐 수 있었다.

박사 코스워크를 마쳤던 그해 11월 방기중 선생님은 갑작스레 돌아가셨다. 그때의 비통함과 황망함은 아직도 선연하다. 공부를 진전시켜야 할 대학원생이었던 나에게 선생님의 빈자리는 그 후 점점 더 크게 다가왔다. 박사과정 입학 후 논문을 몇 편 발표했지만, 그 이후 공부가 정체였고, 스스로 나아갈 방향을 찾지 못하고 있었다. 그렇게 갈피를 잡지 못하고 있었던 나를 김성보 선생님께서 따뜻한 격려로 살펴주셨고, 박사학위논문의 방향과 틀을 잡고 졸업할 수 있도록 지도해주셨다. 짜임새 없고 엉성한 박사학위논문의 초고를 가다듬어 논문의 모습을 갖추도록 심사하여 이끌어주신 김도형, 하일식, 홍석률, 정진아 선생님께도 다시 한 번 감사의 말씀을 올린다.

돌이켜보면, 학부 시절부터 연구자의 길을 걷고 있는 지금에 이르기까지 강퍅하고 부족한 내가 버티어 살아올 수 있었던 것 자체가 은혜의 연속이었다고 생각한다. 이지원 선생님께서는 좋은 일에도 나쁜 일이 있을 때도 공부하고 강의하면서 연구자의 길을 뚜벅뚜벅 걸어갈 수 있도록 늘 따뜻한 격려와 함께 살펴주셨다. 도현철 선생님께서는 엄정하게 공부하도록 이끌어주시면서도 어려움에 처하고 힘들어 할 때 아껴주시고 품어주셨다. 임성모 선생님께서는 동료처럼 격의 없이 대하시면서 연구자로서 공부에 대해 게으르지 않도록 언제나 지적 자극을 선사해주셨다. 홍성찬 선생님께서는 근현대 사상사 연구의 시야를 넓혀주시고, 성실하고 꼼꼼한 연구가 무엇인지 깨우쳐주셨다.

학부 시절부터 내가 살아가고, 공부의 길을 이어가는 데 기댈 언덕이 되어준 여러 선배와 동료들에게 고마움을 전하고 싶다. 지금은 진해에 계시는 박준형 형은 내가 학부 입학부터 박사를 졸업할 때까지 늘 자기 일처럼 나를 걱정하여 헤아릴 수 없이 많은 도움을 주셨다. 형을 생각하면 늘 감사한 마음에 고개를 숙인다. 정용서 형과 이태훈 형은 대학원 시절 이래 공부의 방향뿐 아니라 여러 어려움에 처할 때 늘 방향을 잡아주시고 큰 힘이 되어주셨다.

학부 시절 친우였던 이석원은 내가 대학원 입학을 결심하고 공부의 길에 들어선 이후에도 몸은 멀리 타국에 있었지만 일본 근현대 사상사 전공자로서 나에게 지적 자극을 주며 공부에 대한 열의를 잃지 않도록 했다. 또한 이 봉규와 더불어 셋이 했던 조촐한 세미나는 나의 박사학위논문 준비에 더욱 박차를 가할 수 있게 했다. 즐겁고 유용한 세미나였다. 두 사람께 거듭 고마움을 전한다. 대학원에서 연구자로서 길을 시작하면서 삶과 공부에 대해 많이 고민하고 방황하던 시기를 함께 해주었던 이세영, 홍동현 형과 김아람, 이홍석, 장미현에게도 감사를 표하고 싶다.

역사문제연구소는 공부의 길에서 만난 나의 두 번째 둥지였다. 서중석 선생님께서는 흐트러짐 없는 연구자의 기품을 보여주셨고, 젊은 연구자들을 격의 없이 대하시며 힘을 북돋아주시던 고(故) 이이화 선생님의 넉넉한 유쾌함은 잊을 수 없는 즐거움이었다. 계동 시절 연구소에서 오래 뵈었던 이승렬, 한상구 선생님으로부터 공부에 대한 자세와 열의뿐 아니라 연구자가 사회, 대중과 어떻게 만나야 하는가에 대해 많은 배움을 얻을 수 있었고 류시현, 문영주, 은정태 선생님은 강파른 내게 연구자이자 사람이 갖추어야 할 온후함이 무엇인지 느끼게 해주었다. 그리고 후배 연구자인 내가 성마른 태도로 따져 물어도 늘 진중하게 응해주시고 가르쳐주신 허수, 이용기, 황병주, 이기훈, 장신 선생님께 감사드린다. 연구원으로서 오랫동안 함께했던 오제연, 이상록, 후지이 다케시 형과 이정은, 한봉석은 늘 열의에 찬 한국 현대사 연구를 통해 나에게 큰 지적 자극을 주었고, 연구뿐 아니라 학계와 사회의 현안에 대해 주고받은 그들과의 많은 대화 속에서 나의 문제의식을 진전시킬 수 있었다. 지금 제기동으로 자리를 옮긴 연구소에서 늘 밥을 함께 먹으며 공부하는 '식구들' 문마라, 문민기, 이혜인, 임이랑, 장원아, 전영욱 연구원에게도 애틋한 일상의 고마움을 전한다.

졸업 이후 재직하고 있는 연세대학교 근대한국학연구소 HK+사업단에서 디지털 인문학과 함께 씨름하고 있는 심희찬, 김헌주 선생님과 늘 기꺼운

마음으로 어려움을 나눠주시는 김병문, 이유정, 정대성, 김우형, 김하림, 반재유, 배현자, 손동호 선생님께도 감사하다는 말씀을 드리고 싶다. 그리고 내가 몸담은 학계 바깥에 있으면서도 세상 살아가는 어려움과 기쁨을 함께 나누고 있는 나태영, 이기선, 송용운, 이재열에게도 깊은 애정과 감사를 전한다.

궁핍한 상황에서도 한정 없는 시간을 갈아넣어야 하는 역사 공부의 길을 걸어갈 수 있었던 것은 가족들의 무한정한 믿음과 지지를 빙자하는 것 외에 다른 방도가 없었음을 고백하지 않을 수 없다. 형편도 어렵고, 몸도 좋지 않으시면서 늘 아들을 걱정하고 응원하시는 고향 순천의 어머님과 아버님께는 그저 죄송한 마음뿐이다. 역사 공부한다는 사위에게 늘 격려와 응원을 듬뿍 보내주시는 약수동 부모님께도 깊은 감사를 올린다. 그 누구보다 이 책이 영글기까지 두 아이와 나이든 사내 하나를 데리고 키워온 정승은에게 한정 없는 미안함과 고마움을 전하며 이 책을 바친다. '아빠 바쁘지마'라고 말하는 첫째와 아빠 일하러 간다고 하면 무슨 일을 하는지 늘 궁금해 하는 둘째에게 그래도 보여줄 게 생긴 것 같아 기쁘다.

마지막으로 이 책이 세상에 나올 수 있도록 많은 지원과 배려를 해주신 한국연구원 김상원 이사장님과 난삽하고 지리한 내용을 맵시 있게 만들어주신 역사비평사 정윤경 선생님께 감사의 인사를 드린다.

2021년 한여름
제기동에서 홍정완

서론

01

문제제기

　1945년 8월 15일 일본 제국주의의 식민지배로부터 해방된 한국 사회는 다양한 층위와 분야에서 국가건설을 향한 활발한 움직임을 전개하였다. 그러나 해방은 북위 38° 선을 경계로 한 미국·소련의 한반도 점령과 함께 도래한 것이었고, 그것은 향후 한반도의 국가건설 운동이 내적인 정치적·사회적 역량의 발현에 국한되지 않고, 제2차 세계대전 이후 강대국을 중심으로 하는 세계질서의 변동과 강하게 결합될 잠재성을 배태하고 있었다. 전쟁 수행 과정에서 형성된 '대동맹(The Grand Alliance)' 체제로부터 유래한 미국과 소련의 낙관적인 전후 세계질서에 관한 전망과 태도가 '냉전(冷戰)'으로 전화하는 데 소요된 시간은 길지 않았다.

　1947년부터 본격화되었던 미국과 소련을 축으로 한 세계적 수준의 냉전은 이미 미·소의 한반도 점령 정책과 결부되어 발현되었던 한반도의 국가건설 운동에서 사실상 선구되고 있었다. 국가건설을 둘러싼 한반도 정치·사회 세력의 갈등은 미·소의 점령 정책과 뒤얽히는 가운데 냉전의 공식화 이전에 크게 고조되기 시작하여, 1948년 남과 북의 정부수립으로 귀결되었다. 이러한 역사적 흐름은 주변의 중국 내전, 미국의 일본 점령 정책 등과 연동되면서 동아시아 냉전질서 형성의 한 분기를 이루었다.

한반도와 동아시아의 전후 질서 형성 과정은 당시 세계적 차원에서 진행된 역사적 흐름의 선명하면서도 상징적인 표출이었다. 제2차 세계대전은 20세기 전반기 세 가지 수준의 주요한 역사적 운동들과 겹쳐 있었다. 전쟁의 실제적인 발현 양상을 좌우했던 것은 제1차 세계대전과 대공황을 계기로 한 '연합국'과 '추축국'의 대립이었지만, 그 속에는 '사회주의 체제'와 '자본주의 체제'의 이질적인 흐름이 잠재되어 있었고, 더불어 '제국주의'와 '민족해방운동'의 대립 또한 내포·발현되고 있었다. 결국 주요 강대국들의 전시연합은 자본주의와 사회주의의 '체제'를 둘러싼 갈등으로 급속히 전화하는 가운데 전후 '민족해방운동'의 연장으로서 구체화되었던 탈식민 국가의 체제건설 운동과 포개졌다고 할 수 있다.

1945년 세계대전의 종결과 함께 분할점령을 위해 편의적으로 설정된 분계선은 체제건설의 이념에서 편차가 적지 않은 두 정권의 수립으로 이어졌다. 상호 배제·구축하려 했던 두 정권이 크고 작은 전투를 치르는 가운데, 내부 체제 정비가 빠르게 진척되었던 북한의 집권 세력은 소련-중화인민공화국의 승인과 지원 속에서 전면전을 감행했다. '국제전적 내전'이라 할 수 있는 3년간의 한국전쟁은 냉전질서하 최초의 열전(熱戰)이었고, 참혹한 인명 살상과 함께 한반도 사람들의 생활기반을 처참하게 붕괴시켰다. 한국전쟁은 제2차 세계대전 종전 이후 전개되었던 동아시아 '전후' 국면의 결절태(結節態)이자, 20세기 후반 동아시아의 또 다른 '전후' 국면을 생성하는 것이기도 했다.

전후 국면에서 남과 북은 전쟁의 역설적인 효과 속에서 국가권력의 대내적 위상을 확고히 할 수 있었고, 체제 내부의 통합과 구성원의 동질화를 가속화할 수 있었다. 전쟁을 거치며 확연히 재편된 대내외 질서 속에서 1950년대 남과 북은 각각 자본주의, 사회주의 체제건설을 본격화했다.[01] 북(北)은 1950년 대 전후 복구와 공업화, 농업 협동화 등 사회주의 체제건설 과정에서 노선갈 등과 권력투쟁을 겪었고, 그러한 과정을 거치며 얻은 경제적·사회적 성과를 바탕으로 형성된 권력구조와 체제원리, 사회질서는 현대 북한 사회의 기본 골격이 되었다.

남(南)은 군사, 정치, 경제 등 제반 영역에서 미국의 강력한 영향 아래 전후 복구와 함께 자본주의 체제를 건설해 나갔다. 전후 국면에서 본격화되기 시 작한 남한의 자본주의 체제건설 과정에서 역사적 분기를 이룬 사태가 1960~ 61년에 연이어 일어났다. 1960년 4월혁명은 분단과 전쟁을 겪으며 구축되었 던 남한의 지배적 이념과 질서를 뒤흔든 역사적 사건이었다. 그리고 그 이듬 해 발발한 5·16 군사쿠데타는 혁명이 열어놓은 새로운 광장(廣場), 나아가 그 동안 지배질서 속에서 억압, 망각, 잠재화되었던 다양한 주체들의 정치적·사 회적 에너지 분출을 억압하고 봉쇄하려 했다는 측면에서 반혁명(反革命)이자 반동(反動)이었다. 그러나 쿠데타 세력은 기존 지배 체제의 균열된 틈으로 흘 러넘친 에너지들을 봉쇄·억압하는 데 그친 것이 아니라, 그 흐름의 일부에 편 승하여 자신들이 주도하는 새로운 배치 속에서 포섭, 재편하려 했다. 이러한 사태들은 한국전쟁 이후 남한의 자본주의 체제 건설 과정에서 나타난 역사 적 격동이자 분수령으로서 이후 한국 사회 행로에 지대한 영향을 미친 기점 이라고 할 수 있다.

한국전쟁의 전선이 교착되고, 전후복구와 재건이 시작되는 시점에서부 터 한국의 압축적인 경제성장이 본격화되었던 1960년대 중반 이전의 시기는 한국의 자본주의 체제건설을 향한 구상과 정책, 운동이 다양한 층위와 영역

---

01 역사문제연구소 편, 『1950년대 남북한의 선택과 굴절』, 역사비평사, 1998.

에서 실천, 모색되던 시기라 할 수 있다. 본 연구는 현대 한국의 자본주의 체제건설의 기본방향이 형성되었던 이 시기의 역동적인 움직임을 사상사적인 관점에서 밝혀보려고 한다.[02] 그러한 사상적 움직임에 다가서기 위한 핵심 개념으로서, 본 연구는 당시 지식인층이 한국 사회의 현실을 파악하고 향후 진로를 모색하기 위해 동원·활용했던 '근대화(近代化)'에 주목했다. 본 연구는 당시 한국 사회에서 사용되었던 '근대화'를 개념사적으로 정밀하게 해명하려는 작업은 아니다. 여기서 사용하는 '근대화'라는 용어는 한국전쟁 이후 1960년대 전반까지 남한의 자본주의 체제 건설을 둘러싸고 나타났던 사상적 동향을 아우르기 위한 것이다. 당시 '근대화'라는 용어는 직접적으로 사용된 경우도 많았지만, 그 외에도 경제 영역에서는 '발전'이나 '개발(development)', '산업화·공업화(industrialization)' 등의 표현이, 정치·사회·문화 영역에서는 '후진성'이나 '낙후성'의 극복 혹은 탈피, 또는 '민주화' 등의 표현이 사용되기도 했다. 본 연구에서는 이들 언설을 아우르는 개념으로서 '근대화'를 채택했다.

'근대화(modernization)'라는 용어나 개념은 그 어원인 '근대(modern)'라는 용어 자체가 그렇듯이 역사적으로 다양한 함의를 지니고 사용되었기 때문에, 일

---

02 '사상사(思想史)' 연구는 크게 보아 ① '사상적 표현'인 텍스트를 탐색하고 그 내적 논리구성을 이해하고 재현하는 작업이면서, 동시에 ② '텍스트'와 '텍스트'의 관계들, 나아가 텍스트가 놓여 있는 맥락(컨텍스트)과 텍스트의 관계를 해명하고, ③ 그 속에서 텍스트의 의미—의도와 기능, 효과—를 재구성하는 작업이다. 그런데 이와 같은 '사상'에 관한 원론적인 개념화는 시간·공간·관계의 문제, 즉 역사적 흐름—지속과 단절, 전환—속에서 또 다른 의미의 층위를 가지게 된다. 따라서 '사상사' 연구는 역사 연구 일반이 그러하듯이 필연적으로 특정한 문제설정 속에서 시간·공간·관계의 '구획'을 전제하게 된다. 그 구획은 연구 과정에서 사후적으로 이루어지는 것이 일반적이지만, 그러한 구획을 설정하면서 특정한 문제와 연관된 당대의 사상적 지형을 재구성하는 가운데, 그 지형 속에서 해당 텍스트가 갖는 정치적·사회적 의미—의도와 기능, 효과—를 재현할 수 있어야 하며, 그러한 의미의 계열에서 또 다른 구획으로의 흐름—지속과 단절, 전환—이 갖는 의미를 나타내야 한다. 결국 이러한 '사상사' 연구와 서술을 통해 여타의 분야, 방법에 근거한 역사 이해와 구별되는 종별적 특성을 확보하고, 그것을 통해 새로운 통찰을 불러일킬 수 있을 때, '사상사' 연구는 현재적·사회적 유용성을 가질 수 있을 것이다.

의적으로 정의될 수는 없다.[03] 19세기 후반을 거치면서 서구에서 일어났던 사회 체제의 변동을 '보편적이고 통합된' 근대성(modernity) 개념으로 정의하고, 이를 인류의 모든 사회가 지향할 수 있는 이념형으로 사용하기 시작했다. 그러나 20세기 초반까지도 구미(歐美) 제국주의의 아시아·아프리카 지역에 대한 침략과 식민지배가 지속되는 가운데 '보편적이고 통합된 근대성' 개념은 일반화될 수 없었고, 구미 제국주의의 관점에서 인종과 종교, 지리 등으로 본질화된 '문명의 위계'를 설정하는 '문명화(文明化, civilization)'의 논리가 지배적이었다고 할 수 있다. 그리고 20세기 전반까지 구미 지역에서도 근대화는 물리적인 차원의 기술적 개선(improvement)의 의미로 사용되는 경우가 많았고, '사회 체제' 전체에 대해 적용하는 개념으로 '근대화'를 사용하는 경우는 드물었다.[04]

오히려 '보편적이고 통합된 근대성'을 정치경제적인 제도·정책의 변혁을 통해 달성하려는 움직임은 제1차 세계대전을 거치면서 비등했던 주변부 지역의 민족운동에서 활발하게 나타났다. 이들은 총체적인 사회적 '재정향(reorientation)'이자 '운동(movement)'으로서의 '근대성' 실현을 추구했다. 이 경우, 운동의 추진 세력들은 자신들의 대외적·대내적 현실에 대한 비판적인 인식

---

03 19세기 이래 유럽과 미국에서 사용된 '근대화(modernization)'의 의미에 대해서는 Nils Gilman, *Mandarins of the Future*, The Johns Hopkins University Press, 2003, chap. 2; David Ekbladh, *The Great American Mission*, Princeton University Press, 2010, chap. 1~3; Michael E. Latham, *The Right Kind of Revolution*, Cornell University Press, 2011, chap. 1 참조.

04 일제시기 『동아일보(東亞日報)』에 나타난 '근대화(近代化)' 용례에서도 이런 측면을 살펴볼 수 있다. 상대적으로 소수지만, 중국의 국민혁명운동(國民革命運動)이나 인도의 민족운동 등과 관련된 경우에는 '전체 사회'의 '체제적 변동'을 추구하는 의미로 사용되었고, 일제의 군비·무장의 '근대화' 혹은 수리조합 등과 같은 총독부의 식민 정책, 도시에서 대규모 건축물의 증가 등을 지칭하는 경우에는 '기술적 개선'의 의미로 사용되었다. 이와 더불어 주목되는 점은, 제국주의 국가의 식민지로 자본유입이나 금융자본의 독점화, 그리고 그 영향력 증대 등도 '근대화'라고 표현되었으며, '제국 단위의 근대화'라 표현할 그와 같은 현상으로 인해 정치적, 사회적, 민족적 모순이 심화되었음이 지적되기도 했다는 점이다.

속에서 자신들의 지향과 열망의 실현을 가로막고 있는 대외적·대내적 여건을 타파하기 위해 집단적 열망과 에너지를 불러일으켜 결집시키기 위한 이념을 표방하고 실천적 운동을 전개했다. 이때 '보편적 근대성'에 대한 추구는 19~20세기 인류의 역사를 수놓았던 민족주의, 민주주의, 사회주의 등 혁명의 열망과 결합되지 않을 수 없었다.[05] 근·현대 한국의 역사적 경험 속에서 보더라도, 일제시기 민족해방운동이나 해방 직후 국가건설 운동 또한 넓은 의미에서 '보편적인 근대성'의 실현과 직접적으로 결부된 '전체 사회'의 변혁을 지향하는 것이었지만, 당시 이를 지칭하기 위해 '근대화'라는 용어와 개념을 사용하지는 않았다. 즉 민족혁명, 사회혁명의 이념과 운동으로서 표방되고 이해되었던 것이다.

남한의 경우, '근대화(近代化)'라는 용어는 한국전쟁의 전선이 교착되고 전후복구와 재건이 시작되는 시점부터 본격적으로 사용되기 시작하여 1950년대 후반에 이르면 지식인층에 크게 확산되었고, 4월혁명을 거치며 더욱 고조되는 가운데 1964년 박정희 정권의 출범과 함께 '조국 근대화'라는 정권 차원의 슬로건으로까지 등장했다. 그런 측면에서 당시 한국 사회에서 제기되었던 '근대화'는 냉전(冷戰)과 전쟁(戰爭)-분단(分斷)과 결부된 안팎의 힘들이 교차하는 속에서 체제의 이념적 폭이 특정 범위로 제한되는 가운데, 그러한 이념을 정치·경제·사회·문화 등 제반 분야에서 실질적으로 구현하기 위해 필요한 '사회의 구조적 변화'를 지칭하기 위한 것이었다고 할 수 있다. 따라서 당

---

05 페리 앤더슨(Perry Anderson)의 다음과 같은 주장은 '근대성'을 둘러싼 1990년대 이후 한국 사회의 논의에서도 시사하는 바가 크다. "서구에서 정치혁명 혹은 사회혁명이라는 생각이 거부된 것은 근대성에 대한 최근의 의문보다 먼저이며, 거부 자체도 더 단호하다. 그러나 두 현상은 긴밀하게 연관되어 있다. 이 점에 관해서 오늘날 '탈근대성'의 지도적인 예언가인 프랑스의 이론가 장-프랑소와 료따르(Jean-François Lyotard)의 경력이 암시하는 바가 크다. (…) 혁명에 대한 폐기는—료타르의 눈에는—혁명으로 지나치게 오염되어 있는 근대성을 폐기할 길을 열어놓았다." 페리 앤더슨, 「근대성과 혁명」, 『창작과 비평』 21권 2호, 창작과비평사, 1993, 362~363쪽.

시 점차 비등해갔던 '근대화'의 언설은 제반 사회 현실에 대한 비판인 동시에 사회적 제 모순과 균열, 적대, 그리고 그에 근거한 사회적 열망을 특정한 방향으로 분출하도록 전치(轉置, displacement)함으로써 이를 순치·통제하는 성격 또한 배태하고 있었다. 즉 현실의 사회구조에 대한 비판과 개혁의 언설이자 지배와 통치의 언설이기도 했던 것이다.

이는 제2차 세계대전 이후 세계질서의 재편과 냉전질서의 형성 속에서 구미 지역을 중심으로 확산되었던 '근대화'의 언설에서도 확인할 수 있다. 제2차 세계대전 이후 보편적으로 실현될 수 있는 '통합된 근대성' 개념이 구미 지역에서 '미국'을 축으로 확산되는 가운데 기존의 인종과 종교 등으로 본질화되어 표상되었던 '문명화'를 대체하게 되었다. 20세기 전반 구미 식민주의가 착목했던 유목·농경, 종족, 언어, 종교 등의 지역적 차이들은 주변화되었고, 식민주의와 그것이 미친 영향·결과의 중대함 또한 소실되는 가운데, '근대성'에 대비되는 '전통사회'라는 '단일한 성격'으로 범주화되어갔던 것이다. 그러한 과정에서 '근대화'는 미국을 주축으로 하는 자본주의 세계질서의 중심부에서 주변부 지역의 사회적 현실을 인식하는 틀이자, 그들의 사회적 열망을 특정한 방향으로 전치(轉置)시키는 주요한 개념으로서 주목받게 되었고, 그에 대해 대학을 비롯한 제도적인 지식권력의 이론적 체계화 작업이 증폭되었다.

후술하는 연구사 검토 과정에서 살펴볼 수 있듯이, 현재 한국 사회와 학계에서 '근대화'라는 용어는 후자, 그중에서도 주로 1960년대 케네디 정권의 출범 과정에서 표방되었던 '제3세계'에 대한 새로운 정책적 패러다임이나 그 이론적 기반으로서 로스토우(W. W. Rostow) 등이 주장했던 '근대화론(modernization theory)'과 결합되어 표상되고 있다. 그러나 앞서 언급한 바와 같이 '근대화'라는 용어는 그 자체 함의의 다양성이라는 측면이나 '보편적이고 통합된 근대성'을 실현하려 했던 운동으로서 20세기 전반기 주변부 지역의 민족해방운동은 논외로 하더라도, 제2차 세계대전 종전 직후부터 '독일'이나 '일본' 등에서 적지 않게 사용되었던 개념일 뿐 아니라 과거 식민지로부터 형식적인 '독립'을 이룩했던 신생국가들에서도 사용되었던 개념이다. 따라서 '근대화'에 관한 '언설'이라는 의미에서 본다면 '근대화론'이라고 표현할 수 있으며, 일반적으로 통용되고 있는 미국발 '근대화론'에 제한될 필요가 없다. 그러나 본 연구에서는 용어의 혼선을 피하기 위해 '근대화'에 관한 제 논의, 언설이라는 의미에서 '근대화 담론'이라는 표현을 택하였다.

세계적으로 본다면, '근대화'에 관한 언설은 제2차 세계대전 이후 세계질서의 형성 및 변동의 흐름과 결부되어 세계 각지에서 지역적 특성을 내포하면서도 동시적으로 상호 영향을 주고받는 가운데 전개되었다. 그러한 사상적 운동 혹은 연쇄에 대응하여 이를 일정하게 수용하면서도 1940~50년대를 경유하며 미국의 세계적 헤게모니 구축과 효과적인 냉전의 수행이라는 목표와 긴밀히 결부되어 산출되었던 것이 '근대화론(modernization theory)'이었다. 따라서 일본·독일 등 패전국이나 식민지·반식민지로부터 독립한 주변부 지역에서 표출되었던 '근대화'의 지향·열망과 미국에서 산출되었던 '근대화론'은 그 공통의 지반을 발견할 수 있는 동시에 긴장·갈등·충돌의 여지 또한 내포하지 않을 수 없는 것이었다. 따라서 한국전쟁 발발 이후 1960년대 전반까지 한국의 자본주의 체제건설을 둘러싼 사상적 모색으로서 '근대화' 언설에 관한 사상사적 분석은 1950년대 말~1960년대 초반 케네디 정권의 등장과 함께 그 영향력을 급속히 확대시켰던 '근대화론'의 수용과 영향이라는 차원으로 한정될 수 없다. 즉, 한국전쟁 이후 한국 사회의 근대화를 향한 이념적 지향과 지식의 체계를 검토하는 가운데, 그것과 미국발 '근대화론'이 어떻게 만나고 있으며, 그 과정에서 나타난 일방적 수용과 습합, 그리고 긴장과 반발의 양상은 어떠했는지 밝히는 구도로 접근할 필요가 있는 것이다.

이러한 문제의식을 바탕으로 본 연구에서는 한국전쟁 이후 1960년대 전반까지 한국 사회의 자본주의 체제건설을 둘러싸고 직접적·구체적인 구상과 논리를 지속적·체계적으로 산출한 집단으로서 경제학, 정치학, 사회학, 법학 등 사회과학계 지식인층에 주목했다. 정치학, 경제학 등 전후 사회과학 학문 동향에 대한 검토는 당대 '근대화'의 언설이 어떠한 이론적 체계에 근거한 것인가를 규명하고, 그 성격을 파악하기 위해 요청되는 작업이다.

첫째, 한국전쟁을 전후(前後)하여 한국 사회과학자들이 어떠한 사상적 변동과 단층을 나타내고 있었는지 밝힘으로써, 한국전쟁이 초래한 사상적 결과들 내지는 한국전쟁 발발 이후 새로운 국면, 즉 전후(戰後) 국면이 시작되는 단계에서 사회과학자들이 어떠한 사상적·학문적 지향을 드러내고 있는지를 살펴보려 한다.

둘째, 전후(戰後) 국면에서 사회과학자들의 사상적·학문적 체계를 분석함으로써 어떠한 학문적 경향에 근거하여 분과학문의 체계를 마련했으며, '근대화'를 적극적으로 제기했던 학자들의 언설이 어떠한 이론적·지식적 체계에 토대를 두고 있었는지 밝혀보려 한다. 학계의 지배적인 학문 체계가 갑작스럽게 전변될 수 없다는 점에 착안하여 그들에게 영향을 미쳤던 제2차 세계대전 패전 전후(前後) 일본 사회과학계의 학문 동향을 살펴봄으로써, 같은 시기 미국 사회과학이나 그에 근거하여 체계화되었던 미국발 '근대화론'과는 구분되는 사상적·학문적 참고 체계의 문제도 검토할 것이다.

셋째, 다른 학문 분야도 해당될 수 있겠으나, 본 연구의 대상 시기는 정치학, 경제학, 사회학 등 사회과학 학술지식체계의 거대한 전환이 나타났던 시기였다. 해방 이후 한국의 사회과학계를 주도했던 지식인들은 대체로 식민지 조선인으로서 일본제국의 고등교육 체계 속에서 학술지식을 습득한 존재였다. 그런데 해방과 분단·전쟁으로 이어지는 역사적 격동 속에서 활발한 학문 활동을 전개하지 못한 가운데 1950~60년대를 거치면서 한국 사회과학 자들은 점차 미국 사회과학의 학술지식체계로 그 학적 모태의 전환을 주도 하거나 또는 그 전환 과정에 대응해야 했다. 따라서 당시 한국 사회과학계의 '근대화'에 관한 이론적 관점이나 체계 또한 1950년대 후반 이후 점차 미국 사 회과학계에서 산출하고 있었던 각 분과학문의 지식체계와 그에 토대하고 있 던 '근대화론'의 자장에 직·간접적으로 영향을 받게 되었다는 점을 고려할 때, 이러한 전환 과정에 대한 이해는 불가결한 것이라고 할 수 있다.

그런데 이와 같은 전후(戰後) 한국 사회과학계의 학문 동향에 대한 검토만 으로는 자본주의 체제 건설을 추구하는 과정에서 직면했던 구체적인 대외 적·대내적 정세의 변동을 한국 사회가 어떻게 인식하고 대응하여 스스로의 진로를 탐색해 나갔는가를 파악하기 쉽지 않다. 이에 접근하기 위하여, 본 연 구에서는 전후(戰後) 한국 사회에서 자신과 유사한 처지에 놓여 있다고 간주 했던 '제3세계'[06] 국가들의 대외적·대내적 노선과 동향을 어떻게 인식·평가했 으며, 이를 한국 자본주의 체제건설의 방향과 어떻게 결부시켜 이해했는가 에 대해 살펴보려고 한다. 이를 통해 냉전질서의 정착과 변동, 그리고 '제3세 계' 지역에서 비동맹·탈식민 운동이 전개되었던 국제정세에 대하여, 정치·경 제·문화 제 영역에서 독립, 통일, 자립을 추구하며 나타났던 제3세계 지역의 움직임에 대하여, 전후 한국 사회가 그것을 어떻게 인식, 전유하는 가운데 자 신의 진로를 탐색해 나갔는가를 살펴보려고 한다.

---

06 '제3세계'라는 용어는 1960년대 중반 이후 한국 사회에서 사용되기 시작했다. 그 이전에는 후진국(backward countries), 저개발국(underdeveloped countries), 신생국·신흥국(emerging nations) 등이 주로 사용되었고, 당시 냉전질서와 연관하여 '비동맹노선' 등 국제정치적 측면에서는 '제3세력권', '제3진영', '중립 진영', '아(亞)· 아(阿)블록', 'AA블록' 등이 쓰이기도 했다.

이상과 같은 작업을 토대로 4월혁명 이후 대두했던 '민족주의'의 사상적 특성을 분석하고, 그것이 그 이전까지 전개되었던 근대화를 둘러싼 한국 사회의 사상지형에 어떠한 충격을 가했으며, 근대화 담론이 어떻게 재편되었는가를 검토하려고 한다. '근대화'를 어떻게 실현, 추진할 것인가의 문제는 대중매체나 자발적인 조직을 통한 계몽운동으로도 표출될 수 있고, 정권 차원의 정책이나 프로그램 형태로 나타날 수도 있을 것이다. 그러나 앞서 지적한 바와 같이 대외적·대내적 현실에 대한 비판적인 인식 속에서 '근대화'에 대한 요구와 열망을 확신·고조시켜 하나의 사회 전체적인 운동으로서 전개하려 할 때, 이는 근대화되지 못한 현실로 인해 고통 받는 주체, 근대화를 실현해 나갈 집단적 주체이자 단위로서 '민족'을 호명하는 이데올로기, 즉 '민족주의'로 표출되기도 했다.

이러한 경향은 한국 사회에서 1950년대 후반부터 제한적이고 분산된 형태로 표출되기 시작하여 4월혁명을 거치며 본격적으로 분출했으며, 쿠데타 세력도 그 흐름에 편승하는 가운데 이를 억압·포섭하면서 자신들이 주도하는 권력구도 속에서 재편하고자 했다. 따라서 4월혁명 이후 1960년대 전반까지의 시기에 대하여 '근대화' 담론과 '민족주의'를 축으로 그 사상적 전개양상을 검토하려고 한다. 4월혁명 이후 대두했던 민족주의의 사상적 특성에 대한 분석을 토대로, 그것이 5·16쿠데타 세력이 표방했던 민족주의 속에서 어떻게 지속, 억압, 재편되었는가를 살펴볼 것이다. 그와 더불어 사회과학자를 비롯한 한국의 지식인들이 혁명과 쿠데타를 거치며 근대화와 민족주의, 민주주의를 어떻게 결합하여 자신들의 지향을 표출했는가를 분석하려고 한다.

연구사 검토

    '근대화'에 관한 한국 사회의 용법 가운데 '근대사회로의 변화'라는 의미의 일반명사로 사용하는 것을 제외한다면, 앞서 지적한 바와 같이 '근대화'의 지배적인 표상은 미국에서 산출되었던 '근대화론(modernization theory)'일 것이다. 잘 알려져 있듯이, 한국 현대사에서 미국의 영향력은 지대했고, 그 일환으로서 '근대화론'에 대한 학계의 연구가 다양한 각도에서 제출되어왔다.

    '근대화론'의 산출을 미국의 대외 전략, 즉 세계적 헤게모니 구축, 냉전의 효과적인 수행에서 찾는 연구들이 제출되었고,[01] 다른 한편 미국 사회의 내적 맥락, 즉 20세기 미국의 국가적 정체성 형성과 미국적 근대성에 대한 확신의 투영이라는 맥락에서 검토한 연구도 제출되었다.[02] 이 외에도 이론적·학문적

---

[01] 마상윤, 「근대화 이데올로기와 미국의 대한 정책」, 『국제정치논총』 42-3, 한국국제정치학회, 2002; 정일준, 「미제국의 제3세계 통치와 근대화 이론」, 『경제와 사회』 57, 비판사회학회, 2003; 박태균, 「1960년대 초 미국의 후진국 정책 변화—후진국 사회 변화의 필요성」, 『미국사연구』 20, 한국미국사학회, 2004; 박태균, 「로스토우 제3세계 근대화론과 한국」, 『역사비평』 66, 역사비평사, 2004; 허은, 「1960년대 미국의 한국 근대화 기획과 추진—주한미공보원의 심리활동과 영화」, 『한국문학연구』 35, 동국대학교 한국문화연구소, 2008.

[02] 안정옥, 「소비적 현대성과 사회적 권리—미국 헤게모니의 사회적 기원과 한계」, 『경제와 사회』 52, 비판사회학회, 2001; 박상현, 「20세기 발전주의의 미국적 맥락—미국적 현대성의 성쇠를 중심으로」, 『사회와 역사』 100, 한국사회사학회, 2013.

차원에서 '근대화론'의 특성을 비판적으로 분석한 연구를 비롯하여[03] '근대화론' 탄생의 학문적 기원과 함께 그 탄생 과정을 주도했던 미국 학계의 동향이 소개되기도 했으며,[04] '근대화론'이 독일 역사학 연구에 미친 영향을 비판적으로 검토한 연구가 제출되기도 했다.[05]

본 연구 주제와 직접적으로 관련하여 '근대화론'과 그것이 한국 사회에 미친 영향을 검토한 선구적인 연구로 박태균의 연구를 들 수 있다.[06] 그의 연구는 1960년대 케네디·존슨 정권기 대외 정책의 이론적 기반으로서 '근대화론'에 주목하고, 그에 내포된 이론적·정책적 특성을 미국의 대한 정책과 연결시켜 분석한 것이었다. 특히 그와 같은 미국의 대외 정책에 관한 새로운 이론적 체계화 작업과 정책화 과정에서 핵심적 역할을 했던 로스토우(W. W. Rostow)에 주목하여 그의 이론적·정책적 관점을 박정희 정권의 행보와 한국 사회의 정치·경제적 궤적에 대입하여 분석했다.

그는 로스토우 '근대화론'과 대외 정책의 특성으로, 첫째 제3세계 '민족주의'의 성격과 역할에 주목하여 이를 활용하려 했던 점, 둘째 후진국 근대화의 추진 세력으로서 군(軍) 엘리트인 '장교 집단'을 적극적으로 평가했던 점 등을 들면서, "한국 사회의 강한 민족주의적 감정을 이용해 강력한 통제력을 갖춘 국가기구"를 만들어냈던 "5·16쿠데타를 이끈 젊은 군인들의 등장을 예견한 듯하다"고 서술했다. 또한 후진국 경제성장이 민주주의 발전으로 자동적으

---

03 박재묵, 「서론: 근대화·종속·생산양식의 변증법」, 朴在黙 編譯, 『第三世界社會發展論』, 創作과批評社, 1984.

04 김우민, 「근대화 이론과 미국의 지식인들—근대화 이론 연구의 새로운 방향을 위하여」, 『서양사학연구』 16, 한국서양문화사학회, 2007. 이 논문은 길먼(Nils Gilman)의 저서 *Mandarins of the Future*(The Johns Hopkins University Press, 2003)를 소개하는 내용이 지면의 대부분을 채울 정도로 그에 크게 기대어 작성된 것이다.

05 이용일, 「유럽중심주의와 근대화—미국적 세계지배 비전으로서 근대화 이론의 형성과 독일사적 전유」, 『역사와 경계』 69, 부산경남사학회, 2008.

06 박태균, 『우방과 제국, 한미관계의 두 신화』, 창비, 2006, 제4부 '군사정부와 미국'; 박태균, 앞의 글, 2004.

로 연결되는 것은 아니라는 로스토우의 관점을 "제3세계에서 민주화는 중요한 문제가 아니"라는 것으로, 나아가 "제3세계에서 민주주의는 그 나라 나름대로의 특징을 가질 수 있다"는 의미로 해석하여 이를 "유신이 한국적 민주주의라는 외피를 쓰고 나타난 것"으로까지 연결하여 평가했다.[07] 그는 로스토우의 "이론이 한국 사회에 거의 정확하게 대입되었다"거나, "성공적으로 접합되었던 것", "그의 이론은 한국의 상황과 너무도 일치하는 측면"을 가지고 있다는 평가를 내린 데서 알 수 있듯이,[08] 로스토우의 '근대화론'과 그에 근거한 미국의 대한 정책이 박정희 정권기 한국 사회에 미친 결정적인 영향을 강조했다.

1960~70년대 박정희 정권기 미국의 대한 정책이 한국 사회에 미친 커다란 영향을 과소평가할 필요는 없겠지만, 이와 같은 그의 관점과 연구 내용은 문제점이 적지 않다. 로스토우를 비롯한 미국의 '근대화론'자들이 적극적으로 평가했다는 후진국의 '민족주의(nationalism)', 근대화 과정에서 '군부'의 역할, '활력 있고(vigorous) 유능한(efficient) 정부'는 제3세계 신생국에서 '전통사회(traditional society)'의 유제(遺制)로부터 벗어난 새로운 엘리트 연합(new elite coalition)[09]이 주도하는 '위로부터의 근대화'를 추동하는 '동력'으로서 간주되었던 것들이었다.

박태균의 연구[10]에서도 지적되었듯이 쿠데타 직후 집권 세력의 민족주의적 경향은 미국의 '근대화론'에서 말하는 민족주의에 부응하는 것이 아니

---

07 박태균, 앞의 책, 2006, 169~175쪽.

08 박태균, 앞의 글, 2004, 138~139, 159쪽.

09 W. W. Rostow, *The Stages of Economic Growth: A Non-Communist Manifesto*, Cambridge University Press, 1960, pp. 26~29.

10 박태균, 앞의 글, 2004, 158쪽.

었고 순치되어야 할 것이었다. 로스토우의 *The Stages of Economic Growth*(1960)의 내용을 이어받는 가운데, 그 이듬해 로스토우를 포함하여 막스 밀리칸(Max Millikan), 루시앙 파이(Lucian Pye) 등 MIT대학교 국제문제연구소(Center for International Studies)의 핵심적인 근대화 이론가들이 참여하여 발간했던 *The Emerging Nations*(1961)[11]에는 정책화 과정에 놓인 '근대화론'의 정치·사회적 측면이 압축적으로 담겨 있다.

이 책자에서 '근대화론'자들은 공산주의뿐 아니라 민족주의 등 대중의 욕망(desires)과 요구(demands)를 증대시키는 대중정치(popular politics)로 이어질 수 있는 '이데올로기'를 '이행기 사회(transitional society)'의 안정을 저해하고 위험을 증가시키는 불안요인으로 간주했다. 그리고 '활력 있고 유능한 정부'란 "안정적 발전(stable development)"을 이끌어갈 수 있는 기능적 역량을 갖춘 정부를 지칭했다. 또한 "모든 이행기 사회에서 정치적 발전(political development)의 문제는 서구적인 제도를 복제하는 것이 아니"며, "민주적 정부와 민주적 정치의 본질에 부합하는 기능적(functional) 등가물을 실현하는 문제"라고 하면서, 그 "기능적 등가물"로서 "정치적 경쟁(political competitiveness)"을 들고 "서로 다른 이해관계가 사회의 중요 결정에 영향을 미치고자 합법적으로 경쟁할 수 있는 상태"를 의미한다고 하였다.[12] 나아가 "근대화의 경제적, 사회적, 심리적 힘들(forces)"이 그

---

11 Max F. Millikan, Donald L. M. Blackmer (ed.), *The Emerging Nations: Their Growth and United States Policy*, Little, Brown and Company, 1961. 이 책의 번역본으로서 M. F. 밀리칸, D. L. M. 블랙크머 編, 柳益衡 譯, 『新生國家의 近代化』, 思想界社出版部, 1963 참조. 이 책자는 "Economic, Social, and Political Change in the Underdeveloped Countries and Its Implications for United States"라는 제목으로 1960년 1월 미국 상원 외교위원회에 제출되었던 보고서를 대폭 수정하여 발간한 것이다.

12 Ibid., p. 89. 번역본의 해당 부분 번역이 만족스럽지 못하여 필자가 수정하여 옮겼다. 이 책자에서는 "근대화의 과정은 민주주의 전제조건을 부분적으로 마련하기는 하나 결코 예정되어 있는 것은 아니"며, "민주주의는 인간의 목적의식적인 노력의 성과이지 근대화의 자동적인 귀결은 아닌 것"이라고 쓰고 있다. Ibid., p. 42.

와 같은 '정치발전'의 기반을 마련할 수 있다고 하였다.[13]

이와 같은 '근대화론'의 정치적 패러다임은 당시 제3세계 저개발국의 정치적 상황을 민주적이지 않은 과두적(oligarchic) 혹은 권위주의적(authoritarian) 통치 체제로 간주하는 가운데, 근대화를 통해 '경쟁적이고 다원적인 정치체제'로 나아가야 한다고 주장하는 것이었다.[14] 따라서 1960~70년대 미국의 제3세계 정책 실행 과정에서 나타난 구체적인 대응양상과 '근대화론'이 체계화될

---

13 Ibid., p. 90. 이와 같은 측면에서 책자는 "건전한 민주주의(sound democracy)는 정부와 국민 사이에 존재하는 기구(institutions)의 수(number)와 강도(strength)에 달려 있다"고 하면서 '이행기 사회'에서는 "전국 단위의 민주 제도의 운영도 중요"하지만, 그에 못지않게 "근대화가 가져오는 여러 기회뿐 아니라 문제들을 현실적으로 볼 수 있도록 하고" "인민이 직접 그들과 관계되는 문제에 적극적으로 참여케 하는 각종 지역조직"의 중요성을 강조하였다. 그 예로 농촌에서는 지역사회개발(community development), 도시에서는 노동조합, 그리고 지방자치 등을 들었다. 이러한 조직과 활동은 "정부와 국민 사이의 간격"을 좁힐 수 있으며, 이를 통해 민주주의의 내용을 풍부하게 할 수 있다고 하였다. Ibid., p. 42. 이러한 책자의 관점과 내용은 가브리엘 알몬드(Gabriel Almond)와 루시앙 파이 등의 정치학자들이 영미식 정치체계(Anglo-American political system)를 기준으로 하여 파슨스(Talcott Parsons)의 사회이론에 토대를 둔 구조기능적(structural-functional) 접근, 그리고 전통(tradition)으로부터 근대성으로의 이행(transition)이라는 2개의 중심축으로 만들어냈던 정치학 분야의 '근대화론' 패러다임에 근거한 것이다. 알몬드와 파이 등의 논문이 수록되어 있으며, 정치학 분야 '근대화론'의 체계화를 상징하는 저작으로서 Gabriel Almond, James Coleman (ed.), *The Politics of the Developing Areas*, Princeton Univ. Press, 1960; 자신의 생애와 학문에 대한 알몬드의 구술과 회고로서 Michael A. Baer, Malcolm E. Jewell, Lee Seligman (ed.), *Political Science in America, Oral Histories of a Discipline*, The University Press of Kentucky, 1991; Gabriel Almond, "A voice from the Chicago School", *Comparative European Politics, the story of a profession*, PINTER, 1997; 헤라르도 뭉크, 리처드 스나이더 인터뷰, 정치학강독모임 옮김, 『그들은 어떻게 최고의 정치학자가 되었나』 (1), 후마니타스, 2012 참조. 정치학 분야의 '근대화론'에 대해서 다음의 연구를 참조했다. Nils Gilman, *Mandarins of the Future*, chap. 4~5; 로널드 칠코트 지음, 강문구 옮김, 『비교정치학 이론—새로운 정치학의 모색』, 한울, 1999, 제5장; 崔明·金容浩 共著, 『比較政治學序說 (全訂版)』, 法門社, 1994, 제2장, 제13장.

14 그런 측면에서 다음과 같은 길먼(Nils Gilman)의 지적은 중요하다. "근대화 이론가들이 국가의 '자율성(autonomy)'을 다소 이해했다 하더라도, 그들은 국가가 얼마나 철저하게 시민들의 이해관계, 욕망, 요구에 무관심하게 행동할 수 있는지에 대해 과소평가했다. 서구식 교육을 받은 첫 세대 탈식민 지도자들의 발전(development)에 대한 수사(rhetoric)뿐만 아니라, 사회 영역(social sphere)에 대한 파슨스식 특권화(Parsonsian privileging)를 액면 그대로 받아들였기 때문에, 1950년대 근대화 이론가들은 사회적 복지의 향상에 관심을 두지 않는 국가의 부상을 예측하는 데 실패했다. 1950년대 미국 정치학자들은 인민주의(populism)와 공산주의를 두려워했지, '자기본위적인 국가(self-interested states)'를 두려워하지 않았다. 심지어 그런 가능성이 고려된 경우가 있더라도, 대부분 관료국가(bureaucratic state)에 배태된 잠재성이라기보다는 개인적인 수준의 정치적 괴물들에 의한 일탈적 결과라고 생각했다. 거의 대부분은 '혁명적인 민주주의(revolutionary democracy)'의 이름으로 자국 인민들을 학살하거나 약탈하는 국가의 부상을 예측하지 못했다." Nils Gilman, *Mandarins of the Future*, p. 136.

당시의 이론적 성격은 일정하게 구분할 필요가 있다. 제1부 3장에서도 일부 검토하겠지만, '사상사'적 관점에서 '근대화론'이 배태된 20세기 중반 미국 사회의 정치·사회적 선입견과 정치적 보수성 등 '근대화론'의 역사적 형성 과정에 대한 역사주의적 이해를 토대로 그들의 (주관적) 의미 체계에 내포된 특성을 파악하고, 그것이 제3세계 지역의 사회구조와 이데올로기, 운동의 역사적 변동 속에서 어떠한 괴리를 낳았는가를 고려해야 할 것이다. 그러므로 박태균의 연구에서 로스토우의 '근대화론'과 '민족주의', '장교집단', '유신' 등 박정희 정권의 특성과 행보를 직접적으로 결부시켜 이해히는 방식은 재고할 여지가 적지 않다.

'근대화론'을 미국의 대외 정책, 대한 정책에 대한 분석과 사실상 동일시했던 박태균의 연구와는 다소 결을 달리하여, '근대화론'의 이념적·이론적 특성을 살피고 '근대화론'이 한국에 이식·확산되는 과정을 다룬 선구적인 몇몇 연구들이 제출된 바 있다.[15] 이와 같은 연구동향은 이후 확대 심화된 연구로 이어져 1960년대 미국발 '근대화론'의 전파, 확산 과정에서 핵심적인 역할을 했던 주요 행위자들과 학술대회 등이 분석되었으며, 한국의 여러 분과학문과 지식체계에 미친 영향이 다각적으로 조명되었다.[16] 이러한 전파·확산 양

---

15 김정현, 「1960년대 근대화 노선의 도입과 확산」, 한국역사연구회 현대사연구반, 『한국현대사』 3, 풀빛, 1991; 정일준, 「한국 사회과학 패러다임의 미국화—미국 근대화론의 한국 전파와 한국에서의 수용을 중심으로」, 『미국학논집』 37권 3호, 한국아메리카학회, 2005.

16 그렉 브라진스키 지음, 나종남 옮김, 『대한민국 만들기, 1945~1987』, 책과함께, 2011, 제6장; 장세진, 「라이샤워(Edwin O. Reischauer), 동아시아, '권력/지식'의 테크놀로지」, 『상허학보』 36, 상허학회, 2012; 안종철, 「주일대사 에드윈 라이샤워의 '근대화론'과 한국사 인식」, 『역사문제연구』 29, 역사문제연구소, 2013; 김원, 「1960년대 냉전의 시간과 뒤틀린 주체—시민의 시간과 민족의 시간」, 『서강인문논총』 38, 서강대학교 인문과학연구소, 2013; 정문상, 「포드재단(Ford Foundation)과 동아시아 '냉전지식'—한국과 중화민국의 중국 근현대사 연구 사례를 중심으로」, 『아시아문화연구』 36, 가천대학교 아시아문화연구소, 2014; 임성모, 「냉전과 대중사회 담론의 외연—미국 근대화론의 한·일 이식」, 『한림일본학』 26, 한림대학교 일본학연구소, 2015; 김인수, 「한국 초기 사회과학과 '아연회의'(1965)—사회조사 지식의 의미를 중심으로」, 『사이㎙SAI』 22, 국제한국문학문화학회, 2017; 김성보, 「미국·한국의 냉전 지식 연결망과 북한연구의 학술장 진입」, 『사

상에 대한 파악은 향후 학계의 연구를 통해 더욱 진전되겠지만, 단순한 전파와 확산의 관점보다는 '근대화론'이 기존 한국 학계의 사상적·학문적 흐름이나 정치경제적 맥락과 어떻게 만나고 있는가, 즉 그 영향과 수렴·습합, 긴장·반발 등을 면밀히 분석할 필요가 있다.

'근대화론'이 미국에서 체계화되기 이전이었던 1950년대 한국 사회의 '근대화'를 둘러싼 사상동향에 관한 연구현황을 살펴보자. 당시 한국 사회의 '근대화'에 관한 주된 발화자였던 경제학, 정치학, 사회학 등 사회과학 분야 지식인들의 사상적·학문적 동향에 관한 연구는 '경제 분야'를 제외한다면 그동안 학계의 주목을 받지 못했다.

정치학의 경우, 대학사(大學史) 편찬에 수록된 내용을 제외한다면 주요 학회의 학회사와 일부 대학교의 학과사(學科史), 그리고 학술원에서 진행한 분야별 학술사 편찬작업이 이루어졌다.[17] 학과사, 학회사, 학술사 편찬작업에는 학계와 학과의 동향에 관한 다양한 주체들의 회고와 좌담형식의 집단적 회고가 수록되어 있어 연구에 기초가 될 정보들이 많다. 이와 더불어 일본제국-식민지 고등교육 체제하에서 수학하지 않았던 2세대 정치학자들이 해방 이후 정치학계 20년간의 동향을 정리하여 발표한 논고들은 1950~60년대 전반 정

이聞SAI』 22, 국제한국문학문화학회, 2017; 신주백, 「1960년대 '근대화론'의 학계 유입과 한국사 연구」, 신주백 편, 『근대화론과 냉전 지식체계』, 혜안, 2018; 김인수, 「냉전과 지식정치—박진환의 *Farm Management Analysis*(1966) 성립 사정을 중심으로」, 『동북아역사논총』 61, 동북아역사재단, 2018; 손열, 「1960년대 한국 근대화 논쟁—민족주의적 근대화 개념의 등장과 쇠퇴」, 하영선·손열 편, 『냉전기 한국 사회과학 개념사』, 대한민국역사박물관, 2018.

17 金河龍, 「政治學」, 『韓國現代文化史大系 (2) 學術·思想·宗教史』(上), 高麗大學校 民族文化硏究所, 1981; 대한민국 학술원 편, 『한국의 학술 연구—국제정치학』(인문·사회과학편 제5집), 2005; 대한민국 학술원 편, 『한국의 학술 연구—정치학, 사회학』(인문·사회과학편 제9집), 2008; 韓國政治學會五十年史 編纂委員會, 『韓國政治學會五十年史(1953~2003)』, 韓國政治學會, 2003; 延政六十年史編纂委員會, 『延政六十年史(1945~2004)』, 延世大學校 政治外交學科, 2004; 서울대학교 정치학과 60년사 발간위원회, 『서울大學校 政治學科 六十年史』, 서울대학교 정치학과, 2009.

치학계의 전반적인 상황을 비교적 상세히 담고 있기 때문에 필수적으로 검토해야 할 자료이다.[18] 이외에 민병태(閔丙台), 이동화(李東華) 등 몇몇 정치학자의 사상과 학문, 활동에 관한 평전이 저술되어 근현대 한국 정치학의 형성과 전개에 관한 역사적 이해에 도움을 주고 있다.[19] 이상과 같은 선행연구현황에서 볼 수 있듯이, 해방 이후부터 1960년대에 이르는 정치학계의 이데올로기적, 학적 지형과 그 변동양상에 관한 체계적·계통적 연구는 크게 미진한 상황이다.

다른 학문분과 분야와 마찬가지로 한국전쟁 발발 이후 1960년대에 이르는 시기는 한국 사회과학의 학술지식체계에 거대한 전환이 일어난 시기였다. 해방 이후 정치학을 비롯하여 한국 사회과학계를 주도했던 지식인들은 대체로 식민지 조선인으로서 일본제국의 고등교육 체계 속에서 학술지식을 습득한 존재였다. 분단과 전쟁으로 이어지는 역사적 격동 속에서 학문 활동이 활발히 전개되지 못하는 가운데 1950~60년대를 거치면서 한국 사회과학자들은 점차 미국 사회과학의 학술지식체계로 그 학적 모태의 전환을 주도하거나 또는 그 전환 과정에 대응해야 했다. '정치학' 분야의 경우, 그와 같은 전환 과정의 핵심에 미국 '행태주의 정치학'의 수용이 놓여 있었다.

앞서 언급한 한국 정치학계의 '학술사(學術史)'를 정리하는 수편의 논고에서도 '행태주의 정치학'의 수용 문제가 비중 있게 다루어졌다.[20] 1950~1960년

---

18 具範謨, 「比較政治學 20年의 反省」, 『韓國政治學會報』 2, 한국정치학회, 1967; 李廷植, 「韓國政治 및 政治過程 硏究現況」, 『韓國政治學會報』 2, 한국정치학회, 1967; 金桂洙, 『韓國政治學—現況과 傾向』, 一潮閣, 1969.

19 이정복 편, 『공삼(公三) 민병태(閔丙台) 선생의 정치학』, 인간사랑, 2008; 김학준, 『공삼 민병태 교수의 정치학』, 서울대학교출판문화원, 2013; 김학준, 『두산 이동화 평전』, 단국대학교출판부, 2012; 金學俊, 「具範謨 선생님의 學問世界」, 峻峰 具範謨敎授 華甲記念論叢編輯委員會, 『轉換期 韓國政治學의 새地平』, 나남, 1994; 김은경, 「민병태(閔丙台)와 한국 정치학의 발전」, 서규환 엮음, 『한국 사회과학사 연구』 I, 인하대학교출판부, 2006.

20 金河龍, 「政治學」, 『韓國現代文化史大系 (2) 學術·思想·宗教史』(上), 高麗大學校 民族文化硏究所, 1976;

대 '행태주의 정치학' 수용에 적극 참여하기도 했던 김하룡(金河龍)은 '행태주의 정치학'의 수용을 계기로 '국가현상', '제도 연구'에 국한시켜 '정치현상'을 연구했던 경향에서 벗어나 "정치과정과 연관된 인간의 모든 행태에 관한 경험적 연구"로 확대시킬 수 있었으며, 그에 대한 "수학적인 계량분석"의 방법을 토대로 정치학자들 스스로 "정치학의 과학성"을 확신할 수 있게 되었다면서 "한국 정치학의 발달에 있어서 획기적 전환점을 마련"한 것으로 높게 평가했다.[21] 그에 반해 1980년대에 들어 진덕규, 정해구 등은 '행태주의'를 중축으로 한 1950~70년대 한국 정치학계의 지배적 학문경향에 대해 '반공 이데올로기'를 바탕으로 '미국적인 편향성'이 짙은 '미국 정치학의 아류'로서 한국의 정치현실로부터 괴리되어 현실 적실성을 가질 수 없었다고 비판했다.[22] 하지만 이들 논고는 1950~60년대 '행태주의' 정치학의 수용과 주류화라는 사후적인 '결과'만을 문제 삼는 데 그치고 있으며, 그 수용을 둘러싸고 나타난 당대 정치학계의 지적 지형과 학문동향을 체계적으로 규명하는 작업이었다고 보기는 어렵다.

근래 1950년대~60년대 정치학계의 학문적 특성과 미국 행태주의 정치학으로의 전환을 다룬 본격적인 연구가 제출되어 주목된다.[23] 기유정의 연구는 1950년대~60년대 정치학 개론서의 내용 분석을 시도함으로써 앞서 지적한 기존 '학술사(學術史)' 논고가 갖는 제한성을 상당부분 극복했다는 점에서 선

이정복,「정치학 방법론과 정치이론」, 韓國政治學會五十年史 編纂委員會,『韓國政治學會五十年史 (1953~2003)』, 韓國政治學會, 2003; 차기벽,「총론: 한국 정치학의 연구 경향과 발전 방향」, 대한민국 학술원 편,『한국의 학술 연구—정치학, 사회학(인문·사회과학편 제9집)』, 2008.

21 金河龍, 앞의 글, 264~265쪽.

22 陳德奎,「한국의 정치학을 위하여」,『한국사회연구』 1, 한길사, 1983; 정해구,「한국 사회현실과 한국 정치」, 학술단체연합심포지움 준비위원회 편,『80년대 한국 인문사회과학의 현 단계와 전망』, 역사비평사, 1988 참조.

23 기유정,「근대 한국의 정치학과 그 학적 전환의 논리」,『정치사상연구』 20집 1호, 한국정치사상학회, 2014.

구적인 연구라 할 수 있다. 특히 미국 행태주의(behavioralism) 정치학의 수용 과정에서 핵심적인 역할을 했던 윤천주(尹天柱)의 "학적 전환의 논리"를 미국 중심의 "정치적 패권론"과 "학문독립(탈식민주의)을 중첩"시키고 있다고 비판적으로 평가한 것은, 윤천주뿐 아니라 다수의 정치학자들에게서 공통적으로 나타나는 태도였다는 점에서 적절한 지적이라 할 수 있다.

하지만 기유정은 불충분한 자료조사로 인해 '행태주의 정치학'의 수용으로 나타난 1950년대와 1960년대 정치학 개론서의 단절적 양상에만 주목하여 논지를 전개함으로써, 당대 '정치학' 학술지식체계의 전환 과정과 양상을 일면적으로 파악하는 한계를 보였다. 가령 이 책의 제1부 3장에서 살펴볼 수 있듯이 로야마 마사미치(蠟山政道)의 『政治學原理』(1952)를 비롯하여 패전 이후 미국 행태주의 정치학의 수용 속에서 산출되었던 일본 정치학계의 정치학 연구가 한국 정치학자들의 저술에 미친 영향 등은 사실상 분석대상이 되지 못했다. 이와 함께 행태주의 정치학의 수용, 확산 속에서 한국 정치학계에서 제기되었던 '비판론'에도 주의를 기울이지 않음으로써 그 수용을 둘러싼 당대의 지적 지형과 학문동향을 다각적으로 분석, 조망하지 못했다.

다음으로 경제학 분야의 학적 동향에 관한 선행연구를 살펴보자. 경제학 분야에서도 학술사, 학회사, 학과사 등이 편찬되어 당시 경제학계의 전반적인 연구경향의 윤곽을 파악하는 데 도움을 주고 있으며,[24] 당시 학계에서 활약했던 윤행중·최호진·고승제·김준보 등 경제학자들의 일제시기 이래 학문

---

[24] 趙璣濬·姜命圭, 「(卷頭對談) 經濟學의 發展과 時代意識」, 『서울평론』 69, 서울신문사, 1975년 3월 15일; 趙璣濬, 「經濟學」, 『韓國現代文化史大系 (2) 學術·思想·宗教史』(上), 高麗大學校 民族文化硏究所, 1981; 韓國經濟學會, 『韓國經濟學會略史』, 1991; 대한민국 학술원, 『한국의 학술연구—경제학』(인문·사회과학篇 제6집), 2005; 김균·이헌창 편, 『한국 경제학의 발달과 고려대학교』, 고려대학교출판부, 2005; 김학은, 『연세대학교 상경대학 백년사 (1) 한국의 근대 경제학(1915~1956)』, 연세대학교 대학출판문화원, 2015; 정진아, 「해방 20년(1945~1965) 한국 경제학계와 연세대학교 상경대학의 경제학 교육」, 『한국경제학보』 22권 3호, 연세대학교 경제연구소, 2015.

체계 형성과 변화의 궤적을 밝히는 연구들이 제출되어[25] 현대 한국 경제학의 형성과 전개에 관한 역사적 이해를 깊게 하였다. 그럼에도 해방 이후 한국 경제학계의 학적 지형과 그 변동양상에 관한 체계적이고 계통적인 연구는 여전히 크게 진전되지 못한 상태이다.

하지만 1950년대 이승만 정권과 4월혁명 이후 장면 정권, 그리고 박정희 정권 초반에 이르는 시기의 '경제개발론'과 경제 정책, 경제개발계획은 학계의 주목을 받아 여러 연구가 제출되었는데, 대표적인 연구로 박태균과 정진아의 연구를 들 수 있다. 전자는 1961년 박정희 정권 경제개발 5개년계획의 내용과 성격에 역사적인 관점에서 접근하면서 1950년대 후반 한국 사회의 '경제개발'론을 민간주도형, 국가주도형, 사회민주주의형 등 세 가지 유형으로 정리하여 검토했다.[26] 후자의 연구는 1948년 이래 이승만 정권의 '경제 정책'을 규명하는 가운데 1950년대 후반 '장기개발계획'의 입안을 둘러싸고 전개되었던 '경제개발'론을 세밀히 고찰했다. 이들 연구는 선구적인 연구로서 1950년대 후반~60년대 초반 한국 사회의 '경제개발'에 관한 제 논의의 기본 윤곽과 지형을 제시했다는 점에서 한국전쟁 이후 자본주의 체제건설 방향을

---

25 姜命圭,「高承濟博士의 學問世界」, 峯山高承濟博士 古稀紀念論文集 刊行委員會,『峯山高承濟博士 古稀紀念論文集』, 1988; 성낙선·이상호,「한국 최초의 이론경제학자 윤행중」,『경제학의 역사와 사상』2, 한국경제학사학회, 1999; 홍종욱,「해방을 전후한 경제통제론의 전개―박극채·윤행중을 중심으로」,『역사와 현실』64, 한국역사연구회, 2007; 이상호,「윤행중의 '이론경제학'과 한국의 맑스주의」,『한국인물사연구』11, 한국인물사연구소, 2009; 홍성찬,「최호진의 경제사 연구와 저술의 사회사―1940~60년대」,『동방학지』145, 2011; 오진석,「해방 전후 崔虎鎭의 학문 세계와 학술 활동」,『한국경제학보』21권 2호, 연세대학교 경제연구소, 2014; 한국농업경제학회 편저,『韓國農業經濟學의 泰斗, 金俊輔 先生의 삶과 學問世界』, 농민신문사, 2009.

26 박태균,「1950년대 경제개발론 연구」,『사회와 역사』61, 한국사회사학회, 2002; 박태균,「1950년대 경제개발에 대한 논의의 특징과 그 배경」,『비교한국학』12-1, 국제비교한국학회, 2004; 박태균,『원형과 변용』, 서울대학교출판부, 2007; 鄭眞阿,「제1공화국기(1948~1960) 이승만 정권의 경제 정책론 연구」, 연세대학교 박사학위논문, 2007; 정진아,「1950년대 후반~1960년대 초반 '사상계 경제팀'의 개발 담론」, 사상계 연구팀,『냉전과 혁명의 시대 그리고『思想界』』, 소명출판, 2012.

모색하고 있었던 당시 한국 사회의 움직임에 관한 연구의 기본 틀을 제시했다고 할 수 있다.

그럼에도 이들 연구는 주로 당대 정치 세력의 지향과 결부하거나 정부의 경제 정책 결정을 규명하는 차원에서 경제개발론에 접근했기에, '정치사' 혹은 '정책사'의 성격이 짙었다. 그에 따라 한국전쟁의 충격으로 나타난 대내적·대외적 질서의 커다란 단층 속에서 체제 이념의 폭이 제한되는 가운데 전후 '한국 사회'가 직면한 현실을 사회경제적인 측면에서 어떠한 이론 체계에 근거하여 재정의·재진단하고, 앞으로의 경제건설 방향을 모색했는가라는 문제를 '사상사'의 관점에서 해명하는 작업은 충분히 이루어지지 못했다.

박태균의 연구는 1950년대 경제학자를 비롯한 경제 분야 지식인들의 전반적인 경제사상의 지형과 윤곽을 그리고 있다는 점에서 본 연구 주제와 관련하여 핵심적인 선행연구이다. 그는 1950년대 경제개발론을 세 가지 범주, 즉 '민간주도형'(성창환·김영철·이정환·이동욱·고승제·황병준·주요한·김영선 등), '국가주도형'(박희범·최문환·박동묘·이창렬·주석균 등),[27] '사회민주주의형' 경제개발론(윤길중·유병묵 등)으로 구분하고, 각각의 경제개발론이 갖는 사상적·이론적·정책적 특징을 설명했다.[28]

그런데 이와 같은 분류에 근거한 설명방식은 1950년대 경제개발론의 전개양상을 적절히 인식하는 데 혼선을 빚어내고 있다. 위 세 가지 유형의 경제개발론에 관한 박태균의 서술에는 경제개발에 관한 논의의 흐름을 정치 세력의 구도로 분절하여 배치하는 양상이 적지 않게 나타난다. 즉 '민간주도형'은 민주당 신파와 장면 정권, '국가주도형'은 5·16 군사정권, '사회민주주의형'

---

27 박태균의 저서에는 박동앙(朴東鴦)으로 표기되어 있는데, 박동묘(朴東昴)를 잘못 표기한 것이다. 박태균, 『원형과 변용』, 411쪽, 찾아보기 항목 참조.

28 박태균, 『원형과 변용』, 49~65쪽; 박태균, 「1950년대 경제개발론 연구」, 앞의 책.

은 진보당·혁신계를 염두에 둔 채 '1950년대'가 아니라 1950~60년대 전반의 경제개발론을 정치 세력의 구도에 맞춰 구성하는 형태가 되었던 것이다.

이와 같은 설명방식으로 인해 경제학계에서 전개되었던 1950년대 경제개발론의 지형과 변화양상은 적절히 이해될 수 없었다. 가령 박태균은 '민간주도형' 개발론자로 『사상계(思想界)』의 경제 분야 주요 필진이었던 성창환·이정환·고승제 등을 들었는데, 그 근거는 대부분 이들이 1950년대 중반 『사상계』에 발표한 논고들이었다. 그는 1950년대 중반 이후 장준하를 비롯한 『사상계』의 운영·편집진이 민주당 신파와 정치적으로 연결되었다는 점에 착목하여 이들을 '민간주도형' 경제개발론자로 규정했다. 하지만 정진아가 지적했듯이 이들 『사상계』 주요 경제 필진들은 1950년대 후반에 들어서면서 국가주도의 장기개발계획 수립과 경제, 산업 정책을 중시하는 방향으로 나아갔다.[29] 이와 유사한 분절적인 설명을 최문환, 주석균 등 '국가주도형' 경제개발론자에 대한 서술에서도 찾아볼 수 있는데, 이런 현상이 나타나게 된 것은 1950년대에서 1960년대 전반에 이르는 시기 한국 경제학자들의 경제개발론에 나타난 변화에 주목하기보다 정치 세력의 구도를 앞세웠기 때문일 것이다.

이와 함께 한국 경제학계의 후진국 경제개발이론 수용양상에 관한 이해에서도 시기적 추이가 간과되고 있다. 박태균은 '민간주도형' 개발론자들의 후진국 경제개발이론 수용은 언급하지 않은 가운데, '국가주도형' 경제개발론자들이 넉시(Ragnar Nurkse), 뮈르달(Karl Gunnar Myrdal)의 개발론과 더불어 균형적인 성장과 민족자본의 축적이라는 관점에서 남미의 프레비쉬(Raúl Prebisch)와 구조주의 학설을 선호했다고 보았다.[30] 하지만 1940년대 말부터 1960년

---

29 정진아, 「1950년대 후반~1960년대 초반 '사상계 경제팀'의 개발 담론」, 사상계 연구팀, 『냉전과 혁명의 시대 그리고 『思想界』』, 소명출판, 2012.

30 박태균, 『원형과 변용』, 55~56쪽; 박태균, 「1950년대 경제개발에 대한 논의의 특징과 그 배경」, 125쪽. 넉시

대 전반까지 프레비쉬와 그가 주도했던 UN 산하 '라틴아메리카경제위원회 (Economic Commission for Latin America, 이하 ECLA로 줄임)'를 통해 형성되었던 '구조주의 (structuralism)'[31]는 1960년대 중반에 이르러서야 그 영향을 찾아볼 수 있으며, 1950 년대 한국 경제학계에서는 거의 주목받지 못했다.[32]

이와 같이 후진국 경제개발이론 수용에서 나타난 시기별 변화를 간과하는 경향은 5·16쿠데타 이후 박정희 정권의 제1차 경제개발 5개년계획에 관한 여러 연구에서도 찾아볼 수 있다. 주요 선행연구는 쿠데타 직후 군사정권이 발표한 경제개발계획안의 이론적 기반을 제공한 지식인으로 박희범을 들고, 그의 경제개발론을 '내포적 공업화론'으로 규정하면서 쿠데타 직후 준비되어 1962년 1월 공식 발표된 제1차 경제개발계획 원안의 지향을 평가했다.[33] 이들 연구에서 당시 박희범의 경제개발론을 '내포적 공업화론'으로 규정한 근

의 후진국 개발론은 본 연구의 제2부 3장에서 살펴볼 수 있듯이, 1950년대 한국 경제학자들 대다수가 긍정적으로 평가하고 수용하였다.

31 '구조주의'라는 명칭은 제2차 세계대전 이후 1950년대까지 지속되었던 라틴아메리카 여러 나라들의 심각한 인플레이션의 원인 진단과 대책을 두고 벌어진 오랜 논쟁에서 유래했다. 라틴아메리카 국가들에게 차관을 공여했던 국제통화기금(IMF)은 재정균형, 신용억제를 비롯한 강력한 통화안정 정책을 권고했던 반면('통화주의'), 일부 라틴아메리카 경제학자들은 낮은 농업생산성과 대지주제, 교역 조건의 악화, 소득의 불평등 분배 등 '구조적' 요인을 강조했다. 후자의 견해는 이후 ECLA의 이론적, 실증적 연구들에 의해 더욱 체계화되었다. 이에 대해서는 Albert O. Hirschman (ed.), *Latin American Issues: Essays and Comments*, Twentieth Century Fund, 1961; Duley Seers, "A Theory of Inflation and Growth in Under-Developed Economies Based on the Experience of Latin America", *Oxford Economics Papers*, Vol. 14 No. 2, Jun., 1962; Albert O. Hirschman, *Journeys toward progress: studies of economic policy-making in Latin America*, Twentieth Century Fund, 1963; 細野昭雄, 「ラテン·アメリカの構造學派」, 『アジア經濟』 6권 1호, アジア經濟研究所, 1965 참조.

32 ECLA의 영향을 확인할 수 있는 유일한 사례는 「(資料) 經濟發展의 分析과 計劃策定—計劃策定技術序說」, 『復興月報』 3권 7호~10호, 1958년 7월~10월이다. 이는 ECLA에서 1955년 6월 출간한 책자 *Analyses and Projections of Economic Development: An Introduction to the Technique*을 번역한 것이다. 하지만 이 텍스트의 내용은 제목과 같이 경제계획 수립 과정에 필요한 기술적인 측면에 관한 것이었고, 구조주의의 핵심적 의제였던 중심부와 주변부 사이의 교역 조건(terms of trade) 등에 관한 내용은 찾아보기 어렵다.

33 이완범, 『박정희와 한강의 기적—1차 5개년계획과 무역입국』, 선인, 2006, 105~115쪽; 박태균, 『원형과 변용』, 55~58쪽; 기미야 다다시, 『박정희 정부의 선택—1960년대 수출지향형 공업화와 냉전 체제』, 후마니타스, 2008, 49~58쪽.

거는 그가 1960년대 중반 발표했던 논고를 근간으로 1968년 발간한 『한국경제성장론』이었다.[34] 저서 여러 곳에서 "내포적(내향적) 공업화", "내포적 경제성장(내향적 공업화)", "내향적 공업화" 등의 표현을 발견할 수 있는데, 이는 박희범의 내포적 공업화론에 프레비쉬의 '내향적(inward-looking)'–'외향적(outward-looking)' 공업화 개념이 크게 영향을 미치고 있음을 단적으로 나타내는 것이라 할 수 있다. 다시 말해 박희범의 '내포적 공업화'론은 1964년 6·3항쟁과 1965년 한일협정 체결로 인해 민족주의가 비등하고 박정희 정권의 수출주도 경제성장이 본격화되기 시작했던 국면에서 남·북 문제를 전 세계적 이슈로 부상시켰던 1964년 제1회 국제연합 무역개발협회의(UNCTAD) 회의에서 동 회의 사무총장이었던 프레비쉬가 제출한 보고서, 이른바 「프레비쉬 보고(Prebisch Report)」[35]에 개진된 '내향적 공업화(inward-looking industrialization)'론을 수용·전유하여 구성한 것이었다고 할 수 있다. 따라서 앞서 언급한 바와 같이 프레비쉬와 ECLA의 구조주의 이론이 1950년대까지 한국 경제학계에 영향을 미치지 못했다는 점을 감안한다면, 1961년 하반기에 입안된 쿠데타 정권의 경제개발계획을 '내포적 공업화'론에 근거했다고 지칭하는 것은 재고의 여지가 있다. 박희범의 경제사상에 나타난 시기적 변화를 국내외 정치경제적 맥락의 변동과 경제개발이론의 수용·전유 양상을 연관 짓는 가운데 재구성할 필요가 있다는 것이다.

본 연구는 한국전쟁 이후 사회과학자들을 중심으로 한국 사회에서 확산되었던 근대화 담론 지형 재편의 계기를 '민족주의'의 부상에서 찾고 있다. 1950~60년대 한국 사회의 민족주의에 관해서는 선학들의 여러 연구가 진행되었는데, 그에 관해 살펴보려 한다. 먼저 "1950년대 민족 담론"에 관한 윤상

---

34 朴喜範, 『韓國經濟成長論』, 高麗大學校出版部, 1968.

35 *Towards a New Trade Policy for Development*, Report by the Secretary-General of the United Nations Conference on Trade and Development, United Nations, 1964.

현의 연구는 1950년대를 '국민형성기'로 규정하면서 "각 지식인 세력들이 어떠한 전략으로 민족적 주체를 구성하고자 했는가"라는 문제를 제기한 것이었다.[36] 그는 한국전쟁기를 거치면서 세 가지 담론, 즉 '국가주의적', '자유주의적', '민중주의적' 민족 담론이 출현했다고 범주화하고, 각각의 인간관, 집단적 주체(국민·민족·시민·민중) 형성 기획, 발전 담론 등을 분석했다. 1950년대 지식인층의 사상동향을 '민족 담론' 중심으로 연구한 것으로, 본 연구와 연구 대상이 일정 부분 겹친다. 그런데 윤상현의 연구는 1950년대 초반부터 후반까지를 포괄하여 각각의 민족 담론 범주를 구성하다 보니, 전반적인 시상 지형의 변화가 주변화되어 다소 정태적인 형태로 귀결되었다고 할 수 있다. 또한 각각의 '민족 담론'을 구성하는 사상적 요소들을 추출하는 과정에서 문제의식의 주안점이 다르고, 계통과 층위가 일정하게 구분되는 텍스트들이 착종된 형태로 활용되는 문제가 드러나기도 했다.

본 연구가 대상으로 하는 시기 가운데 민족주의에 관한 연구가 가장 진척되어 있는 것은 4월혁명기이다.[37] 특히 이념·사상의 동향과 관련하여 연구자들에게 크게 주목받았던 것은 4월혁명 이후 고조되었던 혁신계 정치 세력과 대학생 집단의 통일론, 통일운동론이었다. 특히 홍석률의 연구는 1950년대부터 5·16쿠데타 직전까지 세계정세의 변동과 함께 여러 정치 세력과 지식인층의 통일론을 분석했다는 점에서 연구사적 의의가 크다. 다만 주로 통일론에 집중한 관계로 1950년대의 사상적 경향이 4월혁명기에 어떻게 변동·재편되

---

36 尹詳絢, 「1950년대 지식인들의 민족 담론 연구」, 서울대학교 박사학위논문, 2013.

37 4월혁명과 4월혁명기 통일운동에 관한 대표적인 단행본 연구서로는 姜萬吉 外, 『4月革命論』, 한길사, 1983; 韓完相·李佑宰·沈戴澤 外, 『4·19革命論』 I, 일월서각, 1983; 사월혁명연구소 편, 『한국 사회변혁 운동과 4월혁명』 (1)·(2), 한길사, 1990; 홍석률, 『통일 문제와 정치·사회적 갈등—1953~1961』, 서울대학교출판부, 2001; 한국역사연구회 4월민중항쟁연구반, 『4·19와 남북관계』, 민연, 2000; 정근식·이호룡 편, 『4월혁명과 한국 민주주의』, 선인, 2010; 정근식·권형택 편, 『지역에서의 4월혁명』, 선인, 2010 등을 들 수 있다.

었는가의 문제는 주요하게 검토되지 못했다. 그런데 4월혁명기의 민족주의는 '통일론', '통일운동론' 속에서만 발현된 것은 아니었다. 혁명이 가져온 새로운 정세 속에서 '대학생'과 지식인층 내부에서는 '통일' 문제와는 일정하게 구분되는 '경제발전'이나 '후진성 극복' 등 '근대화'의 지향이 민족주의적 언설과 결합하여 대두했던 것이다. 이러한 사상적·이념적 경향은 지금까지 본격적인 연구주제가 되지 못했다.

한편 5·16쿠데타 직후 군부 집권 세력과 지식인층의 관계, 1960년대 전반 민족주의의 사상적 흐름을 다룬 홍석률, 임대식, 정용욱, 오제연 등의 연구는 본 연구의 문제의식과 맞닿아 있다.[38] 홍석률, 임대식, 정용욱 등은 쿠데타 직후 지식인·대학생층의 지지와 기대가 적지 않았다는 사실에 착목하여 쿠데타 이후 권력과 지식인층의 관계, 지식인층의 사상동향을 분석했다. 홍석률의 연구는 군정기를 거치면서 국가권력과 지식인 사이의 결합이 크게 강화되었으며, 쿠데타 이후 군부 세력이 표방한 민족주의는 군정기의 지식인·학생층의 적지 않은 지지·기대를 받았지만 1964년 6·3항쟁을 계기로 분화한다고 보았다. 그의 연구는 권력과 지식의 결합·분화(대항) 문제를 군부 집권 세력의 지식인층 동원·활용의 관점에서, 그리고 1960년대 중반 이후 본격화된 산업화 속에서 지식인의 기능적 (정권)참여의 증대 등을 통해 설명했다.

임대식의 연구는 1960년대를 이후 한국 사회의 "이념적 지형과 대립구도의 기본 지형"이 마련된 시기로 평가하면서 정권과 지식인층의 결합, 분화의 문제를 다루었다. 그는 "생각과 삶이 불일치하는 경우", "다양한 이념이 모

---

38 홍석률, 「1960년대 지성계의 동향」, 한국정신문화연구원 편, 『1960년대 사회변화연구—1963~1970』, 백산서당, 1999; 홍석률, 「1960년대 민족주의의 두 흐름」, 『사회와 역사』 62, 한국사회사학회, 2002; 임대식, 「1960년대 초반 지식인들의 현실인식」, 『역사비평』 65, 2003; 임대식, 「1960년대 지식인과 이념의 분화」, 한국사회사학회 편, 『지식변동의 사회사』, 문학과지성사, 2003; 정용욱, 「5·16쿠데타 이후 지식인의 분화와 재편」, 노영기 외, 『1960년대 한국의 근대화와 지식인』, 선인, 2004.

순되게 결합되는 양상" 등이 적지 않았다는 점에서 1960년대 이후 한국 사회에서 "지성사를 연구하기"가 지극히 곤란하다고 하면서도 "일정한 경향성"을 발견하기 위한 시도로서 스스로의 연구를 자리매김했다. 그는 "근대가 갖는 해방성과 아울러 억압성을 주목"하는 탈근대적 인식에 대해 근대의 "억압성은 부차적인 것으로 일단 논외"로 한다고 하면서 근대화의 주요한 가치를 "민족국가의 형성(민족주의), 민주화(민주주의), 산업화(성장주의), 평등화(평등주의)라고 임의적으로 정리"하면서 어떤 가치를 중심으로 근대화를 파악하느냐에 따라 차이를 보였다고 주장했다.

그의 연구는 1960년대 지배질서와 이념, 정치권력과 지식인층의 관계, 지식인층의 사상 동향을 거시적으로 조망하는 차원에서는 후학들에게 도움을 주는 측면이 적지 않으나, 사실상 "친미 반공주의"와 "성장주의", '탄압'과 '공작'을 극복하지 못한 박정희 정권기 사상사의 불모성을 부각시키는 것에 가깝다고 할 수 있다. 즉 1950년대 후반에서 1960년대 전반에 이르는 시기 한국 지식인층에서 나타났던 일정한 사상적 공통 지반에 대한 역사적 평가를 정치사적 관점에서 평가절하하고 있는 것이다. 1960년대 지식인층의 사상동향에 대해 철저하게 비판적인 관점에서 연구를 진행한다 하더라도, 지식인층의 사상을 둘러싼 정치·사회적 맥락이나 그 사상적 특질들을 구명하는 가운데 연구자의 비판적 평가가 도출되어야 할 것이라고 생각한다.

오제연은 4월혁명기 혁신계, 대학생층의 민족주의를 이끌었던 이종률의 '민족혁명론'(반봉건-반외세-반매판의 3反테제)과 쿠데타 세력이 내세웠던 '민족적 민주주의'를 분석하여 민족주의의 관점에서 4월혁명과 5·16쿠데타의 관계를 조명하였다.[39] 양자의 '민족주의'를 '3반(反)테제'의 지향을 기준 삼아 비교

---

39 오제연, 「1960년대 전반 지식인들의 민족주의 모색」, 『역사문제연구』 25, 역사문제연구소, 2011.

함으로써 두 이념의 공유 영역과 변별된 지향을 보다 역사적 맥락에서 구체적으로 제시한 연구라 할 수 있다. 하지만 당대 '민족주의'적 경향성을 '3반테제'를 기준으로 분석했다는 점에서 분석의 폭이 협소하게 설정된 경향이 있으며, 나아가 양자의 내용분석을 중심으로 전개하다 보니 '민족적 민주주의'가 구성되고 지식인층들에게 호응, 재해석된 맥락 등은 소홀히 취급되었다. "민족적 민주주의"라는 것도 후진국 근대화에 관한 지식인층들의 특정한 이념적 구성물로서 나타났다고 하는 것이 타당할 것이다.

황병주는 1960년대 박정희 정권의 지배담론을 '근대화' 담론을 중심으로 분석하였다. 이는 역사학계에서 비교적 이른 시기에 1960년대 연구를 진척시켰다는 점에서 그 의의가 적지 않다. 그러나 황병주의 연구는 1950년대 한국 사회의 사상적 동향에 관한 연구가 미진한 상황에서 1960년대 연구를 진행한 결과, 1950년대를 1960년대와 대비되는, 혹은 그 배경적인 도론으로서만 다루었다는 점에서 한계를 내포하고 있다. 예를 들어 박정희 정권에서 제시한 '조국 근대화'를 비롯하여 박정희 정권기 '근대화' 담론의 성격을 부각시키기 위해 그에 대비되는 1950년대 '근대화' 담론의 텍스트로서 『사상계』 1959년 2월호 특집 '한국과 근대화'를 활용했는데, 해당 특집 필자들의 특성으로 해석할 수 있는 측면을 당대 지식인층의 일반적인 근대화 인식으로 배치하는 방식을 취했던 것이다.[40]

---

40 황병주, 「박정희 체제의 지배담론」, 한양대학교 박사학위논문, 2008.

주요 사료와 구성

본 연구에서 주요하게 활용한 텍스트는 크게 두 가지 층위로 나누어 볼 수 있다. 하나는 해방 이후 정치학, 경제학 등 사회과학 학문동향을 파악하기 위해 활용한 자료로서 '원론서(原論書)' 내지 '개론서(槪論書)' 등이다. 이 텍스트에는 국내 학자의 저작뿐 아니라 원론서, 개론서 형식의 번역서도 포함되었다. 현재 한국 사회과학 학문동향에 관한 연구가 크게 진전되지 못한 상황에서 각 분과학문의 하위 분야까지 포괄한 종합적인 연구는 향후 과제로 미루고, 이들 사료를 활용·분석함으로써 해방 이후 1960년대 전반까지 사회과학 학문동향의 기본 윤곽을 제시하는 것을 본 연구의 목표로 삼았기 때문이다.

다른 하나는 '원론서', '개론서'와는 담론적 층위를 달리하여 '후진국' 경제개발, '제3세계' 인식, '후진성' 극복 등 본 연구의 세부 주제와 관련된 개별 지식인들의 주장을 담고 있는 잡지, 신문 등의 매체에 실린 텍스트들이다. 현재 연구자들이 쉽게 활용할 수 있는 『동아일보』, 『경향신문』 등 일간신문, 그리고 기존 연구들의 주요 분석대상이었던 『사상계』에 실린 텍스트 외에도 본 연구에서 중요하게 활용한 사료는 다음과 같다.

첫째, 학계의 동향이나 각 대학 연구·교육 활동을 둘러싼 학문적·사상적 움직임을 살펴보기 위하여 당시 대학에서 발행했던 신문으로『고대신문』(고려대),『대학신문』(서울대),『동대신문』(동국대),[01]『연희춘추』·『연세춘추』(연세대),『주간성대』(성균관대) 등을 이용했다. 또한 사회과학이나 각 분과학문의 학문적 동향을 파악하기 위해 각 대학교에서 발행했던『논문집』, 그리고『아세아연구』·『동아문화』 등 각 대학 연구기관이 발간했던 학술지, 나아가『문리대학보』·『경상학보』·『경제학총』·『상대평론』·『법대학보』·『정치학보』·『정치학논총』 등의 이름으로 단과대학이나 개별 학과 또는 학회, 학생기구 등에서 교수·강사와 학생이 작성한 논고를 토대로 발간했던 학술지를 검토하여 활용했다.

둘째, 대학 바깥에서 각 분야별로 발행되었던 전문 잡지 또한 적극 활용했다.『한국정치학회보』(한국정치학회),『국제정치논총』(한국국제정치학회),『경제학연구』(한국경제학회) 등 전국 단위 학회지를 비롯하여, 경제 분야에서는 대한재무협회(大韓財務協會)에서 발행했던『재무』·『재정』,[02] 대한상공회의소(大韓商工會議所)의『주간경제』(1952~53)·『산업경제』(1955~60)·『비지네스』(1961~65), 한국경제인협회(韓國經濟人協會)에서 발행했던『경협』(1962~65), 대한금융단(大韓金融團)의『금융』(1954~65), 한국경제문제연구회에서 발행했던『한국경제』(1962~63) 등을 활용했다. 그 외에도 해방 이후 민간 학회 또는 기관, 출판사에 의해 발행되었던『학풍』(을유문화사, 1948~50)을 비롯하여,『경제평론』(서울경제연구회, 1948~49),『법정』(법정사, 1946~64),『법조협회잡지』(법조협회, 1949~56),『법률과 경제』

---

01 『東大新聞』은 한국전쟁 직전이었던 1950년 4월 15일 제1호를 발간했다. 이후 1953년『東國月報』, 1955년 7월『東國新報』, 1955년 9월부터『東國時報』로 발행되었다가, 1962년 7월『東大新聞』으로 개제하였다.「東大新聞年譜」,『東大新聞』1962. 7. 12, 1면. 이 연보(年譜) 기사는 축쇄판에도 수록되어 있는 한국전쟁 이전 발간되었던『東大新聞』에 관한 사실을 언급하지 않는 등 일부 내용이 정확하지 않다.

02 대한재무협회(大韓財務協會)는 1949년『財務』을 창간했으나, 한국전쟁 발발을 전후하여 휴간했다가 1954년 9월에 복간했고, 1955년 3월호부터『財政』으로 제호 변경하여 1961년 4월호까지 발행했으며, 5·16쿠데타 직후『新經濟』로 개제하여 1961년 5월호, 7월호를 발행했다.

(법률과경제학회, 1954), 『법률·경제』(법률·경제학회, 1958) 등 전문 학술 잡지 또한 검토대상이 되었다.

셋째, 학계와 정부의 관계 또는 정부기관의 활동이나 정책 수립과 결합했던 학자들의 학문적·사상적 움직임을 살펴보기 위하여 부흥부(復興部)의 『부흥월보』(1956~60)·『경제조사월보』(1961), 산업은행에서 발간했던 『산업은행월보』(1954~61), 국가재건최고회의의 『최고회의보』(1961~63)와 공보부(公報部)의 『시사』(1961~64), 그리고 국방연구원(國防研究院)-국방대학원(國防大學院)에서 발행했던 『국방연구』(1958~61) 등을 조사하여 활용했다.

넷째, 해방 이후부터 1960년대 전반까지 국내에서 발행되었던 주요 대중 잡지들을 들 수 있다. 한국전쟁을 전후(前後)한 시기에 발행된 것으로는 "신문적 잡지, 잡지적 신문"을 표방하며 '순간(旬刊)'으로 발행되었던 『새한민보』(1947~50)를 비롯하여, 『개벽』(1946~49), 『신천지』(1946~54), 『민성(民聲)』(1945~50) 등을 적극 활용했다. 1950년대 발행된 잡지로는 『사상』·『사상계』를 비롯하여 『자유세계』(홍문사, 1952~53), 『자유세계』(자유세계사, 1956~58), 『새벽』(새벽사, 1954~60), 『신태양』(신태양사, 1952~59), 『신세계』(창평사, 1956~57), 『사조(思潮)』(사조사, 1958), 『현대』(여원사, 1957~58) 등에 실린 텍스트들을 토대로 전후(戰後) 지식인층의 사상적 동향을 분석했다. 4월혁명 이후 1960년대 전반 시기에 대해서는 『신사조(新思潮)』(신사조사, 1962~64), 『신세계』(신세계사, 1962~64), 『세대』(세대사, 1963~79) 등 쿠데타 이후 새롭게 창간된 잡지들을 주로 활용했다.

위와 같은 사료를 분석·검토하여 본 연구는 다음과 같이 구성될 것이다. 먼저 제1부와 제2부를 할애하여 전후(戰後) 사회과학계 학문동향의 기본 윤곽을 밝혀보려고 한다. 제1부에서는 정치학 분야를, 제2부에서는 경제학 분야를 각각 검토할 것이다.

제1부 1장에서는 이념적 측면에서 정부수립과 한국전쟁을 전후(前後)하여

정치학자들이 한국 사회가 지향해야 할 이념으로서 '민주주의'를 어떠한 이론적 체계를 토대로 구성했으며 그 특성은 무엇이었는지 살펴본다. 이어서 전후(戰後) 국면의 한국 정치학자들의 학문 체계를 분석할 것이다. 한국 정치학 연구의 첫 세대는 일본제국-식민지 고등교육 체제하에서 수학했다는 점에 주목하여 전후(戰後) 그들의 학문 체계가 어떠한 참고 체계 속에서 구성되었는지 밝히고, 그 특성을 검토하려 한다. 이와 더불어 1950년대 후반 본격적으로 수용되기 시작했던 미국 정치학의 학문 체계, 특히 제2차 세계대전 이후 1950년대를 거치며 미국 학계에서 지배적인 위치를 갖게 되었던 행태주의 정치학의 적극적인 수용양상을 살펴볼 것이며, 동시에 그에 대해 비판적이었던 한국 정치학자들의 견해와 입장도 검토하려고 한다. 나아가 행태주의 정치학의 수용과 맞물려 나타났던 정치학 분야에서 미국발 '근대화론'의 수용양상 또한 밝혀볼 것이다.

제2부에서는 해방 이후 1950년대까지 전개되었던 한국 경제학계의 학적 동향을 두 개의 층위로 나누어 살펴본다. 하나는 경제학 연구의 기본 패러다임으로서 한국전쟁 발발 이후 급속히 전개되었던 '케인즈 경제학(Keynesian economics)'의 수용·확산 과정에 대한 것이고, 다른 하나는 전후(戰後) 경제재건, 부흥을 모색했던 1950년대 중반부터 경제학자들의 적극적인 실천적 관심 속에서 수용되었던 '저개발국 경제개발론' 또는 '후진국 개발론'에 관한 것이다. 이를 통해 전후(戰後) 한국 경제학자들이 당시 한국의 경제적·사회적 구조와 현상을 어떠한 이론적 체계에 입각해 파악했으며, 어떠한 개발이론을 토대로 한국의 경제적 발전 전략을 전망하고 정책적 방향을 제시하려 했는지 살펴볼 것이다.

제1부와 2부가 전후(戰後) 한국 사회과학계의 학문적 동향에 관한 분석으로 이념적·이론적 성격이 짙다고 한다면, 제3부에서는 구체적인 대외적·대

내적 정세변동 속에서 전후(戰後) 한국 사회가 세계 속에서 스스로를 어떻게 이해하고 있었으며, 향후 진로를 어떠한 방향으로 마련해가고 있었는지 살펴보려 한다. 전후(戰後) 국면에서 당시 한국과 유사한 처지에 있다고 간주되었던 '제3세계' 국가들의 반제국주의, 반식민주의, 탈냉전적인 민족주의적 노선에 대한 인식과 더불어, '제3세계' 국가들과 '한국'을 동일한 수준과 범주로 인식하게 했던 개념이자 범주로서의 '후진성', 그리고 그 극복을 둘러싼 한국 지식인층의 논의에 내포된 특성을 검토할 것이다.

이상과 같은 제1~3부의 논의를 토대로, 제4부에서는 4월혁명 이후 급속히 대두하기 시작했던 민족주의적 담론과 운동 속에서 전후(戰後) 국면을 거치며 형성·확산되었던 한국 사회의 '근대화' 담론이 어떻게 재편되었는가를 검토할 것이다. 이를 위해 4월혁명 직후 새롭게 부상했던 혁신계, 대학생층의 민족주의 담론에 내포된 특성을 분석하고, 이후 그와 같은 민족주의적 흐름에 편승·호응하고 이를 억압·배제하면서 쿠데타 주도 세력이 표명했던 민족주의의 특성을 살펴볼 것이다. 그리고 4월혁명과 5·16쿠데타 이후 '경제개발'을 둘러싼 경제학계의 새로운 움직임, 특히 5·16쿠데타 주도 세력의 경제개발 5개년계획의 입안·실시에 주도적으로 결합했던 박희범의 이론적 특성을 조명해보려고 한다. 이와 더불어 1950년대 후반 형성되었던 '근대화' 담론에 견주어, 쿠데타 이후 사회과학자를 비롯한 지식인층은 근대화와 민족주의, 민주주의의 관계를 어떻게 설정하면서 한국 사회의 진로를 모색해 나갔는가를 검토할 것이다.

제1부

한국전쟁 전후(前後) 한국 정치학의
이데올로기 지형과 학술체계 변동

01

해방 후 남한 정치학계의
이데올로기 지형과 학적 동향

한국전쟁 이후 한국 정치학계의 움직임에 담긴 이념적·학문적 특성을 보다 역사적으로 파악하기 위한 하나의 전제 작업으로서, 해방 이후 정치학계의 동향을 개괄적으로 살펴보자. 이러한 작업은 '전쟁'이 초래한 이념적·학문적 단층(斷層)의 문제, 즉 역사적인 차원의 지속과 변동 양상을 살펴보기 위한 작은 실마리이기도 할 것이다. 이 장에서는 주로 해방 이후 남한에서 새롭게 구축되었던 고등교육제도의 실행 과정과 맞물려 생산된 정치학계의 주요 원론서(原論書), 개설서(槪說書)에 대한 분석과 함께 1948년 정부수립을 전후하여 본격화되기 시작했던 정치학자들의 정치적·학문적 지향을 중심으로 살펴보려 한다.

1933년 경성제국대학 법문학부(法文學部)를 졸업하고 1938년 만주국(滿洲國) 대동학원(大同學院)을 거쳐 만주국 관료로 활동하다가 해방 이후 서울에서 대학교수를 하고 있던 신기석(申基碩)은 당시 학계의 상황을 다음과 같이 썼다.

해방 후의 우리 학계가 일반적으로 숙조무력(肅條無力)한 가운데서도 특히 정치학계에 있어 이렇다할 만한 움직임과 업적이 없다는 것은 무엇에 기인함일가? 국초에 있어서 구미 민주주의 국가의 정치사상, 정치제도의 급속한 수입이 요청됨에도 불구하고 활발한 움직임을 보지 못한 것은 첫째로 현역 정치학도의 빈곤에 기인함일 것이다. 일제시대로 말하면 조선 청년의 정계·학계로의 진출은 몽상도 못하던 터이요, 정치과에 적을 둔뎃자 거의 고문(高文) 수험 준비의 계제에 지나지 않았다. 식민지의 대학에 정치과를 두지 않으려는 것이 제국주의 일본의 교육방침이었으며, 호구지책이 되지 않을 뿐 아니라 감시의 대상이 되는 정치학 연구의 길을 밟으려는 학도가 희귀하였다. 그리고 구미에서 연구하고 돌아온 정치학도들도 그리 많지는 못하며 거개가 실제 정치 면에서 일하고 있는 까닭이다. 둘째로 국내외 정세의 변환으로 인하여 활발한 이론을 전개할 환경이 되지 못한다는 점이다. 미소 간의 냉전의 격화와 북한 괴뢰집단의 남한 치안 교란공작의 결과는 대한민국에 있어서의 정치이념과 정치운동을 자연히 반공 민주주의 이론에의 통일화의 과정을 밟게 하였다.[01](밑줄―인용자)

신기석이 지적했듯이, 해방 이후 사회과학 분야 지식인들 중에는 미국, 유럽, 중국 등에서 자신의 학문 체계를 형성한 이들도 있었지만, 대다수는 일본 제국-식민지의 대학제도를 중심으로 구축되었던 학문지식체계하에서 수학한 인물들이었다. 제국대학을 정점으로 했던 근대 일본의 고등교육 체제 속에서 식민지 조선인이 대학에 진학한 후 고등문관시험을 매개로 일본제국의 관료가 되는 길도 쉽지 않았지만, 법학부/법문학부 또는 경제학부 등에 진학하여 사회과학 분야에서 학적 훈련을 지속·심화시킬 수 있는 제도적 장(場)은 극히 제한되어 있었다.[02] '정치학' 분야로 좁혀서 말한다면, 위와 같은 식민지

01 申基碩, 「(1950年을 中心으로 한 韓國 各 學界의 動向) 〈政治學〉 少壯學徒에 期待―政治學界의 回顧와 展望」, 『高大新聞』 1950. 3. 18, 4면.
02 정준영, 「경성제국대학과 식민지 헤게모니」, 서울대학교 사회학과 박사학위논문, 2009, 5장; 정준영, 「해방

배 체제의 유산은 전문적인 한글 텍스트의 부재는 물론이고, 해방 이후 정치학계라 부를 만한 인적 기반이나 학문장(學問場)의 형성 자체가 지난할 정도의 상황으로 나타났던 것이다. 나아가 근대 일본에서 국가 관료 양성·충원과 직접적으로 결부되어 설립·운영되었던 '제국대학' 중심의 고등교육 체계에서 제도적으로 정치학은 법학 중심의 법학부(法學部) 내지 법문학부(法文學部)에 속했고, 학문적 성격 또한 법학·국법학적 경향에 침윤되어 있던 상황이었다. 따라서 이를 조정·탈각하는 가운데 어떻게 독자적 학문 영역을 수립할 것인가의 문제도 가로놓여 있었다.

이와 같은 학계의 상황은 해방과 함께 격렬하게 분출된 정치적 열망과 대비되었다. 그리하여 현실의 제반 운동들과 '학문장'의 교호는 빈약하지 않을 수 없었다. '정치학계'의 움직임이 표면화하기 시작하는 것은 새로운 대학제도의 시행을 물적 기반으로 하여 1948년 대한민국 정부수립을 전후한 시기부터로 보인다.

〈표 1〉에서 볼 수 있듯이, 해방 이후 발행된 '정치학' 분야의 개론서, 원론서는 번역서를 포함하여 9권이었다.[03] 해방 직후 발행된 『정치요론(政治要論)』의 서문에서 저자 김병순(金炳淳)[04]은 "자유해방"을 얻고 "독립건설의 대업"에

직후 대학사회 형성과 학문의 제도화」, 『한국근현대사연구』 67, 한국근현대사학회, 2013 참조. 京城帝國大學 豫科를 거쳐 1940년 法文學部 法科에 입학했던 박일도는 당시를 회고하면서 "日帝下라 將次 大學敎授가 되려니 하는 程度의 꿈조차 못 꾸고 겨우 高文合格 目的 程度로 넓게 그리고 얕게만 工夫했던 것을 至今도 後悔"한다고 했다. 朴一度, 「(隨想) 大學生活의 回顧」, 『政治學報』 創刊號, 서울大學校 文理科大學 政治學科, 1955, 157~159쪽 참조.

03 이러한 원론서, 개론서 외에도 '정치사', '정치학설사', '정치사상', '외교사' 등에 관한 저서와 번역서들이 출간되어 당시 대학의 '정치학' 교과과정에 활용되었다. 이에 관한 개괄적인 소개는 김학준, 『공삼 민병태 교수의 정치학』, 서울대학교출판문화원, 2013, 102~119쪽 참조.

04 김병순은 일제시기 천도교 계열의 인물로서 朝鮮農民社를 축으로 농민운동을 주도했으며, 해방 이후 1946년 중도우파 성향의 新進黨 선전부장으로 활동했다. 정치계몽서로서 『現代思想讀本』(1946), 신국가건설의 정치원리를 담은 『建國要綱』(1947) 등의 저술을 남겼다.

당면하여, "정정당당한 정치이념 아래 원만무결한 정치현실"을 이루어내려는 염원으로 "신국가 건설에 제(際)하여 일조"하려는 의도로 저술했다고 밝혔다.[05] 책의 구성[06]과 서술형식을 살펴보면, 향후 대학교육 등을 위해 저술된 학술서적이라기보다는 해방 이후 신국가건설 운동과 관련하여 일반대중을 향한 정치적 계몽을 염두에 두고 쓴 책으로 판단된다. 이는 책의 전·중반부까지는 국가론과 정부형태론을 중심으로 정치학 개론서의 형식을 취하면서도, 후반부에서는 구체적인 교육, 조세, 산업, 교통, 보건 정책 등에 관한 서술을 담고 있으며, 서술방식 또한 각 장에 관련된 주요 개념들을 간략하게 설명하는 형태를 취하는 것에서도 확인할 수 있다.

책의 내용에 담긴 이념적 지향을 살펴보면, "민주주의를 부동의 진리"라고 하면서, 동시에 "자본주의 제도의 타파"를 주장했는데, 이를 "국민을 정치주체"로 한 "정치적 민주주의"와 노동자를 주체로 한 "산업민주주의"의 실현에서 찾았다.[07] 더불어 의회제도, 정당정치에 관련해서는 의원내각제와 연계된 다당정치(多黨政治), 즉 복수정당제도가 정치권력의 전횡을 방지할 수 있다는 점을 들어 긍정적으로 서술하면서도 "일당정치"는 "전제정치의 체재"이지만 "국리민복에 무상의 성적만" 나타낼 수 있다면 유의미한 것이라고 평가하였다. 그런 측면에서 "나치스당, 파시스트당", "일본의 대정익찬회(大政翼贊會)"는 "대다수 민의"가 아닌 "반동적 영웅주의의 산물"로서 "반동적 일당정치"라고 규정한 반면 "소련공산당"과 "중화민국국민당"은 "발전적 단일당"이

---

05 金炳淳,『政治要論』, 文化普及社, 1945,「序」.

06 전체 90쪽 분량으로 장 제목만 옮겨보면 다음과 같다. 제1장 국가, 제2장 국가의 목적, 제3장 국가의 기원과 발달, 제4장 현대국가, 제5장 국체와 정체, 제6장 입헌정치, 제7장 삼권분립, 제8장 국회, 제9장 정당정치, 제10장 내각, 제11장 국가와 개인, 제12장 언론·출판·결사·신교의 자유, 제13장 의무교육, 제14장 조세, 제15장 산업 정책, 제16장 교통 정책, 제17장 보건 정책, 제18장 이상적 국가와 이상적 정치.

07 金炳淳, 앞의 책, 72~76쪽.

〈표 1〉 1945~50년 정치학 원론서, 개론서 목록

저자	역자	서명	발행일시
金炳淳		政治要論	1945. 11. 1.
林浩		政治學入門	1947. 12. 1.
Harold Laski	徐任壽	政治學槪論 / An Introduction to Politics(1931)	1947. 10. 10.
姜尙雲		現代政治學槪論	1948. 9. 30.
Harold Laski	張錫萬	政治學原論 / A Grammar of Politics(1925)	1948. 11. 10.
Harold Laski	閔丙台	政治學綱要(理論編) / A Grammar of Politics(1937)	1949. 3. 20.
Raymond G. Gettell	金敬洙	政治學槪論 / Political Science(1933)	1949. 9. 30.
徐必源		政治學原論	1950. 1. 20.
白尙健		政治學講義(上卷)	1950.

라고 평가하기도 하였다.[08]

1947년 12월 발행된 임호(林浩)의 『정치학입문(政治學入門)』(1947)은 그보다 수개월 앞서 인민문화연구소(人民文化硏究所) 사회과학부(社會科學部)의 이름으로 출간된 『사회주의 정치학 제일보』[09]를 저자와 제목을 바꾸어 재간행한 것이었다. 최초 간행 제목에서도 드러나듯이, 해방 이후 사회주의의 입장에서 당시 조선의 현실과 결부하여 '정치'에 관한 "건전한 초보적 지식의 대중화, 보급화"를 위해 저술된 서적이었다. 이 책은 제1편, 제2편으로 구성되어 있다. 제1편에서 제1차 세계대전 이후 자본주의 세계질서의 변동과 제국주의 열강의 동향, 러시아혁명과 사회주의운동, 그리고 식민지·반식민지 민족해방운동의 흐름을 개괄적으로 서술한 다음, 제2편에서는 국가, 정치, 혁명의 의미

---

08 위의 책, 44~53쪽.

09 人民文化硏究所 社會科學部 編, 『社會主義政治學第一步』, 新學社, 1947. 이 책은 1947년 5월 10일 발행되었으며, 책의 「序」에서 "이 著述의 모든 責任은 林浩에게 있음을 附言하야 둔다"고 밝히고 있다. 이 책은 동일 편자(編者)의 『社會主義經濟學第一步』(1947)와 함께 "姉妹篇"으로 간행되었다. 『社會主義經濟學第一步』에 대해서는 제2부 1장을 참조.

에 대해서, 그리고 민주주의와 독재, 봉건제와 자본주의, 민주주의·사회주의·공산주의 등의 의미에 대해 마르크스주의적인 관점에서 근대 시민혁명 이래 역사적인 흐름과 사례를 활용하여 비교적 평이한 문체로 서술했다.

김병순의 『정치요론』(1945)과 임호의 『정치학입문』(1947)은 '정치'에 대한 접근방식이나 내용 구성 등에서 적지 않은 차이가 있지만, 두 책 모두 대중계몽서이자 해설서로 발행된 것이었다. 그 외에 대체로 대한민국 정부수립을 전후한 시기부터 발행되었던 여타의 개론서, 원론서들은 대학의 '정치학과' 창설로 상징되는 제도적인 학문분과로서 정치학의 성립을 배경으로 하는 텍스트였다.

1. 강상운의 『현대정치학개론』과 전체주의적 국가주의

이들 저작과 번역서를 중심으로 한국전쟁 이전 정치학계의 이념적·학문적 경향을 분류한다면 세 가지 경향으로 나누어볼 수 있다. 그중 하나의 경향을 살펴볼 수 있는 저술이 정부수립 직후인 1948년 9월 발행된 강상운의 『현대정치학개론』이다.[10] 이 책은 전편 '일반정치학', 후편 '현대정치학', 자료편의 세 부분으로 구성되었다. 전편(일반정치학)은 「정치학의 개념」을 서론으로 하여 전체 다섯 개 장(국체론-정체론-정당론-의회론-선거론)으로 구성되었고, 후편

---

10 姜尙雲, 『現代政治學槪論』, 文藝書林, 1948. 강상운의 본명은 강주진(姜周鎭)이다. 1919년 경북 상주에서 출생, 1941년 中央大學 法學科에 입학, 1943년 9월 졸업했다. 졸업 직후 치안유지법 위반혐의로 체포되어 구치소에 1년여 수감되었다가 기소유예로 석방된 뒤, 1945년 1월 京城日報社 조사부에 입사하였다. 해방 이후 京城商工學校 교사 등을 하다가 1948년 9월 중앙대학교 강사가 되었고, 한국전쟁 발발 이후 중앙대학교 교수로 재직하면서 학계, 언론계, 정계에서 활동했다. 尙雲姜周鎭博士華甲紀念論文集刊行委員會, 『尙雲姜周鎭博士華甲紀念論文集』, 1979, i~iv 참조.

(현대정치학) 또한 다섯 개의 장(자본주의적 제국주의론-독재정치론-민족사회주의와 국가사회주의론-사회주의론-기타)으로 이루어졌다. 자료편에는 「불란서인권급국민권선언(佛蘭西人權及國民權宣言)」, 「미국독립선언서(美國獨立宣言書)」, 「중화쏘비에트헌법(1931)」, 「국민사회주의독일노동자당 정강(國民社會主義獨逸勞動者黨의 政綱)」을 수록하였다(표 4 참조).

강상운은 전편 '일반정치학'의 「서론: 정치학의 개념」에서 '정치학'에 관한 소략한 정의를 내렸다. 그는 정치학을 "국가의 본체급작용(本體及作用)에 대하여 총괄적인 이법(理法)을 연구"하는 학문, "특히 국가의 시책이법(施策理法)을 일반적으로 연구하는 학문"이라고 정의했다.[11] 즉 정치학을 '국가'의 본질과 작용에 관한 일반적인 원리를 탐구하는 학문으로 규정한 것이다. 이어서 일반적인 정치학 개론서들이 다루는 정부형태, 정치제도 등을 소개했다. 후편 '현대정치학'에서는 당대의 주요 정치 이데올로기와 그에 근거한 정치원리를 상술하면서 저자의 정치적·이념적 지향을 직접적으로 완연하게 표출했다. 그런 측면에서 그의 저술은 정치학 개론서로서 비교적 독특한 형식을 취한 것이라 할 수 있다.

후편 '현대정치학'에서 강상운은 제2차 세계대전에서 추축국이 패전한 상황임에도 추축국 진영을 지배했던 '국가사회주의=파시즘', '민족사회주의=국민사회주의=나치즘' 등의 정치원리를 적극적으로 평가하면서, 이를 바탕으로 해방 이후 민족이 지향해 나갈 정치원리이자 체제구성의 원리로서 '민족사회주의'적 이념을 내세웠다. 현대 정치의 3대 이념으로 "자유민주적 정치 관념", "맑시스트 정치 관념", "민족주의적 전체주의적 정치 관념"을 들

---

11 위의 책, 13쪽.

고,[12] "민족주의적 전체주의적 정치 관념"의 출현 배경과 이념적 원리를 상술하는 가운데 이를 기조로 하여 앞의 두 정치 관념을 격렬히 비판한 것이다.

최근 1930년대 이래 세계 자본주의 체제의 위기 속에서 주변부의 파시즘 수용양상, 즉 반(反)제국주의를 바탕으로 사회주의와 민족주의를 결합하는 형태의 사상적 사례로서 강상운의 『현대정치학개론』을 주목한 연구가 제출되었다.[13] 이 연구는 『현대정치학개론』에 담긴 반(反)제국주의적 민족주의에 관하여 "나치즘을 저항적 민족주의로 이해하는 모습"이나 "정치적 역사주의"로서의 민족주의적 성격을 부각시키고 있으나, 일면적인 관점에서 평가한 것이라고 판단된다. 그가 내세운 민족주의·국가주의·전체주의는 반(反)제국주의-반(反)자본주의-반(反)개인주의를 담고 있었지만, 시종일관 비판의 주된 표적으로 삼았던 것은 "개인주의의 막다른 골목"이자 "유물론적 개인주의"이며,[14] 국제주의·계급주의를 지향하는 마르크스주의·공산주의였기 때문이다.

위의 선행연구는 강상운이 자료편에 「소련 헌법」(1936)이 아닌 「중화소비에트헌법」(1931)을 수록한 이유가 "반제국주의를 기조로" 했기 때문이라고 추정했다. 그런데 「중화소비에트헌법」은 1931년 11월 7일 루이진(瑞金)에서 선포한 중화소비에트공화국임시정부의 「헌법대강(憲法大綱)」을 지칭하는 것이다. 이는 잘 알려져 있듯이 1927년 제1차 국공합작 결렬 이후 코민테른의 '지도'를 배경으로 당을 장악했던 취추바이(瞿秋白)-리리싼(李立三)-왕밍(王明) 등으로

---

12 위의 책, 15쪽.

13 강상운의 『現代政治學槪論』에 주목한 다음 연구를 참조. 후지이 다케시, 『파시즘과 제3세계주의 사이에서』, 역사비평사, 2012, 30~31쪽; 후지이 다케시, 「한 정치학개론의 운명」, 정근식·한기형·이혜령·고노 겐스케·고영란 엮음, 『검열의 제국』, 푸른역사, 2016.

14 위의 책, 140·145·148쪽.

이어지는 중국공산당 지도부의 소비에트혁명 노선에 입각한 것으로서, 제1조와 제2조에서 중화소비에트공화국은 "공농민주전정(工農民主專政)",[15] 즉 노농독재 국가임을 밝히고 있다.[16] 이와 더불어 강상운이 '모스크바 본부(莫部本部)'의 "지령(指令)"에 따르는 "국제노농사회주의(國際勞農社會主義)"라고 극렬히 비난했던 '프롤레타리아 국제주의'에 관한 어구, 즉 "제17조 중화소비에트 정권은 세계 무산계급과 피압박 민족과 같이 한 줄의 혁명선상에 있어서 무산계급군정(無産階級軍政)의 국가~소비에트동맹(露西亞)과 공고한 연맹이라는 것을 신인한다"[17]를 담고 있다. 따라서 그는 '반(反)계급주의', '반(反)국제주의'로서의 '반(反)공산주의'를 주장하기 위한 표본으로서 「중화소비에트헌법」을 수록한 것이라고 판단된다.

이러한 측면은 당시 한국 사회가 직면한 대내외적 상황 속에서 "민족사회주의"의 구체적인 지향점을 담고 있는 후편(현대정치학)의 마지막 장을 통해 더욱 잘 드러난다. 강상운은 반제국주의적인 저항적 민족주의를 주된 정치원리로 내세우기보다는 반공주의와 직결된 전체주의적 민족주의, 국가주의에 입각한 내적 체제 건설의 지향을 담았던 것이다. 마지막 장에서 그는 민족주의적인 관점에서 "공산주의에 대한 가차 없는 비판"이 필요하다고 하면서 한 절을 할애하여 해방 이후 좌익 세력의 행태와 결부하여 마르크스주의의 국가론과 국제주의, 계급투쟁론, 유물론 등을 비판했다. 이어서 파시즘·나

---

15 위의 책, 200~201쪽.

16 중화소비에트헌법 제정 전후 중국공산당의 혁명운동과 노선에 대해서는 다음의 연구를 참조. 西村成雄, 「中華民國·中華ソヴィエト共和國·國民參政會」, 和田春樹 外編, 『東アジア近現代史通史』 (5), 岩波書店, 2011; 石川禎浩·栗原浩英, 「コミンテルンとアジア」, 和田春樹 外編, 『東アジア近現代史通史』 (5), 岩波書店, 2011; 白永瑞, 「第2次 國共合作의 成立過程과 그 意義」, 서울大學校東洋史學研究室 編, 『講座中國史 III』, 지식산업사, 1989.

17 姜尙雲, 앞의 책, 205쪽. "無産階級軍政"은 "無産階級專政"의 오식(誤植)으로 보인다.

치즘과 같이 "열강 제국과 동등한 지위를 확보"하기 위해 "적극적인 침략주의화할 우려가 있는" 국가주의를 주장하는 것이 아니라, "사회운동의 지도원리"로서 "국내 개조, 사회개혁을 실행하는 것"에 주안을 두는 것이라고 하였다. 이를 위해 "국제적인 계급연대가 아니라 무계급적인 국가의 연대"가 필요하며, "국가 전체적 조화"의 입장에서 이를 문란케 하는 것을 제거하고, "국가 내부의 결속"을 강화하는 가운데 "사회개혁에 집중"하는 것이 필요하다고 했다.[18] 그리고 입헌정치의 기본원리로서 자유주의의 중심에 있는 "삼권분립의 조직, 의회제도의 문제, 법치주의의 원리, 정당정치의 형태"의 결함과 실패를 지적하고, 그를 극복하기 위해 출현한 독재정치, 즉 소련의 "계급독재"와 "독일·이탈리아와 같은 민족지상독재"를 비교하는 가운데 "법치주의 대신에 실질적인 정의주의", "의회의결주의 대신에 지도자결의주의", "삼권분립 대신에 통령주의"를 지향하는 전체주의 정치원리가 공산주의에 비해 "구원(久遠)한 이상(理想)은 빈약"할지라도 "현실적 문제해결"에 필요성이 크다고 평가하였다.[19]

이와 같은 전체주의·국가주의 원리에 입각한 내적 체제 건설로의 정향은 이후 한국전쟁 발발 직전에 발표했던 「팟시즘정치론」의 내용이 반제국주의적 민족주의보다는 이탈리아 파시즘이 추구했던 전체주의적 국가주의의 이론과 제도, 실천에 집중하고 있다는 점에서도 잘 드러난다.[20] 강상운은 파시즘에 대해 당시 "일반 국민들이 19세기 이전의 전제군주정치 이상의 야만적 암흑정치로 여기고 있는 것"은 "왜적 일본의 동맹국"으로서 "자본·공산 양국"에게 패배했기 때문이라고 하면서도, 파시즘은 그 실제 정책에서 "통일적 조

---

18 위의 책, 188~189쪽.

19 위의 책, 192~193쪽.

20 姜尙雲,「팟시즘政治論」, 宣文社 篇,『學生과 政治』, 1950.

직과 정책 실현에 강력한 힘의 발동은 이를 인정해야 할 것"이며, "독재제도"에 있어서도 "일종의 직능대표제(職能代表制)적인 싼듸카리즘적 조합국가를 형성한 것"이라고 하면서 "후진민족국가로서의 적호(適好)의 타산지석이 되는 것"이라고 평가했다. 이러한 문제설정 속에서 무솔리니(Benito Mussolini)의 파시즘 이론과 더불어 파시즘 체제 구축에 깊이 개입했던 경제 분야 법학자이자 정치인이기도 했던 알프레도 로코(Alfredo Rocco)의 파시즘 국가조직 체제로서의 '조합국가'론을 상세히 소개했다.

위와 같이 내적 체제 건설의 원리로서 전체주의적 국가주의를 내세웠던 강상운은 '민주주의', '민주정치'를 어떻게 인식했을까? 그는 전편 '일반정치학'에서 국체론(國體論)-정체론(政體論)에 근거하여 국체(國體)를 군주제, 과두제, 민주제로 나누고 "민주제는 국민 전부에 통치권을 귀속시키는 체제"로서, "국가의사를 국민 총의에 의해 결정"하는 것이라 하였다.[21] 또한 그는 독재를 "정체(政體)의 일종"으로 규정하여 "국체"에 따라 "군주적 독재정치, 과두적 독재정치, 민주적 독재정치"로 구분했다. 그의 '독재정치론'은 칼 슈미트(Carl Schmitt)의 독재론에 근거한 것으로, 먼저 "전제정(專制政)"과 "독재정(獨裁政)"을 구분하여 전제정은 혈통적 세습적 지위에 근거하여 "종극적(終極的), 결정적, 영속적인" 형태이므로 입헌정치와 양립 불가능한 반면, 독재정은 "비상시적, 편의적, 과도기적" 정치 형태로서 합법적 또는 비합법적으로 "법률을 초월하여 전자적(全恣的)으로 행사하는 실력적 지배"라고 하였다. 독재정은 입헌정치와 양립 가능한 것으로 "특명적(特命的) 독재"(이른바 위임적 독재)와 "주권적 독재"로 구분하고 "독재정치"를 "민주주의와 대립되는 관념"이라고 간주하는

21 姜尙雲, 앞의 책, 25~26쪽.

것에 동의하지 않았다.[22] 그러므로 앞서 언급한 "자유민주적 정치 관념", "맑시스트 정치 관념", "민족주의적 전체주의적 정치 관념" 모두 민주적인 것으로 파악하는 것이다.[23]

무솔리니의 파시즘 이론을 소개하면서 인용했던, 즉 "팟시즘은 가장 순수한 형태에 있어서 데모크라시인 것"이라고 그 스스로 설파하진 않았고, 남한 정부수립 이후 1950년 집필한 「정치사상해설」의 '독재정치' 항목에서는 "근본적 정치형식으로서는 독재정치"가 허용될 수 없다고 선을 그었지만,[24] 그의 민주주의 인식은 앞서 살펴보았던 바와 같이 1920~30년대 유럽을 중심으로 근대 자유주의 정치원리의 파산을 선고하며 대두했던 '전체주의적 정치원리'를 답습, 지속한 것이었다.

2. 서필원, 백상건의 정치학 원론서와 이마나카 쓰기마로(今中次磨)의 정치학

강상운의 『현대정치학개론』은 '전체주의적 민족주의' 정치원리를 해명하고 그 이념적·실천적 의의를 밝히는 데 치중한 것이었기 때문에, 학문으로서의 '정치학'을 정의하고 그 학적 원리를 체계적으로 검토하는 형식과 내용은 주변화되었다. 이에 반하여 한국전쟁 직전 저술된 서필원의 『정치학원론』과 백상건의 『정치학강의』[25]는 분과학문으로서의 '정치학'을 논구하는 형태의

---

22 위의 책, 109~111쪽.

23 위의 책, 190쪽.

24 姜尙雲, 「팟시즘政治論」, 앞의 책, 197쪽; 姜尙雲, 「政治思想解說」, 宣文社 篇, 『學生과 政治』, 1950, 223쪽.

25 『政治學講義』는 공식 출판된 도서가 아니라 광주에 있던 조선대학(朝鮮大學)에서 강의용으로 1950년 발

원론서였다. 백상건은 저술 후반부에 제도에 관한 설명을 추가하기는 했지만, 이들 저작은 법과 제도, 정치기구에 관한 소개와 검토를 중심으로 한 것이 아니라 독자적인 영역으로서 '정치'와 그것을 대상으로 하는 '정치학'에 관한 논구가 핵심을 차지하고 있다는 점에 유의할 필요가 있다.

그런데 이들 저작에서는 현재는 거의 사용되지 않는 '정치학'의 하위 분야로서 "정치정책(政治政策)", "정치정책학(政治政策學)"이라는 용어가 나타난다. 서필원은 「자서(自序)」의 끝에 "정치학에서의 가장 중심이 되는 정치정책학은 지면관계상 이것을 생략한다"고 덧붙였으며,[26] 백상건은 "정치학 근본 과제로 하여야 할 것은 일반 정치학 원리와 정치정책 원론만이다"라고 썼다.[27] 단행본 저작은 아니지만, 당시 '정치학 개설'을 위해 작성된 신도성의 글에서도 찾아볼 수 있다. 신도성(愼道晟)은 정치학을 "정치과학, 정치철학급정책학(政治哲學及政策學)의 3대 부분"으로 구분할 수 있다고 했다. 정치과학은 "정치적 사실을 객관으로 인식하여 체계화하는 것"이며, 정치철학은 "정치의 이상 또는 그 윤리적 가치를 추구하는 것"이고, 정책학은 "정치적 현실을 정치이상에까지 고양시키기 위한 수단 방법을 논하는 것"이라고 했다.[28]

이와 같은 한국전쟁 이전 한국 정치학자들의 '정치학 구성론'은 20세기

행된 285쪽 분량의 책자이다.

26 徐必源, 『政治學原論』, 愛知社, 1950, 「自序」 2쪽. 서필원(徐必源)의 행적은 아직 확인하지 못했다. 그의 『政治學原論』에는 1949년 9월 작성된 배성룡(裵成龍)의 서문(序文)이 실려 있다.

27 白尙健, 『政治學講義』, 1950, 58쪽. 백상건은 1918년 평북 의주에서 출생, 중국 安東에서 보통학교를 거쳐 滿鐵에서 세운 安東中學校를 1937년 졸업, 1941년 日本第五高等學校를 마친 후 九州帝國大學 法文學部 法學科에 입학했다. 1943년 九州帝大를 졸업하고 1943년 滿洲國 大同學院에 들어가 1년제를 수료하고 高等官試補가 되어 間島省延吉縣公署 企劃室에서 근무했다. 1945년 10월 귀국 후, 1948년 1월부터 南朝鮮過渡政府 人事行政處에서 일했고, 정부수립 이후 1948년 전남 朝鮮大學 文理學部 교수, 1952년 全南大學校 교수를 거쳐, 1956년 9월 중앙대학교 법정대학 교수로 활동하면서 고시위원, 정부 인사위원회 위원을 맡기도 했다. 煙峰白尙健博士華甲紀念論文集刊行委員會, 『煙峰白尙健博士華甲紀念論文集』, 1979, 3~5쪽.

28 愼道晟, 「(紙上大學) 政治學槪論(第一回)」, 『朝鮮敎育』 1권 6호, 朝鮮敎育硏究會, 1947년 10월, 70쪽.

에 들어서면서 독일의 국가학(國家學)·국법학(國法學)으로부터 '정치학'의 독립을 추구하는 과정에서 나타났던 근대 일본 정치학계의 그것을 따르고 있다.[29] 1901년 도쿄제국대학(東京帝國大學)에 신설된 정치학 강좌의 전임교수였던 오노즈카 기헤이지(小野塚喜平次)는 『정치학대강(政治學大綱)』(1903)에서 국가에 관한 연구를 순리(純理)와 응용(應用)의 두 영역으로 나눈 다음, 다시 순리 연구 분야를 기술적 연구(정치사 등), 설명적 연구(법규·사실)로, 응용 연구 분야를 범론(汎論)과 각론(各論)으로 구분했다. 이러한 분류에 근거하여 "광의에 있어서 정치학은 국가에 관한 제학(諸學)의 총칭"(광의의 정치학=국가학)이나, "협의에 있어서 정치학은 국가에 대한 사실적 설명을 제공함으로써 그 정책의 기초를 논하는 학"이라고 정의했다. 즉 좁은 의미에서 정치학은 국가와 관련된 '사실에 대한 설명적 연구'인 "국가원론(國家原論)"과 국가 정책의 일반원리를 논구하는 "응용범론, 즉 정책원론(政策原論)", 이 2개의 분야를 합한 것이라고 정의했던 것이다.[30] 이후 오노즈카의 제자들로서 일본 정치학계의 주류를 형성하게 되는 도쿄제국대학 법학부 정치학과 출신들은 대체로 스승의 분류법을 계승

---

29 일본의 근대국가 체제 수립 과정에서 나타난 독일의 국가학, 국법학 수용에 대해서는 다음의 연구를 참조. 蠟山政道,『日本における近代政治學の發達』, 實業之日本社, 1949, 63~86쪽; 이시다 다케시(石田雄) 지음, 한영혜 옮김,『일본의 사회과학』, 小花, 2003, 44~72쪽; 전상숙,「근대 '사회과학'의 동아시아 수용과 메이지 일본 '사회과학'의 특질」,『이화사학연구』, 이화사학연구소, 44집, 2012.

30 오노즈카 기헤이지(小野塚喜平次)의 정치학에 대한 정의와 그 구성론에 대해서는 小野塚喜平次,『政治學大綱(上卷)』, 博文館, 1903, 12~16쪽 참조. 이러한 오노즈카 기헤이지의 접근방식은 옐리네크(Georg Jellinek)가 『일반국가학(Allgemeine Staatslehre)』에서 "국가과학(Staatswissenschaft)"을 정치사(Politische Geschichte), 국가학(Staatslehre), 정치학(Politik) 등으로 분류했던 것을 변용하여 구성해낸 것이라고 할 수 있다. 일본 학계에서 나타난 '국가학'으로부터 '정치학'의 독립 과정과 그 특성에 대해서는 다음의 연구를 참조할 것. 蠟山政道,『日本における近代政治學の發達』, 86~101쪽; 田口富久治,『日本政治學史の原流—小野塚喜平次の政治學』, 未來社, 1985, 37~54쪽. 로야마 마사미치에 따르면, '國家原論'은 국가의 '정태적(靜態的)' 원리 규명에 국한될 경우 국가학과의 변별이 용이치 않기 때문에 'Politik'에 내포된 역동적 계기를 포괄하면서도 동시에 국가 통치술로서 '개별 정책학의 단순 묶음'을 회피하기 위해 '政策原論' 범주가 필요했던 것이다. '國家原論', '政策原論'의 이중구조에 대해 이후 오노즈카는 양자의 관계를 명확히 하여 통일할 필요가 있었고, 1910년대 초반 이후 국가원론에 정책원론을 흡수하는 형태로 정치학 강의가 이루어졌다고 한다. 이에 대해서는 南原繁·蠟山政道·矢部貞治,『小野塚喜平次—人と業績』, 岩波書店, 1963, 121쪽 참조

하는 가운데, 제1차 세계대전을 전후하여 일본 학계에 지대한 영향을 미쳤던 신칸트학파의 학문 분류법을 수용하면서 학자에 따라 약간의 차이가 있으나, 좁은 의미의 정치학(정치과학 혹은 정치원리학), 정치철학, 정치정책학으로 '정치학 구성론'을 전개했다.[31]

이러한 정치학 구성론에서도 근대 일본 정치학의 영향을 엿볼 수 있거니와, 아래의 서술을 통해 드러나듯이 서필원과 백상건의 저술은 형식과 내용 등 모든 면에서 근대 일본 정치학계의 학문 체계와 성과에 크게 의존하고 있다. 두 책의 내용을 읽다 보면, 양자의 필치나 서술에서 적지 않은 차이를 느끼게 되지만, 두 책의 목차를 비교해보면 유사한 형식을 확인할 수 있다. 특히 "정치통제론" 항목이 그러하다. 먼저, 서필원은 정치학의 대상인 정치현상에 대해 "집단적 사회생활이 필연적으로 요구하는 법적 질서와 그 지배를 확립하기 위한 작용", 혹은 "실력적 지배에 의하여 법적 통일질서를 부여하려고 하는 작용"[32]이라고 정의했다. 백상건은 정치 개념을 "정치는 사회적 실력 지배 관계", 즉 "사회적 실력 통제 작용"으로서 "단체적 관계에 있어서의 통제 작용"인 동시에 "법적 가치의 실현을 목적으로 하는 작용"[33]이라고 하였다. 두 사람의 정의에서 공통적인 키워드는 집단(단체), 실력(힘), 법이다. 이러한 '정치현상'에 대한 정의와 직결되어 있는 부분이 '정치통제(政治統制)' 항목이다. 서필원은 '정치통제'의 구성에 관하여 다음과 같이 썼다.

---

31 오노즈카 기혜이지의 제자 세대로서 1920년대 일본 정치학계의 '정치', '정치학'에 관한 학문적 정의, 내부 구성, 방법론 등을 둘러싼 논의를 살펴볼 수 있는 문헌으로는 吉野作造 編, 『(小野塚教授在職卄五年記念) 政治學研究 第一卷』, 岩波書店, 1927, 第一部 '政治學方法序論'에 수록된 도자와 데쓰히코(戶澤鐵彦), 호리 마코토(屈眞琴), 삿사 히로오(佐佐弘雄)의 논문을 참조.

32 徐必源, 앞의 책, 1~2쪽.

33 白尙健, 앞의 책, 32쪽.

정치의 특질은 체제적 통제에 있다. 통제라는 것은 하나의 의욕이 강제적으로 다른 의욕을 억제하는 것을 의미한다. 따라서 정치통제 작용이라는 것은 정치 그것이 통일적 법질서를 창조하고 이것을 피지배자에 향하여 강행하는 기능을 가지고 있다는 것을 표시하는 데 불과하다. 그리고 정치통제가 나타나기 위하여서는 다음과 같은 세 속성을 필요로 한다. ① 통제의 주체, ② 통제의 실력 및 ③ 통제의 원칙 이것이다. 통제의 주체를 "정치통제의 인격성(통일성)"이라고 하며, 통제의 실력을 "정치통제의 사실성"이라고 하고, 또 통제의 원칙을 "정치통제의 합리성(합법성)"이라고 한다. 정치통제의 인격성이라는 것은 명령의 주체와 복종의 주체를 의미하는 것이며, 그 인격성은 정치단체에 있어서의 목적의 통일성이므로 집단사회의 각 요소는 필연적으로 하나의 단체적 인격성을 중심으로서 결합되는 것이다. 그 결합을 실현시키고 있는 실력의 관계가 정치통제의 사실성이되, 이것은 정치통제의 이론적 근거가 아니라 사실적 관계다. 그리고 그 실현의 형식에 대한 이론적 근거가 정치통제의 합리성이되, 이것은 결국 정치통제의 가치비판적 근거가 되는 요소다.[34] (밑줄―인용자)

앞서 언급한 정치현상에 대한 정의와 연관하여 인용문의 내용을 요약하자면, 정치는 정치통제 주체(단체인격성)가 실력(힘)에 의거하여 법(합리성)을 실현하는 것이라고 할 수 있다. 바꿔 말하면 실력(힘)의 사실적 측면과 법(합리성)의 가치적 측면이 정치통제 주체의 인격성에 의해 통일되는 것이다. 정치통제 단체를 '지배관계에 의해 결합되어 있는 단체'로서 '국가적 정치통제 단체'로 규정하고 있다는 점을 감안하면 좀 더 구체적으로 이해할 수 있을 것이다. 구체적인 서술에서는 일정한 차이가 있지만, 두 책 모두 정치현상의 핵심

---

34 徐必源, 앞의 책, 43~44쪽.

今中次麿, 『政治學要論』(1928)	徐必源, 『政治學原論』(1950)	白尙健, 『政治學講義』(上卷, 1950)
제1장 정치학 구성론 　1) 사회과학론 　2) 정치개념론	제1장 정치학 구성론 　1) 정치학방법론 　2) 정치개념론	제1장 정치학의 기초개념 　1) 정치학의 지위 　2) 정치학의 대상 　3) 정치학의 연구방법 　4) 정치학의 근본문제
제2장 정치발생론 　1) 원시정치론 　2) 현대정치론	제2장 정치발생론 　1) 원시적 정치기원론 　2) 역사적 정치형태론	제2장 정치발생론 　1) 신권설, 2) 계약설, 　3) 정복설, 4) 족부권설
		제3장 정치발전론 　1) 고대국가, 2) 중세국가, 　3) 근대국가
제3장 정치통제론 　1) 사회통제론 　2) 정치단체론 　3) 정치권력론 　4) 정치가치론	제3장 정치통제론 　1) 정치통제 서론 　2) 정치단체론 　3) 정치권력론 　4) 정치가치론	제4장 정치통제론 　1) 일반사회통제론 　2) 정치주체론 　3) 정치권력론 　4) 정치가치론 　5) 정치목적론
제4장 정치직능론 　1) 정치기능론 　2) 정치목적론	제4장 정치직능론 　1) 정치기능론 　2) 역사적 정치목적론	제5장 국가론 　1) 국가용어, 2) 국가요소 　3) 주권, 4) 국가형태
제5장 정치정책론 　1) 정치정책론, 2) 통일정책론 　3) 치안정책론, 4) 경제정책론 　5) 문화정책론, 6) 외교정책론		제6장 정부론(행정부론) 　1) 국가원수 　2) 행정부 　3) 각국 행정부의 실제

을 "정치통제"에서 찾고 있다.

그런데 각주, 참고문헌에 표기되지는 않았지만, '정치통제'에 '단체인격성'(주체성=통일성), '사실성'(힘), '합리성'(법=규범성)의 세 가지 축으로 접근하는 두 책의 관점은 1920년대부터 이마나카 쓰기마로(今中次麿)의 정치학에 의해 전개된 것이었다.[35] 〈표 2〉에서 살펴볼 수 있듯이, 서필원의 『정치학원론』은

35　이마나카 쓰기마로(今中次麿, 1893~1980)는 히로시마(廣島)에서 태어나 第五高等學校를 거쳐 1915년 東京帝國大學 法學部 政治科에 입학, 1918년 졸업했다. 졸업 직후 요시노 사쿠조(吉野作造) 編 新時代叢書의 하나로서 『民本主義』(1919)를 저술했으며, 같은 해 同志社大學 교수가 되었다. 1922~23년 구미 여러 나라에 머물며 유학 후 귀국하였고, 1928년 九州帝國大學 法文學部 교수가 되었다. 1941년 발간한 『政治學』이 發賣禁止 처분을 받으면서 이듬해 교수에서 辭職할 때까지 同校에 재직하였다. 패전 이후 九州大學, 廣

이마나카 쓰기마로의 『政治學要論』(1928)과—제5장 「정치정책론」 부분이 빠져 있다는 점을 제외한다면—전체 구성이 매우 흡사하다. 백상건의 『정치학강의』 또한 이마나카의 『政治學要論』의 형식을 근간으로 하면서 제5장(국가론), 제6장(정부론)을 부가하는 형태로 구성되어 있다. 앞서 언급했던 백상건의 '정치' 개념도 그렇지만, '정치통제론'에 관한 내용 또한 『政治學要論』의 '정치통제론'과 차이를 발견하기 어렵다.[36]

그런데 서필원의 『정치학원론』에는 백상건의 '정치통제론'이나 이마나카의 『政治學要論』(1928)에는 찾아볼 수 없는 내용 또한 적지 않다. 예를 들어 서필원은 제1장 정치학 구성론에서 "과학으로서의 정치학" 혹은 "집단적 또는 사회적 실천으로서 정치에 대한 과학적 파악"에 결정적인 계기를 제공한 것으로서 '지식사회학', 특히 칼 만하임(Karl Mannheim)의 '이데올로기'론을 상술하고 있다. 즉 굼플로비치(Ludwig Gumplowicz)와 오펜하이머(Franz Oppenheimer) 등 오스트리아 사회학자들의 인종(人種), 종족(種族) 단위의 '집단투쟁'을 바탕으로 한 사회학적 국가론에 대해 사회과정을 자연영역과 동일한 '법칙성'으로 파악함으로써 "과학사상(科學史上) 불후의 공헌"을 했다고 그 의미를 높게 평가하면서도, 인간사회에서 나타나는 가치와 목적의 문제가 소실되는 한계를 가

島大學 등에서 교수로 재직했다. 그의 정치학에 관해서 다구치 후쿠지(田口富久治)의 다음 연구를 참조. 田口富久治, 『日本政治學の展開—今中政治學の形成と展開』, 未來社, 1990. 1920년대부터 패전 이후에 이르기까지 이마나카의 정치학은 '정치통제론'의 변화 과정이었다 해도 과언이 아닐 정도로, 그의 정치학에서 '정치통제론'은 중핵이었다. 패전 이후 저술인 『政治學序說』에서 '정치통제론'을 "政治運動과 政治權力의 關係를 分析"하는 연구영역이라고 하면서 "Theory on Government"라고 표기했던 것에서 그 의미의 일단을 엿볼 수 있다. 今中次麿, 『政治學序說』, 有斐閣, 1951, 71쪽.

36 今中次麿, 『政治學要論』, ロゴス書院, 1928. 참고로 황종률은 해방 이후 정치학 "初學者"를 위한 문헌을 소개하면서 이마나카 쓰기마로의 『政治學要論』을 "小著이나 現代의 政治學의 傾向을 充實히 傳한 點에서 髓一"일 것이라고 높이 평가하며 추천했다. 그 밖의 개론서로서 도자와 데쓰히코(戶澤鐵彦)의 『政治學槪論』(1930)과 로야마 마사미치의 『政治學의 任務와 對象』(1925)을 들고 있다. 黃鍾律, 「政治學入門—文獻紹介」, 『新潮』 創刊號, 新潮社, 1947년 4월, 35쪽.

졌기 때문에 이를 극복하기 위해 신칸트주의의 방법적 이원론(법칙성 영역과 규범성 영역)이 대두했다고 보았다. 그러나 그러한 이원적 방법은 인간의 '사유'를 개인적인 것으로 간주함으로써 이를 "집단현상"으로서 과학적으로 파악할 수 없었기 때문에 더 이상의 진전을 이루어낼 수 없었다고 평가하고, 그와 같은 한계는 "역사적, 집단적 사회성"에 의해 규정된 "정치적 사유"를 사회과학의 대상으로 했던 칼 만하임의 '이데올로기'론을 통해 극복할 수 있게 되었다고 했던 것이다.

위와 같은 서필원의 '정치학 방법론' 발달에 관한 정리방식은, 이마나카 쓰기마로가 1930년대 전반 만하임의 지식사회학을 수용하면서[37] 자신의 기존 저작 『政治學說史』(1931)를 대폭 수정·증보하여 "학설사적으로 본 정치통제론"을 목표로 1938년 펴낸 『政治統制論』의 내용과 동일한 것이었다. 『政治統制論』의 「서언」에서 밝히고 있듯이,[38] 이마나카는 만하임의 정치사회학 중에서도 적대적 관계의 계급들 속에서 "자유부동하는 지식인계급의 동태적 종합화" 가능성에 주목하기보다는 "사유의 존재구속성"에 근거한 '이데올로기'론을 활용하여 자신의 기존 정치학 체계를 새롭게 재구축함으로써 '정치학의 과학화' 기획을 더욱 진전시키려 했다.[39] 서필원의 『정치학원론』은 이마

---

37 1920년대 이후 일본의 유럽 지식사회학 수용양상을 분석하면서 이마나카의 만하임 지식사회학 수용을 다룬 연구로는 秋元律郞, 「日本における知識社會學の受容とK.マンハイム」, 『社會科學討究』 39권 1호, 早稻田大學 社會科學硏究所, 1993 참조.

38 그는 『政治統制論』(日本評論社, 1938)의 「緒言」에서 "만하임으로부터 배운 것은 그의 中間層的, 綜合的 立場이 아니라 그의 이데올로기론에서 知識의 社會存在性에 관한 주장"이었다고 썼다.

39 "자유부동하는 지식인계급의 동태적 종합화" 문제는 만하임의 대표적인 저작 『이데올로기와 유토피아』의 제3장 「학문으로서의 정치는 가능한가」에서 집중적으로 제기된 것이었다. 카를 만하임 지음, 임석진 옮김, 『이데올로기와 유토피아』, 김영사, 2012, 255~400쪽. 여기에서 만하임은 "현재의 구조적 상황을 통해서 볼 때, 정치란 단지 당파적 지식뿐만 아니라 전체에 관한 지식으로 성립할 수도 있게 됨으로써 전반적인 정치 분야의 생성에 관한 지식으로서의 정치사회학이 실현될 수 있는 단계에 들어섰다"고 하면서, 정치에 관한 지식의 당파성을 넘어설 수 있는 "정치사회학 형태를 갖춘 과학으로서의 정치학"과 그 전달 가능성(교육) 문제를 탐색하고, 그것의 담당자로서 '지식인계급'을 강조했던 것이다(같은 책, 326~353쪽). 칼 만하임

나카의 작업을 부분적으로 채용하는 수준에서 그친 것이라기보다는 사실상 전체적인 형식과 내용을 그의 작업에 기대어 집필한 것이라 할 수 있다.

그런데 서필원은 마지막 절인 '역사적 정치목적론'에서 이마나카의『政治統制論』(1938) 내용과 일정한 차이를 보인다. 이마나카는 마지막 장 '정치통제목적론'을 통해 당시 정치통제의 목적과 관련하여 자신의 이데올로기적 지향을 선명히 표명했다. 그는 정치통제 목적의 역사적 유형을 '재산국가-경찰국가-법치국가-문화국가-경제국가'로 정리했는데, 이것은 옐리네크(Georg Jellinek)를 비롯한 국법학 계통에서 다루어진 '국가목적론'을 계승한 것이라 판단된다.

'경제국가(Wirtschaftsstaat)'라는 용어는 1925년 프란츠 오펜하이머(Franz Oppenheimer)가 "프롤레타리아트의 정치적 발흥"을 두고 "법치국가를 대체"하는 "경제국가의 출현"을 알렸던 것에서 처음으로 명료하게 그 의미가 표현되었다고 평가하고, '경제국가'에 대한 조숙한 구상으로서 일국 단위의 "사회주의적 계획경제"를 주장했던 피히테(Johann G. Fichte)의 '봉쇄상업국가론'을 들기도 했다.[40] 이마나카는 "현대의 요구는 사회생활의 분열에 대한 극복, 협조 통

의 지식사회학에 대한 비판적 연구로서 전태국,『지식사회학—지배·이데올로기·지식인』(제3판), 도서출판 한울, 2013, 370~428쪽 참조.

[40] 대공황과 만주사변(1931)을 거치면서 1930년대 중반 이후 사회과학계, 특히 경제학계를 중심으로 통제·계획경제론에 대한 관심이 증대되는 가운데, 기존 신고전파 경제학을 비판하는 '정치경제학' 또는 '사회경제학'의 흐름 속에서 피히테의 '封鎖商業國家'論은 일국 단위에서 민족주의와 사회주의를 결합시키려 했던 초기 구상으로서 재조명되었다. 그러한 관점에서 피히테는 "國民社會主義의 아버지"라고 불리기도 했던 것이다. 이러한 측면에서 피히테의 경제사상을 고찰하고 있는 당시 일본의 연구로서 Johann G. Fichte, 出口勇藏 譯,『封鎖商業國家論』, 弘文堂書房, 1938,「解說」; 出口勇藏,「フィヒテに於ける國民の福祉—『封鎖商業國家』の一研究」,『經濟論叢』 34권 2호, 京都帝國大學 經濟學會, 1936; 高島善哉,「フィヒテ『封鎖商業國家』の一研究の一特にリストの國民經濟學體系に關聯して」,『東京商科大學研究年報 經濟學研究』 6, 1939 참조. 패전 이전 일본 사회과학계의 위와 같은 흐름은 해방 이후 한국의 사회과학자, 특히 경제학자들에게도 이어졌다. 韓春燮,「휘이테(J. G. Hichte)와 國家」,『朝鮮教育』 3권 1호, 1949년 3월호; 崔文煥,『近世社會思想史』, 白映社, 1949, 212~215쪽; 崔文煥,「피히테에 있어서의 民族主義와 社會主義의 意義」,『民族文化』 2, 全國文化團體總聯合會, 1950년 2월. 한춘섭의 경우에는 피히테의 국가사상과 사회주의를 슈판

일의 실현"에 있다고 하면서, 당대의 파시즘을 "문제의 기원이 물질적 생활 사실에 존재"함에도 불구하고 현실 사회모순의 화근(禍根)을 제거하는 것이 아니라 "정신적 방법"으로 극복, 지도하려는 것이라 하여 "문화국가의 재흥" 현상으로서 규정했다. 따라서 그는 장래의 국가원리로서 "경제국가"는 바이마르헌법과 같은 규정에서 볼 수 있는 "통제와 자유의 혼합(カクテール)"을 넘어서는 통일적 원리의 확립이 필요하다고 보았다. 당시 사회생활상의 모순은 "자본주의 그 자체의 모순"으로 나타난 것이므로, 경제국가의 목표는 "전체적인 계획적 통제"에 의하여 "생활적 혼란"을 수습하는 것에 있으며, 이러한 통제를 수행하는 "정치권력"은 "자본주의적 모순에 의해 빈곤의 위협을 받는 계층"의 "생활적, 역사적 실천"에서 "실력적, 사실적 기초"를 갖는 것이어야 한다고 했다. 그는 이것을 다른 말로 표현한다면 "경제적으로는 계획주의", "문화적으로는 국제주의"에 입각한 사회주의라고 했다.

이에 대비하여 백상건의 『정치학강의』 제4장 제5절 「정치목적론」을 살펴보면, '경제국가' 항목을 설정하면서, 프란츠 오펜하이머의 관점 등에 근거하여 '경제국가'는 '법치국가'와는 달리 "국가간섭과 국가통제에 의해" "개인의 인간다운 생활", "개인 경제생활의 해방"을 정치목적으로서 추구하는 것이라고 하는 추상적인 수준의 서술에 그치고 있다.[41] 이러한 '경제국가'에 관한 서술은 이마나카의 『政治統制論』(1938)에서는 찾을 수 없지만, 그 책의 저본이었

(Othmar Spann)의 '보편주의', 즉 '전체주의적인 조합주의'에 연결시키기도 했다.

41 白尙健, 앞의 책, 167~170쪽. 해방 이후 '정치학' 관련 텍스트 중에서 '경제국가(經濟國家)'에 관하여 상술한 문헌으로는 당시 동국대 교수이자 고려대 강사였던 김영구의 다음 글을 들 수 있다. 金永求, 「政治學槪論」 (2), 『法律政治學講義』 제2호, 朝鮮通信法政學會, 1948년 2월, 50~51쪽. 김영구(1920~2007)는 第一高普와 日本 福岡高校를 졸업하고 東京帝國大學 法學部 政治科를 졸업했다. 해방 이후 동국대, 고려대, 서울대 법대 교수를 지냈으며, 한국전쟁 이후 정계에 진출하여 민주당 소속으로 1960년 5대 국회의원 선거(포천군)에서 당선, 장면 정권에서 내무부 정무차관을 역임하기도 했다. 이에 대해서는 국사편찬위원회 한국사데이터베이스(http://db.history.go.kr) 참조.

던 『政治學說史』(1931)의 내용과 동일했다. 즉, 백상건의 제3장 5절 「정치목적론」은 이마나카의 『政治學說史』 제4장 제2절 「政治目的論史」[42]에 전적으로 기대고 있었던 것이다.

반면 서필원의 『정치학원론』 제4장 제2절 「역사적 정치목적론」은 재산/경찰/법치/문화국가만을 제시하고 '경제국가' 항목이 빠져 있다. 그렇지만 그는 제4장 제1절 '정치기능론'에서 현대국가의 기능은 "경제 목적에 집중"되어 있다고 보는 가운데, "현대의 파씨즘"은 "하나의 세포가 전체를 위하여 봉사한다는 것과 같은 유기적 국가관"의 정치원리를 반복하여 "과거의 경찰국가"와 같이 변질되어버린 "악례의 전형"이라고 비판하고, "현재 및 미래의 경제 정책"은 "앞날의 민주주의사회를 지도"하기에 충분한 새로운 원리여야 한다고 하였다.[43] 즉, 그는 "종래의 자유주의"하에서 무질서하게 "방임된 현금의 사회생활관계를 어떤 공공적 지도원리, 즉 균등사회의 수립" 원칙에 입각함으로써[44] '민주주의'의 전도를 열어가는 것에 현대국가가 지향해야 할 정치목적이 있다고 보았던 것이다. 그렇기 때문에 1948년 제헌헌법에 대해 "사회생활 사실을 기초로 함으로써 균등사회의 수립을 기하는 동시에 국민에게 인간다운 생활을 보장하기 위하여 선명(宣明)한" 것으로 간주하고, "정치적, 법률적으로 민주주의 국가를 수립하고자 했을 뿐만 아니라 경제적, 사회적 및 실질적으로도 민주주의 국가를 수립"하고자 한 것이라고 적극적으로 평가하면서 책을 마무리했다.[45] 요컨대, 서필원은 자신의 원론서 서술을 이마나카의 『政治統制論』(1938)에 크게 기대고 있으면서도 이마나카가 제한적으로만 의

---

42 今中次麿, 『政治學說史』, 日本評論社, 1931, 437~479쪽.

43 徐必源, 앞의 책, 71쪽.

44 위의 책, 42~43쪽.

45 위의 책, 97~98쪽.

미를 부여했던 바이마르헌법의 "사회적 법치국가" 수준을 자신의 이데올로 기적 지향으로 삼았던 것으로 보인다.

이와 같이 서필원과 백상건은 이마나카의 '정치통제론'에 크게 의거한 가운데 둘 다 '정치통제' 목적과 관련하여 '경제국가'의 중요성을 강조했지만, 앞서 언급한 만하임의 지식사회학에 관한 내용뿐 아니라 이마나카의 파시즘에 대한 비판적 관점이 서필원에게는 이어진 반면, 백상건의 저술에서는 그러한 내용을 찾아보기 어렵다는 점에서도 변별된다.[46] 앞서 살펴보았듯이 '파시즘'에 대한 비판과 결부되어 있던 서필원의 '정치목적론'에서 전개한 '경제국가'의 지향은 제헌헌법 초안을 기초했던 유진오(俞鎭五) 헌법론의 근저에 놓인 '국가조직의 원리'론과 맞닿은 것이었다고 할 수 있다.

5·10 총선거를 즈음하여 쓴 글에서 유진오는 "미·불혁명(美佛革命)"에 의해 "실정 국가조직원리"로 등장했던 '정치적 민주주의'와는 판이하게 "광범한

---

[46] 『政治統制論』(1938)의 '정치목적'에 관한 앞서의 소개에서도 일부 살펴볼 수 있지만, 이마나카 쓰기마로는 일본에서 1930년대 파시즘에 대해 비판적이었던 대표적인 정치학자이기도 했다. 파시즘을 "徹底的으로 有害한 것"으로서 규정하고, 그와 같은 독재정치론이 "어떠한 過程을 거치면서", "어떠한 動機에서 發生한 것인가"를 밝히는 가운데 파시즘에 "어떻게 抗爭해야 하는가"하는 '政策의 理論'의 도출을 목표로 하면서 1932년 '獨裁政治論叢書' 全4卷(『現代獨裁政治學槪論』, 『現代獨裁政治史總說』, 『ファシズム運動論』, 『民族의社會主義論』)을 간행했다. 또한 『政治統制論』에서도 그는 지식사회학을 1920년대 독일에서 대두했던 문화사회학의 한 조류로서 간주하고, 문화사회학을 "문화적 일체", "문화적 집단성"으로서 사회에 접근하는 새로운 관점으로 규정하면서, 이러한 문화적 집단성을 '정신적 일체성'에서 구하느냐, 아니면 '물질적 일체성'에서 구하느냐를 기준으로 '테오도르 리트(Theodor Litt)-프란츠 예루살렘(Franz W. Jerusalem)'의 흐름(전자)과 '한스 프라이어(Hans Freyer)-칼 만하임'의 흐름(후자)으로 발전했다고 보았다. 그리고 이를 '민족주의 사회학'과 '현실주의 사회학'의 대립, 더 나아가 파시즘과 마르크스주의의 대립에 상응하는 것으로 파악하는 가운데 만하임의 지식사회학, 즉 이데올로기론을 "인간 사유를 유물론적으로 파악하는 데 성공"한 것으로 평가하면서, 전자를 비판하고 후자의 경향을 긍정적으로 평가했다. 今中次麿, 『政治統制論』, 日本評論社, 1938, 112~124쪽. 다른 한편, 일본 제국주의·군국주의 대외침략이 노골화되는 가운데 '東亞新秩序建設'을 주창했던 제2차 近衛聲明 직후인 1939년경부터 '東亞協同體'論을 전개하고 1941년 『東亞의政治의新段階』를 출간했다. 이와 같은 이마나카의 행보에 대해 다구치 후쿠지는 권력의 압력으로 인한 "轉向"이라기보다는 "中國의 抗日 내셔널리즘에 대한 過小評價"와 함께 "9·18事件, 滿洲 建國을 旣定事實로서 承認"하면서 "大陸에서의 日本生命線 主張을 自明視"하고 "日本帝國主義의 侵略性을 過小評價"했던 그의 정세인식과 사상에 내포된 "盲點", "暗點"의 발현이라고 보았다. 田口富久治, 앞의 책, 『第三章 補論 今中의"東亞協同體"論』 참조.

경제적, 사회적 기능"을 요구하는 "국가의 경제적 조직"은 "역사적 필연적 소산"이라고 하고, '현대국가의 국가조직원리'로서 "경제적 사회적 민주주의"를 들었다.[47] 그는 제1차 세계대전 이래 '경제적 사회적 민주주의'가 세계 각국에 반영되었던 제 형태를 추적하면서, 먼저 파시즘의 '조합국가'와 나치즘의 '지도자국가' 또한 '직능대표제'를 채택하는 등 '경제적 사회적 민주주의'에 밀접히 관련되어 나타난 것이지만, 이들은 '정치적 민주주의'를 "봉살(封殺)"하기 위한 것으로서 "민주주의 국가조직원리"로서 논할 대상이 아니라고 했다. 다음으로, 영국노동당의 콜(G. D. H. Cole)·웹 부부(Sidney Web, Beatrice Web)가 주장했던 '길드사회주의'에 근거한 직능대표제 구상, 즉 기존의 정치의회와 별개의 대표 체계로서 "경제의회(經濟議會)" 혹은 "사회의회(社會議會)"의 창설 주장에 대해서 "정치와 경제"는 "이원적인 현상이 아니라 밀접한 구조적 연관성을 가진 것"이며, "소위 경제권(經濟權)"은 "단순히 경제의 영역에 머물러 있지 않고 '권(權)'으로서 강제력을 가지게 된다면 이미 경제가 아니라 정치요 법(法)"이라고 하였다. 그러므로 첫째, "지역대표제"에 근거한 정치권력(입법기관=의회)의 구성, 둘째 "전문가의 객관적 의견과 이해당사자의 특수적 욕망을 함께 정부에 개진할 수 있는" "자문기관으로서의 경제회의"의 구성이 유효적절하다고 주장했다.

그는 결론적으로 "미국식 민주주의"의 "정치적 자유의 이념"과 "소련식 민주주의"의 "경제적 사회적 균등의 이념"을 비판적 태도로 섭취하는 방향,[48] 경제적 측면에서 바꾸어 말하면 "프랑스혁명의 사유재산권"과 "소련헌법"의 "공공 사회주의 재산의 신성불가침 선언"이라는 "양극(兩極)"의 중간에서 "사

---

47 俞鎭五, 「國家의 社會的 機能」(一)~(三·完), 『法政』 3권 3~6호, 法政社, 1948년 3~6월. 이 글은 다음의 책에 수록되었다. 俞鎭五, 『憲法의 基礎理論』, 明世堂, 1950.

48 위의 책, 「序」 4~5쪽.

유재산과 경제 활동의 자유를 인정하면서 이를 사회 전체의 이익을 위하여 국가권력으로서 지도 통제해 나가는 방향을 지향하는" 독일 바이마르헌법을 새로운 "현대국가의 국가조직원리"를 담은 것으로 높이 평가했던 것이다.

3. 영·미 정치학 원론서 번역과 자유주의, 민주사회주의

미지막으로 해방 이후 외국 서적을 번역하여 발간한 정치학 개론서, 원론서들을 살펴보자. 당시 서울대학교 교수 김경수(金敬洙)[49]는 캘리포니아대학교 교수였던 게텔(Raymond G. Gettell)의 *Political Science*(1933)를 번역하여 『정치학개론』으로 출간했다. 번역자는 밝히지 않았지만, 원서 전체를 번역한 것이 아니라 발췌 번역이다. 원서는 전체 5부(part) 25개 장(chapter)으로 구성되어 있는데, 제5부 '국제관계'는 번역하지 않았고, 제1~4부 22개 장 중에서 13개의 장만을 번역했다.[50] "정치학(political science)"을 "국가에 관한 과학(the science of the state)"으로 정의했던 게텔의 학문적 특성은 국가에 관한 이론, 국가의 구성-기원-진화-목적, 그리고 주권과 정부형태 등으로 구성된 원서·번역서의 형식에서 잘 드러

---

49 김경수는 1921년 서울에서 출생, 1940년 京城帝國大學 法文學部 法學科에 입학하여 해방 직전 졸업했다. 해방 이후 서울대학교 정치학과에서 '정치학개론'과 '정치사' 강좌를 담당하였고, 한국전쟁 이후에는 고려대학교와 성균관대학교 교수를 지냈다. 以石金敬洙博士華甲紀念論文集編纂委員會, 『以石金敬洙博士華甲紀念論文集』, 1982; R. G. 겟텔 著, 金敬洙 譯, 『政治學槪論』, 章旺社, 1955, 말미의 역자소개 참조.

50 번역서의 목차는 다음과 같다. 제1장 정치학의 성질과 방법 구성, 제2장 정치학과 타 과학과의 관계, 제3장 국가의 분석, 제4장 국가의 기원, 제5장 국가의 진화, 제6장 국가에 관한 제 학설, 제7장 주권, 제8장 시민의 권리와 정치적 권리, 제9장 국가 및 정부의 형태, 제10장 권력의 분립, 제11장 권력의 구분, 제12장 국가의 목적과 기능, 제13장 국가의 기능에 관한 제학설. 번역에서 빠진 원서의 장(chapter)은 다음과 같다. 제4장 국가의 물리적(physical) 기초, 제5장 국가의 인구(population), 제11장 법(law), 제15장 헌법, 제16장 유권자(the electorate), 제17장 여론과 정당, 제18장 입법부, 제19장 행정부, 제20장 사법부, 제23장 국제관계, 제24장 국제법, 제25장 국제기구. Raymond Garfield Gettell, *Poltical Science*, Ginn and Company, 1933; R. G. 겟텔. 金敬洙 譯, 『政治學槪論』, 三一出版社, 1949 참조.

나 있다.

도로시 로스(Dorothy Ross)는 게텔의 첫 정치학 개설서인 *Introduction to Political Science*(1910)를 비슷한 시기 발행된 웨스털 윌로비(Westal W. Willoughby), 제임스 가너(James W. Garner), 제임스 딜리(James Q. Dealey) 등의 저작과 함께 '역사주의적 접근'보다는 추상적인 합리주의에 근거하여 '국가'의 법, 제도 연구를 중심으로 '시민적 권리와 국가권력의 조화'를 추구했던 텍스트로서 평가했다. 다시 말해, 남북전쟁 이후 미국 자본주의의 급속한 발달로 인해 나타난 사회적 균열을 '정부권력의 제한적 확대'만을 통해 통제하려 했던 19세기 말~20세기 초 미국 정치학계의 특정한 흐름을 담고 있는 저술로 보았던 것이다.[51] 학문적 경향으로 위치 짓는다면, 제1차 세계대전 발발 이전까지 독일의 관념론, 국가학 흐름으로부터 영향을 받는 가운데 '주권', '국가'의 법과 제도 중심으로 자유주의적 이념을 추구하려 했던 정치학 교과서의 하나라고 할 수 있다.

게텔의 *Political Science*(1933)를 1910년의 저작과 비교할 경우, 그 사이 영·미 정치학계에서 나타난 정치적 다원주의(political pluralism)의 확산, 러시아혁명과 파시즘의 대두 등 새로운 학문적·정치적 사태에 대한 대응으로서 '자유주의'를 근간으로 하면서도 광범한 국가의 개입과 규제(regulation)의 필요성을 인정하는 등 적지 않은 내용적 변화를 찾아볼 수 있다. 비록 대학 학부교육에서 활용되는 정치학 교과서였기 때문에 나타난 현상이라고 평가할 수도 있겠으나, 정치집단이나 정치과정 등에 주목했던 당시 미국 정치학계의 새로운 실증적 연구경향 등을 적극적으로 주제화하지 않았으며, '국가주권론'에 근거하여 정치적 다원주의에 대해 비판적인 입장을 견지하는 가운데, 여전히 '법'과 '제도'로서의 국가를 중심으로 한 정치학의 기본 틀을 지속하고 있다는 점

---

51 도로시 로스 지음, 백창재·정병기 옮김, 『미국 사회과학의 기원』 (2), 나남, 2008, 58~62쪽.

에서 그 이전과 비교하여 결정적인 변화가 나타났다고 보기는 힘들다.[52] 따라서 김경수가 번역한 『정치학개론』은 자유주의적인 관점에서 주권론을 토대로 '제도로서의 국가'를 중심으로 '정치'에 접근한 정치학 교과서라고 할 수 있을 것이다.

그렇다면 미국의 수많은 정치학 개설서 중에서 당시 게텔의 책이 선택되어 번역된 이유는 무엇일까? 1920년대 후반 일본에서 게텔의 정치사상사 저작이 번역된 바 있으므로 생소한 학자였다고 할 수는 없고,[53] 1910~20년대 미국에서 국가 통치의 제도적 연구경향을 보여주는 대표적인 정치학 교과서의 하나였다는 점도 그 배경으로 생각해볼 수 있지만,[54] 직접적인 번역의 계기를 게텔의 학문적 명성에서 찾는 것은 충분치 않다고 판단된다. 그의 정치학 교과서가 채택되어 번역된 배경을 확인할 수 있는 직접적인 1차 자료는 찾을 수 없었지만, 당시 미군정청 공보부에서 활동했으며 미군정하에서 창설된 서울대학교의 초창기 정치학과 강의를 담당하기도 했던 최봉윤(崔鳳潤)[55]

---

52 게텔의 *Political Science*(1933)에 대한 당시 서평으로 Francis G. Wilson, "Review: Political Science(1933) by Raymond Garfield Gettell", *The American Political Science Review*, Vol. 27, No. 4, Aug. 1933; R. K. Gooch, "Review: Political Science(1933) by Raymond Garfield Gettel", *Political Science Quarterly*, Vol. 48, No. 4, Dec. 1933 참조.

53 レーモンド・ゲッテル 著, 鷲野準太郎 譯, 『政治思想史』(上)·(下), 聚英閣, 1928.

54 당시 서울대학교에서 강의하기도 했던 서임수는 김경수의 번역본이 출간되자 짧은 서평을 통해 "本著는 가-나-氏의 그것과 함께 英美式 政治學의 가장 正統派의 이며, 標準的인 敎科書의 하나"라고 소개했다. "가-나-"는 제임스 가너(James W. Garner)를 지칭하는 것으로 보인다. 徐任壽, 「(新刊評) 『政治學槪論』」, 『京鄉新聞』 1949. 10. 21, 2면.

55 최봉윤(1914~2005)은 평북 의주(義州) 출신으로 1934년 평양 崇仁商業學校 졸업하고, 1938년 東京 靑山學院 神學部를 수료한 후 미국으로 건너갔다. 캘리포니아주 채프먼대학(Chapman College)에서 수학하는 가운데 흥사단에 가입·활동하고, 1941년 조선의용대 미주후원회에 참여하기도 했으며, 1944년 미국 전시정보기관 선전방송 활동에 가담했다. 나치 집권으로 인해 1940년 미국으로 망명하여 1945년 캘리포니아대학교에 자리를 잡았던 법학자 한스 켈젠(Hans Kelsen)의 지도로 석사학위논문(Bong Youn Choy, "Trusteeship System under the U. N. O. Charter", Univ. of California, June 1946)을 쓰고, 1946년 귀국하여 미군정 공보부에서 활동하다가 1948년 대한민국 정부수립과 함께 미국으로 돌아갔다. 崔鳳潤, 『떠도는 영혼의 노래—民族統一의 꿈을 안고』, 東光出版社, 1986, 92~156쪽.

의 영향이 아닐까 추정한다. 최봉윤은 일본에서 유학하다가 1938년 미국으로 건너가 1945년 캘리포니아대학교(UC Berkeley)에서 석사학위를 받은 후 1946년 귀국하여 미군정청 공보부 정치교육과장, 공보부 차장으로 활동하면서 서울대학교 정치학과에서 강의했을 뿐 아니라 여러 매체에 '민주주의'와 구미 각국의 '정부조직론', '행정제도' 등에 관하여 활발히 기고했다.[56] 최봉윤은 캘리포니아대학교 학부와 대학원에서 여러 차례 수강했던 게텔의 강의와 그의 정치학 교과서를 매우 높게 평가했는데,[57] 그의 소개와 영향 속에서 김경수가 번역한 것으로 보인다.

해방 이후 정치학 분야의 지식인들이 가장 활발하게 번역·소개했던 것은 해럴드 라스키(Harold Laski)의 저작이었다. 앞서 〈표 1〉에서 보았듯이 라스키의 저작 중에서 *An Introduction to Politics*(1931)는 서임수가 번역하여 『정치학입문』[58]으로 펴냈고, *A Grammar of Politics*는 장석만(張錫萬)[59]이 번역한 『정치학원론』으로, 민병태가 번역한 『정치학강요(이론편)』로 각각 출간되었다. 장석만과 민병태는 판본이 다른 *A Grammar of Politics*를 번역한 것이었다. 장석만은 1925년판의 전반부(part one) 7개 장(章) 중에서 5개 장(章)을 번역했고, 민병태는 1937년

---

56 3년간 한국에 체류하면서 최봉윤이 남긴 주요 논고는 다음과 같다. 「英美行政制度」, 『法政』 2권 7호, 法政社, 1947년 7월; 「美英國府組織論」(一)~(三/完), 『法政』 2권 10호~12호, 1947년 10~12월; 「瑞西國國府組織論」, 『法政』 3권 4호, 法政社, 1948년 4월; 「人民과 國家」, 『民主朝鮮』 1~2, 美軍政廳 公報部 政治教育科, 1947년 11~12월; 「美國政黨制度」, 『民主朝鮮』 3, 美軍政廳 公報部 政治教育科, 1948년 1월; 「國際聯合과 世界平和」(上)~(下), 『民聲』 4권 3호~4호, 高麗文化社, 1948년 3~4월; 「朝鮮의 民主國家 樹立」, 『새한민보』 2권 3호, 새한민보社, 1948. 2. 5; 「政治學概論」(1)~(3), 『檀國大學 政治經濟 講義錄』 제1~3호, 1948.

57 그는 "정치학개론과 정치철학"을 담당한 게텔의 강의에 대해 "강의 내용이 풍부하고 조직적"이었으며, "준비해 온 노트도 없이 청산유수격으로 쉬지도 않고 명강의를 해 나갔다"고 했다. 또한 "그의 저서인 『정치학』은 미 각 대학에서 교과서로 사용되었으므로 정치학도로 그의 책을 읽지 않은 사람이 없었다"고 회고했다. 최봉윤, 앞의 책, 93쪽.

58 1947년 발행한 『政治學槪論』(초판)의 오식(誤植)을 바로잡고, 일부 개역(改譯)하여 1949년 再版을 발행했다. H. J. 라스키, 徐任壽 譯, 『政治學槪論』, 科學舍, 1949, 「改版譯者序文」 참조.

59 장석만(1922~?)은 경기 강화 출생으로 일본 山口高等學校를 거쳐, 東京帝國大學 法學部 政治學科를 졸업했다. 라스키- 著, 張錫萬 譯, 『政治學原論』, 宣文社, 1949, 「譯者紹介」 참조.

판 전반부를 전체 번역했다. *A Grammar of Politics* 1937년판은 1925년판에 서장 (introductory chapter) 「국가이론의 위기」가 추가된 것이었다. 라스키의 두 저작은 1930년대 전반 일본에서 번역된 바 있었다.[60] 하지만 서임수는 기존 일본 번역에 대해 "우에다(植田) 씨의 일역(譯述)도 참조는 했으나 허다한 점에 있어 의견을 달리했다"고 밝혔고, 장석만과 민병태는 일역서(日譯書)를 언급하지 않았지만, 일역서와 서술을 비교해볼 때 두 책 모두 일역서의 단순한 중역(重譯)은 아닌 것으로 판단된다.

이와 같이 정치학 '원론서', '개론서' 번역을 비롯해 해방 이후 라스키에 대한 관심과 소개를 어떻게 이해할 것인가? 이에 다가가기 위해서는 우선 번역 텍스트들이 라스키의 저작 중에서 어떠한 학문적·정치적 맥락에서 생산된 것들이며, 어떠한 지향을 담고 있는 것인가를 검토할 필요가 있다. 라스키의 생애와 사상에 관한 몇몇 선행연구를 기초로 그의 정치적·사상적 궤적을 살펴보면,[61] 연구자에 따라 시기별 사상의 성격에 대한 평가에는 일부 차이가 있지만, 대체로 그의 정치적·사상적 변화를 기준으로 세 시기로 구분하여 파악하고 있다. 첫째 시기는 1910~30년대 초반까지로, 학문적으로 '정치적 다원주의'를 체계화하는 가운데 정치적으로 페이비언협회(Fabian Society)와 영국노동당에 들어가 페이비언사회주의, 길드사회주의 등 영국 사회주의 흐름 속에서 의회민주주의에 입각한 점진적인 형태의 사회주의 실현을 추구했던 시기이다. 둘째 시기는 1930년대 전반부터 제2차 세계대전 발발 직후였던 1940

---

60 ラスキー 著, 市村今朝藏 譯, 『政治學範典』(*A Grammar of Politics*, 1925), 春秋社, 1932; ラスキ 著, 植田靑次 譯, 『國家論』(*Introduction to Politics*, 1931), 理想社出版部, 1932. 『政治學範典』은 *A Grammar of Politics*(1925) 전체 11개 장(章) 중에서 9개를 번역한 것이다.

61 다음의 연구를 참조했다. 關嘉彦, 『現代國家における自由と革命―ラスキ研究入門』, 春秋社, 1952; 李克燦, 『라스키』, 知文閣, 1968; 김원홍, 『Harold J. Laski의 국가론』, 한국학술정보, 2006; Harold J. Laski, 김학준 해설·번역, 『래스키―현대국가에 있어서의 자유(수정증보판)』, 서울대학교출판부, 2007, 「제1부 생애와 정치이론」.

년대 초반까지 마르크스주의 계급혁명론으로 급격히 기울었던 시기이다. 셋째 시기는 제2차 세계대전에서 연합국의 승리로 전세가 기울기 시작했던 1943년경부터 그가 사망한 1950년까지로, 이때 라스키는 마르크스주의 계급 혁명론이 아닌 "동의에 의한 혁명(revolution by consent)", 즉 의회주의를 근간으로 하는 민주적 정치권력에 의해 '기간산업의 국유화'를 포함하여 국가의 광범 위한 경제계획과 개입을 지향하는 '계획된 민주주의(planned democracy)'를 표방 했다. 자본주의적 민주주의 체제와 일당독재의 공산주의 체제, 양자의 한계 를 비판하면서 이른바 '민주적 사회주의'의 길을 제시했던 것이다.

이와 같은 라스키의 궤적 속에서 본다면, 장석만과 민병태가 번역한 *A Grammar of Politics*(1925)와 서임수가 번역한 *An Introduction to Politics*(1931)는 첫째 시 기 후반부에 집필된 저작이다. 당시 서임수와 장석만은 번역서 외에 라스키 의 정치학에 관한 기록을 남기지 않았으므로,[62] 라스키의 정치학을 보다 구체 적으로 소개하면서 그 의의를 높게 평가했던 민병태의 논의를 중심으로 그 소개와 수용양상을 살펴보자.

라스키는 1914년 옥스포드대학교를 졸업한 후 캐나다의 맥길대학 교, 미국 하버드대학교에서 교수 활동을 하는 가운데 *Studies in Problem of Sovereignty*(1917), *Authority in Modern State*(1919), *Foundations of Sovereignty*(1921) 등을 발표 하였다. 이와 같은 라스키의 초창기 대표적인 저작들은 '주권론'을 중심으로 다원적 국가론을 체계화한 것이었다. 어네스트 바커(Ernest Barker), 메이트런드 (Frederic W. Maitland) 등의 기존 다원주의적 법률론, 국가론을 계승하는 가운데, 국

---

62 서임수의 경우, 다른 지면에서 "現代政治理論"의 "가장 重要한 問題"는 "經濟的 社會主義를 如何히 實現" 하여 "全社會成員에게 公正한 福祉를 保障하는 名實相符한 民主主義를 具現할 것인가 하는 問題이다"라 고 했던 점에서 당시 그의 사상적 경향을 살펴볼 수 있다. 徐壬壽, 「유-토피아 社會主義의 先驅者들」, 『朝鮮 敎育』3권 5호, 朝鮮敎育硏究會, 1949년 7월, 4쪽.

가를 사회(community)와 구분하고 정부와 등치시키면서 부분사회로서 특정 목적을 위해 결성된 단체(association)로 간주했다. 이로써 국가는 그 목적의 포괄 범위에서 차이가 있다 하더라도 교회와 노동조합 등 여타의 사회단체와 질적으로 구분되지 않는 병립적인 존재에 불과하다고 하였다. 이를 통해 추상적인 절대적 주권론에 입각한 일원적 국가론을 공박하면서 '다원적 국가론'에 근거하여 개인의 인격과 권리의 가치를 옹호하고, 개인의 자발적 의사에 기초한 각종 사회단체의 자율성이 갖는 정치적 의의를 강조했던 것이다.[63]

이와 같은 그의 초창기 디원적 국가론은 이후 영국으로 돌아와 1925년 저술한 *A Grammar of Politics*에서 일정한 변화를 드러냈다. 이 책을 라스키의 "대본적(大本的) 저서"라고 평가한 민병태는 위에서 살펴 본 라스키의 초창기 "국가다원론"을 소개하고, "초기에 있어 개인주의 이론을 벗어나지 못한 그는 후기에 있어 권력체의 불가피함을 솔직히 승인한다"라고 하면서 이 책에 담긴 변화를 다음과 같이 평가했다.

다원론들은 국가주권보다도 분화의 입장에서 사회통제의 분산주의 운동을 합리화하는 것이 보통이다. 극단적인 예로 '코올'은 지역적 의회를 부인하고 노동조합, 소비조합 또는 각종 직능단체의 대표로 하여금 산업자치를 수행할 것을 주장하고 있다. 그러나 라스키는 *A Grammar of Politics*에서 말하는 바와 같이 분산적 다원론에 입각하면서 집약적인 최후 권력체를 주장한다. (…) 국가는 입법 전에 협의체로부터 정보를 받으며 서로 토의함으로써 각 단체의 이해를 조절할 수 있다는 것이다. 즉 협의체는 의회 내의 지지자와 반대자를 동시에 구속할 수 있으므로 공평한 입장에서 생산 소비 등을 조절할 수 있다고 본다. 이 제안은 라

---

[63] 초창기 라스키의 다원적 국가론에 대해서는 關嘉彦, 앞의 책, 85~94쪽; 김원홍, 앞의 책, 65~95쪽 참조.

스키 정치학의 가장 특이한 점이다. 이는 민주정치를 전제로 하면서 전문가 정치를 구체화한 것이며, 직능단체의 권리를 보호하면서 최후 결정권을 지역적 선거에 입각한 의회, 즉 정부에 부여하는 것이다. 여기에 다원론의 분산적 국가관은 완전히 이와는 대척적인 결론을 내리게 된다. (…) 라스키는 경제적 현실에 입각하여서도 역시 집약주의 이론을 전개하고 있다. 그는 자유를 권리 실현의 기회라고 규정한다. (…) 그의 재산 개념으로 본다면 사회 기능의 유지 발전을 위하여 부를 개인적 노력에 의거하게 하자는 것이다. 따라서 그는 이윤 본위의 자본주의 시정을 위하여 산업의 국유화 또는 사회화를 주장한다. 그는 구체적인 방법으로 점진적인 매상(買上)(몰수가 아니라)을 제시하나, 정치적 권력을 통일된 전체로서 구상하여, 이로 하여금 경제적 평등을 실현하자는 점에 있어서 완전히 사회주의자라고 볼 수 있다. *A Grammar of Politics*는 이미 무정부적 성격을 탈각하여, 사회의 다원적 요소를 조절적 전체(coordinated whole)에 포섭하는 데 주력한 것이다.[64](밑줄—인용자)

민병태는 라스키가 '다원적 국가론'을 바탕으로 하면서도 콜(G. D. H. Cole)의 길드사회주의와 달리 "직능단체의 권리를 보호하면서 최후 결정권을 지역적 선거에 입각한 의회 즉 정부에 부여"함으로써 국가의 위상이 그 이전에 비해 고양되었음을 지적했다.[65] 즉 이전과 달리 '의회'를 중심으로 한 정치권력(국가)을 "집약적인 최후 권력체", "강력한 조절기관인 권력체"로서 인정하

---

64 関丙台, 「라스키의 國家多元論」, 『學風』 2권 7호, 乙酉文化社, 1950년 1월, 113~115쪽.

65 정치적 다원성을 중시한다는 점에서 공통적이면서도 국가권력, 관료제, 산업통제방식, 엘리트의 역할 등에서 페이비언사회주의와 길드사회주의는 적지 않은 차이를 갖는다. 이에 대해서는 김명환, 『영국의 위기와 좌우파의 대안들—사회주의, 보수주의, 파시즘』, 혜안, 2008, 29~82쪽. 페이비언사회주의와 길드사회주의의 양자 관계 속에서 본다면 라스키는 전자에 가까운 입장을 취하고 있었다고 할 수 있다. 콜의 길드사회주의론에 대한 라스키의 비판 논리에 대해서는 關嘉彦, 앞의 책, 208~209쪽 참조.

고, 이를 매개로 사회주의적 국가 정책의 시행을 추구하는 형태로 변화했다는 것이다. 이와 같은 라스키의 사상적 변화를 민병태는 "시대의 진행과 철학의 생성을 그대로 섭취"함으로써 "끊임없는 철학의 전진"을 이루어낸 것으로 높이 평가했다. 그는 『정치학강요(이론편)』의 「역자서(譯者序)」에서 라스키의 정치이론을 "개인 권리의 보장을 위하여 다원론을 주장하며, 현대국가의 최대기능인 경제 면을 조정하여 정치적 민주주의와 경제적 민주주의를 동시에 실현하자는 것"으로 요약하면서, "금일에 있어서는 현대 산업주의를 시정하고, 일반복리를 기도하기 위하여" "강력한 권력조절체", 즉 국가권력을 매개로 한 "경제적 평등"의 실현이 갖는 중요성을 강조했다.[66]

이와 같은 정치학 개설서, 원론서 외에도 적지 않은 라스키의 저작, 논문이 번역 발표되었다. 그중에서 흥미로운 점은 제2차 세계대전 이전 라스키가 마르크스의 이론, 마르크스주의 내지 공산주의를 비판했던 대표적인 두 개의 텍스트, 즉 *Karl Marx-an Essay*(1919)와 *Communism*(1930)이 번역되었다는 점이다.[67] 이들 텍스트는 집필 시기에서 알 수 있듯이, 마르크스주의 계급혁명론으로 기울어지기 이전 '페이비언사회주의'의 입장에서 마르크스의 이론 체계와 마르크스주의, 공산주의를 비판한 것이었다. 마르크스의 자본주의 체제 비판은 일정하게 그 가치를 인정하면서도, 페이비언사회주의의 효용가치설과 렌트(rent) 이론에 입각하여 마르크스의 노동가치설을 비판하고,[68] 폭력혁명론과

---

66 하롤드 제.라스키 著, 関丙台 譯, 『政治學綱要: 理論篇』, 文潮社, 1949, 「譯者序」.

67 라스키-, 金灝旼·金聲大 共譯, 『칼·맑스論』, 科學舍, 1946; 라스키 著, 李相殷 譯, 『共産主義論』(*Communism*, 1930), 藝文社, 1947. 『칼 맑스論』의 번역자들은 「譯序」에서 라스키의 *Nationalism and the Future of Civilization*(1932)과 *Karl Marx-An Essay*(1919) "두個의 單刊論文"을 번역하여 하나로 묶어 간행한 것임을 밝히고 있다.

68 페이비언사회주의 경제이론 체계에 대해서 김명환, 「페이비언사회주의」, 김영한 엮음, 『서양의 지적 운동』 II, 지식산업사, 1998, 463~476쪽 참조.

프롤레타리아독재론 등 민주주의의 경시, 코민테른 조직원리의 독단성, 공산주의 신념의 종교적 성격 등을 비판했다. 이와 더불어 민병태가 라스키를 주목했던 방향과 다소 결을 달리하여, "국가에게 거룩한 지상성(至上性)을 인정하려는 신헤겔학파의 자의적 국가 관념"을 비판했던 매키버(Robert M. MacIver), 라스키 등의 다원주의적 사회학, 정치학이 갖는 의미를 재음미하거나[69] "이상주의적 전체주의나 과격한 집산주의 이론에 대한 반성"과 함께 "지방자치단체 또는 사회단체, 노동단체의 협력"에 근거한 분권적 체제를 추구하는 정치원리로서 '정치적 다원주의' 자체가 주목되기도 했다.[70]

이상과 같이 해방 이후 활발했던 라스키 저작의 번역과 소개는 라스키가 마르크스주의 계급혁명론으로 전환하기 이전, 그중에서도 초창기 다원적 국가론의 학문적 체계화작업보다는 그 이후 산출된 1920~30년대 초반 텍스트들이 중심이었다.[71] 특히 정치학 분야에서는 정치적 다원주의를 전제로 의회민주주의에 근거한 '국가권력'의 경제적 개입을 통해 '경제적 민주주의'를 실현하려 했던 그의 온건한 사회주의적 지향이 주목받았다. 동시에 그와 같은 온건한 페이비언사회주의에 입각해서 전개되었던 반공주의의 논리가 소개, 활용되었다.

지금까지 1948년 정부수립 전후부터 한국전쟁 발발 이전 시기 발간된 정치학 개설서를 중심으로 남한 정치학계의 학문적, 이념적 경향을 크게 세 가

---

69 李萬甲, 「政治學과 社會學」, 『學風』 2권 7호, 乙酉文化社, 1950년 1월.

70 嚴基衡, 「政治理論의 新傾向」, 『新天地』 5권 2호, 서울新聞社出版局, 1950년 2월.

71 민병태가 번역한 1937년판 *A Grammar of Politics*에 수록된 서장(序章) 「국가이론의 위기(The Crisis in the Theory of the State)」는 맑스주의적 계급이론에 입각한 정세인식과 국가론이 표명된 것으로 그의 사상적 전환이 투영된 텍스트지만, 민병태는 그 의의에 대해 언급하지 않았다. 그 외에도 1930년대 중반 이후 라스키의 저술이 번역된 것으로 權重輝 譯, 『西歐自由主義의 發達』(*The Rise of European liberalism*, 1936), 大成出版社, 1947; H. J. 라스키, 沈鉉尙 譯, 「쏘련에서의 法律과 裁判」 (一)~(二/完)(*Law and Justice in Soviet Russia*, 1936), 『法政』 3권 1~4호, 法政社, 1948년 1~4월 참조.

지 흐름으로 구분하여 살펴보았다.

첫째, 1920~30년대 유럽을 중심으로 근대 자유주의 정치원리의 파산을 선고하며 대두했던 '전체주의적 정치원리'를 답습, 지속했던 흐름을 들 수 있다. 강상운이 표방한 '민족사회주의'는 남한이 직면한 대내외적 상황 속에서 반공주의와 깊이 결부되어 전체주의적 민족주의, 국가주의에 입각한 체제건설을 지향하는 것이었다. 둘째, 1920~30년대 이마나카 쓰기마로의 정치학에 기대어 산출되었던 서필원·백상건 등의 학문경향이다. 특히 서필원은 공공성에 근거한 균등사회의 수립을 현대국가가 지향해야 할 정치목적으로 규정하고, 바이마르헌법에 담긴 '사회적 법치국가'를 지향했다. 셋째, 영·미 정치학 원론서의 번역을 들 수 있다. 여기에는 두 가지 움직임이 존재했는데, 하나는 미군정의 공보 활동과 연계되어 나타났던 게텔의 개설서 번역이었고, 다른 하나는 라스키의 저술 번역이었다. 전자는 자유주의적인 관점에서 주권론을 토대로 '제도로서의 국가'를 중심으로 '정치'에 접근한 것이었다. 후자는 라스키의 온건한 사회주의에 주목하여 정치적 다원주의를 전제로 의회민주주의에 입각한 국가권력의 개입을 통해 '경제적 민주주의'의 실현을 중시했던 이념적 경향이 투영된 것이었다.

1948년 5·10 총선거가 실시되어 국회가 구성되고, 이어서 헌법제정과 정부수립으로 현실 정치의 제도적인 틀이 마련됨에 따라 정치학자들은 점차 논설 등을 통해 구체적인 정치현안에 개입하는 모습을 보이기 시작했다. 예를 들어, 신도성은 1950년 국회 내부에서 제기된 개헌 논의와 관련하여 내각책임제와 대통령제의 특성을 비교하는 가운데 내각책임제 개헌의 타당성을 역설하기도 했다.[72] 보다 주목할 부분은 정부수립 이후 첫 번째 국회의원 선

---

72 愼道晟,「大統領制와 內閣責任制」(1)~(4·完),『東亞日報』1950. 2. 20~23, 1면; 愼道晟,「改憲의 必要性」

거였던 1950년 5·30 총선거를 둘러싸고, 앞에서 살펴보았던 정치학계 내부의 서로 다른 이념적·학문적 경향이 투영되어 나타나기도 했다는 점이다. 앞서 살펴보았던 강상운의 「팟시즘정치론」에 대해 "'팟시즘' 정치이론을 명확히 해설하여 초학자(初學者)의 이해를 용이케 한 것은 커다란 공로자"[73]라고 평가했던 한태수(韓太壽)[74]가 5·30 총선거를 맞이하여 쓴 칼럼을 보자.

하지만 어디까지나 개인 본위의 이익 추궁(追窮)을 토태(土台)로 한 민주정치이론으로서는 이 흠점(欠點)(붕당적 정쟁—인용자)을 면할 수 없는 것이니, 이에 우리는 민주정치이론에 새 국면을 타개하지 않을 수 없는 것이다. 그래서 개인 본위 사상을 포기하고 희랍시대(希臘時代)의 "아리스토틀" 사상을 부흥시켜 보편주의(선체주의善體主義) 사상을 고취한 것이 "오또마一르 슈판"이다. 즉 "룻소-"가 말한 바와 같은 개인적 목적을 위하여 계약으로서 사회에 연락하는 고립적 자기중심적 개인이 존재하는 것이 아니라 사회공동태(社會共同態) 전체가 그 자신 분지화(分肢化)하고 개인은 그 속에 자기 존재를 발견하는 데 불과하다는 것이다. 여하튼 우리는 이미 이 개인 본위 사상에서 살 수 없는 역사적 단계에 이르른 것이 사실이며, 다만 그 전체의 단위를 어떻게 잡느냐 하는 문제인데, 선진 열강의 식민지 지배하에서 오랜 투쟁을 거쳐 겨우 이탈해 나온 우리 세계 약소민족국가

---

(1)~(4), 『東亞日報』 1950. 3. 6~9, 1면.

73 韓太壽, 「(新書讀後記) 『學生과 生活』」, 『京鄕新聞』 1950. 3. 22, 2면. 『學生과 生活』은 『學生과 政治』의 오식(誤植)이다.

74 한태수는 1911년 경남 진양군(晉陽郡)에서 출생, 晉州高等普通學校를 나와 1930년 延禧專門學校 文科에 입학하여 1934년 졸업했으며, 이후 함북 경성(境城)에 있는 동명의숙(東明義塾)에서 교사생활을 하다가 사임하고, 1936년 九州帝國大學 法文學部에 입학, 1939년 졸업했다. 해방 이후 부산 수산전문학교 교수, 동아대학 교수를 하다가, 1948년 9월 중앙대학교 교수가 되었다. 한국전쟁 이후 성균관대, 연세대, 숙명여대, 건국대, 한양대 등 학계에서 주로 활동하는 가운데 오랜 기간 高試委員을 역임했다. 韓太壽, 『韓國政治評論十年 1958~1968』, 琴泉韓太壽博士華甲紀念事業委員會, 1972, i~iii 참조.

로서는 그 전체 단위를 민족국가에 두는 것이 또한 역사적 현실이다. 이 점에서 우리는 세계주의 이론을 그대로 받아드릴 수 없는 것이며, 어디까지나 <u>민족국가 단위의 전체주의에 입각하여 우리의 정치급사회적(政治及社會的) 생활을 하지 않을 수 없는 것이다.</u>[75](밑줄―인용자)

농민, 노동자, 지주, 자본가 등 계급의 이익을 대변하겠다는 각종 입후보자들의 주장에 대해 한태수는 "개인 본위의 이익 추궁" 원리에 입각하여 결국 "계급투쟁적 당파전(黨派戰)"으로 귀결될 것이라고 하면서, 이를 타개할 새로운 민주정치의 원리로서 오트마르 슈판(Othmar Spann)의 "보편주의=전체주의"를 내세웠다. 또한 인용문에서 지적했듯이 루소(Jean-Jacques Rousseau)의 사회계약설에 대해서는 "개인 본위의 자유평등을 주장"한 것으로 비판했지만, 이어서 '일반의사(general will)'론에 대해서는 "공익표준의 국민총의를 주장"하는 것으로 높이 평가하여 두 원리의 외형적 모순을 슈판의 "민족국가 단위의 전체주의"에 입각한 정치·사회생활을 통해 극복함으로써 "사색당파적 외각을 완전히 벗고 진정한 민주주의", "도의적(道義的) 민주정치의 구현"을 주장했던 것이다.

슈판의 전체주의에 대해서는 강상운 또한 『현대정치학개론』에서 파시즘과 나치즘에 상통하는 "철학적인 체계를 부여"한 것으로서 비교적 상세히 서술했다.[76] 제1차 세계대전을 전후하여 오스트리아·독일 등에서 주목받기 시작한 슈판의 전체주의 철학은 제2차 세계대전 이후 사실상 계승되지 못했기 때문에 현재 잘 알려져 있지 않다고 할 수 있다. 그러나 패전 이전 일본 학계

---

75 韓太壽,「總選擧의 新時代的 性格」(完),『東亞日報』1950. 5. 17, 1면. 인용문 중 "(善體主義)"는 "全體主義"의 오식(誤植)으로 보인다.

76 姜尙雲,『現代政治學槪論』, 文藝書林, 1948, 145~148쪽.

에는 1920년대부터 영향을 미치기 시작하여 1930~40년에는 다수의 저작이 번역되었을 뿐 아니라 신헤겔주의적 경향의 정치철학으로서 '개인주의'를 비판하고 '유기체적 전체주의'를 바탕으로 '조합주의적 국가 체제'를 내세운 철학 체계로서 크게 주목받았다. 튀빙엔대학 등에서 수학한 이후 1920~30년대 오스트리아 빈대학 교수로 활동했던 슈판의 보편주의(Universalismus), 즉 전체주의(Ganzheitslehre) 철학 체계는 신(神)의 창조와 섭리, 계시에 대한 믿음을 바탕으로 신비주의적 종교, 신학에서 출발한 연역적 체계였다. 정치·사회철학의 기본원리에 한정하여 살펴본다면 사회는 개인의 단순한 집합이 아니라 "하나의 독자적 실재"로서 "정신적 전체"이며, 개인은 이러한 "정신적 전체의 정신적 분지(分肢)(器關)"이고, "인간 공동생활의 핵심이자 추축은 정신적 공동체, 즉 공존관계"에 있다고 보는 것으로 대단히 관념론적, 정신주의적 특성을 가지고 있다.[77]

한태수가 인용문에서 "사회공동태 전체가 그 자신 분지화하고 개인은 그 속에 자기 존재를 발견하는 데 불과하다"라고 한 것은 이와 같은 슈판의 정치·사회철학을 그대로 옮긴 것이었다. 한태수 또한 강상운과 유사하게 파시

---

[77] 슈판의 철학에 대한 국내 연구는 찾기 어려운데, 소략한 소개지만 朱樂元,『社會學의 歷史』, 敎育科學社, 1990, 143~146쪽 참조. 번역서로서는 윌리엄 존스턴, 변학수·오용록 외 옮김,『제국의 종말과 지성의 탄생—합스부르크제국의 정신사와 문화사의 재발견』, 글항아리, 2008, 505~511쪽 참조. 슈판의 전체주의 철학에 관한 1920년대 이후 일본 정치학계의 소개, 연구로 다음을 참조. 松平齋光,「(紹介及批評) Othmar Spann, Der wahre Staat, 1921」,『國家學會雜誌』38卷 3號, 1924년 3월; 南原繁,「(紹介及批評) ヘ一ゲル主義の社會哲學: Othmar Spann, Gesellschaftsphilosophie, 1928」,『國家學會雜誌』43卷 6號, 1929년 6월; シユパン著, 秋澤修二 譯,『社會哲學』, 白揚社, 1943,「譯者後記—シユパン學說について」; 矢部貞治,「全體主義政治學」, 孫田秀春 責任編輯,『日本國家科學大系 第四卷: 國家學及政治學 (2)』, 實業之日本社, 1943. 1930~40년대 일본 파시즘 체제 속에서 유행했던 전체주의 철학에 대해 비판적으로 정리하면서 그러한 철학의 한 흐름으로서 슈판의 철학을 논했던 텍스트로 박치우(朴致祐)의「全體主義의 哲學的 解明—'이즘'에서 '學'으로서의 樹立過程」,『朝鮮日報』1939. 2. 22~2. 24;「全體主義의 論理의 基礎」,『朝光』1941년 1월호 참조. 두 텍스트는 윤대석·윤미란 편,『사상과 현실—박치우전집』, 인하대학교출판사, 2010에 수록되어 있다. 슈판의 전체주의 경제사상에 대해서는 尹行重,「全體主義의 經濟理論—슈판과 고틀을 中心으로 하야」,『現代經濟學의 諸問題』, 博文書館, 1943, 63~80쪽 참조.

즘의 전체주의적 정치원리를 수용하여 지속하는 가운데 해방 이후 한국 사회에서 구현되어야 할 정치원리로 내세우면서 정치현실에 개입했다.

한태수와 같이 전체주의 철학을 전면에 내세우지는 않았다 하더라도 당시 남한에서는 이승만 정권과 국민회(國民會)를 중심으로 '국가와 국민의 총의, 총이익'이라는 관점에서 '정당운동'과 '계급운동'을 부분적인 이해의 추구에 불과한 것으로 비판하고, 전체적이고 단일한 '국민조직'에 근거한 '관민합작(官民合作)'의 '국민운동'이 추진되고 있었다.[78] 당시 정부수립 직후 이승만의 여당 결성작업이 실패한 가운데 '한국민주당-민주국민당' 계열을 제외한다면 정당으로서의 인적·물적 기반이 취약했던 상황에서 5·30 총선을 앞두고 정당을 비롯한 정치 세력의 활동과 경쟁에 대하여 '당쟁망국'을 지적하며 '파벌적 정쟁'에 불과한 것으로 비판하는 경향은 드물지 않았다. 그러한 논리에 대해 김상협(金相浹)은 다음과 같이 비판했다.

정당정치 반대론자들은 초정당적인 태도만이 국가 전체의 이익을 달성할 수 있는 유일의 방도라고 말하며, 또 참다운 인민의 소리는 정당을 중개로 하지 아니함으로써만 비로소 이를 탐지할 수 있다고 말한다. 그자들은 말하기를 정당인은 대체로 개인 이익, 계급 이익만을 추구하지 국가 전체의 이익을 안중에 두지 않는다고 한다. 이리하여 초정당인 혹은 무소속인만이 국가이익에 가장 충실할 것이라고 말한다. 그러나 그자들이 말하는 국가이익 혹은 전체이익은 과연 무엇을 의미하는가. 도대체 현대 민주정치에 있어서 초정당적으로 국가이익 혹은 전체이익을 확정할 수 있을까? 인민의 의사를 지상주권(至上主權)으로 하고 있

---

78 大韓獨立促成國民會, 國民會의 '國民運動'論에 대해서는 홍정완, 「정부수립기 大韓獨立促成國民會의 국민운동 연구」, 연세대학교 사학과 석사학위논문, 2006, 제4장; 홍정완, 「해방 이후 남한 '국민운동(國民運動)'의 국가·국민론과 교토학파의 철학」, 『역사문제연구』 23, 역사문제연구소, 2010 참조.

는 민주정치에 있어 초정당적이라는 것은 문자 그대로 초인민적이라는 것을 의미한다. 왜냐하면 누차 말한 바와 같이 인민의 의사는 정당을 통하여서만 집결 정리되고 또 전체이익이라는 것은 초정당적 초인민적으로 이미 확정되어 있는 것이 아니라 오히려 구체적 현실적으로 정당을 통하여 개개의 인민의 의사가 통합되어짐으로써만 비로소 확정되는 까닭이다. 그러므로 초정당적이라는 것은 초인민적 초민주적, 즉 반(反)민주적이라는 것 이외 아무것도 아니다. 과거의 역사를 들춰보더라도 독재주의자들은 누구나 빠짐없이 초정당적인 전체이익이라는 말을 애호하여왔다.[79](밑줄―인용자)

김상협은 "인민의 소리는 단일한 한 개의 인민의 소리가 아니라 혼란한 무통일적인 인민의 소리"이므로 이러한 "인민의 소리"를 중개하고, "질서를 부여"하고 "집합하는 자"가 필요하다고 하면서, 그러한 요구에서 "필연적으로 정당은 발생"하는 것이라고 주장했다.[80] 위의 인용문에서 볼 수 있듯이 '전체의 이익'은 이미 확정된 무엇이 아니라 '중개', '정돈', "수개(數個)의 점에 집중시키는" 초점화(焦點化)의 과정을 통해 구체적으로 드러나게 되는 것임을 강조하면서, 정당정치에 입각한 대의민주주의 원리에 대한 불신 경향과 그에 겹쳐져 제기되었던 전체주의적 정치원리를 비판했던 것이다.

---

79 金相浹, 「政黨政治의 必然性」(下), 『東亞日報』 1950. 5. 25, 1면.
80 金相浹, 「政黨政治의 必然性」(上), 『東亞日報』 1950. 5. 24, 1면.

전후 '민주주의'론과
야베 데이지(矢部貞治)의 정치학

이상에서 살펴보았던 해방 이후 정치학계의 움직임은 한국전쟁 발발의 충격에 의해 인적·물적 조건의 거대한 변동 속에서 이념적·학문적으로 재편되지 않을 수 없었다. 전쟁으로 초토화된 생활기반을 가로지르는 냉전질서의 압도적인 규정력에 적응하는 가운데, 전후 한국 사회의 정치적·이념적 질서 재편성, 즉 재건의 이데올로기 구축작업과 결부하여 자신들의 학문 체계를 형성해갔다.

〈표 3〉에서 볼 수 있듯이, 한국전쟁 종전을 전후하여 여러 정치학자들은 정치학 개설서, 원론서를 앞다투어 발간했고, 1950년대 후반에는 이를 수정·증보하여 개정판을 발간했다. 이 저작들의 구성 체계와 학적 토대 등은 뒤에 상술키로 하고, 먼저 이 저작들을 통로 삼아 한국전쟁 발발 이후 정치학계에서 나타났던 이념적 지향을 '민주주의'론을 중심으로 살펴보자.

전쟁 발발과 함께 정치학자들이 당면한 중대한 과제의 하나는 소련과 미국을 축으로 한 동서(東西) 이념대립과 남북한의 체제대결 속에서 '반공주의'를 근저로 하면서도 한국 사회가 추구해야 할 구성적 체제이념으로서 '민주주의'를 형상화하여 제시하는 것이었다. 주지하듯이 '민주주의'는 하나의 사

〈표 3〉 1950년대 정치학 개론서, 원론서 목록

저자	초판	개고·증보판
강상운(姜尙雲)	現代政治學槪論(1948)	(新稿)政治學槪論(1954)
백상건(白尙健)	政治學講義(1950)	政治學入門(1954) 政治學入門(增補版, 1956) 政治學原論(1959)
윤세창(尹世昌)	政治學槪要(1952)	
한태수(韓太壽)	政治學槪論(1952)	(正補)政治學槪論(1958)
신도성(愼道晟)	民主主義政治學(1953) 政治學槪論講義(1954)	(新稿)政治學(1956) (增補)政治學(1959)
이종항(李鍾恒)	政治學(1954)	
정인흥(鄭仁興)	政治學(1954)	政治學原論(1957) 政治學原論(改訂版, 1959)
김경수(金敬洙)	政治學槪說(1955)	
민병태(閔丙台)	政治學(1958)	
이종항(李鍾恒)·강영호(姜永晧)	政治學原論(1959)	

실이기보다는 개념이자 이념이기 때문에 구체적으로 합의된 단일 의미를 가지는 것은 아니며, 오랜 역사 속에서 끊임없이 재해석되어 새롭게 개념화되는 가운데 다양한 함의를 내포하지 않을 수 없다.[01]

앞에서 살펴보았듯이 해방 후 정치학계에서 '자유주의적 민주주의'론을 적극적으로 설파했던 학자는 드물었다. 1930~40년대 일본 군부 파시즘 체제 하에서 유행했던 전체주의적 국가주의를 옹호하는 경향도 있었지만, 제헌헌법의 이념적 지향에서도 보듯이 '균등'의 원리에 입각한 사회적·경제적 민주주의 혹은 온건한 사회민주주의에 우호적인 경향이 비교적 넓게 자리 잡고 있었다.

---

01 Anthony Arblaster, 이중호 역, 『민주주의의 이념과 역사』, 신아출판사, 1998, 9~24쪽; 데이비드 헬드 지음, 박찬표 옮김, 『민주주의의 모델들』, 후마니타스, 2010, 「서론」 16~28쪽 참조.

1. 신도성의 『민주주의정치학』과 아베 데이지의 '중민정'론

해방 이후 정치학계를 비롯한 사회과학계 다수의 지식인들에게 '자유자본주의(自由資本主義)', 고전적 자유주의 내지 "부르주아민주주의"는 지향할 바가 아니라 극복의 대상일 뿐이었다. 이런 사상적 경향 속에서 '한국전쟁'을 체험했던 지식인들은 '반공주의'와 긴밀히 결합된 '민주주의'를 구상해야 했다. 이와 같이 '자유주의적 민주주의'에 대해 비판적인 입장을 견지하면서, 한국전쟁 발발 이후 반공주의적 '민주주의'론을 적극적으로 전개했던 대표적인 정치학자는 신도성(愼道晟)이었다. 그는 한국전쟁을 "사상전(思想戰)이요 이데올로기 전쟁이요 총력전"이라고 하고, "공산주의를 극복할 만한 우리 자신의 사상적 무기로서의 민주주의의 이론 체계" 확립을 역설하였다.[02] 당시 여러 매체를 통해 '민주주의'에 대한 원리적 검토를 수행했을 뿐 아니라 『동아일보』 논설위원으로서, 부통령 김성수(金性洙)의 비서관으로서 구체적인 정치현안에도 적극적으로 개입했다. 또한 1954년 국회의원 선거에서 민주국민당 후보로 당선되어 1954년 11월부터 1955년 3월까지 진행된 '범야신당 결성 운동'에서 '민주대동파(民主大同派)'로 활약했던 정치인이기도 했다.[03]

이 시기 그의 민주주의론은 정전협정 체결 직전인 1953년 7월에 발행된 『민주주의정치학』에 집약되어 있다.[04] 『민주주의정치학』은 전쟁 발발 전에 발

---

02 愼道晟, 「戰時行政의 檢討」(1), 『東亞日報』 1952. 5. 8, 1면.

03 『東亞日報社史』에는 신도성이 동아일보 논설위원이었으나 그 정확한 재임기간은 불명(不明)으로 기록되어 있다. 『東亞日報社史』(卷二, 1945~1960), 東亞日報社, 1978, 336쪽. 몇몇 동아일보 사설(「(社說) 政治運動規制法案에 對하여」, 『동아일보』 1952. 4. 11, 1면; 「(社說) 메-데-에 際하여」, 『동아일보』 1952. 5. 1, 1면)의 필치로 볼 때, 1952년을 전후하여 동아일보 논설위원을 역임했던 것으로 보인다. 그 외에도 다수의 칼럼과 논설을 여러 일간신문에 실었다. 그가 '민주대동파'로 활동했던 범야신당 결성 운동에 대해서는 서중석, 『조봉암과 1950년대』(상), 역사비평사, 1999, 제1장 제2절 참조

04 愼道晟, 『民主主義政治學』, 豊文社, 1953. 책자 형태로 본다면 『민주주의정치학』은 1년 전 간행된 『民主政

표된 것을 포함하여 기존 발표된 논고들을 토대로 일부를 수정·가필한 것이므로, 이를 감안하면서 그가 '민주주의'를 어떻게 이해하고 있으며, 이를 반공주의와 어떻게 결합시키고 있는지를 중심으로 그의 민주주의론에 내포된 특성에 다가서보자.

그는 이 책 제1편 「원리론」에서 근대 민주정치는 대의정치가 필연적이며, "개별적이고 다기다양한 인민의 의사를 통합하는 방법으로서 다수결이 채용되지 않을 수 없다"고 하면서, 루소의 사회계약론에 표명된 일반의사(volonté général), 전체의사(volonté de tous) 등의 개념에 의거하여 다수결 원리의 의의를 설명했다. 이어서 "다수결 원칙이 의사통합의 방법으로서 타당하기 위해서는 반드시 일정한 사회적 조건이 있어야" 한다고 하여, '민주정치'에 적합한 '사회적 기초'에 대한 탐색이라는 문제를 설정하고, 이를 풀어가기 위해 "퇸니스(Ferdinand Tönnies)의 사회학설을 빌려올 필요가 있다"고 하였다.

> 우선 '퇸니스'의 이른바 '공동사회'에 있어서는 다수결 원칙은 적용될 수 없다. 가령 한 개의 '가정' 안에 있어서 (…) 거기에서는 결합관계가 완전하고 또 본능적이기 때문에 사회 전체가 그것을 표현하는 한 사람의 중심인물—'가장'에 의하여 무조건적으로 통솔되어 있는 것이다. 그러므로 공동사회에 있어서는 말하자면 '본능적인 전원일치'가 있을 따름으로 다수결은 그 필요가 없는 것이다.

治의 基礎理論』(大洋出版社, 1952년 4월 10일 발행)의 증보판이라 할 수 있고, 「서문」 또한 『민주정치의 기초이론』의 그것을 그대로 싣고 있다. 책자에 표기되어 있지는 않지만, 수록된 논고들의 출처를 확인해보면 1947년부터 1953년 전반기에 이르는 시기에 작성된 것임을 알 수 있다. 그 이전 발표된 것으로 필자가 확인한 것은 다음과 같다. 「民主行政論(一)~(四·完)」, 『法政』 2권 2호·3호·5호·6호, 法政社, 1947년 2~6월; 「民主政治論」, 宣文社 編, 『學生과 政治』, 宣文社, 1950년 3월 15일; 「民主主義와 共産主義(上)」, 『新天地』 6권 1호(戰時版), 서울新聞社出版局, 1951년 1월; 「民主政治의 根本的 考察」, 『戰時科學』 1권 1호, 戰時科學研究所, 1951년 8월 15일; 「民主政治와 政黨政治」, 『自由世界』 創刊號, 弘文社, 1952년 1월; 「希臘都市國家의 民主政治」, 『思想』 3, 思想社, 1952년 11월; 「民主政治의 精神的 土台」, 『國會報』 3, 國會事務處, 1953년 4월.

다음으로 '퇴니스'의 이른바 '이익사회'에 있어서도 또한 다수결 원칙은 적용될 수가 없다. 가령 '주식회사'의 주주총회에 있어서도 형식상 다수결제가 채용되고는 있으나, (…) 일단 그 이익이 일치하지 않게 될 때는 즉시 그것은 이익을 같이하는 자만의 수개의 단체로 분열하거나, 그렇지 않으면 소수자가 그 단체로부터 탈퇴할 것이지, 결코 다수자에게 순종하지는 아니할 것이기 때문이다. 그러므로 '이익사회'에 있어서는 말하자면 '계산적인 전원일치'만이 가능한 것이고, 다수자가 소수자를 구속할 근거는 발견할 수 없는 것이다.

이와 같은 '공동사회'와 '이익사회'의 어느 편에도 다수결 원리가 타당하지 않는다면, 그것은 과연 어떠한 사회에 적용될 수 있는 것인가? 그것은 결국에 있어서 완전한 '공동사회'와 순수한 '이익사회'의 중간적 형태의 사회—다시 말하면 공동사회적인 이익사회적인 요소를 아울러 보존하고 있는 혼합적 사회에 있어서 비로소 타당할 수 있는 것이다. 즉 한편으로는 생활 및 운명의 공동성이 성원 전체를 긴밀하게 결속시키면서 다른 한편으로 단체 내부에 있어서는 성원 각자의 개별적인 사생활과 분화적인 자아의식이 뚜렷이 존재하는 그러한 사회에 있어서 각 성원의 개별 의사를 통합하여 일체적인 공동 의사를 형성하는 방법—그것이 곧 다수결인 것이다.[05] (밑줄—인용자)

위에서 볼 수 있듯이 그는 퇴니스(Ferdinand Tönnies)의 '공동사회(Gemeinschaft)', '이익사회(Gesellschaft)'에 관한 학설을 특정한 방식으로 활용하는 가운데 "다수결은 '혼합사회'에 있어서만 단체 의사 결정의 방법이 될 수 있는 것"이라고 주장했다. 그런데 더 주목할 점은 "민족 단위로 구성됨으로 인하여 인종적·

---

05 慎道晟, 앞의 책, 1953, 11~12쪽. 이와 같은 개념 도식에 근거하여 민주주의에 대해 접근하고 있는 첫 논고는 한국전쟁 직전에 발표한 다음의 글이다. 慎道晟, 「民主政治論」, 宣文社 編, 『學生과 政治』, 宣文社, 1950년 3월.

문화적 동질성", "신분·계급을 폐기함으로써 법률적·사회적 동질성", "산업·경제의 발전으로 인하여 제3계급을 중심으로 한 경제적 동질에 접근"했기 때문에 "근대 국가는 바로 이와 같은 다수결 원리가 타당한 혼합 상태의 사회"가 되었다는 것이며, 그에 따라 "자각적 개별 의사를 통합하여 단일한 국가의 사를 구성하는 방법으로서 다수결 원칙이—따라서 민주정치가—가능·타당한 것이고 또 필요·불가결한 것"이 된다고 주장했다는 점이다.[06]

이러한 논리를 바탕으로 그는 "최근 진정한 민주정치의 위기라고 할 사태가 내외 양면에서 발생"하고 있다면서 "내면적 위기"와 "외면적 위기"의 극복을 역설했던 바, 바로 여기에 그의 '민주주의'론의 핵심적인 실천적 지향이 표명되어 있다.

'외면적 위기'는 "외부로부터의 무력공격"으로서 "적색제국주의(赤色帝國主義)"를 말했다. 그러면 "내면적 위기"는 무엇인가? 단적으로 말하면, 그것은 앞서 언급한 "국민의 동질성" 파괴이다. 그는 "자본주의 경제의 발전"으로 "자본축적과 기업독점에 의한 빈부의 현격은 사회를 자본가와 무산대중이라는 경제적으로 완전히 이질적인 두 개의 계급으로 분리"시킴으로써 "국민 전체를 통한 공동이익의 소멸"을 초래하여 "공동 의사를 발견하는 방법으로서 다수결은 무의미하게 되었다"고 말한다. 따라서 "내면적 위기"의 극복은 "새로운 동질성의 확립에 귀착"하는 것으로 "국민의 동질성을 파괴하는 경제적 불평등을 해소"함으로써만 가능하다고 주장했던 것이며, 그런 맥락에서 '사회주의', '사회민주주의'의 길을 제시했던 것이다. 그는 "파시즘과 볼세비슴"의 "악독한 독재주의를 배격"한 나머지 "자본주의의 병폐와 계급대립의 사정(事情)에 눈을 감아서는 아니된다"고 하면서 "무정부적인 생산과 분배와 소비

---

06 愼道晟, 앞의 책, 1953, 13쪽.

전후 '민주주의'론과 야베 데이지(矢部貞治)의 정치학   95

에 대하여 국민 전체의 '사회적 복지(social welfare)'라는 견지에서 정치적 조정"을 통해 "사유재산의 절대 불가침성을 수정함"으로써 "현대 민주주의의 위기"를 극복해 나가야 한다고 했다.[07] "볼세비슴"과는 본질적으로 다른 이념으로서 영국의 페이비언사회주의, 독일의 사회민주주의 등을 소개하고 "평화적 의회주의와 민주주의의 입장에서 사회생활의 연대성 내지 협동성을 전제"로 한 "성실한 사회민주주의만이 현대국가가 내포하고 있는 위기와 혼란과 고민을 해결할 수 있는 유일의 방도"라고 역설했다.[08]

이러한 '민주주의'론을 바탕으로, 그는 '민주건국의 기본 이념'으로서 한국독립당의 '삼균주의'를 연상케 하는 '정치적 균등', '지적(知的) 균등', '경제적 균등'을 제시하면서 다음과 같이 주장했다.

그러므로 문제는 결코 보수니 진보니 반동이니 혁명이니 하는 데 잇는 것이 아니라 오로지 평화의 이데올로기와 폭력의 이데올로기의 대결에 있는 것이다. 인류가 그 장구한 폭력의 역사를 벗어나려고 하는 노력의 최후의 단계에 도달한 현재, 바야흐로 두 개의 이데올로기가 전 세계적 규모로서 본격적인 상극을 전개하고 있는 것은 결코 우연이 아니다. 우리는 자유보다 빵을—정치적 균등을 무시하고라도 경제적 균등을 추구하지 아니하면 아니되는 독단론에 지배될 필요는 없다. (…) 그보다도 우리는 우리의 사회 구성의 단일민족성과 경제적 계급 분열의 저도성(低度性)으로부터 이것을 거부하지 아니하면 아니되는 것이다. 진실로 우리와 같은 사회야말로 민주정치의 방법인 토론과 설복(說服)이 최대의 효율을 발휘할 수 있는 사회이고, 그리하여 우리에게는 빵과 함께 자유를 누릴 수

---

07 위의 책, 212쪽.

08 위의 책, 217쪽.

있으며 정치적 균등을 희생으로 하지 아니하고, 아니 도리어 그것을 토대로 해서 경제적 균등을 실현할 수 있는 절호의 조건이 구비되어 있는 것이다.[09](밑줄—인용자)

위의 인용문에서 그가 자신의 '민주주의'론의 중핵이라 할 '국민의 동질성'에 입각하여 당시 한국 사회의 "단일민족성"과 "계급분열의 저도성"에 적극적인 의미를 부여했음을 확인할 수 있다. 그는 "극언(極言)하면 오직 단일민족국가만이 민주정치에의 적격성을 가진 것"[10]이라고까지 하면서 "순수한 단일민족"을 이루고 있는 "우리 민족"은 "토론과 설복"이라는 "민주정치의 방법"에 의거하여 제반 '사회적 균등'을 실현할 수 있는 "절호의 조건"을 구비했다고 보았고, 이에 근거하여 "볼쉐비즘과 파시즘"을 "평화적 수단"이 아닌 "오직 폭력에 의하여서만" "사회 체제의 변혁"을 실현하려는 이데올로기라고 비판했다.[11]

잘 알려져 있듯이 해방 이후 정치 세력들은 '민주주의'라는 개념을 매개로 자신들의 체제적 지향을 표출했다. 한국전쟁 발발 이전 발표된 '민주주의'론 중에서 위의 신도성과 흡사한 논리를 구사하고 있는 텍스트들이 몇몇 눈에 띈다.[12] 예를 들어 1940년 도쿄제국대학 법학부 정치학과에 입학하여 1942년 졸업했던 김상협(金相浹)은 "민주정치는 다수결 원칙을 중심으로 하야 명랑한 가운데 토의하며 자진적(自進的)으로 복종하야 협조적으로 타협함을 말

---

09 위의 책, 243~244쪽.

10 위의 책, 240쪽.

11 위의 책, 243쪽.

12 해방 이후 가장 이른 시기의 텍스트로는 白衣人, 「民主主義 解說」, 『開闢』 73, 開闢社, 1946년 1월 참조. '백의인(白衣人)'이 누구의 필명인지는 확인하지 못했다.

한다"고 하고 "민주정치가 가능한 사회적 지반은 오로지 상대적 동질사회뿐"
이라고 하면서 다수결 원리를 사회 유형론과 결합하는 가운데 "민주정치는
근본에 있어 통합성, 통일성, 전체성을 전제"로 한다고 주장했다.[13]

또한 1948년 이종극(李鍾極)이 저술한 『민주주의 원리』에서도 유사한 내용
을 찾아볼 수 있다.[14] 이종극 또한 신도성과 동일하게 세 가지 사회 유형—"완
전공동체(공동사회, 게마인쇄프트)", "이익사회(게셀쇄프트)", 양자의 "중간사회형"—
의 의사 결정원리를 설명하면서 "데모크라씨의 사회적 기초"를 설명했다.[15]
이어서 "근대 데모크라씨"는 현실적으로 "자유형 데모크라씨"와 "공동체형
데모크라씨"가 대립해 있다고 하면서 각각의 정치원리가 갖는 특징을 비교
서술하고, 전자를 "자유형 부르죠와 데모크라시"라 지칭하며 비판했다. 즉,
자유주의가 표방하는 '자유와 평등'은 19세기 후반 이래 독점자본주의의 발
전에 따라 "사회의 재산이 소수 자본가의 손에 독점"되고 "사회구성원의 최
대다수가 그날그날의 노동력을 팔아 간신히 호구하고 있는 자본주의사회"에
서는 실현될 수 없다고 하면서, "대중을 자본의 지배에서 해방하는 것이 급선
무"라고 주장했다.[16] 이를 위해 '프롤레타리아 독재'가 아닌 "재벌 해체, 토지
개혁, 산업의 국영 내지 사회관리"를 축으로 하는 "사회민주주의"의 길을 제
시했다.[17]

신도성, 김상협, 이종극 등이 스스로 밝히지는 않았지만, 위와 같은 '민주

---

13 金相浹, 「民主政治의 統合性」, 『白民』 4권 1호, 白民文化社, 1949, 101~103쪽.

14 李鍾極, 『民主主義原理—데모크라씨의 根本思想』, 朝鮮文化研究社, 1948.

15 위의 책, 58~65쪽.

16 위의 책, 91쪽.

17 위의 책, 109쪽. 이종극은 신도성의 『民主主義政治學』에 대한 서평에서 신도성의 "著書가 民主主義의 見
地에서의 政治理論을 얄미우리 만큼 明晳하게 敍述하여놓았다"고 하면서 "民主政治의 基礎理論만은
이 책에서 남김없이 밝혀졌다"고 높게 평가했다. 李鍾極, 「(書評) 愼道晟 著, 『民主主義政治學』」, 『思想界』
1953년 11월호, 204쪽.

주의'론의 기본 틀은 도쿄제국대학 정치학 교수였던 야베 데이지(矢部貞治)의 "공동체적 중민정(共同體的 衆民政)"론에 의거한 것이었다.[18] '중민정(衆民政)'이라는 용어는 democracy의 번역어로서, 그의 스승이었던 오노즈카 기헤이지(小野塚喜平次)의 용법을 따른 것이었다.[19]

오노즈카 기헤이지의 『政治學大綱』(下卷, 1903) 제2부 「政策本論」에는 "중민적(衆民的)", "중민적 정책", "중민적 경향"의 용례가 보이는데, '중민적'은 'democratic'을 번역한 것이었다.[20] 그가 democracy의 번역어로서 '중민정(衆民政)'을 내세웠던 이유는 20세기 초 독일 정치체제를 분석한 논문에서 'Sozialdemokratische Partei' 당명(黨名)의 번역어로 '사회중민당'이 적절한 이유를 밝힌 논변에서 찾아볼 수 있다. 그는 "원래 democracy라는 단어"에는 두 개의 의미가 있고, 하나는 군주와 상용되지 않는 의미, 다른 하나는 단지 일반 민중 세력을 인정하는 의미에서 사용된다고 하면서, "사회민주당(社會民主黨)"이라고 번역할 경우 "당의(黨議)로서 군주국체(君主國體)에 반대하는 것으로 간주되는 오해를 불러일으키기" 쉬운데, 동당(同黨)이 "당의로서 이것을 주장하지 않는 것은 물론, 또 해당(該黨)의 본질 및 당세 팽창의 원인을 군주에 절대적으로 반대하는 공화국체(共和國體) 사상에 있다고 믿는 것은 잘못"이기 때문에 "사회중민당"이라는 번역이 좀 더 낫다고 하였다.[21] 이후에도 그는 'democracy'는

---

18 김상협은 東京帝國大學 재학 시절에 아베 데이지의 정치학, 행정학 강의를 수강했다고 한다. 일제시기 京城第二高普, 日本 山口高等學校, 東京帝國大學 등을 거쳤던 김상협의 수학 과정에 대해서는 남재 김상협 선생 전기편찬위원회 엮음, 『南齋 金相浹』, 한울, 2004, 65~177쪽 참조.

19 矢部貞治, 「制度としての衆民政」, 『國家學會雜誌』 42卷 3號, 1928, 68쪽; ハンス ケルゼン 著, 西島芳二 譯, 『民主政治と獨裁政治』(Vom Wesem und Wert der Demokratie, 1929), 岩波書店, 1932, 15쪽. 이 책에는 한스 켈젠 (Hans Kelsen)의 '민주주의'론에 대하여 야베 데이지가 쓴 장문의 「序文」이 수록되어 있다.

20 小野塚喜平次, 『政治學大綱』 下卷, 博文館, 1903, 137~139쪽.

21 小野塚喜平次, 『歐洲現代立憲政況一斑』, 博文館, 1908, 99쪽. 이러한 오노즈카의 논변은 대일본제국헌법에서 '천황'과 연방제적 성격을 지니고 있던 독일제국헌법에서 '황제'의 차이를 중시하지 않았기 때문이라고도 볼 수 있을 것이다. 이에 대해서는 근대일본에서 '천황제'의 의미를 묻고 있는 三谷太一郎, 『日本の

"원래 일반 인민의 정치를 의미"하는데, "그 요지는 정치적 중심점이 일반 민중에 존재하는 것에 귀착"하며, "법제상 반드시 군주국과 상용(相容)되지 않는 것은 아니다"라고 주장하였다.[22]

야베 데이지 또한 "중민정"을 "법학적 정의"가 아닌 "정치학적 의미", 즉 "헌법상 어떻게 조직되었는가"가 아니라 "사실상의 조직을 보는 것"이라고 하면서, "국민의 대부분이 정치의 원동력이 되도록 조직된 정치제도"라고 정의했다. 이러한 정의를 통해 요시노 사쿠조(吉野作造)의 '민본주의' 번역이 "국민을 위한"에 한정되어 있다고 그 한계를 지적하면서도, "민주주의"라는 번역어는 "군주에 대하여 대항적 의미의 연상을 수반하는 경향이 있어" 채용하기 어렵다고 했다.[23] 이상과 같이 오노즈카의 "정치적 구심점이 일반 민중에 존재", 야베의 "국민의 대부분이 정치의 원동력이 되도록 조직"이라는 모호한 표현에서 알 수 있듯이, 오노즈카와 야베의 "중민정" 용어의 사용은 요시노 사쿠조의 "민본주의" 번역과 그 주안점에서 일정한 차이를 내포하면서도, '대일본제국헌법' 체제의 천황주권과 '국체(國體)' 이데올로기 속에서 'democracy'의 핵심이라 할 수 있는 '인민주권'의 문제를 회피하고 비켜 가기 위한 번역이었다.[24]

오노즈카 기헤이지의 후계로서 도쿄제국대학에서 정치학 강좌를 담당했던 야베 데이지는 1930년대 초반 제1차 세계대전 종전 이래 대두하기 시작했

近代とは何であったか—問題史的考察』, 岩波書店, 2017, 219~225쪽 참조.

22   小野塚喜平次, 『現代政治の諸問題』, 岩波書店, 1926, 336쪽.

23   矢部貞治, 「制度としての衆民政」, 『國家學會雜誌』 42卷 3號, 1928, 65~68쪽.

24   요시노 사쿠조의 '民本主義' 언설에 담긴 전략과 효과에 대해 긍정적으로 평가한 연구로서 蠟山政道, 『日本における近代政治學の發達』, 實業之日本社, 1949, 103~111쪽; 이시다 다케시 지음, 한영혜 옮김, 『일본의 사회과학』, 소화, 2003, 131~135쪽 참조. '國體論'에 대해서는 마루야마 마사오, 김석근 옮김, 『일본의 사상』, 한길사, 1998, 83~129쪽 참조.

던 세계적인 정치적·경제적·사상적 격동에 대한 '위기의식' 속에서 기존에 지배적인 정치원리로 간주되었던 "자유적 중민정"을 "개별적 분화성(分化性)의 편중"으로서 비판하고, 이를 극복하기 위해 그동안 몰각되었던 "일체적 공동체 원리"로의 통합을 중핵으로 하는 "공동체적 중민정"론을 제시했다.

야베는 '중민정'의 궁극 이념은 "인격의 보호 완성"이지만, "중민정의 본질"은 "정신, 목적, 이상"에 있는 것이 아니라 "제도로서 구현된 조직"이라고 하여, "제도·기구로서의 중민정"이라는 관점을 취했다. 그리하여 '중민정'을 "국가의 조직 권력의 결정 행사를 국가 전 성원의 의사에 따르는 정치조직"이라고 정의함으로써 의사 결정원리를 그 핵심에 놓는다.[25] 야베는 그와 같은 "단체 의사 결정 행위의 원리"를 "다수결과 대표의 원리"에서 찾고, 이것을 퇴니스의 공동사회, 이익사회 유형론, 즉 "사회적 기초"와 결합시켜서 '(완전)공동체-표현(表現)의 원리-본능적 전원일치'와 '이익사회-대리(代理)의 원리-계산적 전원일치'로 구분하는 가운데 다음과 같이 썼다.

> 그런데, 이러한 완전공동체과 순수한 목적 내지 이익사회와의 중간에 위치하여, 일체적(一體的) 공동생활은 처음부터 존재하고, 과거로부터 장래에 걸친 전통적 정신적 유대가 전 성원을 자라게 하고 포옹하면서, 이와 동시에 성원은 단순히 전체 속에 몰입하는 것이 아니라 공사(公私)의 구별을 자각하며, 명확히 분화되는 자아의식을 가지고 주관적으로 자기의 체험과 이지(理智)에 의거하여 이러한 공동생활의 인식, 이해와 기초 짓기를 하고, 그것의 합리화와 발전을 도모하고자 하는 사회형이 있다. 이미 설명한 바와 같이, 근대국가는 바로 이러한 사

---

25 矢部貞治, 『政治學講義要旨―現代政治危機の諸問題』, 1937, 101~106쪽. 이 책은 출판사를 통해 공식 발행된 서적이 아니라 대학 강의를 위해 책자 형태로 만들었던 교재이다. '국가론'을 줄기 삼아 정치학 원론서의 형식을 취하는 가운데 그가 1930년대 중반에 이르러 체계화했던 '공동체적 중민정'론을 담고 있다.

회관계의 전형이고, 이러한 사회에서는 단체의사는 자발적, 본래적으로 결정된 것은 아니지만, 그렇다 하더라도 단순히 개개인의 사적 자의(恣意)에만 의존하는 것도 아니다. 여기에서는 일체 의사의 필연은 원리적으로는 처음부터 전제되지만, 현실적으로는 그 내용, 즉 전 성원의 인격과 의사를 통해 통합되는 것이다.[26]

야베는 다수결 원리가 타당할 수 있는 전제조건으로 "다수자와 함께 소수자 또한 일체성을 전제하기에 충분한 정신적·이익적 동질성의 존재"를 들고 특히 '경제적 계급의 대립은 적어도 공동이익의 동질적 전제'를 가능케 할 수 있도록 극복되어야 한다고 주장했다. 그리고 "모든 분화를 포괄하는 일체적 동질성의 전제"하에서 "다수와 소수의 분화"는 고정적인 권력 지배관계에 있는 것이 아니며, 양자는 "참으로 협동적, 합성적(合成的)"으로 기능한다고 했다.[27]

여기서 그가 칼 슈미트의 독재론을 수용하고 있음이 드러난다. "동일성 (Identität) 관념"에 입각하여 "이질적인 것을 거부"하는 "동질성(Homogenität)의 원리"를 민주주의 원리의 핵심으로 간주했던 칼 슈미트의 독재론을 '공동체적 중민정'론에 결합시켰던 것이다.[28] 이러한 원리적 접근에 그치지 않고, 그는 칼 슈미트의 독재론을 매개로 현실 정치형태로서 '독재정'과 '중민정'의 관계를 탐색하는 가운데 '독재정'은 "일정한 경우에 바로 중민정 고유의 모습"이

---

26 위의 책, 118쪽.

27 위의 책, 121~122쪽.

28 1930년대 초반부터 중반에 걸쳐 한스 켈젠, 퇴니스, 칼 슈미트, 알프레드 베버(Alfred Weber) 등의 저술을 활용하여 체계화되었던 야베 데이지의 '공동체적 중민정'론 형성과정에 대해서는 다음의 연구를 참조. 波田永實, 「矢部貞治における共同体的衆民政論の形成」(1), 『流經法學』 1卷 1號, 流通經濟大學法學部, 2002년 3월; 波田永實, 「矢部貞治における共同体的衆民政論の形成」(2), 『流經法學』 2권 1호, 流通經濟大學法學部, 2002년 10월; 源川眞希, 『近衛新體制の思想と政治—自由主義克服の時代』, 有志舍, 2009, 第1章 「戰前日本のデモクラシー: 矢部貞治の政治思想」.

라고 이해했다. 이를 바탕으로 야베는 "국민 대중의 의사로부터 직접적으로 권력의 원천을 긷는 집행권의 확대 강화", "대의적 의회정(議會政)보다는 일반 투표적 집정형태", "긴급 공동 목적을 위한 (합법적) 지도자 독재"를 추구하는 "공동체적 중민정으로의 진전"을 역설했다.[29] 이후 야베 데이지는 이와 같은 '공동체적 중민정'론을 변용하면서 1930년대 후반 이래 쇼와연구회(昭和研究會)를 비롯하여 군부 주도 파시즘 체제 구축과 군국주의 침략전쟁 수행에 적극적으로 가담했다.[30]

야베의 '공동체적 중민정'론에 담긴 지적 기획의 핵심은 '공동체'를 재정

29　矢部貞治,「獨裁政と衆民政」, 蠟山政道 代表編輯,『(吉野作造先生追悼記念) 政治及政治史研究』, 岩波書店, 1935, 552~565쪽. 야베는 '중민정'의 반대 개념으로 전제정(Despotie, Autokratie)을 설정하고, '衆民政'과 獨裁政(Diktatur)은 모순된 것이 아니라고 보았다. 칼 슈미트의 독재론에 근거하여 독재를 "受任的 獨裁"(이른바 '委任的 獨裁')와 "主權的 獨裁"로 나누고, "受任的 獨裁"는 "現存 憲法上의 被構成權力"에 근거를 두고 있고, "主權的 獨裁"는 "모든 헌법질서의 原始的 構成權力인 國民意思"에 토대를 두는 점에서 양자는 다르지만, 둘 다 "정해진 任務 遂行을 위해 例外的, 一時的으로 그 존재가 인정되는 점에서 공통"적이라고 했다. 따라서 '주권적 독재'를 포함하여 독재는 "근본적으로 국민의사에 토대를 두고" 일시적으로 특정한 임무를 수행하는 "受任的 性質을 가진다"는 점에서 항구적인 "절대고유의 권력에 선" "專制政"과는 다르고 했다(같은 글, 540~541쪽). 이러한 그의 '중민정', '독재정'에 관한 이해는 1920년대 후반 '衆民政'에 관한 연구를 본격적으로 시작했던 시기에 비해 크게 변모한 것이었다. 초창기 그는 "衆民政에 對抗하는 것"은 "衆民意思에 의해 有效한 支配를 받는 것이 아니라 固有의 權力으로서 政治를 행하는" "독재정"이라고 했고, 독재정은 "獨裁的 權力"의 "無責任한 濫用"과 "獨裁者의 利己"를 부른다고 했다(矢部貞治,「制度としての衆民政」,『國家學會雜誌』42卷 3號, 1928, 66쪽, 84쪽). 따라서 그의 초창기 '獨裁政' 개념은 칼 슈미트의 독재론을 수용한 이후 '專制政'으로 낙착되고, '衆民政'과 '獨裁政'은 결합 가능한 것으로 되었다.

30　야베 데이지의 약력과 주요 저작 목록은『拓殖大學論集』第32·33合併號, 1963, 3~6쪽 참조. 중일전쟁, 태평양전쟁 시기 '昭和研究會', '大政翼贊會' 등을 통로로 이루어졌던 야베 데이지의 활동과 '國防國家', '世界新秩序' 구상 등에 관해서는 미나가와 마사키(源川眞希)와 하타 나가미(波田永實)의 다음 연구를 참조. 源川眞希,『近衛新體制の思想と政治─自由主義克服の時代』, 2009; 波田永實,「矢部貞治における共同体的衆民政論の展開」(I),『流經法學』2卷 2號, 流通經濟大学法學部, 2003년 3월; 波田永實,「矢部貞治における共同体の衆民政論の展開」(II),『流經法學』4卷 1號, 流通經濟大学法學部, 2004년 6월. 하타 나가미는 1930년대 후반 이래 야베의 '공동체적 중민정'론 전개를 '근대 천황제'와 연관하여 "'大衆社會'의 狀況에 대해 '一君萬民=翼贊'型을 제시"함으로써, '翼贊體制'를 가장 잘 변호했던 정치학자로서 평가한다. 그런데 이런 평가는 1930년대 이래 압도적 다수의 국민이 일본 파시즘 체제를 지지했다고 하면서, 당시 정치·경제적으로 소외되었던 "압도적 다수의 국민"에게 '익찬 체제'론은 "疑似的인 것이라 해도 社會革命論的 意味"를 가졌던 것이라고 평가하는 흐름 속에서 도출된 것이라는 점에서 문제가 적지 않다. 이에 대해서는 후자의 논문(II), 88~97쪽 참조.

의함으로써, 다시 말해 퇴니스의 사회 유형론을 '다수결(多數決)', '대표(代表)' 원리와 결합하는 가운데 '근대국가'를 "제3의 사회형"으로 규정함으로써 '위기'를 타개할 수 있는 정치적 근거를 확보하는 것이었다. 그가 '근대국가'의 민주정치에 대한 분석에 '사회형'을 도입한 이유는 '정치'의 배후에 있으면서 그것을 규정할 수 있는 에너지로서 '공동체성', 즉 파열과 혼돈, 적대를 극복할 수 있는 '유기적'이고 '유전적(遺傳的)'인 힘에 주목한 것이었다고 할 수 있다.

국제적 정의(正義)가 세계 여론을 떠나 존재할 수 없는 것과 같이 국민 공동 이익은 자유자발적인 국민의사—이러한 의사의 순정한 표명이 가능하기 위해서, 국민 정치교육과 정치기구의 혁정(革正)은 그러므로 단연코 경시되어서는 안 된다—로부터 유리(遊離)해서는 존재할 수 없다. 인류적 정의가 국제 협조를 요청하는 것과 같이, 국민적 정의는 필연적으로 중민정을 요청한다. 중민정은 결코 법학적 인민주권이나 사회계약적 천부인권의 원리에 서 있는 것은 아니고, 오히려 원시공동체에 있어서의 공동 '표현'의 원리, 신대일본(神代日本)의 팔백만신(八百萬神)의 자치, 17조 헌법에 소위 "대사(大事)는 독단으로 해서는 안 되고, 반드시 중(衆)과 함께 마땅히 논해야 한다", 「오개조어서문(五個條御誓文)」에 소위 "만기공론(萬機公論)으로 결정해야 한다"는, 즉 일군만민(一君萬民)의 공동체 원리가 바로 그의 근기(根基)이다. 정말로 만일 이러한 공동 복리의 최고 원리에 기초하여, 그 중에서도 자본주의 문명이 초래한 폐악을 교정하고 (…) 사회 경제 조직의 근본적 혁정을 실현할 수 있다면, 의회 내지 정당의 만능에 의한 제3계급적 헌정상도론(憲政常道論) (…) 과 같은 것은 반드시 이를 금과옥조로 여길 필요가 없다. 중민정 원리는 명백한 긴급 공동 목적을 위한, 지도자 독재정—독재는 무릇 합법적

개념이다—을 결코 거부하는 것은 아니다.[31](밑줄—인용자)

앞서 살펴보았듯이 야베는 '공동사회'와 '이익사회'의 원리와는 다른 제3의 사회 유형으로서 근대국가를 들고, 그에 근거하여 '이익사회'의 원리 또한 중시됨을 강조하고 있지만, 위의 인용문에서 볼 수 있듯이 그의 '공동체적 중민정'론을 추동하는 중핵은 '공동사회'의 원리에 맞춰져 있다. 그는 같은 논문에서 "전제정은 오직 공동체적 연대생명(連帶生命)이 없는 원자적·기계적 사회에 존재하는 것"이며, "완전한 동일성, 동질성 위에 존립하는 가족적 원시공동체의 원리는 군주정도 중민정도 여일(如一)한 것으로 결코 별리(別異)한 것이 아니"라고 했다.[32] 즉 위에서 인용한 1934년 논문은 '공동체적 중민정'론의 체계화가 한창이었던 시점에 작성된 것으로, 자신의 '중민정'론에 입각하여 당시 일본 사회에 대두하고 있던 '일본주의(日本主義)', 복고적 '국체(國體)'론에 대해 비평, 개입하려 했던 것이었다.[33] 물론 당시 우익 세력의 복고적 사상

31 矢部貞治, 「現代日本主義の考察」, 『理想』 1934年 1月號, 理想社, 22쪽.

32 위의 글, 12쪽. 이와 같이 고대(古代) 이래 '공동체 원리'와 '민주주의'를 결합하여 이해하는 방식은 해방 이후 남한 지식인들에게도 적지 않은 영향을 미친 것으로 보인다. 홍익인간(弘益人間)의 정신에서부터 조선왕조 시기의 민본주의(民本主義) 등을 '민주사상'의 맥락에서 서술했던 柳子厚, 『朝鮮民主思想史』, 朝鮮金融組合聯合會, 1949 참조. 나아가 이병도(李丙燾)는 한국전쟁 중 『國史上으로 본 우리의 指導理念』(國民思想指導院, 1952) 등을 통해 "原始氏族社會"의 '공동체 원리'를 '민주주의'와 결합하여 이해하는 가운데, "共同社會의 協同妥協精神"을 '민주주의 시대'의 '국민도덕의 원리'로 자리매김하기도 했다. 이에 대해서는 홍정완, 「전후재건과 지식인층의 '道義' 담론」, 『역사문제연구』 19, 역사문제연구소, 2008, 51~54쪽 참조. 이와 같은 현상은 야베 데이지의 영향으로 단정할 수는 없지만, 다카다 야스마(高田保馬), 나니와다 하루오(難波田春夫) 등 1930~40년대 일본 사회과학계의 '공동체'론의 유행과 관련된 것이라 할 것이다. 이와 같은 '공동체'론은 1970~80년대까지 한국 사회의 핵심적 관변 이데올로기의 토대로 활용되었다는 점에서 별도의 분석적 연구가 필요하다.

33 오타니 신지(大谷伸治)의 연구는 '주권적 독재'에 관한 서술 등이 '국체(國體)'에 위배된다는 1938년 소위 '관념 우익'의 공격을 계기로 그의 '공동체적 중민정'론이 '국체론(國體論)'과 만나게 되었다고 평가하는 선행 연구의 오류를 지적하고 있다. '관념우익'의 공격으로 인해 앞서 인용했던 강의 교재 『政治學講義要旨』(1937)의 표제(標題)를 『歐洲政治原理講義案』(1938)으로 바꾸고, 내용 또한 여러 곳에서 '국체론'에 위배된다고 오해될 소지를 없애기 위해 가필·수정했지만, 야베 데이지는 '관념 우익'의 공격 이전부터 이미 자신의 '중민정'론과 '천황제', '국체론'과의 상용성(相容性)을 의식하고 있었다. '중민정(衆民政)' 용어의

경향에 전반적으로 동조하기보다는 자신의 입장에서 비판적으로 구부리려 했던 것이라 해석할 수 있겠지만, 보다 주목해야 할 부분은 이를 통해 그의 '공동체적 중민정'론에 내포된 특성이 극명하게 드러난다는 점이다.

야베의 '공동체적 중민정'론의 핵심적인 특질은 '분화와 대립'을 극복할 수 있는 '공동체'적 에너지가 이미 (잠재적으로) 존재하고 있음을 부각시키고, 그 에너지를 위로부터의 '집정권력', '독재정'으로 회수하여 실제화(actualizing)할 수 있다는 형식을 취하고 있다는 점이다.[34] "개인의 자유와 단체의 일체성이 완전 절대의 조화를 실현하는 바의 경지"가 "순수이념"으로 설정되는[35] "국민공동체"의 기획에는 이질적이고 적대적인 것들이 "참으로 협동적·합성적"인 것으로 기능할 수 있다는 '국민공동체'로의 통합에 대한 지극히 낙관적 태도가 저류하고 있다. 낙관적인 "기대의 논리화"라 할 그의 작업은 1930년대 후반 이후 일본 사회과학자들이 현실의 사회현상 그 자체에 직면하여 이론

채택이나 위에서 직접 인용했던 논문에서 살펴 볼 수 있듯이, 그의 '공동체적 중민정'론은 '천황제'를 전제로 한 것이었다. 야베 데이지의 '衆民政論'과 '國體論'의 관계에 대해서는 오타니 신지(大谷伸治)의 다음 연구를 참조. 大谷伸治, 「矢部貞治の衆民政論と國體論—講義案の改定をめぐって」, 『史學雜誌』 124編 2 號, 史學會, 2015; 大谷伸治, 「昭和戰前期の國體論のデモクラシ」, 『日本歷史』 777號, 日本歷史學會, 2013.

34 그런 측면에서 야베 데이지의 '공동체적 중민정'론에서 '공동체'의 위상은 비슷한 시기 로야마 마사미치의 '국민협동체(國民協同體)'론으로의 전회 과정에서 나타나는 '협동체'와 유사한 측면이 있다. 1930년대 '민주주의'의 위기를 논하는 가운데 로야마에게 "政治社會"는 성원의 공통의 목적에 유래하는 "協同的" 성격뿐 아니라 "社會的 遺傳"에 의거하여 주어지는 "生物學的 有機的 要素"를 갖는 것으로 변화하였다. 1920년대 그가 견지했던 "自覺者の 結合"이라고 할 '目的社會(Genossenschaft)'로서의 '政治社會' 개념, 즉 가치를 실현하기 위해 조직화가 필요한 곳에서 '政治'가 발생한다는 관점으로부터, 그러한 정치사회 배후에 있는 '협동체적인 힘'에 의지하는 것으로 변화했던 것이다. 이에 대해서는 三谷太一郎, 「日本の政治學のアイデンテイテイを求めて: 蠟山政治學に見る第一次世界戰爭後の日本の政治學とその變容」, 『成蹊法學』 49, 成蹊大學, 1999, 92~105쪽; 松澤弘陽, 「民主社會主義の人びと—蠟山政道ほか」(1978), 『共同研究 轉向 (5) 戰後編』 (上), 平凡社, 2013, 515쪽.

35 矢部貞治, 「獨裁政と衆民政」, 앞의 책, 1935, 519쪽. 이후 그의 중민정론은 천황제, 국체론(國體論)에 기대어 더욱 관념화되는 가운데 위기를 극복하기 위한 공동체적 에너지에 주목하는 차원을 넘어 위로부터 내리는 천황의 "仁慈하심"과 "아래부터 받드는 忠誠奉公"은 "그야말로 日本政治の 精華"라고 하면서 "日本은 실로 家族的 共同體國家"라고 선언하였다. 矢部貞治, 「共同體と政治」, 東京帝國大學學術大觀編輯全學委員會 編, 『東京帝國大學學術大觀—法學部·經濟學部』, 東經帝國大學, 1942, 405쪽.

화하기보다는 '공동체', '협동체'를 이상적인 것으로 설정하여 "규범론"으로 빠져들어갔던 경향을 선취한 형태라 할 수 있다.[36]

그런데 야베 데이지는 자신의 '공동체적 중민정'론을 패전 이후에도 지속했다는 점에 주목할 필요가 있다. 그는 '중민정'을 "민주정", "민주주의"로, '자유적(自由的) 중민정'-'공동체적(共同體的) 중민정'의 구도를 "자유적 민주정"-"협동적 민주정"의 구도로 조정하는 가운데, 패전 이전 자신의 논지를 정리하여 일련의 저작으로 발표했다. 앞서 언급한 "대표의 원리", "다수결의 원리"와 그 사회적 기초에 관한 주장을 정리하여 1947년 『民主政機構の基礎原理』로 발표하였으며,[37] '공동체적 중민정'론을 기본 골격 삼아 정치학 교과서를 간행하기도 했는데,[38] 이때 교과서 서술을 보면 일정한 변화가 나타났음을 확인할 수 있다.

패전 이전에 '공동사회', '이익사회' 원리의 중간형태로서 "근대국가"를 '제3사회형'이라고 하여 '근대국가의 위기'를 극복할 수 있는 '일체적 공동체'의 원리를 부각시키는 형식을 취했다면, 전후에는 '제3사회형'을 "협성사회(協成社會)"라고 명명하면서 이를 '정치'가 존재할 수 있는 "고유의 정치사회"라고 서술했다. 즉 그는 "정치의 일반적 목적"은 "사회 내의 대립과 분화를 통

---

36 1930년대 로야마 마사미치, 야베 데이지 등 일본 사회과학자들의 '협동체', '공동체'론을 비판적으로 개괄하고 있는 이시다 다케시 지음, 한영혜 옮김, 앞의 책, 200~204쪽 참조. 이 번역서는 "야베 데이지"를 "야베 사다지"라고 잘못 표기하고 있다.

37 矢部貞治, 『民主政機構の基礎原理』, 弘文堂, 1947 참조. 이 저작의 개정판(弘文堂, 1949)과 비슷한 시기 저술했던 『民主主義の本質と價值』(弘文堂, 1949) 두 책을 합본하여 『民主主義の基本問題』(弘文堂, 1954)를 발간했는데, 「서문」에서 그의 박사학위논문 「民主主義の基本問題」(早稻田大學, 1953년 12월)는 이 책의 내용이 주요한 부분을 이루고 있음을 밝혔다. 1983년 이극찬이 "저명한 사상가와 학자들"의 '민주주의'에 관한 논고를 모아 펴낸 책에도 야베 데이지가 저술한 『民主主義の本質と價值』(弘文堂, 1949)의 일부가 수록되어 있다는 점에서 패전 이후 그의 민주주의론은 비교적 오랫동안 국내 정치학자들에게 읽혔던 것으로 보인다. 李克燦 編, 『民主主義』, 종로서적, 1983 참조.

38 矢部貞治, 『政治學』, 海口書店, 1947 참조. 이 저작의 "증정판(增訂版)"으로 다음의 책을 발간했다. 矢部貞治, 『政治學』, 勁草書房, 1949.

합하여 일체적 단체의사 또는 질서를 만들어내는 것"이라고 정의하면서, 그와 같은 "정치가 고유의 기초를 갖는 사회"는 3개의 사회형 중 "협성사회"뿐이라고 했던 것이다. 다시 말해, 패전 이전 야베의 '위기' 극복을 향한 '협동체' 기획은 전후(戰後) 그의 '정치학' 전반을 규정하는 관점으로 확대되어 정치 자체를 '협성(協成)'의 과정으로 파악하게 되었다.[39]

따라서 한국 정치학계의 전후 '민주주의'론을 선도적으로 제기했다고 할 수 있는 신도성의 민주주의론은 야베 데이지의 '공동체적 중민정'론을 이론적 토대로 하고 있지만, 패전 이전 칼 슈미트의 독재론과 '일체적 공동체'의 원리를 결합시켰던 야베 데이지의 논리에 주목한 것은 아니었다. 그보다는 야베 데이지의 '중민정'론의 기본 모티브라 할 수 있는 국민의 '공동체성', '동질성'이 갖는 정치적 의미를 주목하면서 해방 이후 좌우대립, 분단과 전쟁의 위기를 극복할 수 있는 관건을 정치적·경제적 '균등'을 통해 '국민의 동질성'을 확보할 수 있는 민주주의, 의회정치에 입각한 사회민주주의적 경향에서 찾았던 것이라 할 수 있다.

도쿄제국대학 법학부 정치학과를 졸업했던 신도성은 일제시기 야베 데이지의 '중민정'론을 접했을 것이라 추정되지만, 실제로 그가 참고한 텍스트가 정확히 어느 시기에 산출된 것인지는 확실치 않다. 앞서 살펴본 바와 같이 신도성은 '협성사회'라는 표현은 채택하지 않았고, 굳이 비슷한 용어를 찾는다면 '혼합사회(混合社會)', '혼합상태(混合狀態)의 사회' 등을 사용했다. 그런데 주목해야 할 점은 신도성의 『민주주의정치학』뿐 아니라 앞서 서론에서 제시했던 〈표 1〉의 정치학 개론서들도 강조점에 다소 차이가 있을 뿐 전후에 발

---

39 矢部貞治, 『政治學』, 勁草書房, 1949, 108~116쪽.

표된 야베 데이지의 텍스트를 바탕으로 '민주주의'론을 전개했다는 것이다.[40] 당시 '민주정치'에 관한 해설서에서도 이를 확인할 수 있다.

2. 전후 한국 정치학의 이데올로기 지형과 '민주주의'론의 전개

윤세창(尹世昌)[41]은 『정치학개요』(1952)를 통해, 야베에 비해 자유주의적 정치원리의 의의를 적극적으로 평가하면서도 제3장 「현대민주정치론」에서 "사회적 연대와 협동", "공공의 책임과 의무"를 강조함으로써 "자유주의적 민주정치를 극복"하는 "민주정치의 협동화"가 이루어져야 하며, 특히 "빈궁을 면치 못하는 국가에서 민주주의를 유지하려면 민주정치의 협동화가 불가결"하다고 주장했다.[42] 백상건의 『정치학입문』(증보판, 1956)은 야베의 '자유적 민주

40　신도성, 이종항 등 정치학 교과서에 야베 데이지의 '민주주의'론이 미친 영향은 최근 기유정의 연구에 의해 지적된 바 있다. 기유정, 앞의 글, 21~25쪽. 기유정은 1940년대 전반 미키 기요시(三木淸), 로야마 마사미치 등 군부 파시즘 체제에 결합했던 지식인층의 '동아협동체'론에 대한 사카이 데쓰야(酒井哲哉)의 평가(장인성 옮김, 『근대일본의 국제질서론』, 연암서가, 2010, 제1장)를 인용하면서 야베 데이지의 '중민정'론에 대한 평가를 내렸다. 기유정은 야베의 '중민정론'을 "개별자 간의 충돌과 그 자유의지의 존속", 즉 "반(反)전체주의 논리" 또는 자유주의 정치원리를 존속하려 것으로 평가했다. 그러나 "자유와 평등, 개인적 자유 對 공동체적 질서"의 구도 속에서 "공동체적 민주주의론"의 경향이라고 평가하는 것은, 당대 야베 데이지의 실천과 언설을 분리하고 다시 '언설'을 추상적 원리로 추출하여 평가하는 형태를 취한 것이라 할 수 있다. 즉 야베 데이지의 '공동체적 중민정'론의 기획과 그의 정치적 실천을 역사적 맥락과 분리하는 가운데 (패전 이후) '현대'와 연결시키는 것으로, 그가 정치적 상황의 변동에 따라 끊임없이 논지의 강조점을 변화시켜가며 군부 파시즘 체제에 가담했던 측면을 살피지 않는 것이다.

41　윤세창은 1918년 경기도 안성에서 출생하여 1938년 培材高普를 졸업하고, 日本 佐賀高等學校를 거쳐 1944년 京都帝國大學 法學部를 졸업했다. 해방 이후 普成專門學校 法科 전임강사를 시작으로 고려대학교 정법대학과 서울대학교 법과대학 교수 등을 지내고, 1953년부터 1983년 퇴직 시까지 고려대학교 교수로 재임했다. 尤堂尹世昌博士停年紀念論文集編纂委員會, 『(尤堂尹世昌博士停年紀念) 現代公法學의 諸問題』, 博英社, 1983, v~vi 참조.

42　尹世昌, 『政治學槪要』, 第一文化社, 1952, 89~90쪽.

정'과 '협동적 민주정'의 구도를 활용하여 "현대 민주정치의 과제"를 "자유적 민주정치"의 위기를 극복하기 위하여 "개인 이익 추구나 개인적 자유 내지 권리의 주장보다 공공적 책임과 의무의 수행, 사회연대 내지 협동의 실현"을 통해 "협동적 민주정치에로 전환"하는 것으로 꼽았다.[43] 또한 당시 국민대학 교수였던 박일경(朴一慶)이 쓴 『민주정치강화(民主政治講話)』의 '민주정치' 원리에 관한 기본 논지는 '협성사회(協成社會)'라는 용어를 포함하여 사실상 야베 데이지의 '민주주의'론에 전적으로 의거한 것이었다.[44]

　당시 경북대학교 교수였던 이종항(李鍾恒)[45]은 『정치학』(1954)에서 "정치현상의 성질은 그 현상이 출현하는 사회 그 자체의 성질 여하에 따라 본질적으로 결정된다"고 하면서 퇴니스의 사회 유형론을 활용하여 의사 결정원리를 다루면서 '다수결 원리'는 '이익사회'의 의사 결정원리이며, "이익사회는 그대로 정치사회"라고 말했다. 이와 더불어 "다수결 원리"는 "정치사회 자체의 필요성과 목적"이 "분열과 대립의 힘"보다 강할 때 성립할 수 있는 것이라고 하면서도, "아무리 다수결의 원리로서의 기반이 협성(協成)과 복종의 약속을

43　白尙健, 『政治學入門(增補版)』, 誠美堂, 1956, 331~333쪽.

44　朴一慶, 『民主政治講話』, 高麗出版社, 1955, 11~63쪽. 「머리말」에서 저자는 이 책이 "모든 국민의 민주정신 확립"과 "민주주의적 교육수준, 정치수준의 향상"을 위해 "중학 정도를 졸업한 사람이라면" 해득할 수 있는 "계몽적 해설"을 목표로 저술되었다고 밝혔다. 박일경은 1920년 경북 경주에서 출생하여 1933년 大邱 公立普通學校를 졸업하고, 1937년 大邱高普 4년을 修了하고 同年 京城帝國大學 豫科에 입학했다. 1940년 4월 법문학부 법과에 들어간 뒤 1942년 일제 고등문관시험 행정과에 합격하고 그해 법과를 졸업했다. 1942년부터 1946년 5월까지 경남도청 도속(道屬), 전남 함평군수, 전남도청 후생과장 등으로 근무하다가 1947~48년 大邱大學 교수, 1949년부터 1961년까지 國民大學 교수로 활동하는 가운데 1951년부터 1960년 6월까지 법제처 제1국장을 겸직했다. 민주당 정권기 국무원 사무처 차장, 5·16군정기 법제처장과 문교부장관을 역임했고, 이후 1963년부터 1975년까지 경희대학교 교수로 활동했다. 栗崗朴一慶博士華甲紀念論文集 刊行委員會, 『栗崗朴一慶博士華甲紀念 公法論叢』, 1980, 3~4쪽 참조.

45　이종항은 1919년 경북 울릉에서 출생하여 1938년 大邱高普를 졸업하고, 1943년 6월 滿洲建國大學校 政治學科, 1943년 10월 滿洲 大同學院을 졸업했다. 1947년부터 1963년까지 慶北大學校 師範大學·法政大學 교수, 이후 국립중앙도서관장, 문교부 고등교육국장 등을 역임하고, 1968년 이후 國民大學 교수로 활동했다. 『嶺南人事銘鑑』, 嶺友會中央本部, 1981, 942쪽; 李鍾恒, 『政治學槪論』, 進明文化社, 1965, 末尾〈著者紹介〉 참고

전제"로 한다 하더라도 "개개의 결정에 있어서 소수의 의견이 무시되고 억압되는 사실은 부인할 수 없다"고 보았다. "다수결은 타협의 원리"일 뿐이고, "논리적 일관성보다도 구체적 타당성"이 중요하다고 본 것이었다.

이런 관점을 토대로 그는 "자유적 민주정치"는 "중요한 진리를 내포"하면서도 "인간의 경제생활에 중대한 결점을 노정"함으로써 "민주정치의 위기"를 초래했다고 보았다. "계급의 첨예한 대립"이 있는 곳에서 민주주의는 성립할 수 없다고 단언하고, "참다운 자유는 자본주의와 결부한 민주주의에서 달성될 것이 아니라 사회주의와 손을 잡은 민주주의에서 달성되는 면이 크다"고 했다.[46] 그는 야베의 '민주주의'론을 참조하면서도, 근대국가의 정치는 이익사회의 원리에 입각하여 파악해야 하며, "끊임없는 독재에의 전화"를 방지하는 가운데 계급대립을 격화시키는 "자유주의적 경제조직의 지양"과 "경제적 평등의 실현"을 중시했다.

한편, 앞서 살펴본 바와 같이 해방 이후 전체주의적인 국가주의 이념에 경사되어 있던 강상운과 한태수는 한국전쟁을 거치면서 사상적·학문적으로 일정한 변화를 시도했다. 두 사람의 변화는 다소 다른 양상을 보였지만, 1950년대 중반 야베 데이지의 '협동적 민주정'론을 활용하여 '민주주의'론을 전개했다는 점에서 교차했다.

먼저 한태수는 한국전쟁 중에 발간했던 『정치학개론』(1952)에서 제2차 세계대전 이후 "공산주의 독재정치와 재래식 민주정치의 2대 진영으로 대립"하는 "금일의 세계정세"에서 "독재가 아닌 전체주의, 전체의식에서 운행되는 민주정치가 신시대의 정치 형태될 것을 기대"한다고 하여 냉전 진영대립의 격화라는 새로운 조건 속에서 '민주주의'와 결합할 수 있는 '전체주의'의 여

---

46 李鍾恒, 『政治學』, 文星堂, 1954, 58~63쪽, 385~403쪽.

지를 타진했다.[47]

이러한 문제의식을 담은 텍스트가 같은 해에 출간된 『정치사상사개설(政治思想史槪說)』(1952)이다. 「서문」에서 그는 개인주의에 입각한 자유주의 정치이념과 그 실천하에서 이루어진 자본주의 경제의 불평등으로 인해 자유주의는 "신시대의 지도원리"가 될 수 없다고 기각한 다음, 이러한 자유주의 이념을 비판하며 "계급투쟁에 의한 혁명"으로 이상사회 건설을 내세웠던 공산주의 또한 "윤리의 파탄을 초래하고 민족을 분열시킨" 결함을 노정하게 되자, "새로운 정치이념으로서 팟시즘과 나치즘"이 제창되었다고 했다. 그러나 이들 이념 또한 "지나친 기계적 전체주의에 함입(陷入)"하여 "개성을 전연 무시"했기 때문에 "제2차 세계대전에서 무력적으로 패망함"과 동시에 "지도이념으로서의 자격을 상실"하고 말았다면서, 이에 "새로운 정치원리가 구성되어야 할 것을 절실히 느끼는 바"라고 집필의 문제의식을 밝혔다.[48]

『정치사상사개설』에서 한태수는 슈판(O. Spann)의 전체주의 철학에 입각하여 플라톤 이래 정치사상사를 서술하는 가운데, 나치즘과 파시즘의 사회유기체관에서 나타난 "개체와 전체"의 관계를 비판적으로 검토하면서 그 철학적 토대로서 슈판의 "전체와 개체의 관계"에 대한 이론을 재음미할 필요가 있다고 했다. 한태수는 슈판이 "전체 즉 사회가 본래의 실재요, 따라서 전체가 제일의적(第一義的)인 것이며, 개인은 그것의 한갓 파생물"이라고 간주하면서도, 개인은 "실재에의 가능성, 잠재적인 것으로서 전체에 의하여 비로소 정신적으로 실재화하는 것"이므로 "결코 개인의 개성을 부정하는 것은 아니"라고 했음을 환기했다. 그럼에도 불구하고 슈판의 "개인에 대한 근본 태도"는

---

47 韓太壽, 『政治學槪論』, 自由莊, 1952, 195~196쪽.

48 韓太壽, 『政治思想史槪說―新政治原理의 構想』, 修文館, 1952, 「序文」 참조.

개인의 "정신은 타자에 의하여 실재화하고 그 타자는 개별의 타자에 의하여 실재화"하는 것으로 거기에서 "인간 인격의 자유과 자발적 의사"가 인정되지 않기 때문에 "인간의 예지(叡智) 또는 구성력(構成力)과 같은 일체의 초월 계기"는 존재할 여지가 없게 됨으로써 "개인의 생활주체성"을 몰각하게 된다고 비판했다.[49] 이와 같은 전체주의에 대한 비판적 검토 속에서 한태수는 지향해야 할 새로운 정치이념으로 '도의적(道義的) 민주주의'를 제시했다.

현대 전체주의인 팟시즘과 나치즘에서는 그 국가 또는 민족 중에서 가장 천재적인 지도자의 의사가 국가의사가 될 것을 주장하였다. 그러나 이러한 것은 모다 개체의 자주성을 무시한 것으로 결국은 귀족주의 또는 독재주의에 떠러지지 않을 수 없고, 따라서 진정한 의미의 국가 전체 의사가 될 수 없는 것이다. 그러므로 필자는 역시 국민총의(國民總意)로서 국가의사가 결정되지 않으면 안 되겠다고 생각하는 것이니 국가는 법리상으로 보아 하나의 법인이요 국민은 국가의 최고기관인 것이다. 이러한 의미에 있어서 필자가 주장하는 신(新)정치원리는 일종의 민주주의라 할 것이다. 그러나 재래식 민주주의와 같이 국가의사 결정에 있어서 국민이 개인주의에 입각하여 개인이해(個人利害) 본위로 주장하는 의사의 다수결로서 결정될 것이 아니라 전체주의에 입각하여 국가이해(國家利害) 본위로 주장되는 의사의 다수결로서 결정되어야 할 것이다. 말하자면 공동운명체를 각성하는 개인의 자유의사로서 결정되어야 할 것이니 이것을 도의적 민주주의라고 할 수 있다.[50](밑줄—인용자)

---

49 위의 책, 87~92쪽. 휴전 이후 '國民思想研究院'에서 발간한 한태수의 『世界思想史』는 그의 『政治思想史概說』 일부(제2장~제5장)를 그대로 옮긴 것이다. 韓太壽 述, 『世界思想史』, 國民思想研究院, 1954 참조.

50 韓太壽, 『政治思想史概說』, 98쪽.

인용문에서 볼 수 있는 바와 같이, 그의 '도의적 민주주의'는 기존 정치원리에 대한 두 가지 비판을 통해 설정되었다. 하나는 파시즘과 나치즘의 "지도자 정치는 강압정치인 까닭에 무조건 복종"을 요구하여 "개인의 인격성과 주체성"을 몰각했다는 점, 둘째 "재래식 민주정치"와 "공산주의 정치"는 모두 "개인이해 본위", 즉 "물질적 이해관계"에 근거한 것이고, "현금 자유국가 대 공산국가의 대립" 또한 "세계적 규모로 계급투쟁이 전개"되고 있는 것으로 "전 인류의 멸망기를 재촉"하는 것이라고 보았다. 따라서 그의 '도의적 민주주의'는 우주-인류-민족-개인에서 이루어지는 "원만한 조화"의 "정의(正義)"를 핵심적 원리로 하면서, "국민 각자의 운명공동체"에 대한 자각을 바탕으로 "본능적인 목전의 이해관계"가 아닌 "타(他)와 협력"을 통해 "공동체의 전반적인 향상을 도모"하고 이에 수반하여 "자기향상을 기(期)"하는 것이라고 밝혔다.[51]

이와 같이 '전체주의 정치철학'에서 몰각되었던 '개인 주체성'의 의의를 환기하고, '조화'와 '도의'를 매개로 조정하여 '도의적 민주주의'론을 안출했던 한태수는 이후 야베의 '협동적 민주정'론을 수용·전유하는 가운데 민주주의론을 전개했다. 당시 연희대학교 동료 교수였던 신동욱(申東旭), 조효원(趙孝源)과의 공저 『사회과학개론』(1956)의 제5장 「정치생활론」이나 다른 텍스트를 통해 "국민 전체의 공적(公的) 입장"과 "공익 본위"의 원리를 강조하면서 "일체적 동질성을 전제"로 "다수와 소수와의 상호감화(相互感化)의 직능이 협조적 합성적(合成的)으로 작용"하는 민주정치의 원리를 주장했다.[52]

---

51 위의 책, 102~104쪽.

52 韓太壽, 「民主政治의 理想과 現實」, 『週刊成大』 1954. 11. 1, 2면; 申東旭·韓太壽·趙孝源, 『社會科學槪論』, 耕文社, 1956, 138~151쪽. 『社會科學槪論』의 제5장 「政治生活論」은 집필자가 표기되어 있지 않기 때문에 조심스러우나, 전체 구성과 내용으로 볼 때 한태수가 집필한 것으로 판단된다.

해방 이후 『현대정치학개론』을 통해 전체주의적 국가주의를 내세웠던 강상운은 책의 내용을 일부 삭제하고 수정·가필하여 정전협정 이듬해인 1954년 『(신고)정치학개론』을 출간했다. 〈표 4〉에서 볼 수 있듯이, 한국전쟁을 계기로 책의 구성이 크게 변화했음을 알 수 있다. 전쟁 이전 그의 정치이념이 짙게 투영되어 있던 『현대정치학개론』(1948) 「후편」에서 제2장 독재정치론을 제외한 모든 내용을 삭제하고 '민주정치론'을 새롭게 추가했으며, 내용이 소략하고 주변화되어 있었던 「전편」에는 세 개의 장이 새롭게 추가되었다.

겉으로 드러나는 책의 구성 변화만 봐도 그가 나치즘, 파시즘 정치원리를 전전(戰前)과 동일하게 지속할 수 없다고 판단했음을 알 수 있다. 그렇다면 실제 서술에서는 어떠한 변화가 나타났는가? 그는 『신고(新稿)』에서 추가된 제9장 「민주정치론」에서 다음과 같이 썼다.

> 지금 의회주의적 민주정치의 비교표준이 되어 오던 독일·이탈리아 독재제가 몰락하게 된 것은 한 개의 비교할 표준을 잃게 된 결과를 가져온 것이 되는 동시에 그 이념을 이념으로서 몰락하게 한 것이 아니라 권력으로서 몰락하게 한 것이니만치 역시 민주정치에 대한 권위정치(權威政治)의 논쟁은 아직 완전히 해소된 것은 아닐 것이다. 하물며 아직도 민주 진영과 격렬한 투쟁을 계속하는 노농 쏘벤트가 있어서 현하 세계를 혼란에 빠트리고 있고, 또 이 대립이 냉전과 열전을 겸행하고 있는 때인 만큼 노농독재주의와 자유민주주의는 한갓 이념상으로 그 승패가 달려 있는 것이 아니라 다만 실력에 의한 굴복만으로 그 승패가 결정되게 되어 있다.[53] (밑줄—인용자)

---

53 姜尙雲, 『(新稿) 政治學槪論』, 唯文社, 1954, 173쪽.

<표 4> 강상운의 『현대정치학개론』과 『(新稿)정치학개론』 구성 비교

	현대정치학개론(1948)		(新稿) 정치학개론(1954)
전편 일반정치학			제1장 기초론
	서론		제2장 국가론
	제1장 국체론		제3장 국체及정체론
	제2장 정체론		제4장 정부형태론
	제3장 정당론		제5장 정당론
	제4장 의회론		제6장 의회론
	제5장 선거론		제7장 선거론
후편 현대정치학	제1장 자본주의적 제국주의론		
	제2장 독재정치론		제8장 독재정치론
	제3장 민족사회주의와 국가사회주의론		제9장 민주정치론
	제4장 사회주의론		
	제5장 기타		
	자료편		부록 : 문헌 소개
	① 불란서인권及국민선언 ② 미국독립선언서 ③ 중화쏘비에트헌법(1931) ④ 국민사회주의독일노동당의 정강		① 우리말로 번역된 참고서及저서 ② 일어로 된 참고서, 주로 원론에 속하는 것 ③ 구미 정치학에 관한 참고서

위의 인용문에서도 볼 수 있지만, 강상운의 『신고』는 이데올로기적인 측면에서 전반적으로 갈피를 잡지 못하고 있다. 형식적으로 본다면 『현대정치학개론』(1948)의 일부 장만 삭제한 상태에서 새롭게 몇몇 장을 추가하는 형태로 구성됨으로써, 전전(戰前)의 이념적 기조와 전후(戰後)에 추가한 내용의 성격이 일관되지 못했다.[54]

위 인용문과 같이 "노농독재주의와 자유민주주의"의 진영대립을 말하면

---

[54] 이와 관련하여 『現代政治學槪論』(1948)의 後篇 「獨裁政治論」 내용은 『(新稿)政治學槪論』(1954)에 수정 없이 그대로 수록되었다. 그런데 『(新稿)政治學槪論』(1954) 서두의 전체 목차에서는 「獨裁政治論」 제5절 제목을 "파시즘政治理論과 小市民獨裁"로 변경했으나(10쪽), 본문의 절 제목은 변경되지 않은 채 "팟시즘 全體主義와 政治理論의 發展"(244쪽)으로 되어 있다.

서 동시에 '신고'에서 새롭게 부가한 제9장 「민주정치론」에서는 '현대 민주주의'의 형태로서 '서구형 민주주의'와 '동구형 민주주의'를 구분하여 서술했다. 그렇지만 '동구형 민주주의'(=쏘삐드 체제)를 "민주정치의 특수한 형태"로 규정하는 근거는 제시하지 못하는 가운데, "일당독재적 강권정치와 경찰정치, 그리고 군사력의 강력한 행사" 등을 열거하며 비판했다.[55] 이렇게 이념적 초점을 잃은 현상이 나타난 것은 책의 말미에서 "파시스트 급(及) 나치스적 전체주의 형태"는 "이미 현실적 의의를 상실했다"고 볼 수 있다고 하면서도, 현실을 "권력", "실력"으로 압도하고 있던 자유 진영-공산 진영의 대립에 대해서 '이념'적 차원에서 체계적으로 '신고(新稿)'할 태세나 준비가 충분치 않았기 때문이라고 판단된다.

이러한 그의 사상적 착종 속에서 주목할 부분은 제9장 「민주정치론」에서 "근대 민주정치"와 "현대 민주정치"를 확연히 구분하고, 후자는 "개인주의를 배격하며 공동체적 세계관을 기초로 하는 정치이론"에 입각한다고 했던 것이나,[56] 인용문에서 "독일·이탈리아 독재제"의 "이념은 이념으로서 몰락하게 한 것"이 아니기 때문에 "민주정치에 대한 권위정치의 논쟁은 아직 완전히 해소된 것"이 아니라고 한 것에 있다고 판단된다. 바로 이와 같은 이념적 교착, 정돈(停頓)상태를 '민주주의'론의 형태로 풀어낼 실마리를 그는 야베의 '협동적 민주정'론에서 찾았던 것이다.

그는 야베가 전개한 '자유적 민주정'-'협동적 민주정'의 구도와 내용을 그대로 활용하여 '자유민주정치'-'공존민주정치'로 명명한 가운데, 후자를 "종래의 자유민주주의"를 대치할 새로운 정치원리인 "공존체적 민주주의"에 따

---

55 姜尙雲, 앞의 책, 1954, 290~291쪽.
56 위의 책, 287쪽.

르는 것이라고 하고, 그것은 "일체적 공동체와 분화적 개인을 동시적으로 전제"하고 "분화적 개인의 인격과 의사를 일체적 공동체 중에 통합"하는 원리라고 했다.[57] 강상운은 앞서 한태수와 같이 '전체주의 정치철학' 자체에 대한 이념적 조정작업을 전개하기보다는, 위와 같은 "공존민주정치", "공존체적 민주주의"의 내용과 속성을 구성하는 가운데 파시즘·나치즘의 원리 자체를 완연히 재생시키지는 못하더라도 유의미한 정치원리로서 되새김질할 수 있었던 것이다. 바꾸어 말하면, 자신이 견지했던 전체주의적 국가주의를 누그러뜨려 표현할 수 있는 '민주주의'의 형식을 발견했던 것이라고 할 수 있다.[58]

이제 야베 데이지의 '민주정'론을 매개로 자신의 '민주주의'론을 전개했던 정치학자들과 달리, 전쟁 발발 이전 정치적 다원주의에 근거하여 민주사회주의를 내세웠던 헤럴드 라스키(Harold Laski)의 정치학을 높이 평가했던 민병태의 경우, 전쟁 발발 이후 어떠한 변화를 나타냈는지 살펴보자. 그는 "현대 정치이론은 경제생활에 대한 국가 기능에 집중"되어 있으며, "콜렉티비즘의 이론화"가 핵심이라고 하면서 "현대세계는 민주주의 옹호를 위하여 또는 민주주의 경제를 위하여 대내 대외적으로 강력한 국가통제가 필요"하다고 했다. 그러면서도 이와 같은 주장은 "과거의 경험에서 확고한 신념을 가지게 된

---

57 姜尙雲, 「自由民主政治와 共存民主政治」, 『法政論叢』 第1輯, 中央大學校 法政大學, 1955, 24~32쪽.

58 강상운은 야베의 민주정 구도를 그대로 수용하면서도 "협동적 민주정"이 아니라 "공존민주의" 혹은 "공존체적 민주주의"라고 명명한 이유를 따로 밝히지 않았다. 다만, 앞서 슈판의 전체주의 정치철학에 관한 서술에서 언급했거니와, 슈판이 전체주의의 관점에서 사회와 개인의 관계를 논하는 가운데 "人間의 共同 生活의 核心 내지 樞軸은 精神的 共同體 즉 共存關係(Gezweiung)에 있다"(シュパン著, 秋澤修二 譯, 『社會哲學』, 白揚社, 1943, 24쪽)고 했던 것에서 유래한 것이 아닐까 추정한다. 슈판은 『眞正國家論』(Der wahre Staat, 1921)에서 "게마인샤프트라는 아름다운 독일어는 개인 속에 있는 전체의 정신적인 것의 상호관계, 병립관계를 실로 잘 표현하고 있다"고 하면서도 이 용어는 구매조합, 정치적 선거조합 등에서 볼 수 있듯이 "정신적인 것 외에 행동에 관한 것으로도 쓰이고 있기 때문에", 별도의 "전문적인 용어를 고안할 필요가 있다"고 하면서 "離間이라는 단어의 반대 의미인 공존(Gezweiung)이라는 단어를 사용한다"고 밝혔다. シュパン著, 三澤弘次 譯, 『全體主義國家論』, 大都書房, 1939, 71~72쪽. 이 책은 Der wahre Staat(1921)의 발췌 번역서이다.

민주주의의 계속을 전제로 하는 것"임을 강조하면서 다음과 같이 썼다.

그러나 여기에 언제나 부과되는 것은 인류의 유산—자유와 이상—의 보장
문제이다. 공통된 경제적 난제에 대하여도 우리는 여기에 대처할 기본적인 이
념과 태도가 필요할 것이다. (…) <u>타개하여야 할 테-마가 새롭다 하여 사고방식이
일신되는 것은 아니다.</u> 과거의 합리성은 새로운 것을 용인할 정도로 관대한 동
시에 보존하여야 할 정도로 진리를 포함한 까닭에 유효성을 가진다. 미국의 제
화아순(제퍼슨—인용자)의 정치이론은 뉴-딜 또는 훼아딜(페어딜—인용자)을 용인할
정도로 관용할 것이며, 현재까지 보존될 만한 진리를 내포한 것이다. 현대 정치
사조는 코렉티비즘의 이론화에 있다. 그러나 <u>서구의 개인주의 및 자유이념은 여
전히 계속되고 있으며, 또는 그 기본의 존속을 전제로 하는 수정(修正)의 과정에
있다.</u> 이러한 점에 있어서 현대 정치사조는 비약적일 수 없으며, 오직 과학적인
현실파악과 합리적인 평등원칙의 구체화에 경수되고 있는 것이다.[59] (밑줄—인용자)

위의 인용문에 담긴 그의 이념적 지향을 전쟁 발발 이전과 견주어본다면
그의 정치이념은 기본적으로 유지되고 있다고 할 수 있다. 하지만 전쟁 이전
에는 정치적 민주주의, 즉 고전적 자유주의 정치이념을 넘어서 '경제적 평등',
'경제적 민주주의'의 의의를 역설하고 그 실현에 초점을 맞추고 있었다면, 전
쟁 발발 이후에는 "일신(一新)"되어서는 안 되는 사고방식이자 "보존해야 할
진리"로서 "전제해야 할" 자유주의적 정치이념을 확인하고 부각하는 형태로
변화되었다.

이와 같은 이념적 초점 변화 속에서 그는 「민주대표론」을 통해 사회적·제

59　閔丙台(東國大學 教授), 「現代國家의 課題와 政治理念」, 『大學新聞』 1952. 7. 14, 2면.

도적 측면에서 '민주주의'의 실질적 구현 문제에 접근했다. 그는 "데모크라시의 실제 운영은 대의방식"에 의거할 수밖에 없다고 하면서도 "대의제도는 하나의 기초 전제에 불과"하며 "현재의 지역적 인구 비례로 대의인(代議人)을 선출하여 국민의 의사"를 대변하는 "형식화된" 대의제도로 "데모크라씨의 본질"을 실질적·효과적으로 구체화할 수 있을지 의문이라고 하였다. 그는 "대의제도 자체에 데모크라씨를 찾을 것이 아니라" "데모크라씨의 실질을 구현할 제도로서 대의제도를 유용화할 방법"이 필요하다고 하면서 이를 위해서는 첫째, 국가기관 사이의 "견제와 균형"이라는 소극적인 차원을 넘어서서 "사회와 대의인 사이의 견제적 제약"이 필요하다고, 즉 "대의(代議)"는 "사회적 제약에 구속"되어야 한다고 주장한다. 둘째, 대의제도가 "막연한 도의적 존재를 벗어나" "구체적인 이익"을 대표해야 한다고 했다. "은폐된 이해의 표면적 일치"는 오히려 "사회분열과 과격한 혁명의 온상"이 될 수 있기 때문에 "무수한 이해로 대립된 각종 집단으로 구성"되어 있는 "현대사회"에서 각각의 정당, 사회단체의 "대표"는 "절실한 이해관계의 조정으로써 데모크라시를 구체화하는 토대"가 되어야 한다는 것이었다.

이러한 사회구조는 그 내부에 있어서, 각자의 이익을 결기(契機)로 하는 단체이익을 단위화하는 동시에 사회 전체의 조절에 불가결한 과정을 제공하는 것이다. 현대 대의인(代議人)은 이미 초기의 단순한 지역적 대표가 아니므로, 국가 전체의 대표로서 국민의 절실한 요구에 대한 비중을 정확히 파악하여, 이것을 정부를 통하여 구체적으로 실현할 의무를 가진다고 볼 수 있으며, 이것이 오직 민주대표에 대한 현대적 정의(定義)라고 단정할 수 있다. 여기에 있어서 각 단체는 집결된 국민의 이익을 효과적으로 표현함으로써 민주주의의 모호성을 제거하며, 목적 달성의 명확한 방도를 제공하는 것이다. 그러므로 민주적 대표자는 어디까지나 구체적인 존재로서, 각자의 집결된 사회이익을 표시하여 그 실현에 노력하는 이외의 방법을 취할 수는 없게 된다.[60]

위와 같이 민병태는 다양한 사회적 이해관계의 결집과 그것의 효과적인 정치적 발현, 즉 "사회력(社會力)의 대변자"로서 "대표"의 안정적인 제도화에서 '민주주의'의 "실질"을 찾았다. 다시 말해, 다양한 '사회적 이익'의 조직화와 그 상호관계(조절)의 산물이자 반영으로서 '민주주의'를 파악하는 것이었고, 그러한 '사회의 힘'(사회력)과 결부되지 않고 단순히 '제도로서의 선거'로 선임된 '대표'의 '능력'과 '윤리'에 기대거나 의존해서는 민주주의의 "건전한 발전"은 나타날 수 없다는 것이었다. 이와 같은 민병태의 전후 '민주주의'론은 1950년대 후반 그의 첫 저작이었던 『정치학』에서 보다 원리적·체계적으로 전개되었다.[61]

이와 같은 민병태의 '민주주의'론은 앞서 살펴본 바와 같이 다수 정치학자들이 국가의 '일체적 공동의사'를 축으로 '사회적 연대'와 '협동'의 원리로서 '민주주의'에 접근했던 것과 다르게, 다양한 사회적 이해관계를 토대로 한 집합적 역량 강화와 그것의 타협·조절로서 '민주주의'에 접근한다는 점에서 이채를 띠는 것이었다. 그러나 이러한 '민주주의'론은 해방 이후 그가 번역·소개했던 라스키의 정치적 다원주의에 근거하여 한국 사회에서 지향해야 할 민주정치의 원리 내지 모델을 제시하는 수준을 넘어서는 것은 아니었다. 사회적 이해관계의 정치적 조직화가 활발하게 전개되지 못했던 당시 한국의 정치적·사회적 상황과 조건을 분석하거나 그러한 상황을 어떻게 타개할 것

---

60 閔丙台, 「民主代表論」, 『首都評論』 創刊號, 1953년 6월, 8쪽.

61 閔丙台, 『政治學』, 普文閣, 1958, 「第四章 民主主義」 참조.

인가의 문제를 설정하지 않은 채, 자신이 제시한 모델에 비추어 정당·사회단체의 대표자가 "사회와 유리"되어 자의적으로 독자적인 행동을 하거나 "자기의 일방적 이익 또는 명예를 위한 추태상"을 벌이는 것을 "반사회적 반민주적 행위"라 하여, 후진국가의 정치현상으로 비판하는 언설에 머물렀다.[62]

이와 같이 정치적 다원주의에 근거한 민병태의 사상 체계와는 다소 결을 달리하여 '사회민주주의', '민주사회주의'의 입장에서 '민주주의'론을 전개한 대표적인 학자로서 이동화(李東華)를 들 수 있다. 앞서 살펴보았던 신도성 또한 사회민주주의적 지향을 표했지만, 이동화는 이를 야베 데이지의 논리와 같이 '공동체'의 문제로 접근하지 않았다. 그 또한 도쿄제국대학 법학부 정치학과에서 수학하여 야베 데이지에 대해 그 "강연에 열(列)"했었고, "직접 간접으로 학은(學恩)을 후몽(厚蒙)"[63]했다고 밝히고 있지만, 야베의 '협동적 민주정'론에 근거하여 자신의 정치적 이념을 전개하지는 않았다. 또한 신도성이 노동자·농민 등 대중의 정치적 역량을 신뢰하기보다는 계몽적 태도를 견지하는 가운데 '진보적인' 지주·중산계급 엘리트의 주도하에서 사회민주주의의 실현을 주장했다면[64] 이동화는 노동자·농민 대중의 정치적 위상과 역능을 비교적 적극적으로 평가하면서, 그를 바탕으로 전 세계적인 수준에서 전개되었던 진보적 정치 세력의 강화에 관하여 낙관적인 태도를 견지하고 있었다

---

62 閔丙台, 「民主代表論」, 위의 책, 10쪽.

63 한스 켈젠 著, 李東華 譯, 『볼쉐위즘 政治理論의 批判』, 進文社, 1953, 15쪽, 「譯者의 序言」. 역자 서언에서 번역과정에서 야베 데이지의 일본어 번역본을 참조했다고 밝혔다. 이 책은 야베 데이지가 번역 출간한 ハンス ケルゼン 著, 矢部貞治 譯, 『ボルシエヴィズムの政治學的 批判』(勞働文化社, 1950)의 중역(重譯)으로 보인다.

64 愼道晟, 「民主主義와 解放十年」, 『高大新聞』 1955. 7. 11, 3면. 이 글은 1955년 7월 2일 고려대학교에서 개최된 정치강연회의 강연 원고인데, 이후 일부 수정·가필되어 다음의 글로 발표되었다. 愼道晟, 「韓國自由民主主義의 課題」, 『思想界』 1955년 8월호.

는 점에서 구분된다.[65] 정전(停戰) 직후 이동화는 한스 켈젠의 볼셰비즘 비판서를 번역하면서 장문의 「역자의 서언」에서 다음과 같이 썼다.

자본주의를 고집하는 입장으로부터는 이에 대한 안티테제로서의 볼쉐위즘을 능히 비판 극복할 수 없는 것이며, 이들 양자를 다 같이 지양(止揚)할 수 있고 또 하게 될 새로운 정치적 이데올로기, 즉 민주사회주의만이 볼쉐위즘을 이론적으로 또 실천적으로 극복 지양할 수가 있을 것이다. 종래에 있어서 수많은 맑시즘 내지 볼쉐위즘 비판이 그렇듯 무력하지 않을 수 없었던 주요 원인은 이러한 비판의 대부분이 자본주의를 옹호하는 사람들에 의하여 수행되었기 때문이다. 낡은 자본주의를 지지 옹호하는 입장에서 맑시즘 내지 볼쉐위즘을 비판할 시대는 이미 지나갔다. 역사의 현 단계에 있어서는 자본주의와 볼쉐위즘을 다 같이 지양할 새로운 이데올로기적 입장, 즉 민주사회주의(民主社會主義)의 입장으로부터의 철저한 볼쉐위즘 비판이 당면 긴급의 이론적 및 실천적 과제로서 뚜렷히 제기되고 있는 것이다. (…) 켈젠은 영국과 미국은 물론이고 구라파 대륙의 일부 국가에 있어서까지도 폭력혁명을 거치지 않고 민주주의적 방법에 의한 평화적인 사회주의 건설이 가능하다고 하는 맑스의 소설(所說)에 의거하면서 쏘베트 공산주의, 즉 볼쉐위즘은 후진(後進) 로씨야의 특수한 역사적 사회적 제 조건하에서 발생 발전한 특이한 정치적 일(一) 현상이고 결코 세계적인 보편적 타당성을 띠는 것이 아니라는 점을 역설 주장하고 또 논증한다.[66](밑줄—인용자)

한스 켈젠이 민주사회주의를 주장한 것처럼 오해할 수 있도록 서술한 점

65　李東華, 「볼쉐위즘批判」, 『思想界』 21, 1955년 4월; 李斗山, 「所謂 「共存」의 問題와 冷戰의 새段階」, 『思想界』 22, 1955년 5월; 李斗山, 「政治學을 공부하는 학생에게」, 『思想界』 23, 1955년 6월.

66　한스 켈젠 著, 李東華 譯, 앞의 책, 1953, 6~8쪽, 「譯者의 序言」.

은 과장된 것이지만, 이동화는 자본주의와 볼셰비즘을 동시에 지양할 수 있는 이데올로기로서 민주사회주의를 역설하고 있다. 그런데 볼셰비즘을 '러시아의 후진성'의 발현으로 설명하는 점이 눈에 띈다. 이는 앞서 살펴보았던 신도성과 동일한 점이다. 전후 한국의 반소(反蘇)·반공주의에서 나타난 두드러진 특징의 하나는 선진-후진 구도와 반공주의를 결합하는 것이었다. 때문에 소련 공산주의의 특성을 러시아의 역사적·사회경제적 후진성에서 연원하는 독재와 야만, 병리적인 현상으로 점철된 체제로 설명하고, 그에 대비된 선진성의 발현으로서 '민주주의'를 설정했던 것이다.[67]

이상에서 살펴보았던 신도성, 민병태, 이동화 등의 '민주주의'론은 적지 않은 차이를 내포하면서도 넓은 의미에서 온건한 사회민주주의 내지 민주사회주의의 지향과 결부된 것이었으며, 대체로 전후 한국 정치학계 '민주주의'론에서 주류적인 흐름이었다고 할 수 있다.

이와 같은 전후 정치학계의 이념적 경향은 정치학 관련 텍스트의 번역 양상에서도 찾아볼 수 있다. 앞서 살펴본 바와 같이, 라스키(Harold Laski)의 정치학은 전쟁 전부터 주목을 받았지만, 전후 그에 대한 관심은 더욱 확대되었다. 다음 장 〈표 7〉에서 볼 수 있듯이 1954년 민병태에 의해 그의 *Grammar of Politics*(1937)가 완역되었고, 1959년 강상운에 의해 *An Introduction to Politics*(1951)가 번역되었다. 이들 정치학 원론서 외에도 라스키의 저작이 다수 번역, 발간되었을 뿐 아니라[68] 대학 학내신문, 학술지 등 여러 지면에서 그에 대한 학계의

---

67 볼셰비즘, 공산주의를 '후진성'의 관점에서 비판한 것은 볼셰비즘에 대항할 이데올로기로서 민주사회주의를 내세웠던 양호민도 마찬가지였다. 이에 대해서는 梁好民, 『共産主義의 理論과 歷史―맑스-레닌主義批判』, 中央文化社, 1957, 179～183쪽; 梁好民, 『現代政治의 考察』, 思想界社出版部, 1962, 17～45쪽.

68 〈표 7〉의 저작을 포함하여 한국전쟁 이후 1950～60년대에 번역되었던 라스키의 주요 저작은 다음과 같다. 李爽鍾 譯, 『近代國家의 自由』(*Liberty in the Modern State*, 1948), 星座社, 1953; 閔丙台 譯, 『政治學綱要』(上)·(下)(*A Grammar of Politics*, 1937), 民衆書館, 1954; 閔丙台 譯, 『國家論: 理論과 實際』(*The State in Theory and Practice*, 1935), 白映社, 1954; 姜尙雲 譯, 『政治學入門』(*An Introduction to Politics*, 1951), 民衆書館, 1959; 車基璧

높은 관심을 살펴볼 수 있다.[69] 전후에는 그의 정치적 다원주의, 민주사회주의와 함께 냉전 진영 담론의 영향 속에서 그의 '사회적 자유'론이 주목받기도 했다. 또한 라스키와 유사하게 정치적 다원주의와 민주사회주의의 사상적 경향을 보였던 매키버(Robert M. MacIver)의 정치사회학 관련 저작들이 다수 번역되었다.[70] 뿐만 아니라 "현대 민주주의의 과제"를 "경제적 자유"로 인한 "소유와 기회의 과도한 불평등"을 "민주적 방법에 의해 시정"하는 것에서 찾았던 칼 베커(Carl L. Becker)의 저작[71]이 윤세창(尹世昌), 김대훈(金大薰) 등에 의해 여럿 번역되었던 것도 그와 같은 이념적 경향과 함께하는 것이라 할 수 있다.[72]

　　전후 한국 정치학자들 가운데 고전적인 자유주의에 근거한 민주주의의 입장을 견지한 정치학자는 신상초(申相楚) 외에 찾기 힘들다. 그는 1950년대

　　譯, 『立憲政治의 再檢討』(Reflection on the Constitution, 1951), 民衆書館, 1959; 康文用 譯, 『西歐自由主義의 起源』(The Rise of European Liberalism, 1936), 志文社, 1962; 申相楚 譯, 『政治學講話』(An Introduction to Politics, 1951), 奎文社, 1967.

69　李元雨, 「라스키의 生涯와 業績」, 『大學新聞』 1954. 6. 2, 3면; 李東洲, 「라스키의 國家論」, 『大學新聞』 1954. 11. 1, 2면; 金永俊, 「現代自由論―라스키의 自由論을 中心으로」, 『大學新聞』 1955. 2. 7, 8면; 閔丙光, 「現代의 自由理論―라스키所論을 中心으로」, 『東大時報』 1956. 7. 4, 4면; 金相浹, 「라스키의 넋은 사라 있다―그의 七週忌에 際하여」, 『高大新聞』 1957. 3. 25, 2면; 金東斗, 「라스키 自由論의 思想的 背景」 上·承前, 『週刊成大』 1958. 6. 18·25, 3면; 韓太壽, 「라스키의 國家論 硏究」, 政治大學 十周年學術誌編纂委員會 編, 『政治大學 十周年 學術誌』, 政治大學, 1957; 尹謹植, 「라스키 自由理論의 時代的 性格」, 『政外學報』 創刊號, 新興大學校 政治外交學會, 1957.

70　〈표 7〉의 저작을 포함하여 1950년대에 번역된 매키버의 주요 저술은 다음과 같다. R. M. 매키-버-, 金雲泰·李宇鉉 共譯, 『政治學原論』(The Web of Government, 1952), 韓國大學敎材公社, 1957; R. M. 막키버, 車基璧 譯, 『民主政治와 經濟의 危機』(Democracy and Economic Challenge, 1952), 國際語學會出版部, 1955; R. 막키버, 閔丙台 譯, 『近代國家論』(The Modern State, 1926), 民衆書館, 1957; R. M. 마키버, 吳炳憲 譯, 『民主主義原理新講』(The Ramparts We Guard, 1950), 乙酉文化社, 1959; 마키버, 安秉煜 譯, 『幸福의 探求』(The Pursuit of Happiness, 1955), 乙酉文化社, 1957; R. M. 마키버, 金大煥 譯, 『社會學入門』(The Elements of Social Science, 1949), 白潮書店, 1959.

71　카-ㄹ 엘 베카 原著, 尹世昌 譯, 『現代民主主義論』(Modern Democracy, 1941), 三眞文化社, 1954, 66쪽.

72　C. 벡커, 尹世昌 譯, 『自由와 責任』(Freedom and Responsibility in the American Way of Life, 1946), 民衆書館, 1956; 칼·벡커- 著, 金大薰 譯, 『現代民主主義』(Modern Democracy, 1941), 大學敎材公社, 1957. 칼 벡커의 민주주의론에 대한 소개와 평가는 『現代民主主義論』의 「譯者序文」과 함께 尹世昌, 「(書評) K. L. Becker 著, 『現代民主主義論』」, 『高大新聞』 1954. 4. 22, 3면 참조(K는 C의 誤記임).

내내 학술서, 연구서의 집필보다는 구체적인 정치적·이념적·국제정치적 정세와 관련된 주제에 대하여 신문과 잡지 등 대중매체의 지면을 활용한 글쓰기에 시종하고 있었기 때문에 '민주주의' 원리에 대한 체계적인 저술은 찾아보기 어렵다.[73] 그의 '민주주의'론은 대체로 '자유주의', '사회주의'를 비롯한 인접 이데올로기에 대한 논고를 통해 추정해볼 수 있는데, 그가 당시 한국 사회에 필요한 이념으로서 자유주의적 민주주의를 내세웠던 근거는 사회발전 단계론이었다.

전후 국면에서 그는 "우리는 20세기 후반기 한국"에서 살고 있지만, "사회의 발전 단계는 19세기 유럽 사회나 아메리카 사회에 해당한다"[74]고 주장하고, 당시 한국 사회는 "봉건적인 제약을 갓 벗어나 자본주의로 이행하는 과정"[75]에 있는 "이제 겨우 자유자본주의의 초단계"라는 철저한 단계론적 관점에 섰다. 그에 따라 당시 한국 지식인 사이에 확산되어 있던 민주사회주의적 경향, 그의 표현으로 한다면 '자유주의적 사회주의(liberal socialism)'는 당시 한국 사회에서 "결코 실천성을 띨 수 없는" 것일 뿐 아니라 그린(Thomas Hill Green) 등이 주장했던 소위 신자유주의(New Liberalism)마저도 적절치 않다고 보았다. 신상초는 '고전적 자유주의'에 입각한 "뿔조아 데모크라시즘"이 적실하며, 진보적인 가치를 갖는 것이라 주장했다.[76]

---

73 전후 한국 사회에서 확산되었던 자유주의적 민주주의론은 정치학계보다는 민주당의 조병옥, 주요한 등이 저술한 텍스트에서 좀 더 구체적이고 원리적으로 표명되었다. 이에 대해서는 한국전쟁 이후 조병옥, 주요한의 대표적인 저술로 다음을 참조할 것. 趙炳玉, 『(政治評論集) 民主主義와 나』, 永信文化社, 1959; 주요한, 『自由의 구름다리』, 文宣社, 1956.

74 申相楚, 「韓國社會近代化의 意味」, 『遞信文化』 32, 遞信文化協會, 1956, 4쪽.

75 申相楚, 「革新政黨論」, 『思想界』 1957년 1월호, 思想界社, 72쪽.

76 申相楚, 「自由主義의 現代的 考察」, 『思想界』 1955년 8월호; 申相楚, 「市民革命完成의 課題」, 『現代政治의 諸問題』, 新楊社, 1958.

전후 한국 정치학의 학술체계와
행태주의, 근대화론의 수용양상

한국전쟁 발발 이후 1·4후퇴를 거쳐 38선 인근 지역에서 전선이 교착되는 1951년 봄에 이르는 시기는 물론, 그 이후에도 지식인들을 전쟁 수행에 효과적으로 동원하기 위한 '국가'의 조직적인 움직임은 사실상 부재했다고 해도 과언이 아니다. 당시 국어학자 이숭녕이 "사장(死藏)에 가까운 분산형태로 방치"라고 표현한 바와 같이, 지식인들은 각자 전시 생계를 유지하고 생존할 방도를 찾아 흩어졌으며, 부산에서 일부 지식인들이 자체적으로 '전시과학연구소(戰時科學研究所)'를 조직했을 정도였다.[01] 1951년 문교부 산하 '국민사상지도원(國民思想指導院)'(이후 국민사상연구원으로 개칭)을 창설했으나, 그 활동은 1952년부터 개시되어 수차례의 강연회 개최와 수권의 사상 총서 간행에 그쳤다. 이는 당시 집권 세력이 전쟁 발발 직후 참혹하게 노정한 무능, 무책임한 체제

---

01 李崇寧, 「戰時文化政策論」, 『戰時科學』 1권 1호, 戰時科學研究所, 1951년 8월, 71쪽. 『戰時科學』 1권 2호(전시과학연구소, 1951년 10월) 말미에 실린 「學者消息」(107~110쪽)은 당시 대학교수를 비롯한 지식인들이 처해 있던 상황을 살펴볼 수 있는 자료이다. 주로 문인들이 처한 여건과 활동 중심이긴 하지만, 전시 지식인들의 처지와 분위기에 대해서는 高銀, 『1950年代』, 청하, 1989 참조. 戰時科學研究所는 규약(規約)에서 "각 분야의 과학적 지능을 총동원하여 전쟁 수행상 긴급한 해명이 요구되는 諸問題 및 전쟁에 나타난 諸事象에 대한 과학적 연구에 진력함으로써 조국통일과 자유세계의 문화향상에 적극 기여함"을 목적으로 한다고 밝혔다. 『戰時科學』 1권 1호, 戰時科學研究所, 1951년 8월, 89쪽.

를 정비하고 자기 주도성을 점차 확장해가는 것이 아니라, 미국의 군사·경제력, 심리전에 철저하게 의존하는 방식으로 귀결되었던 남한의 전쟁 수행 과정과 전시 체제의 특성이 표출된 하나의 양상이라 할 수 있다. 이승만을 정점으로 한 집권 세력의 이와 같은 속성은 전후재건 과정에서도 근본적으로 탈각되지 못하고 저류했다.

1951년 전선이 교착된 가운데 1952년에 들어서면서부터 부산과 대구 등을 중심으로 대학 강의가 재개되기 시작했다. 당시 대학교수를 비롯한 지식인들은 정부의 무능무위(無能無爲)한 문화 정책, 문교 정책을 비판하고, 적극적인 대책의 필요성을 역설했다. 그 과정에서 지식인들이 공통적으로 제기했던 정책 목표와 명분은 '문화의 후진성' 극복이었다.[02] 대한민국 정부수립을 전후한 시기부터 사회의 봉건적 성격과 결부하여 '후진성' 문제가 제기되고 '근대화'의 지향이 표출되기 시작했지만, '선진'-'후진'의 구도로 세계를 인식하는 틀이 전면적으로 등장하여 다른 구도를 압도하기 시작한 것은 전선이 교착되고 '일면전쟁(一面戰爭)', '일면건설(一面建設)'이 제창되면서부터였다고 할 수 있다.

당시 지식인들은 '문화의 후진성' 극복을 위한 핵심적 방도를 "선진 제(諸)외국의 우수한 문화를 수입"하는 것에서 찾았고, 그 우수한 문화를 수입하기 위한 방도로 교수와 학생의 '해외유학', '외국 학자·기술자·예술가의 초빙', '외국 학술·문예도서의 수입과 번역' 등을 들었다. 한국전쟁기 대학에서 발행한 신문들에는 이미 '해외유학', 특히 '미국유학'에 대한 소식과 정보가 가득

---

02 「(社說) 文化의 後進性과 그 克服」, 『大學新聞』 1952. 9. 15, 1면; 趙奎東, 「(나의 提言) 飜譯機關의 設置」, 『大學新聞』 1952. 9. 15, 3면; 「(社說) 文化政策의 貧困」, 『大學新聞』 1952. 9. 22, 1면; 異河潤, 「文化政策의 當面課題」, 『大學新聞』 1952. 9. 22, 2면; 「紙上座談會) 文化政策 總批判」, 『大學新聞』 1952. 9. 22, 2면; 「(社說) 留學生에 寄함」, 『大學新聞』 1952. 10. 20, 1면.

했다. 또한 국가의 해외서적 수입금지 정책을 비판하는 가운데 "선진국가의 교재를 유입"하고 "대학교수들의 생활고로 인한 부업 겸무를 하게 되는 딱한 사정을 조금이라도 완화"하기 위해 서울대학교와 동국대학을 시작으로 '대학교재'로 활용하기 위한 '학술도서 번역사업'이 계획·실행되기도 했다.[03]

이와 같이 전후(戰後) '번역의 시대'가 열리는 과정에는 전쟁으로 인한 지식인들의 '생활고'와 함께 '후진성'의 극복이라는 명분이 놓여 있었지만, 특히 대학교육 현장에서 직면한 절실한 이유 또한 존재했다. 한글로 된 '교재'의 부재(不在)였다.

과거 한 세대를 넘는 적(敵) 치하에서 얻은 일어(日語) 지식이 해방과 더불어 다시 국어에 의하여 대체됨에 있어서 우리가 부닥친 최대의 문제는 쉴 사이 없이 진학해 올라오는 일어를 못 읽는 학생들에게 국어에 의한 양서(良書)를 어떻게 주느냐는 것이다. 현재 국어에 묻힌 문화의 빈약성은 감출 수 없는 사실이고, 그렇기 때문에 이런 언어전통의 교체 과정에 있어서 일어나는 독서계의 일대 진공상태를 메울 수 있느냐 없느냐는 차후 우리 교육계나 학계의 사활을 결정할 것이다. 우리는 적 치하에 상실한 문화발전의 기회를 권토중래하는 동시에 언어전통의 교체가 가져오는 문화의 일시적 후퇴를 극복하기 위하여 기간 그 길을 모색했고 결국 이 두 가지를 동시에 만족시키는 하나의 첩경이 선진 외국의 학술 문화 각 방면의 가치있는 고전과 최신의 양서를 대량 번역하는 것이라고 생각하게 되었다. 그렇다 우리의 역사적 현실에서 볼 때 이 길이야말로 우리

03 「外國의 書籍을 飜譯」, 『大學新聞』 1952. 4. 7, 1면; 「待望의 外國書籍 出版計劃!」, 『大學新聞』 1952. 5. 12, 1면; 「良書 十卷을 飜譯決定, 서울大學校出版委 事業推進」, 『大學新聞』 1952. 6. 30, 1면; 「飜譯良書 最終決定」, 『大學新聞』 1952. 7. 14, 1면; 「飜譯書籍 選定規程」, 『大學新聞』 1952. 7. 14, 3면; 「良書飜譯事業 東國大學서도 着手」, 『大學新聞』 1952. 11. 17, 2면; 「圖書飜譯五個年計劃樹立」, 『大學新聞』 1953. 3. 26, 1면; 「東大飜譯叢書 進行中, 硏究費 이미 支出」, 『東大時報』 1955. 9. 5, 1면.

의 후진성을 롤빽하는 데 요하는 시간을 절약하는 한편 가장 저렴하게 할 수 있는 방법인 것 같다.[04](밑줄—인용자)

당시 서울대 교수였던 신태환(申泰煥)이 지적한 '언어전통의 교체 과정', 즉 식민지 교육제도로 인해 빈사상태에 놓여 있던 제반 교육여건 중에서도 교육·학습 자료의 재편·확충 문제는 시급했다. 해방 이후 초·중등교육의 폭발적 확대로 인한 교과서 제작도 문제였으나, 대학교육의 경우는 더욱 그러했다. 현장에서 활용할 수 있는 한글 테스트가 극빈(極貧)했던 대학의 교육여건 타개는 단기간에 용이하게 이루어질 수 없었고, 전쟁으로 인해 더욱 곤란한 상황에 처해 있었던 것이다. 해방 직후에는 그나마 일본어 서적을 가지고 임시변통할 수 있었으나, 해방 이후 중등학교에 진학하여 한국전쟁기 대학에 입학했던 학생들에게는 그마저 불가능했다. 그에 따라 한편에서는 각 대학 교수들이 직접 한글 교재를 집필했고, 다른 한편 외국 대학교재나 학술서적의 번역이 활발히 진행되었다. 앞서 살펴보았던 〈표 3〉의 정치학 교과서들이 주로 1952년과 서울 환도 직후인 1954년에 발간된 것은 위와 같은 배경 때문이었으며, 뒤에서 상술할 〈표 7〉의 번역서들 또한 한국전쟁 이후 학계가 직면했던 곤경을 타개하는 과정에서 시작되었다.

그러면 학자들이 직접 집필한 '정치학'의 교과서들은 독립된 분과학문으로서 '정치학'을 어떻게 정의하고 어떠한 학문적 구성과 체계를 담고 있었는지 살펴보자. 앞서 그들의 이념적 성격에 관한 분석에서도 확인할 수 있듯이,

---

04 申泰煥, 「(論說) 翻譯事業의 正義와 當面問題」, 『大學新聞』 1953. 6. 22, 2면. 이 외에도 일본어를 하지 못하는 학생들의 진학으로 인한 한글 대학교재의 시급성을 지적한 글로 다음을 참조. 趙奎東, 「(나의 提言) 翻譯機關의 設置」, 『大學新聞』 1952. 9. 15, 3면; 「(設問) 文化政策 總批判」, 『大學新聞』 1952. 9. 22, 2면, 鄭錫海의 발언; 「金文教長官 記者質問에 答辯, 高等教育을 刷新強化」, 『大學新聞』 1952. 12. 8, 1면; 申泰煥, 「學界 一年 總評」, 『大學新聞』 1952. 12. 15, 3면.

이 정치학자들은 해방 이후 새로운 학문적 문제설정이나 학적 참고 체계를 구축하는 가운데 근대 일본제국-식민지 고등교육 체제 속에서 수학했던 학문적 관성을 탈피하기보다는 대다수가 여전히 일본 정치학계의 학술적 성과와 경향에 크게 기대어 있었다. 이후 미국의 정치학 교과서나 영미 정치학계 학술서적의 번역을 통해, 그리고 직접적으로 미국유학을 통해서, 아니면 국내에서 미국 정치학계의 학술적 성과를 접하는 가운데 점차 자신의 학문 기반을 새롭게 조성한 학자들의 텍스트들이 산출되면서 1950년대 후반에 가면 일정한 변동이 나타나기 시작한다. 〈표 3〉에 있는 저작 중에서 민병태(閔丙台)의 『정치학』(1958)과 이종항(李鍾恒)·강영호(姜永晧)의 『정치학원론』(1959)은 '행태주의(behavioralism)'를 비롯한 당대 미국 정치학계의 학문경향을 수용 혹은 비판하는 가운데 자신의 논지를 전개하고 있기 때문에 미국 정치학의 수용양상을 밝히는 부분에서 별도 검토하겠다.

1. 1950년대 한국 정치학 원론서의 학술체계

〈표 5〉와 〈표 6〉에 요약한 1950년대 정치학 교과서의 목차를 살펴보면, 저자에 따라 약간의 편차는 있으나 공통적으로 ① '정치'·'정치학'의 정의, ② '국가'의 기원과 발전, ③ 정부형태론, ④ 정치제도·기구론, ⑤ 민주정치론으로 구성되어 있다.

그렇다면 이 정치학 교과서들은 '정치'와 '정치학'을 어떻게 정의하고 있는가? 당시 정치학 교과서는 패전 이전 일본 정치학계에서 '정치 개념 논쟁'으로 표출되기도 했던 문제, 즉 '정치현상'을 '국가현상'으로 볼 것인가, '집단현상(단체현상, 국가외현상)'으로 볼 것인가라는 관점, 구도 속에서 자신의 정의

(定義)를 개진하고 있었다.

　좁은 의미의 정치 개념 논쟁 자체는 1936년 우시오다 고지(潮田江次)가 도자와 데쓰히코(戶澤鐵彦)의 '집단현상'설을 '국가외현상'설이라고 비판하면서 시작되어 여러 정치학자들이 자신들의 주장을 간헐적으로 내세우는 가운데 1944년까지 진행되었다.[05] 논쟁의 기본구도는 1920~1930년대 초반 로야마 마사미치(蠟山政道)와 도자와 데쓰히코(戶澤鐵彦) 등 일군의 정치학자들이 '다이쇼 데모크라시'의 정치·사회적 정세 속에서 당시 인문·사회과학계를 풍미했던 신칸트주의를 '과학방법론'으로 삼고,[06] 앞서 살펴본 바 있는 영국의 정치

05　패전 이전 '政治槪念論爭'은 우시오다 고지(潮田江次)가 「所謂〈国家外の政治現象〉に就て」(上)·(中)·(下)(『法学研究』 15권 1~3호, 慶應義塾大学法学研究会, 1936)를 통해 도자와 데쓰히코(戶澤鐵彦)의 『政治學槪論』(1930)과 수편의 논문을 대상으로 그의 '집단현상'설을 비판한 것에서 시작되었다. 도자와 데쓰히코는 1920년대 초반부터 '정치'를 국가 특유의 현상으로 파악하는 것을 비판하는 가운데, 『政治學槪論』(1930)에서는 "복수의 개인 또는 단체로 구성된 집단에서 그 일부 또는 전부가 그들의 능력을 적절하게 이용하여 어떠한 목적을 실현하는 것"이라고 정의하고, 따라서 정치현상은 국가 이외의 집단에서도 나타나는 것이며, 국가에서 나타나는 정치는 그 일종(一種)에 지나지 않는다고 주장했다. 우시오다 고지는 이와 같은 도자와 데쓰히코의 학설을 '국가외정치현상'설로 지목하고 비판을 전개했다. '정치 개념 논쟁'에 관한 연구로서 山內一男, 「政治槪念論爭」, 今中次磨·信夫淸三郎 外 編, 『政治學講座 (1) 政治原理(上)』, 理論社, 1955. 19세기 후반부터 패전 직후까지의 일본 정치학사의 흐름 속에서 '정치 개념 논쟁'을 분석 평가한 연구로 大塚桂, 『近代日本の政治學者群像—政治槪念論爭をめぐって』, 勁草書房, 2001 참조. 京城帝國大學 法文學部 敎授를 지내기도 했던 도자와 데쓰히코의 정치학에 대해서는 그의 京城帝大 제자였던 요코고시 에이이치(橫越英一)의 퇴임기념 논문집 『政治學と現代世界』(御茶の水書房, 1983)에 수록된 요코고시 에이이치의 연구(「戶澤政治學にをける政治槪念と國家論」)와 다구치 후쿠지의 연구(「中·後期戶澤政治學の展開」)를 참조. 국내 연구로는 기유정, 「경성제대 정치학 강좌와 식민지 조선에서의 의미—戶澤鐵彦과 奧平武彦의 사상 분석」, 『東方學志』 163, 연세대학교 국학연구원, 2013; 전상숙, 「식민지 시기 정치와 정치학」, 김동노 편, 『식민지기 '사회과학' 연구의 체계화와 유산(1910~1945)』, 선인, 2016 참조.

06　하라다 고(原田鋼)는 신칸트학파의 과학방법론에서 나타난 결론을 두 가지로 정리했다. 첫째, 어떠한 대상의 보편타당성을 획득하려 할 때 항상 대상을 인식함에 있어 순수형식을 추구한다는 것이다(예를 들어 켈젠의 純粹法學, 로잔느학파의 數理經濟學, 짐멜의 形式社會學 등). 어떤 인식대상의 내용은 시·공간적으로도 영향을 받고, 장소에 따라서도 달리 나타나고, 모두 경험적인 것이기 때문에 상대적, 가변적으로 간주된다. 따라서 어떤 사고나 판단이 보편타당성을 가지기 위해서는 반드시 그 대상을 인식함에 있어 순수형식의 추구에 몰입한다는 것이다. 둘째, 가치와 실재가 방법론적으로 준별된다는 것이다. 여기에서 가치는 주관적인 것이 아니라 선험적인 이념이다. 실재 속에 가치 또는 반(反)가치가 내재하고 있는 것이 아니라 인간이 실재를 가치에 관계 지을 때 비로소 문화적 의미가 있는 대상계로서 구성된다. 이러한 구성주의에 입각하면 대상이 가진 가치나 반가치도 주관에 구비된 선험적 가치관의 투영에 지나지 않는다. 그리하여 전(前)방법론적 단계에서 대상 속에 혼재하고 있는 가치가 방법론적 조작에 의해 가치를 부여하는 주관의

적 다원주의를 실질적인 소재이자 논거로 활용하여 '국가학', '국법학'으로부터 '정치학'의 독립을 확고히 하려고 했던 학문적 경향에 관한 비판, 그리고 그에 대한 반비판의 반복이었다. 당시 정치의 '집단현상'설 주창자들은 자신들이 제시한 이론적 모델을 바탕으로 구체적인 정치현실에 관한 분석으로 나아가지 못하고 있었고, 그런 상황 속에서 '국가현상'설을 주장하는 이들은 추상적이고 원론적인 수준에서 자신의 '정치현상'에 관한 가치판단을 내세우는 데 그치고 있었다.

널리 알려져 있듯이, 패전 직후 젊은 정치학자였던 마루야마 마사오(丸山眞男)는 「과학으로서의 정치학」(1946)을 발표하여 "일본과 세계의 정치현실에 대해 올바르게 분석하여 제시하고, 그 동향에 대한 과학적인 예측을 제공할 수 있을 정도의 구체성"을 갖춘 "현실과학"으로서의 정치학 수립을 제기했다. 그러한 과제를 수행함에 있어 패전 이전 일본의 정치학에서 "부활해야 할 전통" 같은 건 없으며, 이와 같은 일본 "정치학계의 불임성"은 "메이지 이후의 정치구조"로부터 헤어나지 못한 결과라고 규정했다.

이리하여 한편에서는 국권의 유일한 정통적인 주체로서의 천황 및 그를 둘러싼 실질적인 정치권력이 모든 과학적 분석의 저 너머에 있었으며, 다른 한편으로는 의회에서의 정쟁이 희화화했다고 한다면, 도대체 일본의 정치적 현실에서 정치학적 파악의 대상이 될 만한 것으로 무엇이 남을 것인가. 유럽의 정치학

편으로 되돌아올 때, 가치와 실재가 명확히 구별되는 것이다. 그에 따라 대상의 존재적 본질은 당초부터 인식론의 권외로 추방되어, 모든 학문의 대상은 방법론적으로 가공되어 채색되어야 한다. 이러한 신칸트주의 방법론에 철저해질수록 논리 내적으로는 거의 비판의 여지가 없을 정도로 이론 구성이 이루어질 수 있으나, 점차 실재 대상으로부터 멀어지게 된다. 原田鋼, 『政治學原論』, 朝倉書店, 1972, 32~35쪽. 1910~1920년대 일본 사회과학 제 분야에서 신칸트주의 철학과 과학방법론이 갖는 의미와 한계에 대해서는 이시다 다케시 지음, 한영혜 옮김, 앞의 책, 141~145쪽.

이나 국가학의 내용을 이루고 있는 정치권력의 발생, 구조, 타당 근거와 같은 근본문제는 적어도 구체적인 일본의 국가를 대상으로 해서는 무엇 하나 진지하게 과학적으로 다룰 수가 없었던 것이다. 그리하여 국체의 신비화를 바라지 않는 다소라도 양심적인 정치학자들은 오로지 방법론—그것도 다분히 방법론을 위한 방법론—적 논의로 시종일관하거나 정치 개념 정의에 절치부심하거나 혹은 국가 내지 정치현상에 대해서 유럽의 정치학 교과서를 흉내 내어 추상적인 해명을 가하는 일에 만족하는, 그것을 구체적인 일본의 정치에 관련시키는 일은 피하고 있었던 것이다.[07](밑줄—인용자)

패전 이전 일본 정치학에 대한 위와 같은 마루야마 마사오의 직접적인 비판에 답하여 패전 이전 정치학계의 대표적인 중견학자 중 한 사람이었던 로야마 마사미치는 근대 일본 정치학의 계보를 정리하는 저작을 출간했다. 그는 마루야마의 비판을 일정하게 인정하면서도 일본 근대 정치학의 "과거의 전통"을 버리기에 앞서, 빈약하더라도 "금후 일본 정치학의 재건"에 쓸 만한 "유산"을 검토할 필요가 있다고 했다. '정치 개념 논쟁'에 대해 로야마는 논쟁 방식에서 나타난 "무용한 일탈"이나 논쟁 과정이 "무의미한 응수"로 진행되었던 것에 대해서는 비판하면서도 당시 "국가적 현실의 국법학적 절대화가 행해지고 있었던 사실을 전제로 할 때" 그것은 "결코 우연한 것도, 무의미한 것도" 아니며, "근대 정치학의 자율성"을 확립하려는 노력으로서 그 의의를

---

07 마루야마 마사오 지음, 김석근 옮김, 「과학으로서의 정치학—회고와 전망」(1946), 『현대정치의 사상과 행동』, 한길사, 1997, 397쪽. 전후 일본 정치학자들을 중심으로 224명의 사회과학자들이 참여하여 편찬되었던 『政治學事典』(平凡社, 1954)의 〈政治〉 항목을 집필했던 마루야마 마사오는 정치 개념 논쟁에 대해 다음과 같이 평가했다. "大正末期부터 終戰前에 걸쳐" 전개되었던 "정치 개념 논쟁"은 "서유럽에서 多元的 國家論이나 社會學的 國家論 발흥의 배경이 되었던 사회적 기반", 즉 "階級鬪爭의 激化와 諸 社會集團의 機能的 分化"가 "天皇制支配에 의해 成熟이 저지되었기 때문에 논쟁은 자칫 창조성이 없는 트리비얼리즘(trivialism)에 떨어지는 경향이 있었다." 『政治學事典』, 平凡社, 1954, 713쪽.

찾을 수 있다고 옹호했다.[08] 이는 패전 이전 일본의 정치현실 속에서 주로 '집단현상'설이 가졌던 의미를 부각시킨 것이라 할 수 있다.

하지만 그로부터 3년 후 로야마는 『政治學原理』(1952)를 출간하면서 '국가현상인가, 국가외현상인가'와 같은 "피상적인 개념논쟁"에 "무용한 학문적 정력"을 허비할 필요가 없다고 하고, 과거 신칸트주의 과학방법론에 대해서도 "정치학의 학문적 성질"을 규정하는 것에 적지 않은 역할을 했으나, "인식방법이 엄밀해질수록 인식수단도 정치(精緻)해지고, 그 결과로서 인식의 목적과 수단의 주객전도"가 일어나 "방법론을 위한 방법론"으로 떨어지게 되어 오히려 "정치학의 발달을 방해하는 병적 현상"을 초래하게 된다고 했다.[09] 이 책의 「서(序)」에서 로야마는 "일본 근대 정치학의 과거"를 되돌아보고 "재건의 방도를 고구(考究)"하면서 "새로운 정치학원리를 구상"했다고 저술 배경을 술회하면서 '국가현상'과 '집단현상'에 대해 전자는 "형태현상 또는 기구현상"으로, 후자는 "행동현상 또는 행위현상"으로 재명명하는 가운데 "정치현상은 단순한 행위현상도, 더군다나 기구현상도 아니다"라고 하고, 양자를 포괄하는 "인간의 생활", 즉 "정치생활"로서 접근할 때 "정치권력의 본질"이 파악될 수 있다고 주장했다.

한편, 전후 야베 데이지 또한 『政治學』(1949) 첫 페이지에서 "현상의 실체에 대해 알지 못하고 그 방법론에 구애되는 것은 연구자가 종종 떨어지는 쉬운 사도(邪道)"이고, "방법론을 염두에 두되, 연구의 실제에서는 먼저 현상 그것의 실체와 씨름하는 것이 정도(正道)"라고 했다. 따라서 '논쟁'을 재점화하겠다는 것은 아니었지만, 그가 "일체적 단체의사"를 중시했던 것에 엿볼 수 있듯이

---

08 蠟山政道, 『日本における近代政治學の發達』, 實業之日本社, 1949, 329~334쪽.

09 蠟山政道, 『政治學原理』, 岩波書店, 1952, 10쪽, 71쪽.

그는 사회적인 대립과 분화를 "일체화하고 통합"하는 "국가의사의 결정과 행사"로서 '정치'현상을 규정하고 있었기 때문에, 기존 "다원적 국가론"과 그것에 "내면적으로 관련"되어 있다고 평가한 "신칸트파의 정치학 방법론"에 대한 비판적 입장을 명확히 하는 가운데 정치학 체계를 전개했다.[10]

1950년대 남한 정치학 교과서의 대다수가 '정치'와 '정치학'의 개념을 정의할 때 참조한 텍스트들은 대체로 패전 이후 일본 정치학계에서 산출된 원론서들로, 다바타 시노부(田畑忍)의 『政治の基本問題』(1947)와 『政治學槪論』(1950), 야베 데이지(矢部貞治)의 『政治學』(1949), 이마나카 쓰기마로의 『政治學』(1941), 『政治學通論』(1949), 『政治學序說』(1951), 로야마 마사미치의 『政治學原理』(1952) 등이었다.[11] 이 중에서 패전 이전 '정치 개념 논쟁' 당시 발표되었던 논고가 포함된 텍스트는 '국가현상론자'로서 논쟁에 가담했던 다바타 시노부의 저작에 한정되었다. 한국의 정치학자들은 이 텍스트에 요약 소개된 개념 논쟁 당시 양측의 주장을 재요약(再要約)하여 소개하는 방식으로 교과서 서술에 활용하는 경우가 많았다. 그리고 위에서 열거한 패전 이후 일본 정치학계의 원론서들은 '정치 개념'을 둘러싸고 논쟁을 재점화하려고 하기보다는 오히려 논쟁의 제한성, 불모성 등을 지적하거나 이를 지양할 것으로 평가하는 가운데, 앞서 야베 데이지와 로야마 마사미치에게서 볼 수 있듯이 자신의 '정치', '정치학'에 대한 관점에 입각하여 기존 정치학의 특정 경향들을 비판하면서 자신의 정치학 체계를 구성했다.

1950년대 산출된 국내 정치학 교과서는 정치, 정치학에 관한 정의에서 그 길고 짧음의 차이가 있을 뿐 '국가현상'설과 '집단현상'설을 소개하고 그중에

---

10 矢部貞治, 『政治學』, 勁草書房, 1949, 59~60쪽.

11 田畑忍, 『政治學の基本問題』, 關書院, 1947; 田畑忍, 『政治學槪論』, 法律文化社, 1950; 矢部貞治, 『政治學』, 勁草書房, 1949; 今中次磨, 『政治學序說』, 有斐閣, 1951; 蠟山政道, 『政治學原理』, 岩波書店, 1952.

서 자신의 견해를 취사선택하여 자신의 정치, 정치학을 정의하는 것처럼 서술했다. 그러나 일부 저작들이 '개념 논쟁'에 대한 야베 데이지와 로야마 마사미치의 비판적 평가 또한 수용·반복했던 것에서 알 수 있듯이, 패전 이후 산출된 일본 학계의 정치학 개론서, 원론서의 특정 관점을 취하는 방식으로 서술되었다고 할 수 있다. 〈표 5〉와 〈표 6〉에 제시된 교과서에서 나타난 정치, 정치학에 관한 정의를 간략하게 살펴보자.

한태수는 『정치학개론』(1952)에서 정치를 "광의로 해석"하면 "통치와 복종"을 의미한다고 하면서 "정치학은 통치자 상호의 관계 또는 치자(治者)와 피치자(被治者)의 관계를 연구하는 학문"이라고 했다.[12] 윤세창은 『정치학개요』(1952)에서 정치현상을 "대립 분화하는 권력애(權力愛)(의사, 이익, 권력)를 국가가 독점하는 공권력을 배경으로 하여 통합하고 조직화하는 것"으로서 "정치의 가장 순수한 면모는 국가권력의 획득과 그 행사를 유지하기 위한 각파 간의 투쟁"에서 나타나지만, 그러한 투쟁은 "대립과 분화를 강제적으로 통합하고 조직화하며, 더 나가서 국가목적을 실현"하는 것에 "정치의 본질"이 있다고 하였다.[13] 신도성은 『정치학개론강의』(1954)에서 정치에 대하여 "공적 지배를 위한 인간의 제활동"으로서 "사회적 질서유지를 위한 강제적 지배현상"이

---

12 韓太壽, 『政治學槪論』, 自由莊, 1952, 15쪽. 한태수는 1960년 '正補版'에서는 "政治現象이란 統治와 服從의 관계로 나타나는 人間의 生活現象"이라고 하면서, "政治現象은 經濟現象, 法律現象, 道德現象, 宗敎現象 등등과 아울러 一種의 社會現象으로서 특히 統治와 服從의 關係로 나타나는 生活現象인 點에서 其他 社會現象과 相異"하며, "요컨대 政治란 統治行爲를 말하는 것이고 이 統治行爲에 관계되는 事象을 廣義로 政治現象"이라고 할 수 있다고 했다. 초판과 비교해볼 때, 정치가 인간의 "생활현상"이자 다른 "사회현상"과 함께 존재하는 것임을 부각시키고 있다는 점이 눈에 띈다. 그는 '정치현상'이 "가장 완전하게 나타나는 것"은 "역시 국가"라고 하여 "정치현상은 엄밀하게 말하면 국가현상"이라고 하면서도 "국가현상설이 그 충분한 논거를 가지지 못한 점에 감하여 정치가 단체현상인 것을 지적하는" 주장에는 "실로 경청할 바가 있다"고 하고, "국가정치에 관련된 단체 또는 개인행동까지도" 정치현상으로 볼 수 있을 것이라고 부연했다. 韓太壽, 『(正補) 政治學槪論』, 耕文社, 1960, 4~10쪽.

13 尹世昌, 『政治學槪要』, 第一文化社, 1952, 5쪽.

〈표 5〉 1950년대 정치학 개론서 구성 비교 (1)

윤세창 『정치학개요』(1952)	한태수 『정치학개론』(1952)	강상운 『(신고)정치학개론』(1954)	신도성 『정치학개론강의』(1954)
정치학 개념 정치의 본질	정치학의 개념 정치의 본질	기초론	정치학의 대상
일반국가론	국가	국가론	국가론
			주권론
각국 정부조직의 제형태	통치기관	국체及정체론	정치기능론
		정부형태론	정치형태론
선거제도	선거제도	정당론	근대국가
정당론	정당	의회론	헌법론
현대민주정치론	민주정치의 발전방향	선거론	인권론
		독재정치론	입법부론
		민주정치론	행정부론
			사법부론
			현대정치운영론

라고 정의하면서, 역사적으로 "강제적 지배력을 행사해온 것"은 "국가"이기 때문에 "정치현상이란 실질적으로는 국가권력의 조직, 분배, 유지, 획득에 관한 제(諸) 활동의의 총체"를 의미한다고 했다. 그리고 "국가외정치현상설을 주장하는 학자들" 또한 "정치학 체계의 구체적 내용"에 들어가면 "국가에 관련된 사항의 범위"를 벗어나지 못하고 있다고 덧붙였다.[14] 이들의 주장을 분류하자면 '국가현상'설이라고 할 수 있겠으나, 특히 윤세창과 신도성의 정치, 정치학 정의의 구체적인 내용을 살펴보면 사실상 야베 데이지의 『政治學』

---

14 愼道晟, 『政治學槪論講義』, 韓國大學通信敎育部, 1954, 1~4쪽. 신도성의 이 책은 제1장 「政治學의 對象」만을 새로 집필한 것이다. 제6장 「근대국가」와 제8장 「인권론」은 자신의 저서 『민주주의정치학』(1953)의 제10편 「민주정치와 사회주의」의 일부와 제8편 「인권보호와 언론자유」를 그대로 옮겨 실은 것이며, 그 외 모든 장은 〈표 7〉에 있는 제이콥선(Gertrude Ann Jacobsen)·리프맨(Miriam Lipmann) 共著, 朴鶴壽 譯, 『政治學槪論』(普文堂, 1954)을 아무런 표기도 없이 그대로 전재(全載)한 것이다.

〈표 6〉 1950년대 정치학 개론서 구성 비교 (2)

이종항 『정치학』(1954)	정인흥 『정치학』(1954)	백상건 『정치학입문』 (1954)	김경수 『정치학개론』(1955)
정치학자와 정치가 정치학 정치의 본질	정치학 정치현상의 개념규정	정치학의 기본개념	정치학의 성질 정치현상의 본질
국가의 탄생	근대정치	국가의 기원	국가
국가의 발전	현대정치	국가이론	근대국가에 있어서의 정치적 원칙
국가의 형태와 정부의 조직	의회	입법부론	근대국가에 있어서의 정치동태
통치조직의 제형태	정당	정당론	현대국가에 있어서의 정치기구
선거제도	관료제	정부론	
정당		민주정치	
민주정치			

(1949)의 관련 서술[15]을 그대로 따른 것에 다름없었다.

정인흥의 『정치학』(1954)은 '집단현상'설과 '국가현상'설을 비교적 상술(詳述)하여 검토한 후, 정치현상의 개념을 "국가권력의 발동, 그리고 그것에 영향을 미치게 하고 국가권력의 장악을 위한 노력을 특질로 하는 사회현상"이라고 정의했다. 정치 개념을 이렇게 규정한 이유에 대해 "정치현상은 국가현상에서 가장 현저하게 나타나는 것"이긴 하지만, "국가현상 이외에 국가권력을 중심하여 이것에 연관하는 사회집단, 즉 정당 교회 조합 압력단체 등"을 "정

---

15 야베 데이지는 "정치를 넓게 형식적으로 정의한다면 國家의 統治活動의 全體"라고 할 수 있으나, "다소 정확하게 말한다면 國家意思의 決定과 行使에 直接的으로 關聯하는 人間의 諸行動"이라고 했다. "政治가 國家意思를 創造決定하고, 그 遂行에서 最高의 指導를 주려면 國家內의 對立分化해 있는 意思, 利益, 勢力 등을 國家의 獨占하는 公權力을 배경으로 하여, 强制權力的으로 一體化하고, 統合하고, 組織化하는 것"을 필요로 한다고 하였다. "거기에서 정치의 가장 固有한 모습은 이러한 國家權力의 獲得과 行使와 保持를 둘러싼 鬪爭으로써 나타나지만, 權力의 獲得과 保持를 위해 鬪爭하는 것은 强制權力的으로 對立과 分化를 統合하고, 組織化하고 人民을 支配하는 支配權力을 스스로가 掌握하기 위해서이고, 獲得된 權力의 作用面으로부터 본다면 政治는 어디까지나 一體의 國家秩序의 創造와 維持이고, 그것에 의해 國家目的을 實現하는 것이다"라고 했다.(밑줄—인용자) 矢部貞治, 『政治學』, 勁草書房, 1949, 21~23쪽.

치학의 대상으로 취급할 수 있게 하는 것"이라고 했다.[16] 즉, 국가현상설을 주축으로 하되, 그 대상범위가 제한적이기 때문에 '국가권력'과 직접적으로 관련된 제 집단의 활동을 포괄할 필요가 있다는 것이었다. 이러한 정치 개념 정의의 근거로서 그는 국가는 "사회의 일종"이라 하더라도 "국가와 다른 사회와는 근본적 성질에서 상이하다"는 점, 그리고 "정치현상의 개념이 명확하고 사학(斯學)의 대상도 명백하다"는 점을 들었다.

이러한 근거는 정확히 '집단현상설'에 대한 그의 비판 지점과 동일한 것이었다. 그는 '집단현상'설이 국가를 "전체 사회의 부분사회(association)"로 여타의 사회집단과 질적으로 동일한 것으로 본다는 점에서 "여하한 사회집단도 정치학이 포괄"해야 하고, "정치현상의 개념에 불명확성이 개재"할 뿐 아니라 "국가와 일반 사회의 상이점", "국가현상의 특이성"을 몰각하고 있다고 비판했다. 그리고 '집단현상'설은 국가학(Staatslehre, 정인흥은 '국가론'이라고 번역)을 비판하면서 "정치학 자체의 독자적 개념 구성"을 역설하며 등장했으나, 캐틀린(George E. G. Catlin)의 *The Science and Method of Politics*(1927)의 예와 같이 "정치학과 사회학이 분리할 수 없는 동질적인 것"으로 되었다는 점에서 "방법론적 독자성의 자기 관철을 수행하지 못하는 것"이라고 비판했다.[17] 이러한 그의 비판은 야베 데이지가 『政治學』(1949)에서 집단현상설과 "신칸트파 정치학방법론"을 비판한 것과 사실상 동일한 내용이었다.[18] 야베는 국가를 "여타의 부분사

---

16 鄭仁興, 『政治學』, 第一文化社, 1954, 56쪽.

17 위의 책, 46~49쪽.

18 矢部貞治, 앞의 책, 1949, 9~10쪽, 59~62쪽 참조. 캐틀린의 정치학 저작에 대한 야베 데이지의 비판은 이미 패전 이전에 제기된 바 있고, 이때의 내용을 원론서 서술에 활용한 것이라 할 수 있다. 캐틀린의 *The Science and Method of Politics*(1927)와 *A Study of Principle of Politics*(1930)에 대한 서평을 통해 '과학으로서 정치학' 수립을 향한 작업으로서 높게 평가하면서도, "정치학은 사회학이고 사회학은 정치학"이라는 캐틀린의 결론은 극히 못마땅해 했다. 矢部貞治, 「(紹介及批評) カトリンの政治學體系」, 『國家學會雜誌』 45卷 4號, 1931년 4월, 130~138쪽.

회와는 본질적으로" 다르며, "부분사회를 그 기초에서 포괄하는 전체적 공동사회" 혹은 "기본적 공동사회"라고 보는 가운데 "부분사회나 사회군(社會群)의 관계는 또한 국가의사의 결정 행사에 직접 관련되는 경우에 한해서만 정치의 문제로 된다"고 했다. 정인흥은 국가에 대해 '공동사회'라는 표현을 쓰지 않았으나, 국가를 "포괄적인 전원적(全員的) 사회집단"[19]이라고 규정하고, 각 개인과 제집단의 "대립과 충돌"에 '국가권력'의 존재기반이 있으며, 이를 "극복, 통일"하기 위해 "국가권력의 발동"이 있는 것이라고 했다.

다음으로 백상건은 『정치학입문』(1954)에서 정치를 "국가의 특정한 활동", "일반 조직사회의 공동사무 수행", "사회적 실력 지배관계", "사회적 가치의 창조" 등 네 가지 학설로 분류하여 소개·비판하고,[20] "정치현상이란 일반적 공공복지 증진을 목적으로 하고, 법을 수단으로 하는 사회적 통제(지배)"라고 정의하였다.[21] 이러한 정치 개념 규정은 앞에서 살펴보았던 『정치학강의』(1950)의 '정치' 정의(定義), 즉 1920년대 후반 이마나카 쓰기마로의 정치학설에 의거하여 정치를 "사회적 실력 통제작용"으로서 "단체적 관계에 있어서의 통제작용"인 동시에 "법적 가치의 실현을 목적으로 하는 작용"이라고 했던 것의 연장선상에 있다.[22]

이와 함께 이전 개론서에서 '법적 가치'(정의 내지 공정)의 실현이었던 정치의 '목적'이 "일반적 공공복지 증진"으로 바뀌는 가운데, '법'은 목적을 실현하는 수단으로 위치 지어졌다는 점에서 일정한 변용이 나타났다고 할 수 있

---

19 鄭仁興, 앞의 책, 63쪽.

20 白尙健, 『政治學入門』, 平凡社, 1954, 20~38쪽.

21 위의 책, 39쪽.

22 정치 개념에 따라 네 가지 학설을 구분하는 것은, 표현의 일부 변화가 있지만, 이마나카 쓰기마로가 『政治學要論』(1928)부터 『政治學序說』(1951)에 이르기까지 지속했던 분류법이었다.

다. 특정한 역사적 국면에서 제기된 가치 내지 이념이라 할 수 있는 "공공복지 증진"을 원리적 차원에서 '정치현상'의 목적으로 제시하는 것이 타당한가의 문제와 함께, '사회적 통제'를 "사회적 실력에 의한 지배작용"이라고 한 점에서 '법'과 '사회적 통제'가 모두 수단에 위치하게 됨으로써, 양자의 관계 또한 명료치 않다. 이러한 측면을 의식해서인지 백상건은 1959년 발간한 『정치학원론』에서는 정치의 '목적'을 "사회적 생활관계에 있어서 심각한 대립과 모순"을 극복하여 "고차적 통일질서를 형성"하는 것이라고 했다.[23] 이러한 백상건의 변화는 이마나카의 '정치통제론'을 토대로 하면서도 로야마 마사미치가 『政治學の任務と對象』(1925)에서 정치를 "인간과 인간의 결합 또는 협력관계를 보다 높은 질서로 조직화하는 직접, 간접의 행위"[24]라고 정의했던 것을 결합시킨 것이라고 할 수 있다.

김경수(金敬洙)는 『정치학개론』(1955) 제2장 「정치현상의 본질」[25]에서 "정치현상의 본질"에 관하여 종래 대다수는 "국가의 고유의 작용"이라고 했으나 최근 들어 "사회적 행위를 개념화하여 정치의 개념으로 하고 또는 국가의 형태적인 면보다도 그 기능적·행위적 면(투쟁의 조정, 질서의 조직화, 경제의 통제)에 치중하여 정치의 본질"을 찾게 되었다고 했다. 그러나 정치를 "국가를 중심으로 형태현상으로 파악하는 정치이론"의 존재가치가 상실된 것은 아니라고 하면서, 정치에는 "국가와 같은 형태와 아울러 이러한 형태에 작용하는 사회행동도 포함"되어 있다고 했다. 따라서 "정치현상이 국가현상이냐 국가외의 현상이냐" 하는 개념 논쟁에 그칠 것이 아니라 "양론이 각각 의미하는 바를 탐구"하여 "정치생활 자체의 연구에 전력해야" 한다고 강조했다. 이러한 김

---

23 白尙健, 『政治學原論』, 一潮閣, 1959, 49~50쪽.

24 蠟山政道, 『政治學の任務と對象』, 嚴松堂書店, 1925, 159쪽.

25 金敬洙, 『政治學槪論』, 陽文社, 1955, 13~22쪽.

경수의 정치현상론은 앞서 언급했던 로야마 마사미치의 『政治學原理』(1952)에서 전개된 관점과 견해를 그대로 따른 것이었다.[26]

이와 같이 '정치현상'론을 전개한 후 김경수는 정치의 본질이 "인간의 사회적 생활에 있어서 존재하는 대립, 모순의 계기를 지양하여 통일적 질서를 형성"하는 것에 있다고 했다. 이어서 "사회적 생활"의 복잡한 여러 모순 중에서 "정치적인 측면에서 가장 중요한 것은 민족과 계급"이라고 하고, 민족과 계급에 관하여 살핀 다음, "정치사회가 내면적 사회적 분열"을 내포함에도 불구하고 "자립적으로 전체로서의 사회적 통일을 실현"하고 있는 것은 "정치권력의 존재" 때문이라고 했다. 정치권력의 본질은 "주체성, 합리성, 실력성"에서 찾고, 정치권력의 '주체성'은 민족 그 자체는 아니지만 "민족의 통일정신이 규범적인 통일질서 의식으로 성립됨으로써" 출현한다고 했다. 앞에서 살펴보았듯이 김경수가 정치권력의 본질을 '주체성', '합리성', '사실성'으로 파악하는 것은 이마나카 쓰기마로의 '정치통제'론을 취한 것이었다. 그리고 '정치권력'을 '민족', '계급'과 연관시켜 파악하는 내용은 이마나카 쓰기마로가 『政治學』(1941)을 시작으로 새롭게 모색하고 있던 정치학 체계와 관련된 내용으로서 『政治學通論』(1949)의 서술을 그대로 옮긴 것이었다.[27]

백상건과 김경수는 일정한 편차는 있으나, 공통적으로 이마나카의 정치

---

26 蠟山政道, 『政治學原理』, 岩波書店, 1952, 68~70쪽 참조.

27 今中次麿, 『政治學通論』(訂正版), 大明堂書店, 1953, 29~50쪽; 今中次麿, 『政治學』, 朝日新聞社, 1941, 30~71쪽 참조. 『政治學』(1941)을 시작으로 『政治學通論』(1949)을 거쳐, 그의 박사학위논문이기도 했던 『政治學序說』(1951)에서 체계화되었던 '民族政治學'으로도 불리는 이마나카 쓰기마로 생애 후반의 정치학 체계와 그 특성에 대해서는 田口富久治, 『日本政治學史の展開』, 未來社, 1990, 193~268쪽 참조. 본 연구에서 활용한 『政治學通論』(訂正版)은 「序文」을 통해 "再版" 과정에서 판(版)을 바꾸지 않고, "활자가 들어갈 수 있는 여백을 이용하는 정도"에서 다소 '補正'했다고 밝히고 있다. 김경수는 『政治學概論』(1955) 제1장 「政治學의 性質」에는 '文化科學으로서의 政治學', '政治學의 後進性' 원인 등에 관한 야베 데이지의 『政治學』(1949) 내용을 요약하여 실었고, 로야마 마사미치가 『政治學原理』(1952)에서 행한 '개념 논쟁' 평가 또한 그대로 실었다.

통제론을 주축으로 자신들의 정치 개념을 서술했다. 이마나카 쓰기마로의 정치학설 또한 넓은 범주의 국가현상설로 분류할 수도 있겠으나, '국가현상설' 내부에도 '정치현상'에 대한 개념화에 적지 않은 차이가 존재한다는 점을 유의해야 할 것이다. 그의 정치학에서 중추를 차지했던 '정치통제'론을 보면, "정치권력의 통일적 기초"로서 '국가'(후에 '민족')를 중시하고 있으나, '정치권력' 자체가 "사회생활의 공동성"에서 생겨나는 것이 아니라 "사회생활상의 모순 대립"에서 출현하는 것임을 강조한다. 그는 "사회계급의 대립성의 반영"이자 "모든 사회관계를 지배적으로 통일하려고 하는 사회 세력의 하나의 중심점"으로 "정치권력"을 파악함으로써 "정치권력의 본질"을 "하나의 사회관계"로 보았던 것이다. 나아가 정치는 "국가권력의 발동과 그 운영 과정에서 존재하는 것"이라기보다는 "운영되는 국가권력"을 "끊임없이 새롭게 창조하는 과정에서 발견"되는 것이라 하고, "정치는 싸워야 하는 것이고, 무기 없는 전투"라고 했다.[28] 따라서 "전체적 공동사회"로서 '국가'의 통치 활동이라는 관점에서 정치현상에 접근하는 야베 데이지의 학설과는 구별된다.

백상건과 김경수는 공통적으로 이마나카의 정치학, 정치통제론을 주요하게 수용·참조하면서도 "사회생활상의 모순대립", 민족 문제·계급 문제를 축으로 한 대립적 사회관계의 투영으로서 '정치권력', 나아가 이를 끊임없이 창조해 나가는 사회적 실천으로서 '정치운동' 등에 착목하기보다는 '모순과 대립'의 극복주체로서 정치권력이나 "정치권력의 통일적 기초"로서 '국가'를

---

28 今中次麿, 『政治統制論』, 日本評論社, 1938, 491~514쪽; 今中次麿, 『政治學通論』(訂正版), 大明堂書店, 1953, 192~198쪽 참조. 그는 "今日의 나는 맑스주의에 서 있는 것은 아니나, 맑스주의도 역시 시대의 발전에 따라 점점 그 과학적 진리성을 발휘하고 있는 것을 나 또한 인정하고 있다"(『政治學通論』, 195쪽)고 했다. 하지만 이마나카가 『政治學序說』(1951)에서 '정치통제론'의 양대 축이라고 표현했던 '정치운동'과 '정치권력' 중에서 '기성의 정치권력'을 부단히 창조해 나가는 사회적 실천으로서 '정치운동'의 의의를 지적하면서도 이를 정치학의 핵심적 대상으로 삼지 않았다는 점은 그의 정치학을 이해할 때 유의해야 할 것이다.

초점화하는 것에 그치고 있다는 점이 특징적이다. 그로 인해 야베 데이지 학설과의 변별도 부각되기 힘들어졌다.

앞에서 정치이념의 착종상태가 나타났다고 지적한 바 있는 강상운의 『(신고)정치학개론』(1954)은 정치와 정치학에 관한 정의에서도 그와 유사한 현상을 발견할 수 있다. 그는 『현대정치학개론』(1948) 전편 '일반정치학'의 「서론: 정치학의 개념」을 통해 소략하게나마 '정치학'에 관하여 논한 바 있다. 거기에서 그는 정치학을 "국가의 본체급작용(本體及作用)에 대하여 총괄적인 이법(理法)을 연구"하는 학문, "특히 국가의 시책이법(施策理法)을 일반적으로 연구하는 학문"으로 정의했다. 그런데 〈표 4〉에서 보았던 바와 같이 '신고(新稿)'의 주된 의미는 제1장 「기초론」과 제2장 「국가론」을 새롭게 추가하여 '정치', '정치학', '국가와 사회의 관계'를 상술했다는 점이었다.

그는 제1장 「기초론」에서 '정치' 개념에 관한 제 학설을 소개 검토한 후 "정치는 인간의 집단생활을 효과적으로 운영하기 위하여 행하여지는 상호작용의 총체"[29]라고 규정한다. 이를 보다 구체적으로 정의하기 위해 "사회적 행위로서의 정치", "상호작용의 총체로서 정치", "강제행위로서의 정치", "조직화행위로서의 정치" 개념으로 나누어 상술한 다음, 정치를 '사회적 행위', 특히 "기존의 결합관계 또는 협력관계를 보다 높은 질서로 조직"하는 행위로 정의했다.[30] 이는 로야마 마사미치가 『政治學の任務と對象』(1925)에서 전개했던 학설, 즉 '집단현상설'을 따르는 것이었다.[31] 이와 함께 정치학과 사회학의

---

29 姜尙雲, 『(新稿) 政治學槪論』, 唯文社, 1954, 11쪽.

30 위의 책, 15쪽.

31 이외에도 강상운은 『(新稿) 政治學槪論』을 집필하면서 로야마 마사미치의 정치학 저술을 적극적으로 활용한 것으로 보인다. 책 말미의 「(附錄) 文獻紹介」 중에서 "歐美 政治學에 關한 文獻" 목록은 로야마 마사미치의 『政治學原理』(1952) 말미에 수록된 「文獻」 목록을 그대로 옮긴 것이었다.

관계에 대해서도 "정치학은 사회학보다도 그 범위가 좁고 또한 사회학의 특수화한 일분과학(一分科學)"[32]이라 하였다. 그런데 "오인(吾人)이 억지로라도 정치학"을 정의 내린다면, "결국에 가서는 정치학은 국가의 원리와 조직 및 그 작용과 제 국가 간의 상호관계의 현상 급(及) 이법을 과학적으로 연구하는 학문"[33]이라고 하여 "국가 간 관계"를 추가했다는 것 외에 사실상 『현대정치학 개론』(1948)의 '정치학' 정의로 되돌아갔던 것이다. '사회적 행위'로서 '정치'를, '부분사회'로서의 '국가'를 길게 상술했지만, 그러한 논리에 입각하여 일관된 결론을 맺는 것이 아니라 논리적 비약 속에서 '정치학'은 '국가의 원리와 조직, 작용'에 관한 학문이라고 정의했다.

이상의 정치학 교과서와는 달리 유일하게 '집단현상'설에 근거하여 자신의 정치, 정치학에 관한 입장을 전개했던 이종항의 『정치학』(1954)을 살펴보자.[34] 앞에서 살펴본 바와 같이 그는 정치의 '사회적 기반'에 주목하는 등 야베 데이지의 『政治學』(1949)에서 적지 않은 내용을 참조·활용했지만, '정치현상'에 대한 기본입장은 달랐다. 그는 "국가는 정치적 집단 중에서 대표적인 것"이며, "국가의 생성, 발달, 발전, 변혁 또는 조직화, 분열화 등의 국가 내의 일체의 움직임"이 정치인 것은 사실이라고 했다. 하지만 국가 외의 여러 집단 중에서도 정치적 현상을 찾아볼 수 있기 때문에 "정치의 본질 또는 정치학의 재료"는 "정치적 제 집단에서 일어나는 제 현상에 있다"고 했다. 즉 집단현상설은 '국가'에서 정치현상을 볼 수 없다는 것이 아니며, 국가에만 국한되지 않는, 국가를 포함한 일체의 집단에서 정치현상을 찾아볼 수 있다고 환기했다. 그런 관점하에서 야베 데이지, 다바타 시노부 등 국가현상설의 주장을 일관

---

32 姜尙雲, 앞의 책, 1954, 29쪽.

33 위의 책, 21쪽.

34 李鍾恒, 『政治學』, 文星堂, 1954, 48~58쪽.

되게 반박했다. 그는 로야마 마사미치의 『政治學の任務と對象』(1925)에서 개진된 '정치' 개념을 수용하는 가운데 "정치현상의 본질은 조직화 행위", 특히 "강제력을 배경으로" "기존의 결합을 보다 더 높은 계서로 조직하는 행위"라고 보았다.

그는 "정치현상을 집단현상"으로서 '조직화 행위'라고 파악했지만, "어느 집단보다도 가장 순수하게 정치현상이 나타나는 곳은 국가"이고, "정치학의 결과를 적용하는 가장 중요한 곳"이 국가이기 때문에 자신의 책의 "많은 지면을 국가의 분석과 관찰에 바치는 것"이라고 했다. 이러한 그의 논변의 한 배경으로, 기존 일본 정치학계의 성과만을 주요 학문적 참조 체계로 '정치학'의 체계를 구성한다고 했을 때, '집단현상'설에 입각한 구체적인 정치현실에 관한 분석이 극히 빈약했던 상황을 들 수 있을 것이다. 이와 같이 제한적이지만 그가 로야마 마사미치의 '조직화 행위'로서 '정치'를 바라보는 기본관점을 수용하고 있었다는 점은 눈여겨볼 필요가 있다. 이는 앞서 소개했던 로야마 마사미치가 『政治學原理』(1952)에서 제기했던 "정치생활"의 관점에 착목하여 정치 '행위'와 '과정' 분야로 정치학 연구대상을 확장시키는 가운데 후술할 강영호와의 공저 『정치학원론』(1959)을 산출했던 것과 결부하여 이해할 필요가 있다.

지금까지 1950년대 국내 정치학 교과서의 '정치', '정치학'에 관한 정의에서 나타난 주요 특징을 살펴보았다. 선행연구에서는 이 시기 정치학 교과서들이 '정치 개념' 논쟁에 대한 "비판적(?) 고찰에 기반"(원문 그대로 인용)하여 "정치권력론적 개념 정의"를 하고, 이를 매개로 '정치 개념' 논쟁 중 "강점은 취합하고 약점은 버릴"수 있었다고 평가하면서, 당시 정치학 개론서들의 주된 정치이론적 경향을 "비국가주의적 권력이론"이라고 다소 모호하게 규정했다.[35] 그러나 위에서 살펴본 바와 같이 대다수 국내 정치학자들은 '개념 논쟁'의 골자를 교과서 서술형식에 활용한 것에 지나지 않으며, 대체로 정치를 '국가현상'으로 인식하는 가운데, 특히 '통치'권력으로서 정치권력 내지 '지배(치자)와 피지배(피치자)'의 상하관계에서 정치권력에 접근하고 있었다.

정치사, 정치사상 등 정치학 내부의 다른 분야에 대한 연구들이 진전되어 종합적인 상이 제시되어야 하겠으나, 이상의 검토에 한정하여 잠정적으로 1950년대 국내 정치학 원론서의 학문적 특성을 몇 가지 들 수 있을 것이다.

첫째, 대다수 국내 정치학자들은 1920년대 이후 일본 정치학계의 여러 학문적 경향 중에서도 오노즈카 기헤이지의 제자이자 요시노 사쿠조의 영향 아래서 도쿄제국대학 정치학과에서 수학하고 이후 제국대학 교수로 재직했던 야베 데이지, 로야마 마사미치, 이마나카 쓰기마로의 원론서를 적극적으로 참조·수용했다. 이들은 1920년대 다이쇼 데모크라시의 사상적·정치적 분위기 속에서 정치학 연구에 뛰어들어, 일본 제국대학 체계 속에서 관립 아카데미즘 정치학을 대표했던 지식인들로서, 국가학, 국법학으로부터 정치학의 독립, 독립적 분과 (사회)과학으로서의 정치학을 확립하고자 했다. 이들의 정치학은 내부적 차이가 적지 않으나, 공통적으로 '국법학'의 전통을 넘어서려 하면서도 여전히 '통치'를 둘러싼 제도적 접근을 중심으로 하고 있었다.

둘째, 1950년대 정치학 교과서의 가장 큰 형식적 특성은 〈표 5〉와 〈표 6〉에서 드러나듯이 정부형태, 정치제도와 기구에 집중되어 있었다는 점이다. 즉, '정치'에 관한 원리적 접근을 중심으로 구성되기보다는 대부분의 지면이 정치제도와 기구에 관한 서술로 충당되었다. 이것은 앞서 살펴보았던 '국가현

---

35 기유정, 「근대 한국의 정치학과 그 학적 전환의 논리—1950~60년대 정치학 개론서의 변천과 그 담론 분석을 중심으로」, 『정치사상연구』 20집 1호, 한국정치사상학회, 2014, 15~19쪽.

저자	번역자	번역서/원서명
Gertrude A. Jacobsen, Miriam Lipmann	朴鶴壽 (愼道晟, 교열)	政治學槪論(1953) An Outline of Political Science(1937/1939)
Raymond G. Gettell	金敬洙	政治學槪論(1955) Political Science(1949)
Harold J. Laski	閔丙台	政治學綱要(上/下, 1954) A Grammar of Politics(1937)
Harold J. Laski	姜尙雲	政治學入門(1959) An Introduction to Politics(1951)
Charles Merriam	金雲泰·李宇鉉	政治學序說(1955) Prologue to politics(1939)
Charles Merriam	金雲泰·李宇鉉	體系的 政治學(1956) Systematic politics(1945)
Robert M. MacIver	金雲泰·李宇鉉	政治學原論(1957) The Web of Government(1952)
蠟山政道	咸鍾贇	政治學原理(1956) 政治學原理(1952)
Roger H. Soltau	金雲泰	政治學入門(1957) An Introduction to Politics(1951)
George de Huszar, Thomas Stevenson	韓圭鍾	政治學槪論(1958) Political Science: An Outline(1951)

상'설, '집단현상'설의 채택 여부와 관계없이 공통된 특징이었다. 즉 교과서의 초반·전반부의 원리적 서술에 부합하여 이를 더욱 확장·심화하는 내용으로 구성되지 못했던 것이다. 그런 측면에서 본다면, 1950년대 말 출간된 민병태의 『정치학』(1958)과 이종항·강영호의 『정치학원론』은 '정치'와 '정치학'에 관한 원리적 탐구를 주축으로 하고 있다는 점에서 구분된다고 할 수 있다.

〈표 7〉은 전후 한국 정치학계에서 대학 강의와 연구 등을 위해 번역 출간했던 외국 '정치학' 원론서, 교과서의 목록이다. 앞서 살펴본 바와 같이 이념적, 학문적 관심 속에서 라스키와 매키버 등의 정치학 원론서가 번역되었다. 이와 함께 제이콥슨(Gertrude A. Jacobsen)·미리엄 리프먼(Miriam H. Lipman), 솔토우(Roger H. Soltau), 조지 드 허자(George de Huszar)·토마스 스티븐슨(Thomas Stevenson) 등의

저작이 번역되었는데. 이들 텍스트는 당시 미국에서 대학 학부 강의에 활용되던 교재였다.

이와 함께 김운태(金雲泰)·이우현(李宇鉉)에 의해 찰스 메리엄(Charles Merriam)의 정치학 원론서 두 권이 번역되었다.[36] 이 외에도 김성희에 의해서 *The Role of Politics in Social Changes*(1936)가 『사회변동과 정치』[37]라는 제목으로 번역되는 등, 그의 저작이 적극적으로 번역·소개되었다. 찰스 메리엄은 1940~50년대 정치학의 새로운 흐름으로 부상하여 이후 지배적 경향으로 자리 잡은 행태주의(behavioralism)[38] 정치학이 미국 정치학계에 뿌리내리는 과정에서 선도적 역할을 했던 정치학자였다.

2. 1930~40년대 미국 행태주의 정치학의 형성과 체계

한국 정치학계에서 미국 행태주의 정치학이 소개, 수용되었던 양상을 살펴보기에 앞서 행태주의 정치학의 이론적 특성과 역사적 성격에 대한 검토가 당연한 순서일 것이다. 제2차 세계대전을 거치며 미국 정치학계에서 행태주의 정치학이 형성, 주류화되었던 과정을 중심으로 간단히 살펴보자.[39] 1920

---

36 메리엄 原著, 金雲泰·李宇鉉 共譯, 『政治學序說』(*Prologue to Politics*, 1939), 第一文化社, 1955; 메리엄 著, 金雲泰·李宇鉉 共譯, 『體系的 政治學』(*Systematic Politics*, 1945), 一潮閣, 1956.

37 C. E. 메리엄, 金成熹 譯, 『社會變動과 政治』, 民衆書館, 1955.

38 기존 연구에 따르면 'behavioral science'를 추구하는 지적 운동을 지칭하는 표현으로서 'behaviorism'과 'behavioralism'의 용법은 양자가 혼용되면서도 1960년대 전반까지 전자가 우세하다가, 1960년대를 거쳐 1970년대에 이르면 후자가 미국 정치학계의 표준적인 용어로 정착되었다고 한다. 이에 대해서는 Albert Somit and Joseph Tannenhaus, *The Development of American Political Science*, Allyn and Bacon, 1967, p. 183; James Farr, "Remembering the Revolution: Behavioralism in American Political Science", James Farr, J. S. Dryzek, S. T. Leonard (ed.), *Political Science in History*, Cambridge University Press, 1995, p. 222.

39 이에 대해서는 다음의 연구를 참조했다. 이계희, 『정치학사』, 을유문화사, 1998, 제1·2·5장; 헤라르도 뭉

년대 미국에서 찰스 메리엄, 캐틀린(George E. G. Catlin), 먼로(William B. Munro) 등을 중심으로 "정치학의 과학화"를 추구하는 움직임이 일어났다. 이러한 학문적인 움직임은 기성 정치학의 역사적 접근법이나 추상적·사변적 철학, 그리고 법적·제도적 접근으로부터 벗어나, 실제 문제해결에 초점을 맞추고 정책적 유효성을 추구하자는 것이었다. 메리엄은 정치학이 개별적인 '정치행태(political behavior)'[40]의 사회학적·심리학적 토대를 초점화해야 하며, 이를 바탕으로 경험주의의 입장에서 '가설'을 설정하고 양적(量的) 검증을 통해 실증적·실험적인 분석으로 나아가야 한다고 주장했다. 그가 새로운 '정치학'의 필요성과 그 방향을 제시했다면, 그러한 방향의 정치학을 프로이트(Sigmund Freud)의 정신분석학이나 당대 심리학 연구를 토대로 실제 연구를 통해 실행될 수 있음을 보여주기 시작했던 대표적인 인물은 메리엄의 제자였던 해럴드 라스웰

크,「비교정치학의 어제와 오늘」, 헤라르도 뭉크, 리처드 스나이더 인터뷰, 정치학강독모임 옮김, 앞의 책; 中谷義和,「戰後アメリカ政治學の系譜」, 田口富久治·中谷義和 編集,『現代政治の理論と思想』, 靑木書店, 1994; 中谷義和,『アメリカ政治學史序說』, ミネルヴァ書房, 2005, 제2~3장; Robert Dahl, "The Behavioral Approach in Political Science: Epitaph for Monument to a Successful Protest", *American Political Science Review*, Vol. 55, No. 4, Dec., 1961; Albert Somit and Joseph Tannenhaus, op. cit.; John Gunnell, "American Political Science, Liberalism, and the Invention of Political Theory", James Farr and Raymond Seidelman (ed.), *Discipline and History*, The University of Michigan Press, 1993; Terence Ball, "American Political Science in Its Postwar Political Context", James Farr and Raymond Seidelman (ed.), op. cit.; James Farr, "Remembering the Revolution: Behavioralism in American Political Science", James Farr, J. S. Dryzek, S. T. Leonard (ed.), op. cit.; Charles E. Lindblom, "Political Science in the 1940s and 1950s", Thomas Bender and Carl E. Schorske (ed.), *American Academic Culture in Transformation: Fifty Years, Four Discipline*, Princeton University Press, 1998; Nils Gilman, *Mandarins of the Future*, chap. 3.

40 'political behavior'에서 'behavior'는 심리학에서는 주로 '행동(行動)'으로 번역하며, 정치학에서도 '행동'이나 '행위'로 번역하기도 하나, '행태(行態)'라는 번역을 주도했던 것은 윤천주(尹天柱)였다. 그는 '행태'로 번역한 이유를 다음과 같이 밝혔다. "'비해이비어'는 心理學的 槪念을 包含하고 過程的인 槪念인 것, 行動·行爲와 같은 再來의 우리 말들은 나타난 現象을 主로 意味하기 때문에 이러한 用語들을 使用할 때는 '비해이비어'를 가리킬 때와 그렇지 않을 때를 區別하기 어렵게 되고 오히려 混亂을 일으키게 된다는 등의 理由에서 再來에 없던 用語를—적어도 一般이 '비해이비어'의 槪念을 行動과 區別하여 理解하게 될 때까지—使用하는 것이 좋다고 생각하여 '行態'란 말을 使用하였다. '行態'란 用語는 우리 辭典에도 없는 말이며, 좋지 못한 '행투'·'행티'의 方言으로 使用되고 있는 缺陷이 있는 用語이기는 하나, '行動과 態度'의 約語로 보던지, '옷입는 態가 좋다' 式으로'行하는 態'가 좋다는 意味로 理解하든지 어떻든간에 다른 譯語들 보다 더욱 '비해이비어'의 槪念을 混亂없이 傳할 수 있기 때문에 本人은 數年來 이것을 使用하여왔다." 尹天柱,「序文」, 尹天柱·禹炳奎·李廷植 編譯,『政治行態의 基礎理論』, 一潮閣, 1960, 2쪽.

(Harold Lasswell)이었다.

해럴드 라스웰을 비롯하여 제2차 세계대전 후 행태주의 정치학의 부상을 이끌었던 데이빗 트루먼(David Truman), 키(V. O. Key), 허버트 사이먼(Herbert Simon), 가브리엘 알몬드(Gabriel Almond) 등은 메리엄의 시카고대학교 제자들이었다. 이후 1940년 메리엄의 은퇴와 전쟁 와중에 있었던 이직(移職) 등으로 인하여 라스웰과 가브리엘 알몬드, 칼 도이치(Karl W. Deutsch), 로버트 달(Robert A. Dahl) 등이 재직했던 예일대학교가 1950년대까지 전후 행태주의의 중심지가 되었다. 이와 더불어 1940~50년대 미국 사회과학연구협의회(Social Science Research Council)는 자연과학의 엄밀함과 같은 수준으로 사회과학을 끌어올리기 위한 프로그램으로서 범학문적 행태주의(behavioralism)를 일으키는 과정에서 핵심적인 역할을 수행했다.

그런데 미국 정치학계에서 전간기(戰間期)부터 시작되어 1950~1960년대 절정에 이르렀던 '과학으로서의 정치학'의 추구, 그리고 역사적 귀결로서 '행태주의 정치학'의 주류화 과정은 분과학문 차원의 방법론적 전환에 한정하여 이해될 수 없다. 이러한 미국 정치학계의 학적 전환은 전간기 파시즘의 대두, 대공황과 뉴딜, 그리고 제2차 세계대전과 '냉전'의 수행이라는 역사적 격동 속에서 미국 자본주의 체제의 정치경제적 재편과 맞물려 지식인층에 의해 전개되었던 '자유주의(liberalism)' 재구성 프로젝트의 일환으로서 파악될 필요가 있다.[41]

'민주주의(democracy)'라는 용어는 20세기에 들어서야 비로소 미국 정치의 주요 슬로건이자 이념으로 부상하기 시작했고, 제1차 세계대전 이후 유럽에

---

[41] 주로 '냉전'이라는 조건을 강조하고 있지만, 카츠넬슨은 이와 같은 문제의식을 분명히 하고 있다. 카츠넬슨(I. Katznelson), 「비상사태를 조장하는 교활한 정치학—자유주의의 후견인」, 노엄 촘스키 외, 『냉전과 대학』, 당대, 2001.

서 나타난 일련의 정치적 변동과 좌·우익 대중운동의 고양 속에서—존 듀이(John Dewey)와 월터 리프먼(Walter Lippmann)의 논쟁 등에서 볼 수 있듯이—대의민주주의의 이념과 현실이 정치학계 안팎에서 문제시되기 시작했다. 당시 리프먼과 라스웰 등은 사회심리학, 프로이트의 정신분석학 등을 활용하여 인간과 대중의 비합리성, 선입견의 작용에 주목하여 정치적 주체로서 '대중'의 역할을 부정적으로 평가하기도 했다.

특히 이후 정치학계에 지대한 영향을 미치는 라스웰의 경우, 당시 유럽에서 발흥하고 있던 프로이트 정신분석학 연구의 흐름을 수용·활용하여 임상심리학적인 관점에서 '정치행태(political behavior)'에 체계적으로 접근하는 경험적 연구로서 *Psychopathology and Politics*(1930)를 저술했다. 라스웰은 이 책을 통해 "정치적 역할(role)과 이데올로기의 선택"이라는 의미에서 "정치행태(political behavior)"는 "사적인 동기(private motive), 즉 본질적으로 오이디푸스적(oedipal)이고 리비도적(libidinal)인 동기가 정치적 관념·이슈의 용어로 합리화되어 전치(displacement)"[42]된 것이라고 규정했다. 그에 따라 정치영역은 사적인 심리적 장애가 전치되어 발현되는 장소가 되었고, 급진적 변혁을 열망하는 극단적인 정치적 주장은 극단적인 심리적 장애의 결과로 간주되었다. 레닌, 히틀러 등 개인뿐 아니라 파시즘의 대두, 히틀러와 스탈린에 대한 대중적인 열광과 지지, 더 나아가 '제3세계' 혁명적 민족주의의 대중적 '정치행태' 또한 정신병리학적 관점에서 설명해야 할 대상이 되었다.

---

42 시카고대학교에서 1930년대 초반 라스웰의 강의를 들었던 가브리엘 알몬드(Gabriel Almond)가 라스웰 사후 그의 생애와 학문을 기념하여 작성한 논고에서 옮긴 것이다. "(Appendix A) Harold Lasswell: A Biographical Memoir", Gabriel Almond, *A Discipline Divided*, Sage Publications, 1990, p. 294. 라스웰은 이러한 원리를 다음과 같은 일반식(general formula)으로 표현하였다. p } d } r = P. 여기서 p=사적인 동기(private motive), d=공적인 목표에의 전치(displacement on to public objects), r=공적 이익의 용어로 사적 동기를 합리화하기(rationalization in terms of public interest), P=정치적 인간(political man), 기호 }=변환됨(transformed into)을 뜻한다. Harold D. Lasswell, *Psychopathology and Politics*, University of Chicago, 1930, pp. 261~262.

그는 대중의 정치적 역량에 대해 지극히 회의적이었고, '사회'는 과학으로 무장한 지식 엘리트, 즉 사회과학자들에 의해 관리되어야 할 하나의 질서(order)라고 바라보았으며, 이러한 관점과 태도는 이후 그의 '정책과학(policy science)'의 체계화작업으로 이어졌다. 그의 심리학적 접근법은 기존 법과 제도 중심의 지배적인 정치학 연구경향에서 비정치적인(nonpolitical) 것으로 간주되었던 것들에 대한 연구를 촉발시킴으로써 미국 정치학계에 지대한 영향을 미치게 되었고, 알몬드(Gabriel Almond)와 파이(Lucian Pye), 러너(Daniel Lerner) 등에게도 이어져 미국발 '근대화론'의 한 축을 형성하기도 했다.[43]

라스웰의 심리학적 접근법도 그렇지만, '정치학의 과학화'를 주창했던 미국 정치학계의 흐름은 앞서 지적한 바와 같이 '사회적 현상'의 과학적 인식에 의거하여 '진보'와 '개혁'을 이룰 수 있다는 문제의식에서 출발한 것이었다. 그런데 그에 입각하여 산출된 초창기 '경험주의적 실증연구'는 정당과 이익단체의 활동에서 나타나는 소수 엘리트 중심의 권력구조와 선거, 투표에 대한 대중적 무관심, 정치참여의 제한적 패턴 등 미국 정치현실의 여러 문제를 드러내는 것이기도 했다.[44] 앞서 언급한 정치적 주체로서 '대중'을 불신, 회의하는 조류와 함께 경험주의적인 실증연구를 통해 나타난 미국 대의민주주의의 '이념'과 '현실'의 괴리 속에서 1920~30년대 미국 사회의 정치체제와 이념을 어떻게 평가하고 구성해갈 것인가, 그리고 '정치학의 과학화' 움직임과 관련하여 본다면 '이념'과 '과학'의 관계를 어떻게 설정할 것인가는 다소 불투

---

43 해럴드 라스웰의 정치학 연구의 특성과 그 영향에 대해서는 Gabriel Almond, Ibid.; Nils Gilman, *Mandarins of the Future*, pp. 164~174; 中谷義和, 앞의 책, 第6章 「H·D·ラススウエル: 精神分析學的政治學と政策科學」 참조.

44 자유주의적 대의민주주의의 이념과 현실을 둘러싼 정치학계의 주장들과 함께 '과학주의'의 전제로서 사실과 가치의 분리, 즉 '상대주의'와 '객관성', '중립성' 등의 문제에 관한 논쟁이 벌어지기도 했다. 이에 대해서는 John G. Gunnell, *The Descent of Political Theory*, The University of Chicago, 1993, chp. 5; 中谷義和, 앞의 책, 第2章 참조.

명한 시계(視界) 속에 놓여 있었다.

그러나 1930년대 유럽 파시즘, 나치즘의 흥기, 그리고 결정적으로는 제2차 세계대전을 겪는 가운데 '과학적 정치학'에 입각한 실증적 연구를 통해 파시즘·전체주의 체제와 미국 대의민주주의의 정치적 현실을 비교함으로써 기존 미국 정치질서를 적극적으로 옹호, 정당화하는 방식으로 불투명한 시계(視界)는 걷히게 되었다. 즉 '과학적 정치학'에 입각하여 미국의 정치현실은 이념적·실제적으로 '민주주의'라고 긍정하게 되었던 것이다. 바로 이 과정에서 정치학자들에게 주목받았던 것이 슘페터(Joseph Schumpeter)의 '민주주의'관, 즉 인민들의 투표를 획득하기 위한 엘리트집단의 경쟁으로 '민주주의'를 정의하는 것이었다.[45] 이를 이어받는 가운데 '행태주의'에 입각하여 다원주의적인 측면에서 이론적으로 체계화했던 것이 로버트 달(Robert Dahl)이다.[46]

이와 같은 '엘리트주의적, 다원주의적 민주주의'론과 '행태주의정치학'의 결합, 일체화 속에서 대중의 정치적 참여는 '투표 행위'로 한정되는 가운데, '심각한 이데올로기적인 분열과 높은 정치적 참여'가 민주주의의 파괴자로 간주되는 반면, 넓게 확산된 정치적 무관심(apathy)과 비참여(nonparticipation)

---

45 슘페터는 *Capitalism, Socialism, and Democracy*(1942)에서 다음과 같이 '민주주의'를 정의했다. "민주주의적 방법은 정치적 결정들에 도달하기 위한 제도적 장치인데, 이 장치 안에서 개인들은 인민들의 투표를 획득하기 위하여 경쟁적으로 투쟁함으로써 결정권을 획득한다는 것이 그것이다." 조지프 슘페터 지음, 변상진 옮김, 『자본주의·사회주의·민주주의』, 한길사, 2011, 480쪽.

46 Robert A. Dahl, *A Preface to Democratic Theory*, The University of Chicago, 1956(로버트 A. 달 著, 金容浩 譯, 『民主主義理論序說—美國 民主主義의 原理』, 法文社, 1990). 1960~70년대 참여민주주의를 주창했던 맥퍼슨(C. B. MacPherson)은 밀(J. S. Mill)의 고전적인 자유주의적 민주주의론과 이를 계승한 어네스트 바커(Ernest Barker), 린제이(A. D. Lindsay) 등은 민주주의에 인류의 개선(improvement)과 관련된 발전적인 도덕적 이상을 부여했으나, 그가 '슘페터(Schumpeter)-달(Dahl) 축(axis)'이라고 명명했던 경험주의적 민주주의론에서는 앞선 고전적 민주주의론에 담긴 지향이 거부당하고, 민주주의는 단지 통치권력을 획득하기 위한 엘리트집단의 경쟁모델로서 균형(equilibrium)을 유지하는 정치체계이자 메커니즘으로 정의된다고 보았다. Crawford B. MacPherson, *Democratic Theory: Essays in Retrieval*, Clarendon Press, 1973, pp. 77~79. 슘페터와 달의 민주주의론에 대한 이론적 분석은 데이비드 헬드 지음, 박찬표 옮김, 앞의 책, 제5·6장 참조.

는 민주적인 정치체계의 안정성(stability) 유지에 긍정적인 '기능'을 하는 것으로서 재해석되었다.[47] 행태주의 정치학의 (미국) '민주정치'에 대한 기본적인 패러다임은 '공통의 규칙(rule)'에 대한 합의 속에서 경쟁과 타협을 통해 자신들의 이해관계를 추구하는 다원적인 '집단(groups)'의 활동으로 유지되는 균형(equilibrium) 모델에 입각한 것이었고, 대중적인 정치경제적 열망 또는 불만을 불러일으키는 이데올로기와 결합된 정치운동은 '민주정치'의 '안정성', 즉 '균형'을 교란시키고 파괴하는 것에 불과했다.

이러한 행태주의 정치학은 첫째, 정치 연구의 초점(대상)을 '행태(behavior)', 특히 집단(groups), 과정(processes), 체계(systems)에 깃든 정치행태에 두었고, 둘째, 방법론으로서의 '과학(science)', 즉 양화(量化)할 수 있는 관찰 가능하고 증명 가능한 사실적(factual)이고 경험적인 조사방법을 강조하여 자연과학과 흡사한 것으로 구축하려고 했다. 셋째, 미국 정치의 자유주의적 다원주의(liberal pluralism)에 집중하여 자유의 가치들에 의해 활성화된 다원주의 정치체계의 기본 윤곽을 설명하고 확인하고자 했다. 즉 제임스 파(James Farr)가 지적한 바와 같이 행태주의 정치학자들이 미국에서 하나의 '자유주의적 다원주의 정치체계'를 발견·설명하려는 시도를 지속하는 한, 사실(facts)과 가치(values) 사이에는 예정조화(preordained harmony)가 작동했던 것이다.[48]

---

47 Bernard Berelson, Paul Lazarsfeld, William McPhee의 저작 *Voting*(1954)에서 표명되었던 "정치적 무관심"에 대한 기능주의적(functionalist) 옹호를 비판적으로 분석하고 있는 다음 연구를 참조. Terence Ball, "An Ambivalent Alliance: Political Science and American Democracy", James Farr, J. S. Dryzek, S. T. Leonard (ed.), *Political Science in History*, Cambridge University Press, 1995, pp. 56~58. 이러한 정치적 무관심과 기권(棄權)에 대한 재의미화를 제2차 세계대전 이전 낮은 투표율에 대한 정치학자들의 우려와 경계의 태도(H. F. Gosnell, *Getting Out the Vote*, 1927)에 비교한다면 '정치학의 과학화'를 주장했던 정치학자들의 미국 '정치현실'에 대한 기본적인 관점의 변화를 감지할 수 있을 것이다. Nils Gilman, *Mandarins of the Future*, p. 48.

48 제임스 파(James Farr)는 행태주의 정치학을 '행태', '과학', '자유주의적 다원주의'의 3가지 축으로 전개되었던 지적 운동으로 파악했다. James Farr, "Remembering the Revolution: Behavioralism in American Political Science", James Farr, J. S. Dryzek, S. T. Leonard (ed.), op. cit., pp. 201~206.

3. 한국전쟁 후 한국 정치학계의 행태주의 정치학 수용

앞서 〈표 7〉에서 보았듯이 일본 정치학계의 원론서로서 유일하게 한국에
번역된 저작이 로야마 마사미치의 『政治學原理』였다.[49] 이 저작에서 로야마
는 '정치현상'을 "국가와 같은 사회조직을 중심으로 하는 형태적 현상과 사회
적·집단적 행동에 의한 행위적 현상의 양자를 포함하는 인간생활의 일면인
정치생활 그 자체"라고 정의했다. 패전 이전 자신의 '정치학'적 문제의식을
견지하여 '국가'보다 '사회'가 "인간생활에 대해 근원적·창조적"이라는 인식
을 바탕으로 "정치생활"을 "공동생활"로서 접근하는 것이었다. 따라서 행태
주의 정치학과 그 기본 문제의식이나 접근법은 적지 않게 다르지만, 그 내부
에 정치학 연구방법에 관한 논의나 "행위적 현상"에 관한 내용은 미국 행태
주의 정치학을 활용하는 것이었다.

이종항·강영호는 『정치학원론』에서 위와 같이 정치현상을 "생활현상"으
로 정의하는 로야마의 기본 개념과 접근방식을 대폭 수용하는 가운데 '정치
현상'을 "정치생활 행위"와 "정치생활 과정", 그리고 정당·국가 등 "정치생활
형체"로 나누어 접근했다.[50] 그러한 구성 속에서 패전 이후 일본에서 미국 행
태주의 정치학을 적극적으로 수용했던 대표적인 저작이라 할 수 있는 하라
다 고(原田鋼)의 『政治學原論』(朝倉書店, 1950)과 해롤드 라스웰(Harold Lasswell) 등의
심리학적 정치학 연구를 비롯한 행태주의 정치학을 수용하여 활용했다. 정
치학 교과서로서 이종항·강영호의 저작은 행태주의 정치학에 의거하여 구
성되었다고 평가할 수는 없을지라도, 패전 이후 일본 정치학계의 새로운 연

---

49 그 외에 로야마의 저작 『比較政治機構論』(岩波書店, 1950)이 이종항(李鍾恒)의 감수(監修)를 거쳐 번역·출
간되었다. 蠟山政道 原著, 啓明文化社 編輯部 譯, 『比較政治機構論』, 啓明文化社, 1955.

50 李鍾恒·姜永晧, 『政治學原論』, 螢雪出版社, 1959.

〈표 8〉『정치학요론』(김운태, 1961)과 『신정치학원론』(이상조, 1961)의 구성

金雲泰, 『政治學要論』(1961)		李相助, 『新政治學原論』(1961)	
제1편 정치학론	제1장 정치학의 의의 및 사적 전개	제1부 서론	제1장 정치학의 성질
	제2장 정치학의 범위와 방법		제2장 정치학의 대상과 방법
	제3장 정치의 의의	제2부 본론	제3장 정치의 개념과 본질
제2편 정치상황론	제1장 역사상황		제4장 정치권력
	제2장 의식상황		제5장 정치의 지도원리
제3편 정치권력론	제1장 정치권력의 발생		제6장 정치조직의 제형태
	제2장 정치권력의 구조		제7장 통치체로서의 국가
제4편 정부형태론	제1장 대의제민주주의 정치기구		제8장 주권론
	제2장 독재제익 정치기구		제9장 정치기능
제5편 정치과정론	제1장 여론 및 정치집단		제10장 정치집단
	제2장 균형과정과 변혁과정		제11장 정치과정론
			제12장 국제정치

구경향을 디딤돌 삼아 미국 행태주의 정치학의 내용이 교과서의 한 축을 이루었던 첫 번째 저작이라고 할 수 있을 것이다.

〈표 7〉에서 볼 수 있듯이, 전후(戰後) 한국에서는 1950년대 중반 이후 '과학으로서의 정치학'을 주장하며 행태주의 정치학의 선구적인 학자로서 찰스 메리엄과 해럴드 라스웰의 저작들이 다수 번역되었다.[51] 이를 주도했던 김운태, 이우현 등은 미국 기술원조 계획의 일환으로서 실행되었던 미네소타 프로젝트(The Minnesota Project)에 참여함으로써 미국의 행태주의 정치학 수용에 한

---

51 1950년대 후반부터 1960년대 초반까지 번역·발간된 라스웰의 저작은 다음과 같다. 李善主 譯, 『權力과 人間』(*Power and Personality*, 1948), 東國文化社, 1958; H. D. 라스웰, 李克燦 譯, 『政治動態의 分析』(*Politics: Who gets, What, When, How*, 1936), 一潮閣, 1960; 해롤드 D. 라스웰, 尹河璿 譯, 『現代政治分析』(*Politics: Who gets, What, When, How*, 1936), 法文社, 1961; H. D. 라스웰, A. 카플란(Kaplan), 金河龍 譯, 『權力과 社會』(上)·(下)(*Power and Society*, 1950), 思想界社出版部, 1963.

축을 형성했다.[52] 김운태는 한국전쟁 이후 미국 정치학의 새로운 경향을 주시하며 지속적인 연구를 진행했던 것으로 보이며,[53] 행정 분야 기술원조에 참여했던 학자들 중에서 김운태와 이상조는 행태주의를 비롯한 당대 미국 정치학계의 주요 경향을 적극적으로 수용하여 정치학 원론서를 발간했다.

〈표 8〉은 김운태, 이상조가 1961년 발간했던 정치학 원론서 구성을 비교한 것이다. 두 학자는 책의 서문(序文)에서 '현대정치학(現代政治學)"의 과제에 대해 다음과 같이 서술하였다.

정치현상의 과학적 구명은 근대 정치학의 주류가 된 정치기구의 추상적인 논의나 형식적·법률적 제도의 해설로서 충족될 수 없음은 재론의 여지가 없는 것이다. (…) 이로써 정치현상의 기구(機構)현상과 행위현상을 포함한 정치생활을 체계적으로 해명해야 할 것이며 이로써만 현대 정치학의 이론적·실천적 과제를 밝힐 수 있을 것으로 본다.[54]

그러므로 종래의 정치학이 정치기구의 추상적 이론이나 법적·제도적 고찰로 정태적 면만을 논구하는 것으로서 족하다 하였으나, 현대의 정치학은 그 위에 다시 격동하는 정치과정과 제 집단의 정치적 활동 등, 즉 동태적인 정치행태의 제 면도 고찰하지 않고는 정치현상을 정확하게 인식할 수 없게 되었다. 따라

52 　미네소타 프로젝트의 일환으로서 행정 분야 기술원조에 따른 미국 행정학의 수용양상에 대해서는 이봉규,「이승만 정권기 행정 분야 기술원조 도입과 행정개혁론의 성격」, 연세대학교 석사학위논문, 2013 참조.

53 　金雲泰,「美國 政治學의 最新傾向」,『東大月報』1954. 9. 6, 2면; 金雲泰,「近代政治學의 展開와 動向」,『東國月報』1955. 6. 18, 2면; 金雲泰,「政治의 象徵의 操作」,『政治學報』2호, 서울大學校 政治學科, 1957; 金雲泰,「政治過程論의 意義」,『東國政治』創刊號, 東國大學 政治學會, 1958; 金雲泰,「行動科學論에 關한 一考察─理論의 實證主義를 中心으로」,『政治學報』4, 서울大學校 政治學科, 1960 참조.

54 　金雲泰,『政治學要論』, 博英社, 1961,「序」.

서 새로운 정치학의 연구방향은 이 사회심리적인 정치행태 면을 중요시하게 되었고, 국제적으로 저명한 각 대학의 정치학 연구는 이러한 경향을 현저히 보이고 있다.[55]

두 사람 모두 기존 정치학이 정치제도와 기구에 관한 제도적·법적인 고찰에 그쳤음에 비해 '현대 정치학'의 새로운 경향이자 과제는 "동태적인 정치행태" 혹은 "행위현상"으로서 정치현상을 해명하는 것임을 내세우고 있다. 여기서 말하는 새로운 현대 정치학의 연구경향은 바로 미국 정치학계의 '행태주의' 내지 '정치행태적 접근법'을 지칭하는 것이었다.

김운태와 이상조의 정치학 원론서 구성(표 8)과 1950년대 정치학 개론서의 구성(표 5, 표 6)을 비교해보면 그 장절(章節) 구성에서 상당한 차이가 나타나고 있음을 알 수 있다. 특히 "정치권력"과 "정치과정", "정치집단" 등의 장절 제목은 그 이전 시기 정치학 개론서에서 나타나지 않았던 것으로서, 이들 내용은 미국 행태주의 정치학에 의거한 것이었다.

그런데 김운태와 이상조의 정치학 원론서는 패전 이후 영·미 정치학 연구경향 등을 수용하여 산출되었던 일본 정치학계의 연구성과 또한 대폭 참조하고 있었다. 가령 김운태는 "제1편 정치학론", "제2편 정치상황론" 등 여러 부분에서 앞서 살펴본 로야마 마사미치의 『政治學原理』(1952)에 적지 않게 기대었을 뿐 아니라, 앞서 언급했던 하라다 고의 『政治學原論』(1950), 마루야마 마사오가 남긴 유일한 정치학 원론서라 할 『政治の世界』(御茶の水書房, 1952) 등 일본 정치학계의 연구를 참조, 원용했다. 김운태·이상조의 정치학 개론서는 미국의 행태주의 정치학을 대폭 수용하면서도 당시 미국 정치학계에서 크게

55　李相助, 『新政治學原論』, 서울高試學會, 1961, 「序文」.

중시하지 않았던 '정치학'에 관한 체계적 정의, 사회구조의 역사성 내지 역사적 정치변동, 정치 이데올로기 등에서는 전후 일본 정치학계의 연구들을 적극적으로 참조하여 저술되었다고 할 수 있다.

그러나 미국 행태주의 정치학 수용에서 가장 주도적이고 적극적인 역할을 했던 학자는 윤천주(尹天柱)였다.[56] 그는 '행태주의 정치학'을 접하고 심취하게 된 과정에 대해 다음과 같이 쓰고 있다.

> 1952년 필자가 공군 장교로서 미국을 구경한 뒤로 필자의 연구 태도에 큰
> 변동이 생겼다. 특히 나성(羅城)의 어느 서점에서 흥미를 느끼고 샀던 Harold D.
> Lasswell의 *National security and Individual Freedom*(McGraw-Hill, 1950)은 필자의 정치접근을
> 현실분석의 것으로 전환시키고 말았으며, 필자는 비교 '정부'의 범위를 넘어서
> 비교 '정치'의 관점에서 구체적 현실에 관심을 두게 되었다. 이렇게 됨에 따라 국
> 가학에 대한 의심은 더욱 커지고 1955년 가을 『고대신보(高大新報)』에 2차에 걸쳐
> 서 「정치학에 있어서 제도적 연구와 기능적 연구」[57]를 발표하게 되었다.
> (…) 그러던 차 1957년 Harvard Yenching의 초청으로 Harvard대학교에서 유학할

---

56 윤천주(1921~2001)는 경북 선산(善山) 출신으로, 東萊高普를 졸업하고 1943년 東京帝國大學 法學部 政治學科 入學했으나 해방으로 졸업하지 못하고, 1946년 京城大學 政治學科 편입, 1947년 졸업했다. 1948년 9월 대학에서 강의를 시작하여, 1949년 3월 고려대학교 전임강사가 되었다. 한국전쟁 당시 공군 장교로 입대하여 1953년 미국 空軍大學에서 3개월간 연수했다. 1957년 하버드대학에 객원교수로 가서 1년간 수학후 귀국했다. 5·16쿠데타 이후 민주공화당 창당작업에 참여하여 1963년 12월 사무총장이 되었다. 1964~65년 문교부장관을 역임하고, 1967년 7대 국회의원 선거에서 전국구(민주공화당) 의원으로 당선되었다. 이후 정계에서 은퇴하여 부산대학교 총장, 서울대학교 총장을 역임했다. 柳洪烈, 「美國大學과 東洋」 (7), 『京鄉新聞』 1957. 5. 14, 4면; 尹天柱, 「나의 空軍時代」, 『코메트(The Comet)』 23, 공군본부 정훈감실, 1956, 60~61쪽; 「원로에게 듣는다—첫 번째 순서, 윤천주 선생」, 『한국정치학회소식』 24권 5호, 한국정치학회, 2000, 8쪽. 내용 중복이 많기는 하지만, 그는 1950년대 후반부터 발표했던 논고를 수합, 증보하여 1961~62년 사이에 3권의 단행본을 발간했다. 尹天柱, 『韓國政治體系說: 政治狀況과 政治行態』(초판), 文運堂, 1961; 尹天柱, 『韓國政治體系—政治狀況과 政治參與』, 高麗大學校出版部, 1961; 尹天柱, 『(增補) 韓國政治體系說—政治狀況과 政治行態』, 文運堂, 1962 참조.

57 尹天柱, 「政治學에 있어서 制度的 研究와 機能的 研究」 (上)/(下), 『高大新聞』 1955. 10. 31~11. 7, 2면.

기회를 가졌다. 가을, 봄의 2학기와 두 여름의 하기대학에서 많은 강좌를 청강한 결과 필자는 상기 논문의 내용이 거기에서는 새로운 것도 아니고, 상식적인 것임을 발견하고, 자기 연구의 태도 및 결과에 자신을 갖게 되며, 나아가서 인간을 중심으로 한 자기의 정치 접근법을 political behavior approach로 정착시키게 되었다.[58]

윤천주는 한국전쟁 당시 공군 장교로서 미국 연수 중 우연히 접하게 되었던 라스웰의 저작을 계기로 자신의 정치학 연구 관점을 전환하게 되었다고 했다. 이후 1957~1958년 1년여의 미국유학을 마치고 돌아와 행태주의 정치학의 문제의식과 방법, 내용을 적극적으로 평가하면서 1958년 하반기부터 그 학문적·사회적 의의를 국내에서 열정적으로 설파했던 것이다.

그는 행태주의 정치학에 관한 주요 논문을 국내에서 정치학 석사학위를 취득했던 신진 학자들과 함께 편역(編譯)하여 단행본으로 발간하기도 했으며,[59] 여러 학술지와 잡지 지면을 통해 행태주의 정치학의 소개·확산에 앞장섰다.[60] 그는 기존의 지배적인 정치학의 학문경향을 독일에서 발원하여 일본뿐 아니라 미국 등에도 큰 영향을 미친 국법학적(國法學的) 정치학 경향으로서

---

58 尹天柱, 『(增補) 韓國政治體系序說: 政治狀況과 政治行態』, 文運堂, 1962, 「序文」. 『고대신보(高大新報)』는 『고대신문(高大新聞)』의 오기(誤記)이다.

59 尹天柱·禹炳奎·李廷植 編譯, 『政治行態의 基礎理論』, 一潮閣, 1960. 번역에 참여했던 이정식은 김성희(金成熺)를 지도교수로 「美國의 Lobby 研究」(1956)를, 우병규는 민병태(閔丙台)를 지도교수로 「現代 '데모크라시-'에 있어서의 大衆操作에 대하여」(1957)를 작성하여 서울대학교에서 석사학위를 취득했다. 이정식의 경우, '압력단체', '이익집단'의 정치 활동에 관한 정치과정론, 정치체계론 등 행태주의 정치학의 접근법을 상세히 소개하고 비평하는 논고를 발표하기도 했다. 李廷植, 「壓力政治의 研究方法論」, 『思想界』 73, 1959년 8월호.

60 윤천주는 당시 한국 정치학계에서 '행태주의 정치학'의 전도사로 유명했다. 1965년 전국 정치학·행정학 교수 100명에게 받은 질문서 답변을 바탕으로 한국 정치학계의 상황을 분석했던 김계수의 연구에서 '한국 정치학에 공헌이 큰 학자'로서 가장 많은 지명(31명)을 받기도 했다. 金桂洙, 『韓國政治學—現況과 傾向』, 一潮閣, 1969, 52쪽.

'법', '제도' 중심의 정치학 접근법이라고 규정하고, 이러한 경향에 대해 "정치행태"를 고려하지 않는 "비현실적이고 비과학적"인 접근법이라고 비판하며 그 일면성을 부각시켰다.[61] 그러면서 '사람' 중심, '사람의 태도와 행태'에 대한 심리학적·통계적 자료분석을 통해 '정치'와 '정치체제'를 구성하는 '정치행태'를 밝힘으로써 이를 토대로 '병적(病的)인 정치행동'에 대해 진단(diagnosis), 조정, 수정을 가할 수 있는 정치학, 즉 행태주의 정치학의 의의를 역설했다.

이와 더불어 미국과 영국의 정치체제와 정치문화, 정치행태에 대비하여 '저개발국가'의 그것이 갖는 불균형성과 불안정성을 강조하면서 그 극복 방안을 다음과 같이 주장했다.

> 그러자면 우리의 정치체제에서 본 정치 무관심성을 수정하는 것이 무엇보다 먼저 해야 할 일이며, 이와 함께 정치적 결정 또는 정책이 우리 정치체제의 전원이 갖는 매일매일의 요구에 균형이 잡히는 방향으로 운용되도록 관심과 노력을 가져야 한다. 안정된 정치사회에서는 배출되는 결정 또는 정책이 정치체제에 대한 지지를 축적하는 작용을 하는 것이 보통이지마는, 저개발국가에서는 비공식적인 방법으로서 터무니없이 나날이 일어나는 결정 또는 정책이 정치체제에 대한 지지를 축적하기 어려운 것이 보통이다. 그러므로 여기에서는 이데올로기의 역할이 중요시되긴 하나, 우리는 전체주의(全體主義)의 위험이 많은 이것보다 정치화(政治化) 또는 정치교육으로서 그 간격을 메꾸는 데 노력해야 한다.[62] (밑줄―인용자)

---

61 尹天柱, 「政治에 대한 行態主義的 接近―法·制度 中心에 對하여 人間中心의 政治研究」, 『法政』 15권 2호, 1960년 2월호.

62 尹天柱, 「考慮하여야 할 政治體制」, 『思潮』 1권 7호, 思潮社, 1958년 12월호.

위의 인용문에서 볼 수 있듯이, 그는 정치행태적 접근에 근거한 '정치체계(political system)'론, 즉 데이빗 이스턴(David Easton)의 '투입(input)-정치체계·정치과정-산출(output)' 모델[63]에 입각하여 정치현상을 투입(input=demands or supports)과 산출(output=decisions or policies)의 기능으로 나누어 파악했다. 이러한 모델에 근거하여 미국·영국과 같은 안정된 정치체계가 작동하는 사회에서는 투입과 산출의 균형이 유지되나, 저개발국가에서는 '투입-산출'의 균형이 유지되기 힘든 상황이라고 파악했다. 이를 극복하기 위해 저개발국에서는 '이데올로기'의 역할이 중시되기도 하지만, 그것은 '전체주의(全體主義)'로 전화될 위험이 크다고 보았다. 따라서 그는 이데올로기에 의존하거나 '법적·제도적 변화라는 자극'을 추구하기보다는 "개인의 인식, 감정, 평가작용으로서 구성되는 정치정향(political orientation)"의 조종(操縱)을 통해, 즉 '정치화(politicalization)' 내지 '정치사회화(political socialization)' 과정에 대한 고려 속에서 '정치교육(政治敎育)'의 방법을 통해[64] 점진적으로 불균형과 불안정을 제거해감으로써 정치체제에 대한 지지(투입)를 증가시키는 방안을 제시했다.

나아가 그는 미국 사회과학계에서 비교적 이른 시기 '근대화'에 관한 실

---

63 David Easton, "An Approach to the Analysis of Political Systems", *World Politics*, Vol. IX, No. 3, April 1957. 이 글은 윤천주에 의해 다음과 같이 번역되었다. David Easton, 尹天柱 譯, 「政治體系分析에 대한 한 接近」, 尹天柱·禹炳奎·李廷植 編譯, 앞의 책. 이스턴은 자신의 수학 과정과 '정치체계'론, 학계 활동 등을 회고하는 구술을 남겼다. Michael A. Baer, Malcolm E. Jewell, Lee Seligman (ed.), op. cit., pp. 195~214. 이 구술은 이계희에 의해 번역, 수록되었다. 이계희, 앞의 책, 「(부록) 구술 미국 정치학사—D. 이스턴의 학문 회고」.

64 그는 다음의 논문에서 '정치화', '정치사회화' 과정, 그리고 그것을 바탕으로 한 '정치교육'의 중요성에 대해 상술하고 있다. 尹天柱, 「韓國人의 政治行態—權力行使를 不均衡하게 하는 要因을 中心으로」, 『亞細亞研究』 3권 1호, 高麗大學校 亞細亞問題研究所, 1960년 6월. 이 논문에서 그는 아동기에 가족 부모에 의하여 시작되는 정치사회화 과정에 대해 지적하고, "우리 社會의 權威主義的 性格과 權力集中의 社會性格을 止揚하는 方法"으로서, 특히 '성인'들의 재(再) '정치사회화'를 위한 '정치교육' 문제를 제기했다. 그는 패전 이후 독일에서 사회 각층의 성인을 대상으로 실시한 민주주의 정치교육을 예로 들면서, "國內 各地에 公報院을 設置하고, 講演會 討論會, 座談會, 매스·콤을 利用한 啓蒙運動 等을 政府 및 有志들의 援助와 誠意에 의하여 眞正한 敎育目的에서 遂行한다면 前記 邑 有權者의 투표行態를 보더라도 알 수 있다시피 우리의 民主主義는 急速度로 向上될 것"(26쪽)이라고 했다.

중적인 이론화작업을 산출했던 다니엘 러너(Daniel Lerner)의 이론을 수용하여, '민주화'와 '근대화'를 결부시켜 주장했다.[65] 즉 유럽의 근대화 과정을 '도시화'→'문해력의 향상'→'매스미디어 이용도 증가'→'산업화'로 파악하는 가운데, '민주화'를 위한 과제로서 교육을 통해 농민들의 "개재감(empathy)"을 높여 정치참여의 태도를 향상시켜야 하고, 그러기 위해서는 도시화와 문자해득률의 상승, 그리고 산업화가 추진되어야 함을 주장했던 것이다.

윤천주는 이와 같은 러너의 근대화 이론에 근거한 자신의 주장을 당시 한국 사회의 투표행태에 관한 실증적 연구를 통해 입증하려 했다. 그는 4월혁명 이후 7·29 총선 직전이었던 7월 22일부터 28일까지 대학원생(3명), 학부생(3명)과 함께 경북 상주(尙州) 지역 각계각층 404명을 면접조사하여 투표행태를 분석하는 연구를 수행했다. 연구결과를 담은 논문의 부제 "읍(邑)의 건설은 민주정치 향상을 의미한다"에서 잘 드러나듯이 국토개발, 경제개발사업과 연결된 읍(邑)의 건설, 즉 도시화를 "우리 정치를 민주화하는 제일보적(第一步的) 사업"이라고 결론지었다.[66]

이와 같은 이론 체계에 입각하여 그는 당시 한국의 상황을 도시화의 진전과 교육의 발달을 기준으로 본다면 "다른 비서방국가보다 월등하게 발달"하고 있음을 근거로 "후진국가"라기 보다는 "정치적으로 중진국가(中進國家)"라

65 Daniel Lerner, *The Passing by Traditional Society: Modernizing The Middle East*, The Free Press, 1958. 러너의 근대화 이론에 대해서는 Michael E. Latham, *Modernization as Ideology*, The University of North Carolina Press Chapel Hill and London, 2000, pp. 36~37; Nils Gilman, op. cit., pp. 171~74 참조.

66 尹天柱, 「邑民의 投票行態─邑의 建設은 民主政治 向上을 意味한다」, 『亞細亞研究』 4권 1호, 高麗大學校 亞細亞問題研究所, 1961년 6월, 52쪽. 이와 같은 '투표행태'에 관한 '계량적 분석'의 시도로서 비슷한 시기 '아세아재단' 재정지원과 동아일보사의 후원하에서 '설문지'를 활용하여 7·29 총선에서 동아일보 독자층의 '투표행태'를 분석한 오병헌의 논문을 들 수 있다. 吳炳憲, 「7·29總選擧의 分析─東亞日報讀者의 政治的 態度를 通해 본 有權者의 投票傾向」, 『亞細亞研究』 3권 2호, 高麗大學校 亞細亞問題研究所, 1960년 12월.

고 하였다. 하지만 교육과 도시화의 지표에 비해 "부(富)와 산업화 지표"가 "너무나 저율(低率)"임을 지적하고, 그로 말미암아 교육과 도시화의 효력이 '민주화'에 충분히 발휘되지 못할 뿐 아니라 오히려 양자의 불균형으로 인해 "사람들에게 기회의 부족을 더욱 느끼게 하여 좌절감 또는 불안을 조장"함으로써 "정치의 불안정성을 조성"할 수 있다고 우려했다. 따라서 "산업화"를 위한 "경제개발 계획의 실천"이 '빈곤의 악순환'을 타파하는 것뿐 아니라 "정치적 민주주의의 실현에도 제일의의(第一意義)"가 있다고 주장했다.[67]

요컨대, 윤천주는 미국·영국에 대비하여 저개발국가의 정치체제가 갖는 불균형성과 불안정성을 강조하고, 이를 극복하기 위해 '이데올로기'의 역할을 강조하기보다는 '정치화' 또는 '정치교육'에 근거하여 점진적으로 극복해야 한다고 보았다. 다시 말해 행태주의 정치학과 러너의 '근대화론'에 근거하여 '민주화'를 위해서는 '도시화'와 '문자해득률', '산업화'로 이어지는 '근대화'가 요청된다고 보았지만, '산업화'의 문제는 "장기적인 계획"에 의해 성취해야 할 과제라고 간주했으며, "민주주의적인 정치행태의 발전"을 위한 "단기 및 중기적 계획"으로는 "정치사회화 또는 정치화" 과정에 착안한 "정치교육"을 제시한 것이다. 그가 그린 한국 '민주화'의 길에서 이데올로기와 결합된 '대중'의 정치적 열망, 집단적 운동은 찾아보기 어려울 뿐 아니라 오히려 위험시되었다. 그에게 '자유민주주의'는 미국 행태주의 정치학과 흡사하게 특정 '이데올로기'로서 부각되기보다는 '주어진 조건'으로서 전제된 것이었고, 그만큼 이데올로기적인 성격을 강하게 내포한 것이었다.

---

67 尹天柱, 『韓國政治體系—政治狀況과 政治參與』, 高麗大學校出版部, 1961, 283~292쪽.

4. 1960년대 전반 행태주의 정치학의 확산·정착과 비판 논리

이후 몇몇 정치학자들과 함께 당시 행태주의적 입장에서 정당, 투표행태 등을 전공했던 미국 정치학자 오스틴 래니(Austin Ranney)의 정치학 개설서를 번역·출간하면서 윤천주는 다음과 같이 말했다.

세계적으로 정치학은 역사적·철학적 접근법에 의한 것으로부터, 현실탐구의 비교적·기능적 접근법에 의한 것으로 변하여가고 있다. 우리나라의 정치학에서도 이 경향이 차츰 뚜렷하게 나타나고 있다. (…) 서방국가의 정치에 관한 지식과 원리를 가르치는 데 그치지 않고, 우리의 정치에 관한 기초지식을 부여하고 그에 대한 이해를 돕는 정치학개론을 구상하고 있는 역자(譯者)들은 한 걸음 나아가서 이 역서(譯書)의 내용에 한국정부론에 관한 것을 가미하면 우리의 정치학 교육을 위하여 이상적인 개론서를 만들 수 있으리라고 본다.[68](밑줄─인용자)

위에서 살펴볼 수 있듯이 그는 오스틴 래니의 원론서와 같이 '행태주의'적 입장에서 정치학의 원리를 저술한 정치학 개론서에 '한국 정부'에 관한 내용을 부가한다면 한국에서 통용될 수 있는 이상적인 정치학 개론서가 될 것이라고 생각했다. 그는 「역자서문」에서 "우리나라에서는 강의하는 사람 또는 저술하는 사람에 따라 '정치학' 또는 '정치학개론'의 교과목 내용이 다른 경

---

68 오스틴 래니, 尹天柱·禹文孝·金河龍·李廷植·李基遠 共譯, 『政治學槪論』(The Governing of Men, 1958), 乙酉文化社, 1963, 「譯者序文」. 오스틴 래니가 저술한 정치학 개설서는 지금도 한국 정치학 교육에 활용되고 있는 교재이다. 그의 The Governing of Men(1958)은 1975년까지 개정판이 출간되었고, 이후 새로운 정치학 개설서로서 Governing(1971)을 저술하였다. 새롭게 발간한 개설서는 이후 개정판이 계속되었는데, 현재 한국 사회에서 번역되어 판매되고 있는 것은 그 여섯 번째 개정판(1993)이다. 오스틴 래니 지음, 권만학 외 옮김, 『현대 정치학』, 을유문화사, 1994, 「저자 서문」 참조.

향"이 있다고 하면서, 이는 "우리의 정치학 교육에 객관적인 테두리 또는 개념적 도식이 확립되어 있지 않다는 것을 의미"한다고 말했다. 여기에서 오스틴 래니의 정치학 개론서 번역을 통해 '행태주의' 정치학을 바탕으로 한국 정치학 교육의 표준을 제시하고 싶었던 그의 열망을 확인할 수 있다.

이후 행태주의 정치학의 확산, 정착을 위한 조직적인 움직임이 나타났다. 한국정치학회가 '연구위원회'를 꾸리고 "정치학 분야"의 "영어 원서 강독용 및 대학원생들"을 위한 교재 제작에 나선 것이다. 연구위원회는 "국내 각 대학 정치학 과정의 교과 내용이 일정하지 않아 각각 편리한 내용의 강의를 해왔다"고 하면서 "외국의 보다 새롭고 획기적인 내용의 저서나 논문"을 흡수하여 "어느 정도 통일된 교육 내용을 가질 수 있게" 함으로써 "한국 정치학 분야의 획기적인 전환점"을 이루는 토대가 될 수 있을 것이라고 발간 목적을 밝혔다.[69] 이 강독용 책자는 데이빗 이스턴(David Easton), 가브리엘 알몬드와 루시앙 파이 등 미국 행태주의 정치학, 비교정치 분야의 주요 텍스트로 구성되었다. 그와 동시에 연구위원회는 원서 강독용 교재의 한글판 자매편으로 『현대의 정치학』을 발간했다.[70] 이 책자는 원서 강독용 교재에 비해 정치철학, 행정학, 국제관계론 등의 비중이 다소 크다는 점에서 차이가 있었지만, 그 주축은 역시 행태주의 정치학과 비교정치 분야의 주요 텍스트들이었다. 이와 같은 움직임과 더불어 행태주의 정치학에 입각한 한국 정치학자의 첫 정치학 원론서라 할 수 있는 한배호(韓培浩)의 『이론정치학(理論政治學)』이 출간되었다.[71]

이와 같은 미국 행태주의 정치학의 수용, 확산 과정에서 행태주의 정치학에 대한 비판적인 입장 또한 표명되었다. 서울대학교 정치학과 교수였던 민

---

69 韓國政治學會 研究委員會 編, *Readings in Political Science*, 一潮閣, 1965, 「序文」.

70 韓國政治學會 研究委員會 編, 『現代의 政治學』, 一潮閣, 1965.

71 韓培浩, 『理論政治學—政治行動 要因分析』, 一潮閣, 1965.

병태는 『정치학』(1958)에서 정치학의 연구대상으로서 "정치현상"에 대한 "국가현상설"과 "국가외현상설"의 논쟁을 지적하면서 "무의미하다"고 잘라 말했다. 그러면서 "국가를 권력 체제로 간주하고 이와 관련된 현상을 연구하는 정치학"과 "정치권력이 시민사회에 의존하게 되는 프로세스에 중점을 두는 영국 정치학"에 대해 "무조건적으로 각각 반대·옹호"할 것이 아니라 "정치학의 방법론과 그 목적을 통해 해결할 문제"라고 했다.[72] 즉 그는 "정치현상"은 "사회 요인"과 필연적으로 관련되어 있다고 하여 '정치현상'을 폭넓게 인식하면서도 연구의 '방법론'과 '목적'에 따라 학문적 체계화가 이루어질 수 있다고 보았다.

이와 함께 그는 '자연과학'과 '사회과학'의 본질적인 차이를 강조하면서, "인간과 인간의 행위 및 사회제도와 같은 주제 또는 자료는 이질적으로 파악되며, 또한 시간과 공간의 제한을 받는 제반 사실을 동일하게 다루어 예단할 수 없기 때문"에 "순수 과학"을 기도하는 것 자체가 불가능하다고 지적하면서[73] "정치과학과 정치이론"을 연관시킴으로써 "하나의 체계적인 정치학의 수립"이 가능하다고 보았다. 그는 '정치과학'을 정치적인 "사실을 수집, 분류"하여 파악하는 것으로, '정치이론'은 '가치판단'과 결부된 실천성을 띤 '이념(理念)'이 어떻게 실현되고 있는가의 문제나 이상(理想)의 실현조건 등을 구명하는 것이라고 보았다.[74] 그가 원용했던 어네스트 바커(Ernest Barker)의 "정치학의 임무"에 대한 주장, 즉 "'행위'가 실제 어떻게 작용하며(actually work), 이것이 '과정'에서 어떻게 규제되며(legal work), 장래에 있어서는 어떠한 방향을 지향하

---

72 閔丙台, 『政治學』, 普文閣, 1958, 25~26쪽.

73 위의 책, 105쪽.

74 위의 책, 52쪽.

여야 하는지(ideally to be)를 규명"[75]해야 한다는 주장은 그의 문제의식과 상통한 것이라 할 것이다.

이러한 그의 문제의식과 관점은 『정치학』 개정판(1962) 서문(序文)에서 '행태주의 정치학'에 대한 명시적인 비판으로 이어졌다. 그는 "초판에서 주장한 바와 같이 정치학에 있어서의 과학의 제한성을 더욱 확신"하게 되었으며, 그 '제한성'으로 인한 공백을 채우기 위해서는 "이념과 가치판단이 필요"하다고 하였다. 그런 맥락에서 "정치권력을 제도화하는 집단관계에서 일정한 형태를 모색하는 '비해이보리즘'의 이론적 한계를 솔직히 인정하지 않을 수 없다"고 썼다.[76]

민병태의 '행태주의' 정치학에 대한 위와 같은 비판적 입장은 제자였던 김영국(金榮國)과의 공저(共著)에서 보다 구체적으로 제기되었다.

> 마지막으로 경계해야 할 점은 정치학에서 방법론상의 이유만으로 가치를 배제하려는 일부의 경향이다. 사회현상에는 과학으로 해명 못하는 사실이 허다하며 정치현상은 특히 그렇다. 정치학이 아무리 과학적 방법을 적용한들 해명할 수 있는 영역은 극히 좁다. 그렇다고 해서 지금의 과학수준으로 해명 못하는 중요한 정치학의 전통적 영역을 정치학에서 배제할 수는 없다. 가치의 영역은 이러한 의미에서 당연히 정치학의 대상이 되어야 하며 가치 문제의 합리적인 해명이 앞으로 보다 더 높은 차원에서 이루어져야 할 것이다.[77]

위의 인용문에서 살펴볼 수 있듯이 '과학적 방법'에 의거한 정치현상의

---

75 위의 책, 97쪽.

76 閔丙台, 『政治學』, 普文閣, 1962, 「改訂第三版 序」, "卒直"은 "率直"의 오식(誤植)일 것이다.

77 閔丙台·金榮國 共著, 『政治學要綱』, 三中堂, 1962, 84쪽.

해명은 제한적이지 않을 수 없다고 평가하고, 정치학에서 "가치" 문제를 배제하는 경향, 나아가 "경험적으로 검론(檢論)이 불가능한 영역을 사회과학의 대상에서 제외하려는 태도"[78]에 대해 비판적인 입장을 분명히 했다.

민병태, 김영국 등은 정치적 사실에 대한 과학적 연구의 진전이 필요하다고 하면서도, 정치학에서 '이념'과 '가치'의 문제가 주변화, 배제되는 경향에 대해 원리적인 차원에서 비판적 입장을 표명했다. 이에 비해 권윤혁(權允赫)은 행태주의적 접근법은 "후진국의 사회과학"에 적합하지 않다고 하면서 다음과 같이 주장했다.

> 이와 같이 전개되고 있는 식민지 민족주의의 이념 탐구야말로 오늘날 후진국 사회과학에 있어서 가장 핵심적인 과제라 하지 않으면 안 된다. 왜냐하면 과학은 현실 문제를 도외시한 이론의 유희가 아니며, '듀이(John Dewey)'의 주장처럼 그것은 마땅히 현실에서 야기되는 과제(problem)를 해결(solution)하기 위한 탐구 활동이 되어야 하는 것이기 때문이다. 이와 같은 자각에서 후진국의 사회과학이 그 과제인 식민지 민족주의의 이념을 탐구한다 할지라도, 우선 그 접근법이 문제되지 않을 수 없다. 현대 후진국의 사회는 선진사회처럼 동질적으로 평균화되고 수평화된 사회가 아니고 이질적인 대립과 모순을 내포한 사회이다. 그러므로 이 같은 후진사회의 현상은 다만 사회심리의 표면층에 있어서 계량화를 추구하는 이른바 '비해이비어리즘(behaviorism)'의 접근법만으로서는 그 진상이 파악될 수 없다.[79] (밑줄—인용자)

---

78 위의 책, 100쪽.

79 權允赫, 『後進國 民族主義의 硏究』, 大韓公論社, 1965, 7~8쪽. 이 책은 권윤혁의 박사학위논문(主論文)을 출판한 것으로, 부논문(副論文)은 「現代政治學의 課題와 칼 만하임의 政治社會學」이었다. 자신의 박사학위논문 요지를 소개하고 있는 다음 글을 참조. 權允赫, 「後進國의 民族主義」, 『京鄕新聞』 1966. 4. 13, 5면.

위에서 볼 수 있듯이 그는 "사회현상의 차이"에 따라 그에 대한 접근법 역시 달라져야 한다고 하면서 현대 '후진사회'는 "사회 표면 현상의 계량화를 일삼는 비해이비어리즘(Behaviorism)만"으로는 그 진상에 다가설 수 없다고 했다. "동질적이고 평균화되고 수평화된" 선진사회에서는 '행태주의 정치학'이 유의미할 수 있지만, "이질적인 대립과 모순을 내포"한 '후진사회'에서 사회과학은 '현실 문제'를 '실천적으로' 해결해 나갈 수 있는 '이념'의 탐구를 목적으로 삼아야 한다는 것이다.

다시 말해 "후진사회의 과학은 혁신과 건설을 문제 삼는 실천적인 경향에서 존재하는 것(Sein)의 분석뿐만 아니라 동시에 존재해야 할 것(Sollen)을 탐구하는 과학"이어야 하며, "사회현상을 실천상황에 있어서의 형성 연관관계"로 파악해야 한다는 것이었다. 나아가 그러한 "사회현상의 형성 연관관계의 탐구"는 "사회의 제 측면을 통일적으로 파악하려는 이른바 통일적 사회과학"이어야 하며, "사회현상의 상황적인 형성 연관관계를 정치사회학 내지 정치철학적인 접근법으로 탐구해야 한다"고 했다.[80]

그렇다면 그가 말하는 "통일적 사회과학의 실천적인 입장", "정치사회학 내지 정치철학적 접근법"이란 무엇인가?[81] 권윤혁은 "정치과학의 가능성을

---

80 위의 책, 8~9쪽.

81 이에 관한 충실한 분석과 평가를 위해서는 전후(戰後) 국면부터 1970년대까지 전개되었던 '정치학', '사회과학'에 대한 그의 문제의식과 철학적·이론적 체계, 그리고 당대 사회현실에 대한 인식과 이념적 지향 등을 면밀하게 검토하는 별도의 분석적 연구가 필요하므로 여기서는 그 기본적 특징만을 지적하고자 한다. 위에서 인용한『後進國 民族主義의 研究』(大韓公論社, 1965)에 앞서 발표되었던 그의 주요 논저를 소개하면 다음과 같다. 權允赫,「政治學의 基礎理論」,『大邱大學十周年紀念論文集』, 大邱大學, 1958; 權允赫,「現代政治學의 課題와 Karl Mannheim의 政治社會學」,『大邱大學論文集』第2集, 大邱大學, 1960; 權允赫,『革命路線의 摸索』, 青丘出版社, 1961; 權允赫,「民族民主主義」,『思想界』1962년 5월호; 權允赫,「都市大衆의 政治心理學」,『新思潮』2권 1호, 新思潮社, 1963년 1월; 權允赫,「世界史의 새로운 方向과 史觀問題」,『新世界』2권 8호, 新世界社, 1963년 9월; 權允赫,「韓國의 民族民主主義」,『新世界』2권 11호, 新世界社, 1963년 12월; 權允赫,「韓國近代化와 民族主義的 民主主義」,『空軍』82, 空軍本部 政訓監室, 1964년 3월; 權允赫,「民族指導理念의 摸索」,『青脈』2권 4호, 青脈社, 1965년 5월.

원리적으로 문제 삼은 학자는 오직 칼 만하임(Karl Mannheim)"이라며 그의 '정치사회학'을 높게 평가하면서도, 그 한계의 극복을 모색하여 '현대 정치학'의 지향할 바를 제시하려 했다. 그는 한 논고에서 다음과 같이 썼다.

> 객관적인 정치학은 경제관계와 본래적인 인간관계에서 유래하여 정치사회의 영역에 개시되는 모순 대립을 즉 사상적으로 파악하고, 다음에 그 모순 대립의 기저를 해명하는 철학의 자각을 기다려서 새로운 세계관과 또한 생활원리를 파악하고 그 원리에 저초(底礎)함으로써 모순 대립하는 대극적 세력을 포월(包越)하는 새로운 생활의 법질서를 실천적으로 창조하는 이론을 탐구하는 과학이라 규정할 수 있는 것이다. 즉 <u>정치학은 철학의 자각에 저초하여 사회경제적 관계에서 조성되는 모순을 실천적으로 초극하는 것이 그 본래적인 학문 성격이며, 또한 그 객관성은 대극적 당파 세력을 포월하는 객관성이라는 것이다.</u>[82](밑줄—인용자)

위 인용문에는 여러 개념들이 등장하고 있지만, 권윤혁이 제시하는 '현대 정치학'의 과제는 다음과 같다. 첫째 '당파성'으로부터 벗어난 "객관성"을 확보하는 것, 둘째 "철학의 자각" 내지 "새로운 세계관과 생활원리"를 파악하는 것, 셋째 "실천적으로 창조·초극하는 이론"을 추구하는 것이다. 이와 같은 과제 설정은 기본적으로 칼 만하임의 "과학으로서의 정치학"에 대한 탐색을 이어받고 있지만,[83] 그는 만하임이 주장했던 지식인계급에 의한 '동태적 종합

---

82 權允赫, 「現代政治學의 課題와 Karl Mannheim의 政治社會學」, 앞의 책, 189~190쪽.

83 칼 만하임의 "과학으로서의 정치학"에 대한 탐색은 그의 대표작 『이데올로기와 유토피아』의 제3장 「학문으로서의 정치는 가능한가」에서 잘 살펴볼 수 있다. 카를 만하임 저, 임석진 역, 『이데올로기와 유토피아』, 김영사, 2012, 255~400쪽 참조.

화'를 "절충의 차원을 초탈하지 못한 것"으로 비판했다. 그는 "intelligentsia 계층의 독자적인 생활원리와 그 세계관"의 자각이 갖는 의의를 강조하고, 이를 바탕으로 "경제적 이해관계"만을 토대로 한 '정치 세력의 형성'이 아닌, '철학적인 자각' 내지 독자적인 '세계관'과 '생활원리'을 중핵으로 하는 "실천적인 주체로서의 정치 세력"의 형성을 주장했다.[84]

요컨대, 권윤혁이 행태주의 정치학을 비판하면서 주장했던 "후진국의 사회과학" 내지 "통일적 사회과학의 실천적 입장"이라는 것은 스스로 '현대 정치학'의 과제로서 제시했던 '지식인계층'의 주도성, '이데올로기'의 중요성, 그리고 '정치적 실천성'에 입각하여 '후진사회'의 '현실' 문제를 타개할 수 있는 사회과학이었다.

---

84 權允赫, 「現代政治學의 課題와 Karl Mannheim의 政治社會學」, 앞의 책, 188~189쪽.

제2부

한국전쟁 전후(前後) 한국 경제학의
프레임 변동과 후진국 개발론의 수용

01

해방 후 남한 경제학계의
이데올로기 지형과 학적 동향

해방과 더불어 사회주의 계열의 마르크스주의 관련 저작 번역, 발간은 가히 폭발적으로 이루어졌다. 최근 일제시기부터 해방 직후에 이르기까지 마르크스, 엥겔스, 그리고 레닌의 저작 등 마르크스주의 원전 번역에 관한 본격적인 연구가 제출되어,[01] 해방 직후 한국 사회의 마르크스주의 '열(熱)'을 텍스트 차원에서 실증적으로 확인할 수 있게 되었다. 또한 1920년대 이후 소련의 저명한 경제학자로 활약했던 에브게니 바르가(Evgenii S. Varga)의 저서와 평론은 마르크스주의자가 아닌 경우에도 전문적인 학술지에서 주요하게 인용했고, 학술지·대중잡지에도 자주 번역 소개되었다.

해방 직후 경제학계의 동향에 관한 최호진의 회고에서 볼 수 있듯이, 해방과 더불어 신국가건설 운동이 전개되는 속에서 '경제학'에 대한 열망은 대단한 것이었다.[02] 윤행중은 당시 상황을 "일제하 학문에 대한 거세상태에 있던 조선의 학도"가 해방과 더불어 "현실적 객관적인 진리를 탐구하려는 열화

---

01 박종린, 『사회주의와 맑스주의 원전 번역』, 신서원, 2018.
02 최호진, 「일제말 전시하에서의 학문 편력과 해방 후 경제학과 창설」, 역사문제연구소 편, 『학문의 길 인생의 길』, 역사비평사, 2000, 74쪽.

〈표 9〉 한국전쟁 발발 이전 경제학 개설서, 원론서 목록

저자	서명	발행처	발행연도
임호(林浩)	經濟學入門	新學社	1947
윤행중(尹行重)	理論經濟學(第一卷)	서울출판사	1947
박기혁(朴基赫)	경제학입문(상권)	三星文化社	1948
고승제(高承濟)	經濟學入門	乙酉文化社	1948
이석범(李奭範)	經濟學概說	三星文化社	1948
최호진(崔虎鎭)	經濟學大要	白楊堂	1948
최호진(崔虎鎭)	經濟原論	博文出版社	1948
김경보(金耕普)	經濟學入門	東邦文化社	1949
이종극(李鍾極)	基礎經濟學	硏學社	1949
홍우(洪又)	經濟原論	乙酉文化社	1950

와 같은 의욕을 품고 발분망식하는 그들의 진격한 태도"는 "참으로 놀라운 일"이라고 했다. 해방 이후 경성대학(京城大學)을 비롯하여 여러 대학들이 진용을 정비하여 재개하는 가운데, 교수 인원의 부족과 더불어 한글로 된 경제학 교재의 부재는 시급히 해결해야 할 문제였다. 해방 직후의 정치·사회적 상황이나 연구·교육여건 속에서 당시 경제학계의 학문경향을 대표하는 것이라고 단정할 수는 없겠지만, 이에 다가가기 위한 실마리로서 경제학 교과서 내지 원론서의 구성과 내용을 살펴보려 한다. 〈표 9〉는 해방 이후 한국전쟁 이전 남한에서 발간된 경제학 개설서 내지 경제 원론서를 정리한 것이다.

〈표 9〉의 도서를 구분해보면 임호(林浩), 박기혁, 김경보의 저작은 말 그대로 입문서로서 당시 중등교육 정도를 받은 사람이면 이해할 수 있을 대중적인 '경제학' 개설서였다. 임호의 『경제학입문』은 1947년 5월 인민문화연구소(人民文化研究所) 사회과학부(社會科學部)에서 펴낸 『사회주의경제학제일보』[03]를

---

03 人民文化研究所 社會科學部 編, 『社會主義經濟學第一步』, 新學社, 1947.

표제와 저자명을 바꾸어 발간한 책이라는 점에서 알 수 있듯이, 마르크스주의 경제학을 대중에게 쉽게 전달할 목적으로 저술된 것이었다. 김경보(金耕晋)의 『경제학입문』은 「서문」에서 "은사(恩師) 윤행중 선생의 『이론경제학』은 실로 희귀하며 또 중요한 서적임에도 불구하고 초학자나 일반 사회인에게는 과도로 크고 또 이해키 곤란"하므로 "초학자와 일반 근로대중의 사학에 대한 입문 정도의 참고서"로 발간한 것임을 밝히고 있다. 이 책은 신고전파 경제학의 개념도 일부 활용하고 있으나, 마르크스주의 경제학을 기본 토대로 삼고 있다. 박기혁의 입문서는 후술할 것이다.

그 외의 저작은 모두 대학에서 '경제학' 교재로 사용하기 위해 저술된 학술적 성격의 원론서이다. 그중에서 마르크스주의 경제학에 입각한 경제 원론서로 윤행중의 『이론경제학』, 고승제의 『경제학입문』, 이석범의 『경제학개설』을 들 수 있다.

1933년 교토제국대학(京都帝國大學) 경제학부를 졸업하고 보성전문학교 교수로 활동했던 마르크스주의 경제학자 윤행중은 해방 이후 남한 최초의 경제 원론서라 할 수 있는 『이론경제학』 제1권(1947)을 발간했다.[04] 일제시기 케인즈의 『고용과 이자 및 화폐의 일반 이론』(1936)(이하 '일반이론'으로 줄임)을 1938년 조선에 최초로 소개했던 학자이기도 했던[05] 그는 책의 「서문」에서 "해방 후 경성대학 법문학부에서 행한 경제원론의 강의안을 토대로" 하여 "이론경제학 전3권 중 제1권"으로서 출간한 것임을 밝히고, 그 저술의 연유를 "경제

---

04 윤행중의 경제학에 관한 다음의 연구를 참조. 성낙선·이상호, 「한국 최초의 이론경제학자 윤행중」, 『경제학의 역사와 사상』 2, 한국경제학사학회, 1999; 이상호, 「윤행중의 '이론경제학'과 한국의 맑스주의」, 『한국인물사연구』 11, 한국인물사연구소, 2009; 홍종욱, 「해방을 전후한 경제통론론의 전개—박극채·윤행중을 중심으로」, 『역사와 현실』 64, 한국역사연구회, 2007.

05 尹行重, 「理論經濟學의 最新學說—〈케인즈〉經濟의 理論」, 『東亞日報』 1938. 8. 4~7, 3면. 이 글은 尹行重, 『現代經濟學의 諸問題』, 博文書館, 1943에 수록되어 있다.

에 관한 일반적인 이론을 구명하고 나아가 조선 경제의 특수성을 이해하는 데 필요한 계기"를 밝혀보려 한 것이라고 했다. 이 책의 가장 큰 특징은 "전환기 경제학"의 해명을 주된 과제로 삼고 있다는 점이다.

그런데 자본주의적 생산 제(諸)관계는 그것이 발전함을 따라 붕괴의 과정을 밟게 되는 동시에 새로운 생산관계, 즉 사회주의적 생산 제관계가 생성되는 것이다. 다시 말하면 자본주의적 질서에서 사회주의적인 것이 생성하는 동시에 사회주의적 제관계와 자본주의적 제관계는 동일한 질서 내에서 서로 대립되는 것이다. 그러므로 자본주의와 사회주의의 대립 투쟁의 합칙성(合則性)을 인식하며 자본주의적 생산관계에서 사회주의적인 것의 생성과 그 발전에 관한 경제이론이 요청되는 것이다. 즉 역사적 전환기에 있어서의 경제는 질적 모순을 내포하고 있으되 한 개의 통일물이요 따라서 자본주의 제법칙만으로서는 설명할 수 없는 그에 특유한 법칙을 가지고 있는 것이다. 다시 말하면 전환생성기(轉換生成期) 제관계는 그에 독특한 법칙이 지배하고 있는 만큼 그것을 명확히 인식하는 동시에 일보(一步)를 진(進)하여 새로운 이론 체계를 수립하지 않으면 안 될 것이다.[06]

이러한 '전환기 경제학'의 문제설정은 "과도기적 경제 제법칙을 통하여 우리의 당면과제인 조선 경제의 현실성을 정당히 인식하며 그것을 과학적으로 체계화"시켜야 한다는 실천적 문제의식의 발로였다. 그렇다면 구체적으로 그가 말하는 '전환기'란 무엇인가?

그는 세계적으로 전개된 독점자본주의 경제 체제에 대해 서술하고, 제2

---

06 尹行重, 『理論經濟學』 第一卷, 서울출판사, 1947, 58쪽.

차 세계대전을 통해 "독점자본주의 경제"는 "그 통제를 일층 강화"하여 "자본주의적 계획경제(國家資本主義) 단계로 진전할 가능성을 내포"하는 동시에 "사회주의적 생산 제관계 생성의 객관적 물질적 기초를 형성하는 모태"가 된다고 인식했다. 따라서 "현 단계 세계 경제"는 "자본주의 생산의 사멸과 동시에 사회주의적 생산의 새로운 생성의 법칙이 지배"하고 있으며, "해방 후의 조선 경제" 또한 이와 같은 "세계 경제발전의 한 개의 특수한 현상"이라 보았다. 해방 후 조선 경제는 고도로 발전된 독점자본주의도, 소련과 같은 사회주의도 아니지만, "조선의 광공업 생산의 9할 이상"을 차지하는 일본인 재산의 국유화, 그리고 "토지혁명"은 "반봉건적(半封建的)인 농업생산"의 "사회화 또는 소유의 균등화"를 초래할 것이기에 당시 "조선 경제의 특질"을 "사회주의 경제의 단초 형태"라 파악했다. 따라서 그가 말하는 '전환기의 경제학'은 "사회주의 경제의 단초형태로서의 조선의 경제 제현상에 내재적인 제법칙을 이론적으로 구명"함으로써 "자주적인 인민경제 수립", 나아가 "세계 경제의 일환으로서의 과도기적 역할을 수행"할 수 있는 경제학이었던 것이다.[07]

이석범(李奭範)의 『경제학개설』은 「서론」-제1편 「가치론」-제2편 「화폐론」-제3편 「생산론」-제4편 「유통론」-제5편 「분배론」으로 구성되었다. 앞서 윤행중과 유사하게 "조선 경제의 본질은 자본주의 경제의 사멸, 즉 사회주의 경제의 단초(모태)형태"라 할 수 있기 때문에 "조선에 있어서의 당면한 경제학은 전환기 경제의 현실적 제현상을 그 연구의 대상으로 하여 그 현상에 내재하는 제기본법칙을 구명(究明)할 임무가 있다"고 했다.[08]

---

07 위의 책, 59~63쪽.

08 李奭範, 『經濟學槪說』, 三星文化社, 1948, 12~13쪽. 이석범은 충남 부여 출신으로 九州帝國大學을 졸업, 책 발간 당시(1948년 29세) 중앙대학 교수였다.

다음으로 고승제(高承濟)[09]의 『경제학입문』(1948)은 앞서 살펴본 윤행중, 이석범의 원론서와 다른 형식을 취한 것이 눈에 띤다. 그는 책을 제1장 「자본주의의 발생」, 제2장 「자본주의적 생산의 기본법칙」, 제3장 「자본주의 발전의 기본법칙 (1)」, 제4장 「자본주의 발전의 기본법칙 (2)」, 제5장 「독점 형성의 제 문제」, 제6장 「금융자본의 성립」, 제7장 「독점자본주의의 제문제」로 구성하여, 자본주의 경제의 기본법칙을 밝히면서 그 성립과 발달 과정을 중심으로 원론서를 구성했다.[10] 고승제의 『경제학입문』 또한 "독점자본주의 단계의 제(諸)모순"을 극복하기 위해서는 "자본주의 생산양식 자체가 새로운 형태로 전화"[11]되어야 한다는 주장에서 살펴볼 수 있듯이, 마르크스주의 경제학에 입각한 원론서였다.

남한의 경우, 대체로 1948년 정부수립을 전후한 시기부터 마르크스주의적 경향을 누그러뜨리거나 마르크스주의와 이질적인 학문적 경향의 저작들이 출판되어 대학 교육에 사용되기 시작했다. 이러한 흐름을 보여주는 저작으로 입문서로서 박기혁의 『경제학입문』 상권(1948)과 경제 원론서로서 최호진의 『경제학대요』(1948), 홍우의 『경제원론』, 이종극(李鍾極)의 『기초경제학』(1949)을 들 수 있다.

---

09 고승제(1916~1995)는 함남 홍원군에서 출생하여 1936년 함흥공립농업학교를 졸업하고 도일하여 日本明治學院 英文科, 日本大學 豫科를 거쳐 1941년 12월 立教大學 경제학부를 졸업했다. 1942년 3월부터 1943년 7월까지 山崎經濟研究所 研究員, 1943년 8월부터 1945년 5월까지 東洋經濟研究所 研究員으로 활동했다. 릿교대학 재학 중이었던 1940년부터 『每日申報』 등에 일제의 침략전쟁을 찬양하고 일제의 전시통제 경제 정책을 지지하는 다수의 글을 발표하였다. 해방 이후 연희대, 고려대, 서울대 교수 등을 지냈으며, 경제학과 한국경제(사)에 관한 많은 저술과 번역서를 남겼다. 峯山高承濟博士古稀紀念論文集刊行委員會, 『峯山高承濟博士古稀紀念論文集─經濟發展의 理論과 歷史』, 1988, v~x; 친일인명사전편찬위원회 편, 『친일인명사전』 1, 민족문제연구소, 2009, 149~150쪽.

10 이와 같은 책의 구성에 대해 전석담은 "참신한 특색"이 있다며 호의적으로 평가했다. 全錫淡, 「(書評) 高承濟 著, 經濟學入門」, 『學風』 1-1, 乙酉文化社, 1948년 9월, 66쪽.

11 高承濟, 『經濟學入門』, 乙酉文化社, 1948, 168~169쪽.

박기혁의 입문서는 형식에서 남다른 점이 적지 않다. 순한글을 사용하면서 간혹 드물게 한자를 괄호로 병기했으며, 경제용어를 표기할 때 '영어'를 기준으로 삼았고, 장별로 말미에 '질문', '응용', '토론', '레포트' 항목을 설정하여 수록했다. 그리고 저자는 "추상적 이론을 버리고" 일상생활에서 체험하는 경제적 사실 중심의 경제 이해를 내세우면서, "종래의 공식주의적인 경제학 이론에 얼굴을 찌프리는" 경제학도들에게 "다소의 청신한 영양제"가 되기를 바란다고 했던 것에서 드러나듯이 자유주의 경제학의 입장에서 저술된 입문서이다.[12]

이종극의 『기초경제학』은 몇 가지 측면에서 이채를 띠는 경제학 개설서이다. 저자 이종극은 정부수립 이후 주로 법학자로 활동했던 인물로서 『기초경제학』은 그가 경찰전문학교 교수 시절에 저술한 책이다.[13] 그는 책의 서문에서 다음과 같이 쓰고 있다.

경제와 법률은 현대의 사회, 국가를 들여다보는 두 눈이다. 사회나 국가를 보는 눈은 비단 법률, 경제뿐만이 아니라 정치·도덕·예술 기타 여러 가지가 있겠

---

12 박기혁, 『경제학입문』 상, 삼성문화사, 1948, 「머릿말」. 박기혁은 1922년 황해도 송림에서 태어나 1943년 일본 法政大學 經濟學部를 졸업했다. 해방 이후 감리교신학교에 입학하여 1949년 졸업했으며, 1950년 미국 유학을 떠나 1956년 미국 일리노이대학교에서 농업경제학을 전공하여 박사학위를 취득했다. 1957년부터 미국 대학에서 교수로 활동하다가 1960년 연세대학교 교수로 부임했다. 『海圃 朴基赫 敎授 停年記念論文集』, 1987, 5~6쪽.

13 이종극은 1907년 평남 강서에서 출생하여 1929년 3월 경성사범학교 연습과 졸업 후 교원 생활을 하다가 1939년 10월 일제 고등문관시험 행정과에 합격하여 일제 말기 평남 강서군수를 지냈고, 해방 이후 광주사범학교 교장을 거쳐 국립경찰전문학교 교수, 국립경찰학교 교장을 역임했다. 이후 내무부 치안국 교육과장으로 일하다가 1955년 중앙대학교 법정대학 교수를 거쳐 1962년 9월 연세대학교 교수로 부임했으나 이듬해 6월 퇴임하였다. 5·16쿠데타 이후 국가재건최고회의 자문위원으로 헌법개정 작업에 참여하였고, 1963년 총선거에서 국회의원(민주공화당, 전국구)에 당선, 민주공화당 정책위원회 의장으로 활동했다. 1949년부터 1950년대까지 행정법, 헌법에 관한 여러 저술을 남겼다. 국사편찬위원회 한국사데이터베이스 (http://db.history.go.kr); 金哲洙, 「李鍾極 先生(1907. 11. 9~ 1988. 10. 5)」, 『앞서 가신 회원의 발자취』, 대한민국학술원, 2004, 227~233쪽 참조.

지마는 경제와 법률의 두 눈을 통하여 본 국가, 사회가 보다 더 여실한 것이다.

현대 문명 제국의 법제를 보면, 모두가 판에 박은 듯이 법이 만인의 자유와 평등을 선언하여 귀족이나 천민이나 죄다 같은 의무를 지고 권리를 가지며, 동일한 법의 적용을 받게 되어 있다. 그러나 우리가 한 번 경제의 활안(活眼)을 열어 사회를 달관(達觀)하면, 법률상의 자유나 평등이란, 경제상의 자유나 평등과는 아주 거리가 먼 것이라는 사실에 일경(一驚)하지 아니할 수가 없다. (…)

누구나 다 아는 바와 같이, 자본주의 경제사회란 요컨대, 자본이 주인공으로 군림하고, 사회의 대중은 이 주인공의 충복(忠僕)으로서 봉사하고 있는 사회인 것이다. 자본주의 사회는 인류가 경험한 (…) 제 특징을 지니고 있다. 그리고 이 제 특징은 이 사회가 극소수의 부자와 압도적 다수의 빈자를 내포하고 있어 전자가 후자를 경제적, 정치적, 사회적으로 지배하여 후자의 근로한 결과의 일부를 겁략(劫掠)함으로써 전자의 번영이 유지되고 있다는 점에 이를 요약할 수 있는 것이다.[14](밑줄―인용자)

우선 그는 '현대'사회와 국가를 바라보는 두 눈으로 '법률'과 '경제'를 들었다. 법률을 '형식'의 차원, 경제는 '실질'의 차원으로 대비하고, 양자에서 '만인(萬人)의 지위'는 현격한 거리를 나타내고 있음을 부각시켰다. 자본주의 경제사회는 자본이 군림하고, 대중은 충복(忠僕)으로 봉사하는 사회로서, 소수의 자본가가 다수의 빈자를 겁박하고 약탈함으로써 자신의 번영을 유지하고 있다고 하면서 대단히 비판적인 태도를 표명했다.

『기초경제학』의 구성은 제1편 「재산제도」, 제2편 「생산제도」, 제3편 「분배제도」, 부록 「경제학 연구의 출발」로 되어 있다. 부록을 제외하면 재산, 생

14　李鍾極, 『基礎經濟學』, 硏學社, 1949, 「序文」.

산, 분배 세 부문으로 구성했다는 점, 세 파트 모두 "제도"로 명명했으며, 특히 "재산"이라는 별도의 파트를 두었다는 점 등은 여타 경제학 원론서에서 찾아보기 어려운 특징이다.

제1편 「재산제도」의 내용을 보면, 초창기 자본주의 경제의 사유재산제도는 생산의 발달과 재산의 축적, 인재의 활용 등 그 목적·기능·효과에서 모두 긍정적이었지만, 자본주의 경제의 발전에 따른 '투자제도'의 발달은 필연적으로 '소유자'(주주·예금주 등)와 '이용'(중역 이하 노동자, 종업원)을 분리시켰고, 이는 자본주의 생산을 고도화·일반화하면서도 도리어 '재물(財物)의 이용자'를 압박하여 '생산'을 저해하게 했다고 보았다.[15] 다시 말해 "자본가란 낭비계급의 호화로운 생활을 보장하기 위하여, 백만 대중이 근로봉사하고 있는 결과"를 나타냈다고 하면서 그 후임자, 즉 "자본가 대신에 민중에게 절약을 강제하여 축적한 재산을 사회를 위하여 잘 관리해줄 만한 적임자"로서 "정부 내지 민중 대표기관"이 등장하게 되었다고 지적했다. 최근에는 정부가 각종 기업을 경영함으로써 이윤·이자의 이름으로 교묘한 민중 착취(축재)법을 터득했으므로, 자본축적의 책임담당자로서의 경험과 훈련을 쌓았을 뿐 아니라 재산 '이용'자로서 '정부'가 일층 더 적임이라 판단하게 되었다고 했다.[16]

결론적으로 종래의 자본주의적 축재(蓄財) 제도는 "사회주의적 축재 제도"로서 개선해야 하며, 다음과 같은 개선이 이루어져야 한다고 보았다. 첫째, "축적 담당자의 경질"이다. "유식계급화(遊食階級化)"한 자본가를 파면하고 "유위(有爲) 유능(有能)한 신(新)담당자"로서 "국민대표자—정부 내지 공공단체"가 등장해야 한다는 것이다. 둘째, "분배기준의 변경"이다. 축재에만 급급하

---

15 위의 책, 7~9쪽.

16 위의 책, 21~22쪽.

여 국민 대중의 생활을 희생하던 제도와 정책을 고쳐, "생산력의 증대와 정비례"하여 "대중의 생활 향상, 문화 촉진에 필요한 한도의 소비를 허용"함으로써 "대중의 소비력 즉 구매력"의 증대를 통해 생산과잉을 해소해야 한다. 셋째, "재산의 이용자 본위(本位) 제도의 확립"이다. "생산을 발달"시키기 위해서는 재산의 소유권자보다 이용자를 보호 후대해야 하므로 "소유권 지상주의를 이용권 지상주의로 개혁"해야 한다는 것이다. 요컨대 자본가 이익의 증가를 위해 운용되었던 자본주의 재산제도를 사회 전체의 이익을 위해 운용되는 사회주의적 재산제도로 변경해야 한다는 것이 문제의 초점이라고 주장했다.[17]

이종극의 『기초경제학』은 마르크스주의 경제학에 입각한 경제 원론서가 아니지만, 자본주의 경제질서에 대해 크게 비판적인 입장을 취하고 있다. 이는 제1부 2장에서 살펴본 바와 같이 1948년 발간한 『민주주의원리』에서 야베 데이지의 '공동체적 중민정'론에 입각하여 '민주주의'론을 전개하는 가운데 사회민주주의를 지향했던 그의 이념적 경향이 투영된 것이라 할 수 있다. 이 점은 그가 제헌헌법에 대한 해설서로 1950년 1월 발간한 『대한헌법강의』에서 제헌헌법의 근본정신의 하나로 "광의(廣義)의 사회주의"를 들고, 이를 "균등사회주의"라고 칭하며 높이 평가했던 것에서도 살펴볼 수 있다.[18]

한편, 최호진이 집필한 『경제학대요』(1948)는 해방 후 출간한 그의 첫 경제 원론서이다. 이에 앞서 최호진은 1946년 마르크스주의 사적 유물론을 공개적

---

17 위의 책, 58~64쪽.

18 李鍾極, 『大韓憲法講義』, 東明社, 1950, 44~54쪽. 이 외에도 정부수립 직전에 발표한 글에서는 "新朝鮮"의 이념으로서 "文化國家"를 내세우고, 문화국가는 자본가계급의 국가도, 노동계급의 국가도 아니며 "有産과 無産의 二大階級이 止揚되어 생긴 無階級의 社會"로서 "文化社會主義 社會"을 건설하여 그 기반 위에 민주주의적 정치기구를 확립해야 한다고 주장했다. 李鍾極, 「新朝鮮의 理想과 使命」, 『民主朝鮮』 7, 美軍政廳 公報部 輿論局 政治教育科, 1948년 7월, 7~8쪽.

으로 소개하고 천명했던 『일반경제사』를 출간한 바 있으나,[19] 정부수립을 즈음한 시기에 "근대 자유주의 경제학의 이론"을 담은 『경제학대요』를 출간했다. 그의 『경제학대요』는 1920년대 후반부터 레옹 발라(Léon Walras)의 일반균형이론을 포함한 신고전파 경제학을 일본 학계에 체계적으로 소개하기 시작했던 다카다 야스마(高田保馬)의 경제 원론서와 구성이 흡사했다.[20] 최호진의 『경제원론』(1948)은 『경제학대요』에서 개괄적인 '경제학설사(經濟學說史)'의 내용을 추가하여 발간한 것이었고, 한국전쟁 직전 홍우가 출간한 『경제원론』 역시 최호진의 『경제학대요』와 거의 동일한 구성을 취하고 있다.

다카다 야스마의 경제학은 해방 직후 경제학자들에게 잘 알려져 있었던 것으로 보인다. 이는 당시 "소위 이론경제학, 즉 경제 원론에 관한 문헌"을 소개하면서 육지수(陸芝修)가 "교과서적(教科書的) 원론"으로서 "다카다 야스마 교수의 『第二經濟學槪論』, 『經濟學新講』이 소위 부르조아 진영에서는 제일 좋은 책의 하나일 것"이라고 하면서, "특히 『經濟學新講』은 전5권이나 되는 대저(大著)로 그의 이론을 완전히 전개"하고 있다고 평가·소개한 데서도 확인

---

19 최호진의 경제사 저술에 나타났던 사상적·학문적 변화에 대해서는 홍성찬, 「최호진의 경제사 연구와 저술의 사회사: 1940~60년대」, 『동방학지』 145, 2011 참조.

20 高田保馬, 『經濟原論』, 日本評論社, 1933 참조. 최호진의 『경제학대요』는 서론-생산론-교환론-분배론-경기변동론으로 구성되어 있는데, 다카다 야스마의 『經濟原論』과 사실상 동일하다. 다카다의 『經濟原論』은 1933년 발행되어 1941년에 26쇄를 찍은 당시 대표적인 경제 원론서였다. 다카다 야스마는 1925년부터 1928년까지 九州帝國大學 교수를 거쳐 이후 京都帝國大學 經濟學部 교수로서 일본 경제학계의 신고전파 경제학 수용과 확산에 결정적인 역할을 했다. 그의 연구영역은 사회학 분야를 포함하여 넓게 분포하고 있지만, 그의 경제학이 갖는 특성과 당시 경제학계에서 차지하는 위상에 대해서는 다음의 연구를 참조. 早坂忠, 「日本經濟學史における高田保馬博士」, 高田保馬追想錄刊行會 編, 『高田保馬博士の生涯と學說』, 創文社, 1981, 112~155쪽; 牧野邦昭, 『戰時下の經濟學者』, 中央公論社, 2010, 「第四章 近代經濟學の誕生」; 藤井隆至 編, 『近代經濟思想』, 東京堂出版, 1998, 163~166쪽. 최호진은 1938년 九州帝國大學에 입학하여 하타노 가나에(波多野鼎)를 지도교수로 하여 수학했으나, 기존 연구에서 밝혔듯이 입학 후 2학기에 九州帝國大學에 출강했던 다카다 야스마의 '經濟學槪論 제2부'를 수강한 바 있다. 이에 대해서는 오진석, 「해방 전후 崔虎鎭의 학문 세계와 학술 활동」, 『한국경제학보』 21권 2호, 연세대학교 경제연구소, 2014, 129~131쪽 참조

할 수 있다.[21]

앞서 최호진, 박기혁의 저작에서 볼 수 있듯이, 정부수립을 전후한 시기부터 마르크스주의 경제학과는 다른 학문적 경향을 가진 경제학자들 또한 점차 활발한 움직임을 보이기 시작했다. 고승제가 편집을 주도하여 발간했던 『학풍(學風)』의 경제학 특집호(1949년 5월호)가 이러한 당시 경제학계의 상황을 담고 있다. 이 특집호는 앞서 언급한 전석담, 이석범 등 마르크스주의 경제학자들과 함께 신태환, 최문환, 한춘섭 등 다양한 경향의 비(非) 마르크스주의 경제학자들의 논고들로 구성되어 있으며, 특히 '케인즈 경제학(Keynesian economics)'에 대한 관심이 표명되어 있어 주목된다.

고승제는 '현대 경제학'의 제(諸)조류를 비판적으로 소개하고 있는데, 『경제학입문』과 같이 '마르크스주의 경제학'의 입장을 직접적으로 내세우지 않았다는 점에서 일정한 변화를 찾아 볼 수 있다. 그는 일제 말기 미하우 칼레츠키(Michał Kalecki)의 저서를 일본인 학자와 함께 번역한 바 있었다.[22] 잘 알려져 있듯이 칼레츠키는 마르크스주의 경제학을 배경으로 케인즈의 『일반이론』(1936)에 선행하여 1933년 '유효수요의 원리'를 주장했던 경제학자였다.[23] 고승

---

21 陸芝修, 「經濟學入門―文獻紹介」, 『新潮』 創刊號, 新潮社, 1947년 4월, 39쪽. 이와 더불어 육지수는 "河上肇 敎授의 『經濟學大綱』이라던지 小冊이지만 『맑스主義經濟學』 같은 것은 완전히 맑스主義 立場을 取하고 있으며 맑스의 資本論의 入門書인 것이다. 이런 點에서 必讀하여야 한다"고 소개했다.

22 カレツキ, 増田操 譯, 『ケインズ雇傭と貸銀理論の研究』, 戰爭文化研究所, 1944. 이 책은 칼레츠키의 Essays in the Theory of Economics Fluctuation(1939)의 번역서임에도 서명을 '케인즈의 고용과 임금 이론에 관한 연구'로 지은 것이 눈에 띈다. 역자가 「譯者序」를 통해 원저의 주된 목적이 "케인즈의 고용과 생산고에 관한 일반적인 변동이론을 발전시키기 위해 불완전경쟁의 일부 측면을 적용하는 것"에 있다고 파악한 것에서 그 배경을 살펴 볼 수 있다. 또한 역자는 번역 과정에 "經濟學士 高島承濟"의 협력이 컸기 때문에 "共譯"으로 해야 하지만 "手續上"의 문제로 "略記할 수밖에 없었다"고 밝히고 있다. 그런데, 고승제는 1940년부터 1945년 3월까지 『每日申報』 등에 발표한 다수의 글에서 모두 "高承濟"를 필자명으로 썼다. 역자가 "高島承濟"라고 쓴 이유에 대해서는 해명하지 못하였다.

23 미하우 칼레츠키(1899~1970)는 폴란드에서 마르크스주의 경제학자로서 활동하면서 1933년 폴란드어로 Proba teorii koniunktury(Essays on the Business Theory)를 발간하여 자본주의 경제에서 실업이 발생하는 근본 원인을 유효수요의 부족, 특히 투자의 부족에서 찾았다. 鍋島直樹, 「M·カレツキ―現代政治經濟學の源流」,

제는 칼레츠키 저서를 번역하기 전부터 케인즈의 『일반이론』에 상당한 관심을 기울였던 것으로 보이며,[24] 이러한 케인즈 경제학에 대한 식견을 바탕으로 "전후 아메리카 경제 정책은 케인즈 이론에 입각하여 시행"되었음을 지적하고, 케인즈 경제학을 둘러싸고 나타난 미국과 영국의 학계 동향을 소개했다. 그러면서도 그는 케인즈 경제학에 대해 "금융독점자본주의에 바탕한 개량적 성격"을 갖는 것으로 비판적으로 평가한 반면, 이브게니 바르가(Evgenii S. Varga)의 경제학을 적극적으로 평가하면서 "현대의 경제학"의 역사적 사명은 "독점자본주의의 경제학 또는 세계자본주의의 경제학"으로서의 "현 단계의 세계자본주의의 총기구(總機構)를 분석"하는 것에 있다고 했다.[25]

한편, 특집호에는 케인즈 경제학에 관한 논문이 발표되었는데, 신태환(申泰煥)의 「케인즈 화폐 이론의 성격」과 이면석(李冕錫)의 「케인즈의 생산물량 결정요인론」이 그것이다. 신태환[26]의 논고는 케인즈 경제학을 화폐론의 측면에

橋本努 責任編集, 『20世紀の經濟學の諸潮流』, 日本經濟評論社, 2006.

24 그는 1930년대 말~40년대 초 "케인즈理論이 教壇經濟學에 浸透되지 못했"던 당시 "教授들과의 私的 討論에서 經濟學을 實踐科學으로 轉換시키기에 成功한 『一般理論』의 聲價를 듣고", "一般理論을 精讀하기 위하여 翻譯을 하면서" 읽었지만, "三個月後인가 日本語翻譯"이 출간되어 "翻譯的 讀書法도 中斷"되고 말았다고 하여 케인즈의 『일반이론』을 처음 접하게 되었던 과정을 회고했다. 高承濟, 「나의 學窓時節」, 『財政』 6권 11호, 大韓財務協會, 1957년 11월, 167쪽(高承濟, 『學問과 人生』, 法文社, 1959 재수록).

25 高承濟, 「現代經濟學의 諸問題」, 『學風』 2권 4호(통권6호), 乙酉文化社, 1949, 4~11쪽.

26 신태환(1912~1993)은 경기 인천에서 출생하여 1933년 仁川公立商業學校를 졸업하고, 京城高等商業學校을 거쳐 1936년 東京商科大學에 입학하였다. 당시 東京商科大學에서 화폐금융론을 담당했던 야마구치 시게루(山口茂) 교수의 세미나(ゼミ)에 들어가 수학하면서 케인즈의 『화폐론』, 『일반이론』 등도 접하고 익혔던 것으로 보인다. 1939년 봄 졸업을 앞두고 연희전문학교 兪億兼 학감의 교수 초빙에 응하여 1939년 3월 귀국, 1942년 3월까지 연희전문 교수로 있었다. 해방 직후 연희대 교수로 활동하다가 1948년 사직 후 1949년부터 동국대 교수를 지냈으며, 1951년 서울대 법대 경제학 교수로 부임한 이후 1965년까지 재직하면서 법대 학장, 총장 등을 역임하였다. 1961년 建設部長官, 1969년 國土統一院長官을 비롯하여 金融通貨委員會 委員, 經濟科學審議會 常任委員 등 정부기관에서 활동하기도 했다. 丁炳烋, 「安堂 申泰煥 先生의 學問과 業績」, 『앞서 가신 회원의 발자취』, 대한민국학술원, 2004, 357~362쪽. 학창 시절 신태환의 수학 과정에 대해서는 申泰煥, 『大學과 國家』, 亞細亞文化社, 1983, 199~220쪽 참조. 그가 연희전문 교수 시절을 회고하며, 한국에서 최초로 "케인즈의 所得分析 중심의 경제학을 강의"했다고 쓰고 있으나(申泰煥, 『想念의 길목에서』, 正宇社, 1976, 34쪽), '소득분석'이 무엇을 의미하는지 구체적으로 확인하기 어렵다.

서 분석한 것이었다. 그는 1939년 도쿄상과대학을 졸업했다. 케인즈의 『일반이론』(1936)이 발간되자, 이를 일본 경제학계에 주도적으로 소개했던 것은 도쿄상과대학 경제학부 교수였던 나카야마 이치로(中山伊知郎)와 사토 니사부로(鬼頭仁三郎), 시오노야 쓰쿠모(鹽野谷九十九) 등이었다.[27] 이들을 주축으로 하여, 2차 세계대전 종전 이전 일본 경제학계의 케인즈 『일반이론』에 대한 주류적 해석은 케인즈의 이전 저작이었던 『화폐론』(1930)의 연장선상에서 금융론의 관점이나 '화폐적 경제이론', '화폐적 경기론'으로서 해석하는 것이었다.[28] 이와 같은 『일반이론』에 대한 접근방식이나 관점은 정부수립 직전 발간된 『조선은행조사월보』에서 케인즈를 "화폐적 경기론자(景氣論者) 중의 태두(泰頭)"라고 표현한 것에서도 확인할 수 있으며,[29] 신태환의 논문 또한 케인즈 경제학을 "경기순환을 화폐적인 각도에서 해결"하는 화폐경제 이론으로 접근하고 있다는 점에서 위와 같은 전전(戰前) 일본 경제학계의 해석을 수용하고 있었다고 할 수 있다.

그에 비하여 이면석의 논문은 케인즈의 『일반이론』을 "생산물량"="고용량"="국민소득"의 결정요인을 담은 텍스트로 보고 접근한 것으로, 이는 위에

---

27 中山伊知郎 編, 『ケインズ一般理論解説』, 日本評論社, 1939; J. M. ケインズ著, 鹽野谷九十九 譯, 『雇傭·利子及び貨幣の一般理論』, 東洋經濟新報社, 1941.

28 제2차 세계대전 종전 이전 일본 경제학계의 케인즈 경제학 도입, 수용에 대해서는 三上隆三, 「日本におけるケインズ經濟學の導入」, 伊東光晴 編, 『ケインズ經濟學』, 東洋經濟新報社, 1967; 早坂忠 編, 『ケインズとの出遭い』, 日本經濟評論社, 1993 참조. 전후 일본의 경제 정책에 미친 영향에 대해서는 Eleanor M. Hadley, "The Diffusion of Keynesian Ideas in Japan", Peter Hall (ed.), *The Political Power of Economics: Keynesianism across Nations*, Princeton University Press, 1989 참조.

29 「케인즈의 景氣循環說 研究」, 『朝鮮銀行調査月報』 17호, 朝鮮銀行調査部, 1948년 7월, 133쪽. 이 논문의 서두에는 "此 小稿는 Keynes 著 *The General Theory of Employment, Interest and Money*(1936)의 第22章 「景氣循環에 關한 覺書」를 中心으로 著書의 重要部分을 比較參照하여 얽은 것이다. 衆知하는 바와 같이 Keynes는 貨幣的 景氣論者 中의 泰斗이나 그가 景氣問題에 關하여 詳論한 文獻은 없고 다만 上記 覺書만으로 結論的인 그의 景氣論을 窺知할 수밖에 없다. 小稿의 結構가 貧弱하고 內容이 不實한 點은 오로지 筆者의 淺涉의 所致이다"라고 밝히고 있다.

서 살펴보았던 신태환의 화폐이론적 해석과는 이론적 접근 방향을 달리했다. 이면석은 1941년 일본 게이오기주쿠대학(慶應義塾大學)에 입학하여 1944년 학병으로 동원되면서 학업을 중단했다가 해방 후 1946년 경성대학을 졸업한 후 조선은행에 입사, 근무하면서 대학원을 다니고 있던 인물이었다. 그의 회고를 보면, 그는 1930년대 말~1940년대 산출되었던 케인즈의 『일반이론』에 관한 주요 논문을 모아 1947년 세이무어 해리스(Seymour E. Harris)가 편집하여 발간한 *The New Economics*를 원고 작성 직전에 접했던 것으로 보인다.[30]

이상에서 살펴본 바와 같이 한국전쟁 발발 이전 남한의 경제학계에서는 마르크스주의 경제학의 영향력이 일정하게 지속되는 가운데, 신고전파 경제학에 근거한 경제학 교과서가 출간되고 케인즈 경제학 등을 비롯해 비(非)마르크스주의 경제학에 근거한 학자들의 움직임이 점차 활성화되고 있었다.[31]

---

30 李冕錫, 『逆說的인 人生』, 亞細亞文化社, 1985, 130쪽.

31 식민지배로부터 벗어난 신국가 체제건설의 경제 정책을 둘러싼 논의가 당대 경제학자들에게 더욱 중요한 사안이었음은 당연하다. 당시 고려대학교 경상대 교수였던 박인식(朴仁植)이 "民族總體産業이 日本獨占資本이 남긴 惡質體質과 解放에 因한 諸般 惡條件에 依하여 自主獨立의인 再生産機關을 全혀 整備치 못하고 있으므로 Pigou流의 〈消費彈力性〉의 緊張化, Keynes流의 〈資本限界效率〉以下의 〈利子率引下〉도 이 나라 失業對策으로써는 畵中之餠에 지나지 않는다"라고 말하고 있듯이 신고전파나 케인즈 경제학의 현실적 적용 문제는 아직 전면에 나타나지 못했다. 朴仁植, 「經濟民主化의 基本課業」, 『高大新聞』 1948. 11. 30, 2면~3면.

190 한국 사회과학의 기원—이데올로기와 근대화의 이론 체계

한국전쟁과 한국 경제학의 프레임 변동

1. 이론 체계의 변동
—케인즈 경제학의 수용·확산과 '개발'을 위한 계획

한국전쟁의 발발은 경제학계의 이데올로기적 수준의 재편이라는 차원을 뛰어넘어 커다란 인적 재편을 가져왔다. 전쟁 과정에서 지식인들이 납북되거나 월북하는 경우도 적지 않았지만, 북한군의 서울 점령 시 잔류했던 대학의 교수, 학생들을 대상으로 부역 혐의를 심사하여 많은 교수나 학생들이 학교를 떠나야 했던 것이다.[01] 이러한 급격한 인적 단층이 발생하는 속에서 전쟁 발발로 중단되었던 각 대학의 강의는 전선이 교착되자 1952년을 전후하여 전시 임시수도였던 부산이나 대구에서 재개되었고, 전시 중의 열악한 환경

---

01 정진아, 「해방 20년(1945~1965) 한국 경제학계와 연세대학교 상경대학의 경제학 교육」, 『한국경제학보』 22 권 3호, 연세대학교 경제연구소, 2015, 462쪽. 서울대학교에서는 당시 문교부 고등교육국장이었던 김두헌(金斗憲)과 '도강파(渡江派)' 교수들을 중심으로 단과대학별로 '잔류파(殘溜派)' 교수·학생들의 활동에 대한 심사위원회를 구성하고 자체심사 결과를 문교부에 통고했다. 1951년 11월 서울대학교 재적 교원이 370명 남짓이었다는 점에 비추어, 같은 시기 문교부에 통보한 자체심사 결과 '파면(罷免)'으로 분류된 교원이 114명이었다는 점에서 한국전쟁이 학계에 미친 충격을 짐작할 수 있다. 서울대학교40년사 편찬위원회, 『서울대학교40년사』, 1986, 51~55쪽 참조.

속에서도 연구와 교육을 재정비하려고 했다.

전시(戰時)부터 고전파 경제학이나 신고전파 경제학의 내용과 의의에 대한 조명 작업도 지속적으로 진행되었지만, 경제학자들의 주된 관심은 케인즈 경제학으로 급격히 전화했다.[02] 케인즈의 『일반이론』은 1955년 김두희에 의해 번역되었지만,[03] 이미 1952년부터 고승제, 신태환, 최호진 등의 주도로 케인즈 경제학으로의 전화가 두드러지기 시작했다.

"우리는 최근의 경제학 논저 가운데 하바드대학 경제학 교수 세이무어 해리스에 의하여 엮어진 신경제(*The New Economics*, 1947)의 출현을 높이 평가하지 않으면 안 된다"[04] 라는 문장으로 시작하는 신태환의 논설에서 알 수 있듯이, 그러한 학문적 전화의 지렛대는 1940년대 미국 경제학계에서 산출한 케인즈 경제학 해설서였다.[05]

일본의 경우, 전전(戰前) 케인즈 경제학에 대한 화폐론적 해석방식은 종전 이후 미국의 케인즈 경제학 해설서—Seymour E. Harris의 *The New Economics*(1947)와 L. R. Klein의 *The Keynesian Revolution*(1947)—가 번역 소개되는 가운데 급격히 변화해갔다고 한다.[06] 한국에서는 앞서 이면석(李冕錫)의 경우와 같이 비교적

---

02 1950년대 초반부터 1960년대 전반까지 경제학·상학 교수와 학생들이 참여하여 발간했던 주요 대학의 경제학 관련 학술지, 학회지를 보면 당시 경제학계의 학문적 동향을 살펴볼 수 있다. 연희(연세)대학교 상경연우회 발간 『經濟學叢』, 서울대학교 상과대학 학예부에서 발간한 『商大評論』, 그리고 중앙대학교 경상대학 학생회에서 발간한 『經常學報』 등을 살펴보면 고전파 경제학, 신고전파 경제학, 케인즈 경제학에 관한 소개와 그 의미를 검토하는 글이 대종을 차지하고 있다.

03 J. M. Keynes 著, 金斗熙 譯, 『雇用, 利子 및 貨幣의 一般理論』, 民衆書館, 1955. 김두희는 「譯者序」에서 1952년 "避難 中 釜山"에서 번역에 착수했음을 밝히고 있다.

04 申泰煥, 「케인즈와 新經濟學」, 『大學新聞』 1952. 7. 14, 2면.

05 전시(戰時) 한국 경제학자의 미국 경제학계 동향에 대한 상세한 소개로는 安霖이 『內外經濟』 6호(1952년 5월)~11호(1953년 1월)에 연재한 「現代 美國의 經濟 思潮小考」를 들 수 있다. 이 글은 安霖의 『世界經濟論』(博英社, 1963)에 수록되어 있다.

06 セイモア E. ハリス 編, 日本銀行調査局 譯, 『新しい經濟學』, 東洋經濟新報社, 1949; L. R. クライン 著, 篠原三代平·宮澤健一 譯, 『ケインズ革命』, 有斐閣, 1952. 클라인의 책은 단행본으로 번역되기에 앞서 1949년 1

이른 시기에 이를 접한 이들도 있었으나,[07] 대체로 전시 부산에서부터 미국에서 산출된 케인즈 경제학 해설서가 경제학자들에게 보급되기 시작했던 것으로 보인다.[08] 이들 책은 영문 원서를 구해서는 보는 경우도 있었겠지만, 1952년 전시 부산에서 서울대학교 상과대학 강사였던 박동섭(朴東燮)이 "최근 나의 전 정열을 경주하여 읽은 책은 하바드대학 경제학 교수 세이모어 E. 해리스 편찬에 의한 『신경제학(The New Economics)』(1947년)의 일본은행 조사국 번역판이다"[09]라고 했던 것에서 알 수 있듯이, 일본에서 번역된 미국의 케인즈 경제학 해설서가 적지 않은 역할을 했을 것이라 추정된다.

정전 직후인 1954년부터 미국에서 생산된 케인즈 경제학 해설서의 번역판이 출간되기 시작하여, 1960년대까지 여러 종의 케인즈 경제학 해설서가 번역·발간되었다.[10] 케인즈 경제학 해설서의 번역양상을 보면, 조앤 로빈슨

월 大藏省 『調査月報』 第38卷 特別一號로 번역되어 학계에 널리 영향을 미쳤다. 선후 일본의 케인즈 경제학 수용에 대해서는 伊東光晴, 「戰後の近代經濟學」, 經濟學史學會 編, 『日本の經濟學』, 東洋經濟新報社, 1984; 早坂忠 編, 앞의 책, 1993 참조.

07 김두희의 회고에 따르면 한국전쟁 발발 얼마 전부터 "해리스(Harris)의 New Economics가 우리나라에서도 그 모습을 보이기 시작했고, 그 日本語譯도 시장에 나돌기 시작했다"고 한다. 金斗熙, 「우리나라 經濟學의 어제와 오늘」, 『비지네스』 7권 3호, 비지네스社, 1967년 3월, 32쪽.

08 김윤환은 전시 부산에서 "딜라아드 敎授의 가장 平易한 케인즈經濟學解說書인 『J. M 케인즈의 經濟學』이 수입되어 케인즈經濟理論이 韓經濟理論研究熱을 북돋아주었"다고 회고했다. 金潤煥, 「美國의 經濟理論이 韓國經濟學 및 經濟政策에 끼친 影響」, 『亞細亞研究』 10권 2호, 고려대학교 아세아문제연구소, 1967년 6월.

09 朴東燮, 「세이모어 E. 해리스 編 "新經濟學"」, 『商大評論』 創刊號, 서울大學校商科大學學藝部, 1952, 55쪽.

10 당시 번역된 대표적 해설서를 소개하면 다음과 같다. A. H. 한센(Hansen), 金容權·李冕錫 共譯, 『케인즈經濟學』(A Guide to Keynes, 1953), 星座社, 1954; R. V. 클레멘스(Clemence), 高承濟 譯, 『新經濟學』(Income Analysis, 1951), 民衆書館, 1954; Alvin H. Hansen 原著, 李冕錫 譯, 『景氣變動論史』(Business Cycle and National Income, 1951), 東國文化社, 1955; D. 디라아드(Dillard), 權赫紹 譯, 『J. M 케인즈의 經濟學』(The Economics of John Maynard Keynes, 1948), 文星堂, 1955; 소울(George Soule) 著, 高承濟 譯, 『新經濟學 解說』(Introduction to Economic Science, 1954), 章旺社, 1955; 죤 로빈슨(Joan Robinson) 著, 金鍾遠 譯, 『케인즈 「一般理論」 入門』(Introduction to the theory of employment, 1937), 精硏社, 1955; L. R. 클라인(Klein), 朴喜範 譯, 『케인즈혁명』(The Keynesian Revolution, 1947), 民衆書館, 1956; A. H. 한센(Hansen), 金聖範 譯, 『貨幣理論과 財政政策』(Monetary Theory and Fiscal Policy, 1949), 博英社, 1957; Paul A. Samuelson, 金容甲·沈昞求 監譯, 『經濟學』(上)/(下)(Economics: an introductory analysis, 1948), 創元社, 1957/進明文化社, 1959; Joan Robinson, 朴喜範·安台鎬 共譯, 『맑쓰와 케인즈』(Marx, Marshall and Keynes, 1955 等), 凡潮社, 1957; 죤 로빈슨(Joan Robinson) 著, 李圭東 譯, 『資本蓄積論』(The accumulation of

(Joan Robinson)의 해석 등도 적지 않은 관심을 받았으나 주된 흐름은 1930년대 말부터 체계화되기 시작했던 미국 경제학계의 『일반이론』해설서였고, 특히 미국 내에서 케인즈 경제학의 확산에 기여했던 주요 해설·입문서들이 망라되어 있었다.

갤브레이스(John K. Galbraith)가 언급한 바와 같이 부분적으로 "매혹적인 불명료함(fascinating obscurity)"을 지니고 있었던 케인즈의 『일반이론』은 많은 사람들에게 유례없이 읽어내기 어려운 텍스트였고, 당시 미국에서 (신)고전파 경제학에 입각하여 명성을 얻고 있던 기성 경제학자들 대부분은 케인즈의 경제이론을 받아들이길 거부하고 있었다. 새로운 패러다임의 이론을 창안하는 것만큼 그 이론을 해석, 재구성하여 학계와 대중에게 제시할 뿐 아니라 기업과 노동계, 나아가 정계와 정부관료 등 정책결정자들을 설득하여 사회에 뿌리내리게 하는 선도적인 '해설자(prophet)'들의 역할이 중요한 상황이었다.[11] 당시 미국에서 케인즈 『일반이론』의 재해석, 수용·확산에 결정적 역할을 한 '해설자'는 앨빈 한센(Alvin Hansen)이었다. 미국에서 상당한 명성을 가진 중견 경제학자였던 그는 1937년 하반기 하버드대학교 교수 부임을 전후하여 케인즈의 경제이론에 대해 회의적이었던 기존 입장을 크게 전환했다. 1930년대 말부터 하버드대학교 리타우어 행정대학원(Littauer School of Public Administration)에서 열린 그의 재정 정책(fiscal policy) 세미나는 수십 명의 젊은 경제학자들과 정부관료들이 참여하는 가운데 케인즈 경제학을 미국 사회에 파급시키는 진원지 역할

---

capital, 1956), 一潮閣, 1958; S. E. 해리스(Harris), 金潤煥 譯, 『케인즈經濟學 入門』(*John Maynard Keynes: economist and policy maker*, 1955), 博英社, 1959; K. K. Kurihara 著, 高周元 譯, 『케인즈動態經濟學』(*Introduction to Keynesian Dynamics*, 1956), 法文社, 1959; 존 로빈슨(Joan Robinson), 趙璣濬 譯, 『케인즈經濟理論의 一般化』(*The Rate of Interest and Other Essays*, 1954), 一潮閣, 1960; 한센(Alvin H. Hansen), 朴宇熙 譯, 『現代經濟學』(*The American Economy*, 1957), 東華文化社, 1962.

11 John Kenneth Galbraith, *A Contemporary Guide to Economics, Peace, and Laughter*, New American Library, 1971, Chap. 3 How Keynes Came to America 참조.

을 했다.[12] 세미나를 주도했던 한센과 그에 참여했던 새뮤얼슨(Paul Samuelson)과 같은 젊은 동료, 대학원생 그룹의 케인즈 경제학에 대한 해석은 투자·저축·국민소득 결정에 관한 경제이론이었다.[13]

따라서 한국전쟁과 함께 시작되어 10년간에 걸쳐 한국 경제학계에 급속히 수용·확산되었던 케인즈 경제학은 위와 같은 성격의 거시경제이론이었다. 이러한 케인즈 경제학의 수용과 확산은 〈표 10〉에 열거된 1950년대 경제학 교과서에서도 잘 드러난다. 1950년대 전반까지 경제 원론서는 대체로 한국전쟁 이전 발간되었던 최호진의 『경제학대요』와 유사한 형식, 내용을 담은 신고전파 경제이론에 근거한 것이었다. 1954년 홍우는 기존 자신의 『경제원론』을 수정·증보하여 『신고(新稿) 경제원론』을 출간했던 바, 그의 "신고" 내용은 국민소득과 유효수요 등에 관한 케인즈 경제학이었다. 그동안의 경제 원론서와 구성·내용에서 확연히 변별되는 케인즈 경제학에 의거한, 즉 국민소득 이론에 따른 거시경제학 교과서로서 1955년 고승제의 『경제학』과 이정환의 『경제원론』이 출간되었다. 1950년대 후반 이후 1960년대까지 다수의 경제

---

12 앨빈 한센(1887~1975)의 생애와 경제사상의 궤적, 그리고 케인즈 경제학이 미국에서 확고히 자리 잡는 과정에서 그가 수행했던 결정적 역할에 대해서는 小原敬士, 還曆のアルヴィン·ハンセン敎授, 『金融經濟』 第1號, 金融經濟硏究所, 1949; John E. Miller, "From South Dakota Farm to Harvard Seminar: Alvin H. Hansen, America's Prophet of Keynesianism", *The Historian*, Vol. 64, No. 3·4, Michigan State University Press, 2002 참조. 당시 재정 정책 세미나의 진지하고 열정적인 분위기에 대해서는 세미나에 참여했던 쓰루 시게토(都留重人)의 다음 글을 참조. 都留重人, 『アメリカ遊學記』, 岩波書店, 1950, 71~91쪽. 그리고 미국의 '케인즈 혁명'에 깊이 관여했던 한센, 갤브레이스, 새뮤얼슨 등 여러 인물들의 회고 인터뷰를 담은 David C. Colander and Harry Landreth (ed.), *The Coming of Keynesianism to America: Conversations with the founders of Keynesian Economics*, Edward Elgar, 1996 참조.

13 미국에서 케인즈 경제학이 뿌리내리고 주류화되었던 전반적인 과정에 관해서는 존 케네스 갤브레이스, 장상환 옮김, 『경제학의 역사』(*Economics in Perspective: A Critical History*, 1987), 책벌레, 2002, 제17~21장; 田中敏弘, 『アメリカの經濟思想』, 名古屋大學出版部, 2002; John Kenneth Galbraith, op.cit; Walter S. Salant, "The Spread of Keynesian Doctrine and Practices in the United States", Peter A. Hall (ed.), *The Political Power of Economic Ideas: Keynesianism across Nations*, Princeton University Press, 1989; William J. Barber, *Designs within disorder: Franklin D. Roosevelt, the economists, and the shaping of American economic policy, 1933-1945*, Cambridge University Press, 1996 참조.

<표 10> 1950년대 경제학 개설서, 원론서 목록

저자	서명	발행처	발행연도
洪又	經濟學入門	同志社	1953
洪又	經濟原論	探求堂	1953
崔虎鎭	經濟大意	一韓圖書出版社	1953
洪又	(新稿)經濟原論	一潮閣	1954
成昌煥	經濟學原論	第一文化社	1954
崔虎鎭	經濟學	世光出版社	1954
崔虎鎭	經濟學	博文出版社	1955
高承濟	經濟學	章旺社	1955
李廷煥	經濟原論	陽文社	1955
成昌煥	經濟原論	章旺社	1956
金斗熙	經濟原論	博英社	1956
洪又	經濟原論(改訂版)	一潮閣	1956
崔虎鎭	經濟原論(增訂)	普文閣	1957
成昌煥	經濟學入門	權英社	1957
金俊輔	一般經濟學	新明文化社	1958
洪又	現代經濟學槪論	乙酉文化社	1958
洪又	現代經濟原論	一潮閣	1959
李廷煥	新經濟學	進明文化社	1959
成昌煥	經濟學槪論	東進文化社	1959

원론서는 김두희의 『경제원론』(1956), 성창환의 『경제학입문』(1957) 등에서 볼 수 있듯이 전반부에 신고전학파 경제학을, 후반부에는 국민소득 이론을 배합하는 형태로 구성되는 경우가 많았으며, 점차 미국을 중심으로 한 경제학계의 국제적인 동향에 대한 시야와 이해가 확대·진전됨에 따라 그 기술 항목이나 내용 또한 일정하게 변화되어갔다.

이렇게 케인즈 경제학은 전쟁의 전선 교착과 함께 급속히 수용·확산되기 시작했지만, 동시에 케인즈 경제학 이론이 한국의 경제현실에 적합, 타당한 것인가에 관한 의문 또한 표명되었다.

이와 같이 하여 1936년 이래 자본주의 경제학은 일변하여 케인즈혁명 또는 케인즈학파라는 표현으로 세상에 나타나게 되었다. 그러면 이상과 같은 케인즈 이론이 미국을 비롯한 자본주의 제국에서 성공한 원인과 이유는 도대체 무엇인가. 그것은 두말할 것도 없이 현 독점·금융자본주의 단계의 세계공황을 능히 설명하여 그리고 극복의 방법을 지시할 수 있는 유일한 이론경제학이었기 때문이다. 이것은 틀림없이 케인즈의 수정자본주의의 이론이라고 하지 않을 수 없다. (…) 우리 한국의 학도는 이와 같은 사정을 충분히 고려하여 케인즈를 난용(亂用)하지 말기를 바란다. 선진 제국에서 케인즈를 말한다고 하여 우리 후진국에서도 그의 이론이 크게 적용되는 것 같이 보아서는 참으로 가소로운 일이라 아니할 수 없다.[14]

케인즈의 이론을 우리의 토양에 부식(扶植)하는 경우에는 어떨 것이냐 하는 점이다. 산업 고도화의 위에서 유휴(遊休)되어 있는 물적 인적 자원을 전제로 하는 과잉생산, 국내적으로 또는 국제적으로 수요의 문호가 닫히어 있는 과잉생산을 타개하기 위하여 나온 것이 바로 케인즈의 이론이다. (…) 그러니 이러한 풍중빈(豊中貧)의 이론을 우리나라같이 축소재생산과 비탄력적 인플레이션을 내용으로 하는 특성을 가지고 있는 빈중빈(貧中貧)의 마당에 유효공급을 최고 과제로 해야만 될 마당에 부식하여서 과연 국민경제의 후생을 꾀할 수 있을 것인가 함은 저윽이 의문이라 하지 않을 수 없다.[15]

---

14 崔虎鎭, 「(學究指針: 經濟學의 發達) 존 메이나드 케인즈」, 『商大評論』 2호, 서울大學校 商科大學 學藝部, 1953, 78쪽.

15 洪又, 「(餘滴) 經濟學 槪念의 究明」, 『大學新聞』 1954. 11. 29, 3면.

1950년대 한국 경제학계에서 케인즈 경제학이 급속히 확산되었으나, 위의 인용문에서 보는 바와 같이 고도로 발달한 자본주의 경제체제를 배경으로 산출되었던 케인즈 경제학이 미국 경제원조에 의존하고 있는 후진적인 한국의 경제체제에 적합한 것인가에 대해 회의적 시선 또한 표출되었음을 확인할 수 있다. 박희범 또한 클라인(L. R. Klein)의 *The Keynesian Revolution*(1947)을 번역 소개하면서 케인즈 경제학에 대해 "우리나라에서는 왕왕 '고도(高度)의 소비경제(消費經濟)에 알맞은 경제학'이라고 하며 이를 경원(敬遠)하는" 경향이 있음을 지적했다.[16]

이런 회의적인 반응과 문제제기에 대해 케인즈 경제학을 적극적으로 소개, 수용했던 이정환과 성창환의 대담은 당시 한국의 경제학자들이 케인즈 경제학을 어떠한 관점에서 주목, 수긍하고 있었는가를 살펴볼 수 있게 한다.

후진국가에 있어서는 소비를 억제하고 저축을 강화하여 자본형성을 완수함으로써 불완전고용을 해소할 수 있는 길이 열리게 되는 것이다. 이와 같이 선진국과 후진국에 있어서 불완전고용의 성격이 다르다고 한다며는 선진국가의 불완전고용을 분석하고 있는 케인즈 이론은 그냥 그대로 우리들에게 적용되어질수는 없을 것이나 그 이론이 가지고 있는 특색, 일국의 생산량의 현모(現模)와 그 변동을 구조적으로 파악하고 있는 방법만은 경제의 현실을 포착하는 분석도구

---

16 L. R. 클라인 著, 朴喜範 譯, 『케인즈 革命』(*The Keynesian Revolution*, 1947), 民衆書館, 1956, 「譯者序文」 ii~iii쪽 참조. 박희범의 번역은 일역서(L. R. クライン 著, 篠原三代平・宮澤健一 譯, 『ケインズ 革命』, 有斐閣, 1952)의 중역으로 판단된다. 1975년 한국의 경제학 발달사를 주제로 한 대담에서 강명규는 "50년대 중엽·말엽은 케인즈 경제학이 물밀듯이" 들어왔다고 하면서 "당시 원조경제하에서 소위 '소비가 미덕'이라는 사상을 배경으로 한 케인즈 경제학이 미국의 대량 원조와 동시에 도입되었던 사정이 사회적으로도 큰 영향을 미친 것"으로 평가하기도 했다. 姜命圭·趙璣濬, 「(卷頭對談·學問의 今昔) 經濟學의 發展과 時代意識」, 『서울평론』 69, 서울신문사, 1975년 3월, 13쪽.

로 이용되어도 좋을 것이다.[17](밑줄—인용자)

이상 논술한 바에 의하여 명백한 바와 같이 한국 경제의 당면 과제란 상업 자본과 산업자본으로 전화에 있으며, 이에 있어 핵심적 문제인 것은 투자 유인을 높임에 있다. 비록 케인즈는 고도자본주의사회에 있어서의 투자 유인의 문제를 해명하고는 있으나, 오늘의 후진경제사회인 한국에 있어서도 문제의 소재는 동일한 범주에 속하는 것이며, 다만 그것이 선진적 형태와 후진적 형태를 갖는 것만이 다를 뿐이다. 케인즈 경제학의 방법론만이 오늘의 한국 더 나아가서는 이여(爾餘)의 후진경제사회의 경제 문제를 진정으로 해결할 수 있는 관건이라는 것을 인식하게 되는 것이다.[18](밑줄—인용자)

이정환의 "일국의 생산량의 규모와 그 변동", 성창환이 말하는 상업자본에서 산업자본으로의 전화에 핵심적인 "투자 유인을 높임"에서 볼 수 있듯이 케인즈 경제학은 생산의 확충, 즉 후진국의 '경제성장' 문제와 결합하여 활용될 여지가 크다고 이해되었다.[19] 그러나 '경제성장'에 관한 추상적인 원리에 그치지 않고, 후진지역 경제가 직면한 대내외적 여건과 경제구조의 구체적

---

17 李廷煥, 「두 가지의 不完全雇傭」, 『東國月報』 1955. 5. 18, 3면.

18 成昌煥, 「韓國經濟와 케인즈經濟學」, 『高大新聞』 1955. 6. 27, 3면. 한국전쟁 이후 급속한 케인즈 경제학의 수용·확산 과정 속에서 케인즈 경제학은 한국의 경제현실에 유효한가에 관한 문제에 대해 성창환은 여러 지면을 통해 동일한 답을 내리고 있다. 成昌煥, 「經濟理論과 政策에 關한 基本考察—韓國의 經濟現實에 照應하여」, 『財政』 5권 1호, 大韓財務協會, 1956년 1월; 成昌煥, 「韓國經濟와 케인즈經濟學—케인즈經濟學은 後進國經濟에 무엇을 寄與할 것인가」, 『思想界』 1956년 4월호, 思想界社.

19 이와 유사한 맥락에서 박희범은 "케인즈經濟學의 革命的 性格은 經濟學의 方法을 價格理論을 중심으로 하는 微視的 分析으로부터 國民所得理論을 중심으로 하는 巨視的 分析으로 轉換시킨 점"에 있다고 평가하면서 케인즈 경제학은 "文字 그대로 '一般理論'이며, 後進國家 經濟學徒들"의 당면과제는 케인즈 경제학의 "分析方法과 그 原理를 過少生産이 支配的인 現象인 後進 經濟分析에 어떻게 적용하느냐라는 應用理論"에 있다고 주장했다. L. R. 클라인 著, 朴喜範 譯, 앞의 책, 「譯者序文」 iii쪽.

인 특성을 파악하고 이를 타개하여 경제자립과 발전을 추동할 수 있는 관점과 방법을 제시하는 작업이 필요했으며, 그것은 후술한 후진국 경제개발이론에 관한 관심으로 이어졌다고 할 수 있다.

잘 알려져 있듯이 케인즈의 『일반이론』은 '경쟁적 시장'이라는 가정 속에서 경제불황에 대한 단기 정태적 설명과 대응에 관한 이론의 성격이 강했다. 그에 따라 케인즈 경제학에 대한 이후의 연구흐름은 경쟁적 시장뿐 아니라 불완전경쟁, 나아가 과점시장 등을 가정하여 거시경제의 미시경제적 기초를 확장·심화하는 방향과 거시경제의 단기(短期) 정태적(靜態的) 성격을 장기(長期) 동태적(動態的) 이론으로 확장하는 방향으로 나아갔다고 할 수 있다.

1950년대 전반 케인즈 경제학의 수용이 급속히 이루어지던 초창기에는 케인즈 경제학을 '자유방임의 파산'과 수정자본주의의 이론으로서, 또는 국가의 정책적 개입을 통해 유효수요를 확대함으로써 자본주의의 경제적 모순을 타개하는 이론으로서 경제사상적 차원의 원론적인 소개가 적지 않았다. 그와 동시에 당시 미국에서 케인즈 경제학이 뿌리내리는 데 핵심적인 역할을 했던 한센(Alvin Hansen)의 장기침체(secular stagnation) 이론 또한 주목을 받았다. 한센의 장기침체 이론은 당대 미국 경제학자들이 전반적으로 공유하고 있던 제2차 세계대전 종전 이후 미국 경제, 즉 전시경제로부터 평시경제로의 전환 과정에서 나타날 경제불황에 대한 비관적 전망 속에서 도출된 것이었다.[20] 이와 같은 장기침체 이론과 그 전망이 경제학계를 지배하는 가운데 1940~50년대 초까지 미국의 자본수출과 원조 등을 통한 저개발국의 경제개발이 미국

---

20 한센, 사뮤엘슨을 비롯한 미국 케인즈 경제학자들은 대다수가 전후 미국 경제를 암울하게 예측하고 있었다. 이에 대해서는 William J. Barber, *Designs within disorder: Franklin D. Roosevelt, the economists, and the shaping of American economic policy, 1933-1945*, Cambridge University Press, 1996, pp 158~168; 실비아 나사르, 김정아 옮김, 『사람을 위한 경제학』(*Grand Pursuit: The Story of Economic Genius*, 2011), 반비, 2013, 16장 참조.

등 선진국에게 시장을 제공하거나, 또는 내부적인 경제안정과 완전고용의 실마리를 제공할 수 있다는 관측의 근거로 작동했다.[21]

1950년대 중반을 거치면서 케인즈 『일반이론』의 단기적(정태적) 성격, 나아가 장기침체에 대응하는 불황이론적 성격을 장기적인 성장이론으로 확대시켰던 해로드(R. Harrod)-도마(E. Domar) 모델을 바탕으로 한 케인즈 경제학이 적극적으로 수용·확산되었다.[22] 앞서 인용했던 경제학자들의 접근방식에서도 볼 수 있듯이 당시 후진국 경제의 입장에서 "경제발전상의 문제로 삼아야 하는 점은 재화의 소비보다는 재화의 생산방도 여하(如何)"라는 점, 그리고 "생산력보다는 재화 및 용역의 교류관계"의 "안정적 순환"에 치중하는 "화폐 중심의 이론방향" 또한 "제2차적인 고찰"의 위치를 차지할 수밖에 없다는 주장에서 그 적극적 수용의 맥락을 또한 엿볼 수 있다.[23] 이러한 적극적 수용을 바탕으로 해로드의 소득성장 모형(방정식) 'G(성장률)·C(자본계수)=S(저축률)'에 근거하여 일정한 국민소득을 산출하는 데 필요한 자본량(자본계수)을 계산하고 이를 바탕으로 새로운 투자필요액을 산정하는 방식이 이후 장기개발계획 작성의 이론적 프레임으로 활용되었다.

경제학 분야에 국한된 현상은 아니었지만, 1950년대 대학의 경제학 교육은 교수 인원의 부족으로 한 교수가 여러 대학에서 강의를 담당했으며, 관련 정부기관이나 주요 은행 조사부 등에 재직하고 있던 경제 전문가들의 대학 출강 또한 드물지 않았다. 이러한 당시 상황은 전후 정부의 경제자립, 경제재건 정책의 입안·실행, UN 원조 관련 기구나 한국 경제재건계획·정책 등에 자

---

21 안트(Heinz W. Arndt) 著, 安鍾吉 譯, 『經濟發展思想史』, 比峰出版社, 1989, 58~61쪽.

22 해롯트(Roy F. Harrod) 著, 李廷煥 譯, 『動態經濟學序說』, 一潮閣, 1958; 해롯트-도마·칼도-힉스 著, 李廷煥·李基俊 編譯, 『經濟成長의 모델』, 一潮閣, 1959; 洪又, 『現代經濟理論』, 一潮閣, 1959 참조.

23 李昌烈, 「後進國經濟理論提起의 根據」, 『財政』 5권 7호, 1956년 7월호, 21쪽.

문했던 미국 경제전문가들의 이론 체계 등이 경제학계에 용이하게 확산될 수 있는 여건이 되기도 했다. 특히 장기개발계획 수립을 위해 1958년 부흥부(復興部) 산하 산업개발위원회(産業開發委員會)가 창설되면서 정책 당국과 학계는 '경제개발'의 과제를 축으로 하나의 장을 형성해 나갔다. 그에 따라서 학계와 정책 당국의 경제전문가 집단에서는 상호 연관된 두 가지 방향의 논의를 전개했다.

하나는 당시 한국 경제의 현상과 특성을 체계적으로 설명, 진단할 수 있는 이론적 프레임이자 경제개발의 추진 방식을 가늠할 수 있는 '후진국 개발론'에 대한 검토였고, 다른 하나는 구체적인 경제개발을 위한 모델 빌딩에 관련된 이론적, 기술적 차원의 연구였다. 후자는 장기경제계획의 모형설계에 관한 연구와 함께 '산업연관분석(interindustry analysis)/투입산출분석(input-output analysis)'을 비롯한 이론적, 기술적 차원의 연구 또한 진전시켰다. 후자의 방향은 경제통계자료의 축적과 계량경제학, 수리경제학의 발전과 함께했는데, '장기개발계획'에 관한 기존 연구에서 다루어지지 않았다.

산업연관분석은 1930년대~1940년대 초반 레온티에프(W. Leontief)가 정립한 국민경제 분석방법으로, 레옹 발라(Léon Walras)의 일반균형이론 체계를 이론적 기초로 삼으면서 축적된 통계자료를 바탕으로 국민경제를 산업 부문별로 분할하여 부문별 상호의존·연관관계를 분석하는 방법이다. 이러한 분석방법은 거시적인 국민소득분석과 결합하여 자본주의적 경제계획 수립을 위한 핵심적인 수단으로 활용되었다.

1950년대 후반~1960년대 초반 이 분야의 연구에 두각을 나타냈던 경제학자로 강오전(姜五佺), 김준보(金俊輔), 변형윤(邊衡尹), 김영철(金榮澈) 등을 들 수 있는데,[24] 특히 당시 중앙대학교 교수였던 강오전은 자신의 연구 활동을 바탕으로 부흥부 산업개발위원회의 위촉에 따라 19개 부문으로 구성된 1957년 산업연관분석표를 산출했으며,[25] 이는 한국 정부의 경제통계자료가 충분치 않은 제약조건 속에서 초창기 장기개발계획의 수립을 위한 산업연관분석의 첫 성과였다. 당시 1957년도의 산업연관표를 작성하면서 강오전은 "한국의 경제적 제(諸)조건과 통계자료의 부족, 고도의 계산기 이용의 제약 등에 의하여 이론적으로는 옳은 원칙을 알고 있으면서도 결국 편의적인 취급과 경제사정이 유사한 각국의 통계수치의 이용과 때로는 대담한 가정을 두었"다고 고백했다.[26]

이후 1963년 국가재건최고회의의 지시로 한국은행에서 약 1년 6개월의 준비를 거쳐 43개 부문으로 구성된 산업연관분석 결과를 발표한 이래,[27] 주기

---

24 金榮澈, 「經濟成長計劃의 分析的 方法―産業聯關分析을 中心으로」, 『財政』 7권 4호, 1958년 4월; 金榮澈, 「産業聯關分析과 그 應用」, 『産業經濟』 55, 大韓商工會議所, 1958년 4월; 邊衡尹, 「産業聯關表에 關하여」, 『國民大學報』 8집, 國民大學學徒護國團, 1958; 姜五佺, 「産業聯關論의 必要性 關係」, 『財政』 8권 3호, 1959년 3월; 金俊輔, 『理論經濟學―케인즈 以後의 分析論體系』, 彩典社, 1961, 제10장 등 참조 한국의 초창기 산업연관분석론에 대한 개관은 김호언, 「한국의 産業聯關分析 연구와 經濟開發 計劃의 수립」, 『經營經濟』 44집 1호, 계명대학교 산업경영연구소, 2011 참조.

25 姜五佺, 「韓國經濟에 있어서의 産業聯關分析 試考―1957年度 産業聯關表를 中心으로」, 『論文集』 4집, 中央大學校, 1959 참조. 이 외에 1958년 산업연관표를 분석한 논문을 발표하기도 했다. 姜五佺, 『韓國經濟開發과 새經濟學』, 進明文化社, 1960, 「제8장 韓國에 있어서의 하나의 經濟開發計劃」 참조. 강오전은 1935년 보성고보, 1940년 日本 明治大學 商學部를 졸업하고, 해방 이후 1946년 大邱師範學校 敎論을 시작으로 1952년 전남대학교 상과대학 교수를 거쳐 1954년부터 중앙대학교 경상대학 교수를 지냈다. 1961년 8월 經濟企劃院 統計局長, 이듬해 調査統計局長을 역임했으며, 1963년 8월 이후 성균관대학교 교수로서 활동했다. 한국전쟁 이후 數理經濟學, 統計學 등에 관한 여러 저술을 남겼으며, 특히 1950년대 후반 강오전의 주요 논고는 姜五佺, 『韓國經濟開發과 새經濟學』, 進明文化社, 1960에 수록되어 있다. 그의 경력과 논저에 대해서는 姜五佺敎授華甲紀念推進委員會 編, 『姜五佺敎授 華甲紀念選集―數理 經濟學과 OR』, 博英社, 1974 참조.

26 姜五佺, 「韓國經濟에 있어서의 産業聯關分析 試考―1957年度 産業聯關表를 中心으로」, 『論文集』 4집, 中央大學校, 1959, 219쪽.

27 韓國銀行調査部, 『1960年 韓國經濟의 産業聯關分析』, 1964, 6쪽. 1960년대 한국은행에서 이루어진 산업연관분석에 대해서는 이찬구, 「개발·발전의 시대와 함께한 평생」, 서울대학교 상과대학56년입학동기 공동회고록편집위원회, 『松林의 精氣』, 기파랑, 2008, 29~36쪽 참조.

적으로 한국은행에서 분석 결과를 공표하고 있다.

2. '한국 경제'의 갈 길
—'필연'으로서 자본주의와 '전(前)' 자본주의 단계의 현실

이제 한국전쟁을 거치며 한국 경제학계를 주도했던 몇몇 경제학자들이 당대 조선 경제구조와 현실을 어떻게 파악하고 그것을 어떻게 타개, 극복하려 했는지 그 인식의 궤적을 살펴보자.

앞서 본 것과 같이 마르크스주의 경제학에 입각하여 1948년 『경제학입문』을 발간했던 고승제는 1946년 초반 당시 '조선 경제 재건'의 정책적 방도를 제시하는 글을 발표했다. 그는 조선 경제 재건의 과제는 "신조선의 국가건설"에 따른 "경제건설"과 "전 세계 경제의 전후 재편성"의 두 가지 차원이 겹치는 문제이기 때문에 복잡하고 곤란한 것이라 하면서도 "조선 경제 재건"의 "지향할 방면"을 다음과 같이 주장했다.

솔직히 말하야 조선은 자본주의적 전도(前途)를 가진 곳이 아니다. 그것은 대외적으로 보아 전 자본주의 세계가 발서 일반적 파탄 속에 빠져 있는 이때에 우리들만이 자본주의의 꽃을 관상(觀賞)할 수 있는 것이 아니고 대내적으로 보아서 아페서 지적한 사회경제제도의 잡다성을 극복하고 현 단계의 경제 체제의 불안정상태를 시정할려면은 도저히 자본주의 같은 것은 용허(容許)할 수 없기 때문이다. 이런 두 가지 구체적 조건 밑에서 금후 방향은 스사로 결정될 것이니 조선 경제의 부흥발전을 실현식히는 방도는 다만 계획경제 체제를 수립시키는 것뿐이

라는 사실에 모든 사고를 집중식혀야 되겠다.[28](밑줄—인용자)

위의 인용문에서 살펴볼 수 있듯이 고승제는 대내외적으로 조선은 자본주의 체제건설의 길이 허용되지 않는다고 단언했다. 이어 계획경제에 입각한 조선 경제 재건의 구체적인 방도로서 '농공 균형발전'을 제시하고, 균형발전을 위한 계기이자 기준을 "노동자원의 분배"에서 찾았다. "전체적 국민경제의 관점에서 노동자원을 생산 부면과 비생산 부면, 그리고 생산 부면 중(中) 농업, 공업, 건축사업, 운수체신, 상업-창고업 등으로 분류"하고 이를 "자본조건과 생산·분배·소비·확장 등의 광의의 생산조건을 고려"하여 그와 같은 조건에 적합한 적정인구를 배정하는 방식을 제시했다.[29]

특히 그는 "독자적인 공업건설"의 중요성을 강조하면서 국제적 상황을 별도로 고려하지 않을 경우 "조선 공업건설의 요건"으로서 "(가) 충분한 국내시장을 확립할 수 있게끔 공업의 확장과 적극화를 계획할 것, (나) 비교적 소자본을 요구하는 공업을 채택할 것, (다) 조선의 농산물과 광업자원을 공업개발할 것" 등을 제시했다. 이를 통해 "조선 공업화가 외래적인 것이 되는 경향을 방임"해서는 안 되며 "민족적 토착적 농공발전에 기초를 둔 자주적인 공업발전"이 이루어져야 한다고 주장했다. 특히 "장래할 중공업화를 지향하면서"도 우선적으로 "많은 인구를 흡수"할 수 있도록 "중소규모의 공업"을 다수 분산육성하는 길을 채택한다면, 자본주의 국가의 경기변동 파급을 방비할 수 있을 뿐 아니라 "농업 부분과 공업 부문 사이의 균형조건하에서 전체산업의 발전"을 이룩할 수 있다고 보았다.[30]

---

28 高承濟, 「朝鮮經濟再建論」, 『春秋』 續刊 제1호, 朝鮮春秋社, 1946년 2월, 5~6쪽.

29 위의 글, 7쪽.

30 이와 같은 고승제의 '조선 경제재건' 구상은 "계획경제 체제"에 입각한 것이라는 점에서는 이질적이지만,

이후 미·소대립과 좌우갈등 속에서 남북 경제의 분단이 가시화되는 가운데 한국 경제의 상황은 더욱 악화되었다. 1947년 하반기 그는 "조선 경제는 급속한 붕해(崩解) 과정을 돌진"하고 있다고 하면서 "생산 체계의 분열 내지 붕해로 인한 생산력의 감퇴, 재생산적 순환의 정체(停滯)"라는 위기를 극복하기 위한 "조선 경제 재건의 방도"는 "시대적 숙명인 생산력 발전"에 집중함으로써 "종래의 식민지 경제적 생산 체계를 국민경제적 생산 체계"로 재편성해 나가는 것이라고 주장했다.[31] 1946년 주장했던 '계획경제 체제'에 입각한 '조선 경제 재건'의 구상 대부분은 찾아볼 수 없었고, 현실 조선 경제의 위기요인을 어떻게 극복할 것인가의 문제가 주안이었다.

이어 남북 분단이 공식화되고 미국의 경제원조가 가시화되었던 1949년 중반, 그는 해방 이후 한국 사회는 "식민지적인 경제 체제에서 자주적인 국민경제 체제에로 재전환", "빈약한 생산력을 유럽이나 아메리카의 생산력에 못지않은 수준"으로 끌어올리는 것을 "자주경제"의 목표로 삼아왔다고 하면서, 이는 "수십 년 후에라야 비로소 도달할 수 있는 장기의 목표"일 뿐이기에 그보다는 지금 악화되고 있는 경제위기를 완화할 수 있는 응급 치료적 단기목

1950년대 후반 한국 경제학자들에게 널리 받아들여졌던 넉시(Ragnar Nurkse)의 '후진국 경제개발론'과 흡사한 측면이 있다. 뒤에서 상술하겠지만, 넉시는 후진국의 과잉인구와 결합된 농촌의 위장실업을 "자본형성의 원천"으로 간주하여 자신의 후진국 경제개발론을 구성했다. 앞서 살펴본 바와 같이 고승제는 케인즈 경제학과 칼레츠키(Michał Kalecki)의 경제이론에 대한 식견을 바탕으로 위장실업의 존재를 주목했던 것이 아닐까 추측해본다. 잘 알려져 있듯이 초창기 후진국 경제개발이론의 체계화에 선구적인 역할을 했던 로젠슈타인-로단(Paul Rosenstein-Rodan)이나 넉시의 후진국 경제개발론은 케인즈 경제학에서 주목한 '위장실업(disguised unemployment)'을 후진국의 농촌과잉인구에 적용한 것이라 할 수 있다. 이에 대해서는 Michele Alacevich, "The Birth of Development Economics : Theories and Institutions", *History of Political Economy*, Vol. 50 Supplement, 2018; Albert O. Hirschman, *Essays in Trespassing: Economics to Politics and Beyond*, Cabridge University Press, 1981, pp. 5~10.

31 高承濟, 「朝鮮經濟再建의 新方向―生産力發展을 中心으로」, 『朝鮮春秋』 1권 1호, 朝鮮通信社出版部, 1947년 12월, 36~37쪽.

표를 설정하고 추진해 나가야 한다고 주장했다.[32] 그와 같은 단기목표로서 생산능력의 증진, 생산부흥과 인플레이션 수속(收束)의 병행 추진, 수입의 삭감과 수출진흥 등을 들고, 특히 생산능력 증진을 위해서는 중소기업의 경영 협동화와 이를 경제원조, 외자도입과 연결시키는 방안을 제시했다.

앞서 살펴본 바와 같이 1949년 당시 경제이론의 측면에서 바르가(Evgenii S. Varga)의 마르크스주의 경제학을 높이 평가하고 "현대의 경제학"의 역사적 사명을 "세계 자본주의의 경제학"으로서 "현 단계의 세계 자본주의의 총기구를 분석"하는 것에서 찾았던 고승제는, 이제 악화된 조선의 경제적 현실 앞에서 효과적인 경제 정책의 수립과 실행을 통해 자립경제의 단초를 열어갈 방도를 제시하고자 했다고 할 수 있다.

그런데 한국전쟁 발발 이후 그는 "한국 경제에 관한 제반 문제를 전체적으로 분석 이해"할 때 "가장 기본적인 위치를 차지하는 문제"로서 "구라파 여러 나라 경제의 선진성에 대한 동양 여러 나라 경제의 후진성"의 규명을 제기했다. 다시 말해 "비단 한국 경제뿐만 아니라 동양 각국의 경제를 분석 이해하는 데 있어서" "제일 먼저 부닥치게 되는 문제"는 "구라파 여러 나라의 경제가 16세기를 출발점으로 고루히 근대화하였는데 반하여 동양 여러 나라의 경제는 어찌하여 그처럼 근대화하지 못하였는가"라고 했다. 그러면서 막스 베버의 『사회경제사』에 담긴 "동양 각국의 경제가 왜 근대화를 이룩하지 못했는가"에 관한 내용을 소개했다. 더불어 "구라파 여러 나라의 경제가 그처럼 맥맥하게 순조롭게 근대화를 이루게 된 원동력"으로서 "독립자영농민" "요-멘리-"의 경제적 성장에 따른 농업 근대화"를 들고, 이를 바탕으로 영국을 비롯한 구라파 여러 나라의 공업은 "이들 중산적 생산자층이 한 걸음씩 경제적

---

32   高承濟, 「自主經濟의 方途」, 『民聲』 제5권 제8호, 高麗文化社, 1949년 8월, 31쪽.

으로 성장해감에 따라서 근대화의 길을 걷게 되었다"고 하여 오쓰카 히사오(大塚久雄)의 경제사 연구에 의거하여 서술했다.[33]

정전협정 체결 이후 그는 "구미 제국의 생산력과 한국의 생산력"을 비교하면서 양자 사이에 "쌓이고 쌓인 차이", 혹은 "괴리(乖離)"를 지적하고, 이를 "세계사의 단계가 다르다"고 표현했다. "아직 근대화를 완료하지" 못한 한국 경제를 재건하려고 할 경우, "가장 앞서야 할 기본원리가 무엇이어야 할 것인가"라는 질문을 던진 후, "구미 제국의 역사 과정에 있어서 경제 체제의 근대화라는 동향이 그곳에서 개시되었던" 것이 "역시상 어떠한 사회적 사태의 생길 적에 그곳을 기점으로 하여 근대화가 현실로 진전하였는가"를 "부럽게 돌아다보면서" 그 속에서 "한국 경제 재건의 실체적 기초를 찾아내야 한다"고 했다.[34] 이와 같이 전쟁을 계기로 나타난 고승제의 사상적 변동과 유사한 양상은 뒤에서 살펴볼 최문환의 사상적 전환에서도 찾아볼 수 있다.

연희전문 상과를 거쳐 1941년 일본 릿교대학 경제학부를 졸업하고, 해방 후 국학대학과 동국대학 교수 등을 지냈으며, 한국전쟁 이전 '중도우파', '중간파'의 이념적 입장에서 『새한민보』 등을 통해 평론 활동을 전개했던 김상겸(金相謙)은 한국전쟁 이후 한국 경제가 처한 현실과 그 극복의 방향을 가늠하는 논고를 발표했다.[35] 그는 한국 경제의 후진성을 논하면서 자본주의 진영과 사회주의 진영이 대결하는 세계질서를 평가하는 가운데 "세계사가 도달한 현 단계"는 "두말할 것 없이" "자본주의라는 것만은 부정할 수 없다"고 하

---

33 高承濟,「韓國經濟의 歷史的 特質」,『商大評論』 創刊號, 서울大學校 商科大學 學藝部, 1952, 8~10쪽.

34 高承濟,「韓國經濟再建의 實體的 基礎」,『法律과 經濟』 1권 1호, 法律과 經濟學會, 1954, 47쪽.

35 金相謙,「(八一五特輯) 八一五의 歷史性과 展望」,『새한민보』 3권 17호, 새한민보사, 1949년 8월 25일; 金相謙,「(書評)『協同組合講話』讀書」,『協同』 24, 朝鮮金融組合聯合會, 1949년 9월; 金相謙,「'뉴딜'의 理論的 根據—美經濟政策管見(上)」,『새한민보』 3권 14호, 새한민보사, 1949년 6월 참조.

208   한국 사회과학의 기원—이데올로기와 근대화의 이론 체계

면서 현실 사회주의 진영에 대해 다음과 같이 규정했다.

> 그러나 일련의 주의자들이 주장하는 바와 같이 사회주의가 자본주의 다음에 올 발전 단계로의 새로운 맹아라고 판단하기에는 너무나 석연치 못한 바가 없지 않다. 그것은 사회주의가 현실에 있어서 자기를 관철시키고 있는 것은 다음과 같기 때문이다. 즉 사회주의는 의식적 혁명주의자의 전위(前衛), 공산당에 의하여 인도되고 강제되며 독재적 계획경제에 의하여 유지되고 있다는 것을 부정할 수 없는 것이다. <u>세계사의 현 단계에서 볼 때 사회주의는 필연적인 발전 단계라고 하기에는 너무나 의식에 의하여 강제되어 도달된 객관이라고 하지 않을 수 없다. 객관을 유도하는 의식 내지 주관이 아무리 과학적이라 할지라도 그것에 의하여 강제된 객관적 장면은 아무래도 객관적 필연에 의하여 도달된 것이 아니라는 것은 냉엄한 논리인 것이다.</u> 자본주의가 궁극에 있어서는 자체의 내부 논리로 해서 사멸할 것이라고 할지라도 자본주의의 현 단계가 벌써 그러한 단계에 도달하였다고 단정할 수는 없으며, 그러니만큼 사회주의는 그 자체와 관념의 강제 없이는 현 단계에 있어서 자기를 관철할 수는 없는 것이라 하겠다.[36](밑줄—인용자)

위 인용문에서 찾아볼 수 있듯이 김상겸은 현실 사회주의가 "의식에 의해 강제"된 것일 뿐이기에 "객관적 필연"일 수 없다고 보았다. 그렇기에 "오늘날 자본 제(諸)경제조직을 위협"하고 있는 것은 "객관적인 힘이라기보다는 제종(諸種)의 반(反)현실적인 이데올로기"에 지나지 않는다고 했다. 다른 글에서 그는 제1차 세계대전 이후 연속된 경제적 불황과 러시아혁명의 성공에 직면하

---

36 金相謙, 「經濟의 後進性과 自主性」, 『經濟學叢』 2호, 延禧大學校 商經大學 商經研友會, 1953, 11쪽.

여 "예언이 결정적으로 적중하는 양(樣)으로 확신을 가지고 소위 알게마이네 크리제(일반적 위기)를 단언"하고, 제2차 세계대전 이후에도 "쏘련의 어용학자 바르가에 의해 위기에 대한 새로운 발언이 되푸리" 되었음을 지적하면서 "현대 경제가 여전히 건재하다는 것은 엄연한 객관적 사실"이며, "모든 예언이 선동적 효과 이외에 아무것도 남긴 것이 없다"고 단언했다.[37]

그는 그와 같은 "강제적 이데올로기"가 제거된다면 "후진적 경제구조의 다음에 내두(來頭)할 발전 단계는 자본주의"라는 것이 "객관적 필연에 순응하는 과학적 태도"라고 주장했다.[38] 이어서 19세기 이래 자본주의 세계경제의 경과를 거론하면서 선진 영국 경제와 미국, 독일, 일본 등 후진국의 관계가 변동했던 상황 등을 지적하고, 그를 바탕으로 제2차 세계대전 이후 자본주의 세계질서 속에서 한국 경제가 처한 후진성의 특성과 극복 문제를 다음과 같이 평가했다.

이상에서 현 단계의 후진경제가 전일(前日)의 그것에 비하여 계제(階梯)와 입장이 다르다는 점으로써 시간의 장기차(長期差)와 선진의 성격차 두 가지를 지적하였다. 물론 그 외에도 지적되어야 할 점은 허다히 있겠지만 이것을 다음에 미루고 결론을 속히 말한다면, 금일의 후진이 후진성을 극복하는 데 오늘날 이미 선진화한 전일의 후진이 후진성을 청산한 바와 같은 산업자본의 형성 축적이라는 자체 능력의 배양에 의하여 선후진 마찰을 제거함으로써 시간성의 현실차를 전도시킨다는 식의 권토중래(捲土重來)는 거의 의문시되는 것이라 하겠다. 금일의 후진이 후진으로서 받는 제약은 극복해야 할 시간차에 있어서 원체 장기(長

---

37 金相謙, 「現代危機와 經濟」, 『延禧春秋』 1954. 6. 26, 2면.

38 金相謙, 「經濟의 後進性과 自主性」, 『經濟學叢』 2호, 1953, 12쪽.

期)이요, 대결해야 할 자본차(資本差)에 있어서 비교를 절(絶)한 대폭인 까닭에 일
격적(一擊的)으로 시간과 공간에 있어서 선진성의 쟁취라는 것은 거의 불가능에
가깝다고 할 것이다. 자본은 생산조직의 유지자라는 의미에서 공간적이요, 이
공간적인 자본의 대폭차를 줄이는 데는 장구한 시간을 요하는 것이기 때문에
그렇다는 말이다. 그러면 현 단계에 처한 후진국의 후진성이라는 것은 전일의
후진성과 다르다는 것은 명백하다. 그리하여 이것을 가리켜 왈(曰) 낙후적 후진
성이라 하자는 것이다.[39](밑줄—인용자)

위에서 확인할 수 있듯이 그는 "시간의 장기차와 선진의 성격차"를 근거
로 들면서 제2차 세계대전 이후 한국을 비롯한 후진국의 후진성을 "선진성의
쟁취"가 사실상 불가능에 가깝다는 측면에서 "낙후적 후진성"이라고 규정했
다. "선진의 성격차"라 함은 과거 19세기 영국과 달리 "금일의 선진은 독점 단
계의 고도자본주의"라는 점에서 과거처럼 원시적 방법으로 약탈을 감행하지
않지만, 후진국에 가하는 압박과 영향의 '강도'로 본다면 오히려 과거의 선진
과 비교할 수 없을 정도로 강력하다는 점이다. 그리고 "시간의 장기차"를 들
고 있다. 그는 19세기 선진-후진의 시간차가 30~50년 정도라 한다면 "한국과
같은 현 단계 후진"과 선진의 시간차는 150~200년이라고 보았고, 따라서 "오
늘날의 한국과 같은" 후진의 진정한 "위기"는 "인간 일대의 수명을 넘는 장기
차"로 인해 자본주의 경제로서의 선진성을 쟁취한다는 것이 갖는 곤란성에
있다고 평가했다. 그렇기에 그는 '낙후적 후진성'의 극복은 정치·법률·정책
전반의 통일적인 강력한 조치와 그것의 전개에만 기대할 수 있다고 주장했
던 것이다.

---

39 위의 글, 16쪽.

요컨대, 한국전쟁의 발발은 대공황과 제2차 세계대전을 겪으며 전 세계적인 정치경제적 체제변동 속에서 자본주의는 "지양될 운명"이라고 평가하는 가운데 이를 한국 경제 체제건설과 연관 짓던 한국 경제학계의 사상적 경향을 일변케 하는 결정적 계기가 되었다. 지양되어야 할 것이었던 자본주의 체제는 '객관적 필연'으로 긍정되었고, 그 속에서 한국 경제의 후진성은 '전(前)자본주의' 단계로 낙착되었다. 전쟁을 거치며 '필연'으로서 자본주의 세계질서 속에서 자본주의 선진과 후진의 역사적 거리는 더욱 현격하게 감각되었으며, 그러한 거리가 '전'자본주의와 자본주의 체제의 구도로 비춰지는 가운데 유럽 자본주의의 탄생 과정은 '부럽게 돌아봐야 할' 근대화의 경전으로 초점화되었다.

03

1950년대 후진국 개발론 수용과
경제발전 전략의 모색

제2차 세계대전 이후 본격적으로 체계화되는 '후진국 개발론', 나아가 '발전경제학'의 기원을 어떻게 파악하느냐는 논자마다 조금씩 다르지만, 대체로 제1차 세계대전과 제2차 세계대전 사이에 세계 자본주의 질서의 주변부(혹은 바깥)의 경험과 운동에서 그 기원을 찾아 볼 수 있을 것이다. 다시 말해, 첫째 쑨원(孫文)의 경제개발론 등에서 볼 수 있듯이 제1차 세계대전 이후 본격화되었던 식민지·반식민지 지역의 민족운동, 둘째 1920년대 이후 세계 자본주의 질서의 주변부 지역이었던 중·동부유럽에서 전개되었던 공업화·경제개발에 관한 논의, 셋째 1920년대 말 이후 소련의 급속한 공업화 전략과 그 이론 체계 등을 들 수 있을 것이다.[01] 물론 전후 세계 경제질서에 미친 영향으로

---

01 제2차 세계대전 이전 '저개발' 지역을 대상으로 한 경제개발론에 관한 역사적 개관으로는 안트(Heinz W. Arndt) 著, 金鍾吉 譯, 『經濟發展思想史』, 比峰出版社, 1989; 윌리엄 이스털리(William Easterly), 박수현 옮김, 『성장, 그 새빨간 거짓말』, 모티브, 2008, 2~3장; 윌리엄 이스털리(William Easterly), 김홍식 옮김, 『전문가의 독재』, 열린책들, 2016, 2~4장 참조. 이스털리는 20세기에 지속되었던 저개발 지역의 경제'개발'에 관한 접근방식이 "테크노크라트적 환상"에 기초하고 있다고 하면서, 제국주의·식민주의 권력과 탈식민 국가들에서 나타난 "테크노크라트와 권리를 바라보는 태도의 역사적 연속성"을 지적하며 비판하고 있다. 그는 그와 같은 "권위주의적 발전"에 대비하여 "자유로운 발전"을 설정하면서, "정치적, 경제적 권리를 행사하는 자유로운 개인들"에 의한 "자생적 문제해결"의 우위성을 내세우고, 기존의 지배적인 접근법이 갖는 문제점을 날카롭게 비판했다. 그러나 식민지로부터의 해방과 독립, 경제적 자립 등을 향한 정치경제적 열망

볼 때 제국주의 식민지배에 따라 나타난 식민지 경제의 특질을 파악하고자
했던 제국의 식민지 관료기구, 지식인들의 지적 체계화 작업이 미친 영향이
나 전간기, 특히 대공황 이후 점차 변화하기 시작했던 영국을 비롯한 제국주
의 열강의 식민지 개발론도 간과할 수 없을 것이다.[02]

그렇지만 제2차 세계대전 종전을 전후한 시기부터 본격화되었던 후진국
경제개발론 내지 발전경제학의 주류적 흐름은 전후 세계질서의 재편 과정에
서 자국의 헤게모니를 유지·확대하고자 했던 중심부의 전략이 주변부의 경
험과 문제설정을 포섭히면서 진행된 것이었다. 결과적으로는 실현되지 못했
지만, 제2차 세계대전 이후 영국은 나치의 지배로부터 벗어난 동·중부유럽의
전후재건과 발전을 주도함으로써 자신의 헤게모니를 확보하려 했고, 나치
를 피해 영국으로 망명한 로젠슈타인-로단(Paul Rosenstein-Rodan), 칼레츠키(Michał
Kalecki), 만델바움(Kurt Mandelbaum) 등 동·중부유럽 출신의 경제학자들은 영국
왕립국제문제연구소(Royal Institute of International Affairs), 옥스포드통계연구소(Oxford
Institute of Statistics), PEP(Political and Economic Planning) 등의 기관에서 활동하면서 동·중
부유럽의 경제개발에 관한 체계적인 이론적 저작을 산출했다. 이후 로젠슈

을 '일국' 단위로 분절하여 파악하고, "권위주의적 발전"으로부터 배제된 '빈자', '주민'의 문제를 '개인'의
권리와 이익 문제로 치환하여 접근한다는 점에서 '자유주의적' 입장이 갖는 일반적인 한계를 반복한 측면
이 적지 않다. 한편, 농업이 지배적이었던 동유럽(루마니아)의 경제적 상황을 중심부와 주변부의 관계를
중심으로 접근하여 보호무역과 공업화를 주장했던 루마니아 정치인이자 경제학자 마노일레스쿠(Mihail
Manoilescu)의 관점과 이론이 제2차 세계대전 이후 라틴아메리카의 구조주의, 종속이론 등으로 이어지는
흐름을 추적하고 있는 연구로서 Joseph L. Love, *Crafting the Third World: Theorizing Underdevelopment in Rumania
and Brazil*, Stanford University Press, 1996 참조.

02   20세기 전반 영국의 식민지 개발 정책에 관해서는 Stephen Constantine, *The Making of British Colonial Development
Policy 1914~1940*, Frank Cass, 1984 참조. 제2차 세계대전 종전 이전 영국의 제국주의·식민주의적 개발이론
이 종전 후 어떻게 변용, 전개되었는가에 대해서는 Uma Kothari & Martin Minogue (ed.), *Development Theory
and Practice: Critical Perspectives*, Palgrve Macmillan, 2002; Uma Kothari (ed.), *A Radical History of Development Studies:
Individuals, Institution and Ideologies*, Zed Books, 2005; Keith Tribe, "The Colonial Office and British Development
Economics, 1940~60", *History of Political Economy*, Vol. 50 Supplement, 2018 참조.

타인-로단 등이 산출한 저작들은 정통(orthodox) 발전경제학의 출발로 자리 매김되었다.[03]

한국(남한)의 경우, 해방 이후 안림(安霖)과 조선은행 조사부 등에 의해 1949년 UN에서 구상되었던 후진국 경제개발안이나 미국 트루먼 정권의 후진국 기술원조계획(Point IV Program)에 대한 소개와 비판이 이루어지기도 했으나,[04] 한국 경제학자들의 본격적인 관심과 논의는 한국전쟁 정전과 함께 전후재건과 경제부흥을 모색하는 과정에서 시작되었다고 할 수 있다.

냉전 속 참혹한 '내전'을 겪고 크게 전변된 대내외 질서하에서 전후재건과 경제발전을 이론적으로 모색하기 시작했던 당대 경제학계의 움직임을 대변하는 텍스트가 1955년 번역, 출간되었다. 바로 1951년 UN경제사회이사회에 보고된 『후진국경제개발방안』[05]과 넉시(Ragnar Nurkse)의 『후진국의 자본형성론』[06]이 그것이다.[07] 전자의 「역자서(譯者序)」를 쓴 당시 한국은행 조사부장 이호상(李豪商)은 "국제연합이 후진국 경제개발 문제에 관하여 기여한 연구 중

---

03 Michele Alacevich, "The Birth of Development Economics: Theories and Institutions", *History of Political Economy*, Vol. 50, Supplement, 2018, pp. 118~125; 안트(Heinz W. Arnt) 著, 金鍾吉 譯, 앞의 책, 51~52쪽.

04 安霖, 「後進國開發案과 民間投資의 是非」, 『經濟評論』 2호, 서울經濟硏究會, 1949; 安霖, 「世界後進國開發計劃案의 進展相」, 『協同』 1949년 9월호, 大韓金融組合聯合會; 「後進地域開發計劃의 前進」, 『世界經濟』 3輯, 朝鮮銀行調査部, 1950년 1월.

05 United Nations Department of Economic Affairs, 韓國銀行 調査部 譯, 『後進國經濟開發方案』(*Measures for the Economic Development of Underdeveloped Countries*, 1951), 韓國銀行 調査部, 1955.

06 R. 넉시, 朴東燮 譯, 『後進國의 資本形成論』(*Problems of Capital Formation in Underdeveloped Countries*, 1953), 大韓財務協會, 1955. 역자 박동섭이 넉시의 개발이론을 소개한 글로서 朴東燮, 「後進國의 資本形成論」, 『産業經濟』 35호, 大韓商工會議所, 1955년 11월 참조. 에스토니아 출신이었던 넉시의 생애와 그의 경제학에 관한 연구로 Rainer Kattel & Jan A. Kregel & Erik S. Reinert (ed.) *Ragnar Nurkse (1907~2007): Classical Development Economics and its Relevance for Today*, Anthem Press, 2009.

07 한국전쟁 이후 이른 시기에 후진국 개발이론을 소개한 글로는 '폐쇄경제' 체제하에서 "所得 1弗을 繼續 增加시키는 데는 몇弗의 資本投資가 必要한가", 즉 "後進國開發에 必要한 總資本額" 산정을 시도했던 싱거(Hans Wolfgang Singer)의 이론에 관한 다음의 논고를 들 수 있다. 朴東浩, 「後進國의 經濟의 特徵과 그 開發問題」, 『法律과 經濟』 1권 9호, 法律과經濟學會, 1954.

에서 가장 종합성과 구체성을 띤 노작(勞作)"이라고 하면서 "우리나라의 경제재건사업에 대하여도 극히 유익한 시사를 주는 것"이라고 번역의 이유를 밝히고 이 보고서에 대해 다음과 같이 평가했다.

후진국의 경제개발이라 하여도 그 방향과 한계에는 대외시장의 확보, 반공세력의 결집에서 본 선진국의 입장과 일차산업 편의의 시정, 경제자립의 달성을 목도하는 후진국의 입장에 따라 각각 그 견해가 판이하게 되는 것으로서 국제적 협력에 의한 경제개발을 추구할 때 이 양 견해 차이의 조정은 지난사(至難事)라 아니할 수 없다. 그러므로 국제연합이 그의 초국가적 입장에서 검토한 경제개발 문제의 파악은 후진국의 주체적 요구와 선진국의 세계 정책적 의도를 적극적으로 조화시키고자 노력한 것이라는 의미에서 그 가치가 높이 평가되어야 할 것이다.[08](밑줄—인용자)

당시 후진국 개발에 관한 선진국과 후진국의 입장 차이를 지적하면서도 선진국과 후진국의 관계는 '자유 진영'으로 제한되어 있을 뿐 아니라 양자의 입장 차이가 초국가적 기구인 UN에서 조화될 가능성을 타진하고 있다는 점에서 후진국 개발론의 이해와 관련하여 정전(停戰) 직후의 맥락과 관점을 살펴볼 수 있다.

후자의 경우, 그 번역이 이루어진 직접적인 인적 계기는 한국전쟁 발발 이후 급속히 늘어나기 시작했던 한국인의 미국유학과 관련된 것이었다. 이 책의 번역자는 미국 컬럼비아대학교에서 경제학을 전공하여 석사학위를 얻고, 귀국 후 당시 산업은행(産業銀行) 조사역(調査役)으로 있던 박동섭(朴東燮)이

---

08 United Nations: Department of Economic Affairs, 韓國銀行 調査部 譯, 앞의 책, 4쪽.

었다. 또한 박동섭의 유학에 앞서 컬럼비아대학교에서 경제학을 전공하고, 넉시를 지도교수로 박사학위논문을 준비하고 있던 이기홍(李起鴻)이 있었다.[09] 그는 학위논문 작성을 마치지 못한 채 1955년 귀국하여 한국은행을 거쳐 부흥부 기획과장을 역임하는 등 1950년대 후반~1960년대 초반 한국의 개발 정책 수립에 관여했던 핵심적인 경제관료 중 한 사람이었다는 점에서 넉시의 후진국 개발이론이 한국에 수용·확산되었던 맥락의 일단을 엿볼 수 있다.

넉시의 책이 번역 발간되자 서울대학교 상과대학 교수였던 김용갑(金容甲)은 "경제재건이라는 거대한 민족적 과업"에 당면하여 그에 대한 "이론적 연구와 반성"이 절실한 상황에서 이 책의 발간은 "경제학계의 일대 희소식"에 그치는 것이 아니라고 평가했다.[10] 넉시의 책을 포함하여 1950년대 중반 후진국 개발론이 본격적으로 경제학계에 소개, 수용되기 시작하자 한 중진 경제학자는 "근자에 영미 선진 자본주의 국가에는 물론 사회주의 국가에서도 웨치고 있는 '후진국 경제개발이론 및 정책'"에 대해 "경제학계는 지대한 관심"을 가지고 연구와 교육에 노력하고 있다고 했다.[11] 당시 고려대 교수였던 이창렬 또한 당시 "후진국 경제론에 대한 소개는 그 역사가 짧지만 소개된 이론의 흡수는 5~6월 한가뭄에 감로수(甘露水) 그대로의 모습"이라고 하면서 '후진국 경제'에 대한 이론적 검토나 한국에 적용하는 문제 등을 둘러싸고 경제

---

09 넉시의 경제학, 후진국 개발론에 대한 이기홍의 평가는 다음을 참조. 이기홍, 『경제 근대화의 숨은 이야기』, 보이스사, 1999, 84~155쪽; 李起鴻, 「均衡的 成長과 韓國經濟」, 『財政』 5권 9호, 大韓財務協會, 1956년 9월; 李起鴻, 「經濟開發과 經濟計劃의 理論的 背景」, 『復興月報』 7호, 復興部, 1957년 2월, 15~20쪽; 李起鴻, 「韓國資本形成實測에 關한 考察」, 『財政』 6권 3호, 大韓財務協會, 1957년 3월.

10 金容甲, 「(書評) 넉시 著, 朴東爕 譯, 『後進國의 資本形成論』」, 『京鄕新聞』 1955. 12. 1, 4면.

11 유네스코韓國總攬編纂委員會, 『유네스코韓國總攬』, 유네스코韓國委員會, 1957, 212쪽. 『유네스코韓國總攬』에는 '經濟·商學' 파트의 집필자가 명기되어 있지 않지만, 이후 최호진이 기명 발표한 다음의 논고를 볼 때 경제학 분야의 상당 부분은 최호진이 집필한 것으로 보인다. 崔虎鎭, 「韓國經濟學界의 今昔」, 『産業經濟』 59호, 大韓商工會議所, 1959년 1월 참조.

학계에서 큰 관심을 불러일으키고 있다고 했다.[12]

두 저작의 번역을 전후한 시기 이래 본격화된 후진국 개발론의 수용·확산양상과 그 구체적인 내용을 검토하기 전에, 몇 가지 측면을 염두에 둘 필요가 있다. 우선, 자본주의 질서에 입각한 후진국 경제개발이론은 1950년대 접어들면서 다기하게 산출되기 시작했으며, 미국 아이젠하워 정권의 대외 전략을 관통하는 제3세계 국가들의 경제개발에 관한 이론 틀이나 개발 모델은 구축되지 않았다는 점이다. 그렇기 때문에 당시 제3세계 국가들의 경제적 자립과 경제개발을 향한 실천이 진행되면서 그 성과와 시행착오가 드러나고, 또한 냉전질서하 국제정세의 변동 속에서 경제개발 전략과 정책에 관한 초점이 일정하게 변화하면서 기존 이론과 모델이 재검토되고, 새로운 접근방식과 이론적 체계화작업이 산출되어 주목받는 과정이 전개되었다는 점이다.

한국전쟁 이후 한국 경제학계에서 수용·확산되었던 후진국 개발론은 크게 두 개의 흐름으로 대별해볼 수 있다. 하나는 '경제' 영역에 한정되지 않고 후진국 사회구조의 특질을 문제 삼고, 이를 바탕으로 후진국 개발의 방향을 전망하는 논의였다. 따라서 이들 논의는 '순경제적' 원리가 분석의 핵심을 차지하기보다는 역사적·정치적·사회적 측면의 분석이 교차되는 것이었고, 그에 따라 좁은 의미의 경제 정책을 제시하시는 것이 주안점이라기보다 생활태도와 세계관, 의식 등 사회적 습속과 사회구조의 전반적 개혁, 재편 방향을 제시하는 것이었다. 따라서 1950년대 경제학계에서 소개·수용한 후진국 개발론은 이후 1960년대까지 정치학·사회학 분야 지식인들의 '근대화' 담론에서 그 영향을 지속했다고 할 수 있다. 다른 하나는 전자의 흐름에 비해 보다 경제 영역에 집중하여 후진국 경제의 현상과 특질을 진단하고, 이를 타개할

12　李昌烈, 「後進國經濟理論提起의 根據」, 『財政』 5권 7호, 大韓財務協會, 1956년 7월, 17쪽.

이론적 모델을 구축함으로써 경제개발 전략과 정책의 입안·실행을 가능하게 할 기본 프레임을 제공하는 것에 주안을 둔 논의였다.

1. 전후 일본의 후진국 개발론 수용과 사회적, 경제적 근대화론

먼저 '경제' 영역에 한정되지 않고 후진국 사회구조의 특질을 분석하여 개발방향을 모색하는 논의의 흐름을 살펴보자.[13] 한국 경제학자들은 네덜란드와 영국의 동남아시아(주로 인도네시아·미얀마)와 남아프리카 식민지배 경험에 바탕하여 이들 사회의 경제구조를 '이중사회(dual society)/이중경제(dual economy)', '복합사회(plural society)', 다인종사회(multi-racial society) 등으로 파악했던 부케(H. Boeke)와 퍼니발(J. Furnivall), 프랑켈(S. Herbert Frankel)의 연구를 토대로 개발의 저해요인과 이를 타개해 나갈 방향을 제시하고자 했다. 후진국사회와 경제에 관한 부케, 퍼니발, 프랑켈 등의 이론은 서구 식민지배라고 하는 외부의 충

---

13 이와 같은 흐름의 후진국 개발론을 담고 있는 1950년대 주요 논고는 다음과 같다. 위의 글; 崔文煥, 「後進國經濟開發의 一考察」, 『財政』 5권 12호, 1956년 12월; 崔文煥, 「亞細亞民族主義의 性格」, 『新世界』 1권 2호, 昌平社, 1957; 李昌烈, 「廣大한 貧困地帶」, 『財政』 6권 3호, 1957년 3월; 陸芝修, 「後進國經濟開發의 問題點」, 『高試界』 3권 6호, 國家考試學會, 1958년 7·8월 合併號; 李廷煥, 「後進國開發論」, 『自由春秋』 1957년 8월호, 自由春秋社; 高承濟, 「後進國經濟研究—그 基礎條件과 開發方式에 關한 論議」, 『現代』 1권 2호, 女苑社, 1957년 12월; 崔文煥, 「後進國經濟의 停滯性과 開發의 問題」, 『文理大學報』 6권 1호, 서울大學校 文理科大學, 1958; 尹吉炳, 「經濟·社會의 後進性克服의 길—新生民族國家를 中心으로」, 『財政』 7권 1호, 1958년 1월; 崔文煥, 「後進社會와 民族主義」, 『新太陽』 7권 6호, 新太陽社, 1958; 劉鑛舜, 「後進國經濟開發計劃과 그의 問題點」, 『法律·經濟』 1권 2호, 法律·經濟學會, 1958; 劉鑛舜, 『經濟政策學要論』, 日新社, 1958, 304~328쪽; 李昌烈, 「弱小國家의 經濟問題」, 『思潮』 1권 5호, 思潮社, 1958년 10월; 이정환, 『新經濟學』, 進明文化社, 1959, 237~246쪽; 金潤煥, 「後進國經濟開發論의 諸類型」, 『高試界』 4권 1호, 1959년 1월; 李昌烈, 「後進國이란 어떤 것인가?」, 『財政』 8권 3호, 1959년 3월; 李昌烈, 「後進國經濟理論 接近方法」, 『財政』 8권 5호, 1959년 5월.

격과 자극으로 인해 나타난 후진사회의 변동을 "근대적 서구적 요소"와 "전근대적 토착요소"의 접촉이라는 구도 속에서 파악했다. 그리고 이들 지역에서는 근대적·서구적 요소가 도시-농촌, 종교, 종족, 신분제 등 다양한 층위의 토착적 사회질서와 교착하는 가운데 각각 상호작용이 미미한 채 이질적인 형태로 동시병존하고 있는 사회구조가 형성되었다고 보았다.

부케, 퍼니벌, 프랑켈 등이 전개한 후진국 개발론은 그 내용과 강조점이 조금씩 다르지만, 1인당 실질소득이나 자본투하, 생산성 향상 등의 양적 기준으로 후진사회에 접근하는 순(純) 경제적 접근법에 대해 비판적인 입장을 견지하고 있었다는 점에서 공통적이었다. 또한 정도의 차이가 있을지언정 식민지배를 거치며 다양한 이질적인 요소가 상호작용이 미미한 채 온존·결합하여 형성된 사회구조를 대단히 정태적·정체적으로 파악하여 이들 사회구조의 변화 가능성에 대해 매우 비관적이었다는 점에서도 공통적이었다. 이들 중에서 비교적 변동 가능성을 인정하는 편에 속하는 프랑켈조차 지역의 이질적 사회구성 속에서 진행된 급속한 경제적 진보(economic progress)는 사회적 복지(social welfare)로 연결되지 않기 때문에, 각 지역의 특성에 조응하여 사회적 복지의 증진에 중점을 둔 완만한 성장을 추구해야 한다고 주장했다.

이와 더불어 후진국 개발에 관한 민트(H. Myint)의 논의 또한 주목받았다. 민트는 무엇보다 후진국 개발 문제의 관건을 식민지배로 인해 나타난 선진국과 후진국 사이의, 그리고 후진사회 내부의 경제구조 속에서 배태된 불평등성(不平等性)을 제거할 수 있는 대항력(對抗力)을 육성하는 것에 두었다. 그리고 그것과 연관하여 후진국 개발의 핵심을 자원의 저개발(underdevelopment of resource) 문제보다는 당시 국내 경제학자들이 '민도(民度)'라고 번역하여 이해했던, 즉 식민지배로 구축된 사회구조 속에서 정체되어 굳어졌던 '주민의 경제적 후진성(economic backwardness of people)'을 변혁하는 것이라고 주장했다.

그리고 1930년대 이후 말레이시아와 인도네시아 연구를 지속적으로 진행했던 하버드대학교 정치학 교수 에머슨(Rupert Emerson)의 동남아시아 지역에 대한 연구 또한 소개되었다. 에머슨은 당시 동남아시아에 경제적 진보를 바랄 수 있는 내적인 근거는 사실상 존재하지 않는다고 비관적으로 전망했다. 그런데 그러한 비관적 전망을 내렸던 이유, 원인에 대한 그의 설명이 중요하다. 그는 서구 산업혁명이 정신혁명의 산물이었듯이 이들 지역의 사회경제적 진보를 위해서는 자신들의 의도대로 정신적·물질적·사회적 환경을 개조하려는 창조적·능동적 의식이 필요한데, 아시아 민중의 생활과 사유방식에는 그것이 결여된 채 전통적 형태에 머무르고 있다고 보았다. 그래서 체관적(諦觀的)·수동적(受動的) 정신구조의 근본적 혁신과 사회기구의 준비가 없다면 근대적인 기계와 기술이 이식된다 해도 효과적으로 활용될 수 없다고 했다. 그 또한 아시아에서 서구적 교육이나 정치훈련을 몸에 익힌 소수의 지식계급과 엘리트들의 존재를 인정했지만, 그들은 인민에게 이질적인 존재로서 괴리되어 있을 뿐 아니라 정치적 부패와 반동적 퇴영에 빠질 가능성도 없지 않다고 보았다.

그리고 동남아시아에는 서구의 경제적·사회적·정치적 안정과 진보의 불가결한 요소였던 '중간계층(middle class)'이 결여되어 있으며, 향후 토착사회 내부로부터 공급되기도 힘든 상황이라고 평가했다. 이와 같은 여건 속에서 경제적 진보를 위해서는 첫째 활력 있고 효율적인 정부가 필요하며, 둘째 그것이 민주주의적 틀 속에서 추진되기 위해서는 광범한 개혁을 향한 대중적 요구가 있거나, 아니면 그와 같은 개혁에 대한 대중의 수긍과 협조적 의사가 존재해야 한다는 것이었다.

그런데 이와 같은 후진국 개발론의 내용을 보면 근대적인 것과 토착적인 것, 또는 근대적인 것과 전통적인 것의 이항 구도가 완연한 가운데 후진지역개발의 문제를 다루고 있다는 점이 눈에 띈다. 그런데 사회 내부의 이질성이 적지 않게 작동하고 있던 동남아시아와 한국의 사회구조가 갖는 차이로 인해, 그리고 급속한 후진국 경제개발에 대한 이들 이론의 비관적 전망 등으로 인해 한국의 경제학자들은 한국의 사회구조 분석이나 경제개발 구상에 이와 같은 이론을 직접적으로 결합시키는 경우는 많지 않다. 그렇지만 이들 논의는 당시 한국 사회에서 나타나고 있던 농촌과 도시의 격차, 산업 간 불균형, 계급·계층적 불평등 등을 환기하거나, 도시와 농촌이 이중경제(二重經濟)의 형태로 고착화되는 것을 경계하고 경제적·문화적 동질화의 과제를 제기하는 차원에서, 그리고 경제개발과 더불어 병행되어야 할 사회의 전반적인 후진성 극복과 근대화의 중요성을 강조하기 위한 논거로서 활용되었다.

그런데 이와 같은 후진국 개발론에 관한 한국 경제학자들의 소개와 활용도 주목되는 바이지만, 보다 흥미로운 점이 있다. 이들 이론을 소개했던 적지 않은 논고들을 살펴보면, 그 내용의 상세함이나 강조 지점에서 일정한 편차가 있기는 하지만, 상당 부분 내용이 유사하게 반복되고 있다는 점이다. 이러한 현상이 나타나게 된 이유는 무엇인가? 그것은 1950년대에 들어서면서 일본 경제학계의 후진국 경제개발론에 대한 연구가 진전되고, 주로 '동남아시아'에 관한 사회과학적인 연구들이 조직적으로 전개되기 시작하면서, 그러한 연구성과를 한국 경제학계가 수용했기 때문이었다. 동시대 일본 학계에서 산출된 지식의 수용은 후술할 경제개발이론의 전개 과정에서도 일부 확인할 수 있으나, 앞서 소개한 '후진국 개발론'에서 가장 완연하다.

그렇다면 주로 일본 학계의 어떠한 연구들을 수용하여 소개, 활용했던 것인가? 주요하게 참조한 것으로 현재까지 확인한 일본 학계의 텍스트를 발간 순서대로 배열하면 다음과 같다.

· 板垣與一, 『世界政治經濟論』, 新紀元社, 1951.

· 板垣與一, 「後進國開發理論の問題意識」, 『一橋論叢』 33卷 2號, 一橋大學, 1955.[14]

· 日本國際經濟學會 編, 『國際經濟』 第7號, 日本評論新社, 1955.

· アジア協會 編, 『後進國開發の理論』, 日刊工業新聞社, 1956.[15]

· 松井清 編, 『後進國開發理論の研究』, 有斐閣, 1957.

위에서 열거한 일본 학계의 연구성과들은 후진국 경제개발과 후진국 사회구조를 주된 대상으로 하고 있지만, 그 연구범위가 비교적 폭넓을 뿐 아니라 공통된 연구관점이나 학문적·사상적 경향이 존재한다고 평가하기는 어렵다. 그런데 이들 연구 중에서 한국의 경제학자들이 후진국 경제사회구조와 후진국 개발에 관한 내용을 서술할 때, 그 참조 텍스트의 출처를 밝히지는 않았지만 사실상 요약·번역의 수준으로 두드러지게 참조했던 텍스트가 이타가키 요이치(板垣與一)의 논저들이었다.[16] 따라서 위에서 소개한 후진국 사

---

14 이타가키 요이치(板垣與一)는 이 논문이 『アジア問題』(アジア協會 발행) 1954년 11월호에 수록된 자신의 논문 「後進國開發理論の問題狀況」을 대폭 증보·가필하여 작성된 것임을 밝히고 있다(같은 글, 165쪽). 이타가키는 1950년대 중반까지 자신이 수행한 동남아시아 연구와 함께 록펠러재단으로부터 '아시아 近代化의 起點'이라는 주제로 연구지원을 받아 1957년 9월부터 1년간 동남아시아, 중동을 거쳐 서유럽과 미국에서 문헌수집을 비롯한 현지조사와 연구를 진행하여 이를 토대로 박사학위논문을 제출했고, 이를 『アジアの民族主義と經濟發展』(日本經濟新報社, 1962)으로 출간했다. 이 단행본에는 「補論」으로 이 논문(「後進國開發理論の問題意識」)이 수록되어 있으나, 이타가키의 세미나를 수강했던 김영국(金泳國)에 의해 번역 출간된 『아시아의 民族主義와 經濟發展』(汎潮社, 1986)에는 이 논문이 "저자의 희망에 따라" 번역에서 제외되었다. 板垣與一 著, 金泳國 譯, 『아시아의 民族主義와 經濟發展』, 汎潮社, 1986, 「韓國語版에 보내는 序文」, 「역자후기」 참조.

15 이 책은 アジア協會에서 발행했던 『アジア問題』 1954년 11월호에 수록된 후진국 개발이론에 관한 논문들을 토대로 발간한 것이다.

16 내용이 다소 중복되어 있지만, 이타가키 요이치의 다음 논문들이 주로 참조·활용되었다. 板垣與一, 「後進國開發理論の問題意識」, 『一橋論叢』 33권 2호, 一橋大學, 1955; 板垣與一, 「後進國開發理論の展望」, アジア協會 編, 『後進國開發の理論』, 日刊工業新聞社, 1956; 板垣與一, 「經濟的後進性と經濟發展理論の課題」, 日本國際經濟學會 編, 『國際經濟』 第7號, 日本評論新社, 1955.

회·경제구조와 경제개발에 관한 내용은 사실상 이타가키 요이치의 일부 논저를 요약한 것이라 해도 과언이 아니다. 이타가키 요이치는 당시 동남아시아를 비롯한 후진지역의 경제개발이 성공하기 위해서는 민트(H. Myint)와 에머슨(R. Emerson)의 주장을 결합하는 형태와 유사하게, 국제적인 불평등성의 완화·제거와 후진국 내부의 주체적 조건, 즉 사회 내부의 이질성 극복과 전근대적인 사회구조, 생활태도의 변혁이 필요하다고 보았다.[17] 그 결과 동남아시아의 민족주의를 긍정적으로 평가하면서도, 그것이 공산주의와 결합하는 등 혁명적인 형태로 전개되기보다는 미국을 중심으로 한 서방세계의 적극적인 경제원조, 무역관계의 재조정 등과 결합함으로써 경제개발이 성공적으로 진척될 수 있다고 보았다.

이러한 이타가키 요이치의 논저를 비롯하여 1950년대에 본격적으로 산출되기 시작했던 전후 일본의 후진국 개발이론에 관한 연구들의 영향을 넘어서, 패전을 전후하여 일본 사회과학계에서 대두했던 막스 베버(Max Weber)의 '근대 자본주의'에 관한 이론, 그리고 그와 긴밀히 연결되어 일본 학계에서 주목받고 있었던 경제사 연구의 한 흐름을 수용, 활용하여 당대 한국 사회의 현실을 진단하고 '사회적·경제적 근대화'를 주창했던 한국 경제학계의 움직임이 있었다. 당시 이러한 흐름의 대표적인 경제학자로서 최문환과 배성룡 등을 들 수 있다. 한국전쟁 발발 이후 배성룡의 '근대화'에 관한 언설은 충분치는 않지만 기존 연구에서 검토된 바 있고,[18] 배성룡에 비해 후진국 개발론

---

17 이타가키 요이치의 사상과 활동에 관해서 최근 가라시마 마사토(辛島理人)의 연구서가 출간되었다. 辛島理人, 『帝國日本のアジア硏究―總力戰體制·經濟リアリズム·民主社會主義』, 明石書店, 2015. 가라시마는 패전 이전 일본 군부[陸軍]의 동남아시아 침략·점령 과정에서 결합했던 경제학자로서 이타가키 요이치의 동남아시아에 대한 문제의식과 학문적 경향, 그리고 이를 매개로 하여 패전 이후 그가 일본의 아시아 연구 재건 과정과 미국에서 산출된 근대화이론의 일본 내 수용·확산 과정에서 전개했던 활동 등을 분석하고 있다.

18 홍정완, 「전후재건과 지식인층의 '道義' 담론」, 앞의 책, 73~79쪽.

의 수용에 더욱 적극적인 모습을 보였다는 점에서 최문환의 '사회적·경제적 근대화'의 논리구조를 살펴보고자 한다.

　　선진국에서는 앞서 본 바와 같이 자영농민층과 공장제 수공업자들이 국민의 중핵적 존재가 되어 민부(民富)와 민권을 신장시켜 개인의 자유에 입각한 민족공동체를 형성하였다. 그리하여 산업혁명을 계기로 하여 근대사회를 형성하게 된 것이다. 그러나 (…) 후진사회에 자본주의가 침입할 때 사회경제 체제가 근대적으로 재편성되지 못하고 이중적으로 분리하게 된다. 동남아세아에 있어서 자본주의가 전자본주의사회에 침입할 때 다소의 변동은 있으나 전자본주의적 사회는 그래도 고유한 사회 체제로서 잔존되어 이중적으로 분화하는 사회를 형성하게 되었다. 이러한 경우를 부-케는 "사회이원주의(Social Dualism)"라고 일컫는 바 이곳에 "수입된 사회 체제와 기존의 토착의 사회 체제와의 충돌"이 나타난다고 보는 것이다. 특히 하-니발은 "복합사회(Plural Society)"를 형성한다고 보는 바 이러한 복합사회에 있어서는 "둘 또는 그 이상의 구성요소" 즉 사회층이 분리 병존하여 있으면서 그러나 융합되지 않고 한 정치적 통일 안에 포함되어 있는 사회이어서 문제가 복잡하다. 이러한 사회는 "등질사회"가 아니기 때문에 국민공동의 이해감(利害感) 연대감(連帶感)이 형성되지 않는다. 물론 국민경제구조가 동남아세아와 같이 그렇게 뚜렷이 나타나는 곳에는 과거의 식민 정책의 탓으로 그렇게 되었다고 할 수 있다. 그러나 이와 같이 국민경제가 뚜렷이 분리되어 있지 않다 할지라도 농촌과 도시, 농업의 열세산업(劣勢産業)과 공업의 우세산업(優勢産業)의 성장률이 불균형적으로 나타나게 되면 국민경제가 이원적으로 분리된다. 그리하여 농업에서는 영세농경에 의한 빈곤이 극복되지 않고 국민대중의 빈곤 위에 소수의 부문에만 "과시효과(Demonstration Effect)"만 커지게 된다.[19](밑줄—인용자)

위의 인용문에는 한국전쟁 이후 그가 한국의 경제적·사회적 현상을 진단하고 경제개발과 근대화를 주장하는 과정에서 동원했던 주요한 세 가지 관점 혹은 이론이 담겨 있다.

먼저, 앞서 소개했던 일본 학계의 부케(H. Boeke)와 퍼니발(J. Furnivall) 등의 후진국 개발론에 관한 연구를 수용하는 가운데, 이를 토대로 농촌과 도시, 농업과 공업의 불균형으로 인한 국민경제의 이원화(二元化)에 대해 비판적 입장을 취하고 있음을 확인할 수 있다. 또한 이와 같은 후진국가의 자본주의 체제하에서는 산업자본이 구축되지 못한 관계로 자본의 활동이 유통 부문에만 집중하여 단기적인 상업이익의 추구에 몰두하게 된다고 보았다. 민트(H. Myint)의 주장을 인용하면서, 이러한 경우 "자유경쟁의 원칙"을 적용하면 "중간상인 매개자에 의하여 이윤이 흡수"될 뿐 "외국의 민간자본"이 도입되어도 "공업발전을 촉진시키지 못하고, 도리어 선진국에의 수출생산자인 채취산업(採取産業)에 집중되어 부의 불균등한 분배만 촉진시키는 결과"를 초래한다고 했다. 그에 따라 "버-마와 같이 경제적 발달이 사회복리와 일치되지 않고 도리어 일반농민의 빈곤만을 가중케 하고, 외국 무역업자, 관리, 고리대업자만 번영케" 된다고 주장했다.[20]

나아가 에머슨(R. Emerson)이 주장한 바와 같이 한국 사회에는 근대적인 "물

19 崔文煥, 「後進社會와 民族主義—經濟問題 開發만이 克服의 길」, 『新太陽』 7권 6호, 新太陽社, 1958년 6월, 105쪽.

20 崔文煥, 「民主主義와 社會主義論—특히 後進國家를 中心으로」, 『自由世界』 1956년 10월호, 176~180쪽; 崔文煥, 「後進國經濟의 停滯性과 開發의 問題」, 『文理大學報』 6권 1호, 서울大學校 文理科大學, 1958, 13쪽.

적 기술은 도입되었으나 이를 운영하는 정신적 기술이 없다"고 하였다. 즉 "우리는 자주적으로 자본주의사회 및 시민사회를 형성하지 못하고", "외래적으로" "근대적 제도, 조직 기술 등의 모든 것을 수입"하여 "근대적 민주주의, 자본주의"를 실시하고 있다고 하면서, "외형적 기구, 조직은 용이하게 도입"될 수 있을지 모르나, "서구의 근대사회를 형성한 합리주의적 윤리", "자연을 인간 목적에 적합하도록 자연과학을 정복하면서 인간 사회생활을 합리적으로 재조직하는 근대적 정신"이 결여되어 있다고 간주했다. 그래서 "근대적 제도를 근대적 정신으로 운영하는 문제이어서 이에 적용하는 사회공학(social engineering)"이 절실하게 요구된다고 보았다.[21]

둘째, "자영농민층과 공장제 수공업자들이 국민의 중핵적 존재가 되어 민부와 민권을 신장"시켰다는 서술을 통해 막스 베버의 '근대 자본주의'론에 촉발되어 전개되었던 오쓰카 히사오(大塚久雄)의 경제사 연구를 수용했음을 알 수 있다. 최문환의 경제사상 형성과 전개라는 측면에서 시간적 순서로 본다면 위와 같은 막스 베버(Max Weber)의 '자본주의'론과 '동양사회'관, 오쓰카 히사오의 경제사 연구를 토대로 하는 가운데 이타가키 요이치 등 일본 학계에서 산출된 후진국 개발론에 관한 연구를 수용, 활용했다고 할 수 있다.[22]

---

21 崔文煥, 「經濟倫理」, 『思想界』 5권 2호, 思想界社, 1957년 2월, 262쪽. 위와 같은 후진국 개발에 대한 사회공학(social engineering)적인 접근의 중요성은 이타가키의 논문에서도 언급되었다. 板垣與一, 「後進國開發理論の展望」, アジア協會 編, 『後進國開發の理論』, 日刊工業閘社, 1956, 25쪽. 이 논문에서 이타가키는 유진 스테일리(Eugene Staley)의 *The Future of Underdeveloped Countries*(1954)의 내용, 즉 후진국의 성공적인 경제개발을 위해서는 물질적 생산공학(physical production engineering)만이 아니라 사회공학(social engineering)의 문제가 긴요하다는 주장을 소개했다. 이러한 주장은 이후 최문환의 저작에서 보다 분명하게 반복된다. 崔文煥, 『民族主義의 展開過程』(改訂版), 博英社, 1959, 478쪽.

22 최문환이 이타가키 요이치의 후진국 개발론에 관한 연구를 주목하여 수용·활용했던 사상적 배경으로, 이타가키 요이치 또한 그의 학문적 토대를 막스 베버에 근거하고 있었다는 점을 들 수 있을 것이다. 패전 이전 이타가키의 저술이었던 『政治經濟學の方法』(日本評論社, 1942)은 마르크스주의 계통의 정치경제학을 지칭하는 것이 아니라 군부 파시즘 체제하 전시통제경제가 실행되면서 슈판(O. Spann)과 고틀(Friedrich von Gottl-Ottlilienfeld)의 전체주의 경제학이 확산되고 '日本經濟學'(難波田春夫), '政治經濟學'(大熊信行)

최문환(崔文煥)은 1937년 와세다대학 제1고등학원 문과를 졸업한 후 와세다대학 정치경제부 경제학과에 입학했다.[23] 최문환은 학부에 입학하던 1937년부터 막스 베버와 좀바르트(Werner Sombart)의 저작을 읽기 시작했으며, "처음에 사회과학 방법론 연구의 일환으로 웨버의 저서를 보게" 되었다가 이후

등이 주창되는 가운데, 이들과 기존 신고전파 경제학에 근거한 '純粹經濟學'(中山伊知郎)과의 논쟁이 나타난 상황을 배경으로 한 저술이었다. 이타가키는 기존 경제학의 발달 과정에서 나타난 역사, 이론, 정책의 분리와 고립화를 비판하면서 베버이 사회과학 방법론, 즉 과학의 객관성과 기치 자유, 이론과 정책의 분리에 관한 베버의 입장을 검토했다. 그는 베버가 실천적 가치판단에 대한 과학의 기술적 비판 가능의 경지를 열어젖혔지만, 동시에 과학의 정책(실천)에 대한 위축현상을 불러일으켰다고 평가했다. 그의 '政治經濟學'은 역사, 이론, 정책의 통일화를 통해 이론의 정치성, 과학의 실천성을 회복시키려는 지적 기획의 산물이었다고 할 수 있다. 이에 대해서는 三笘利幸,「戰時期の經濟學におけるヴェーバー受容─板垣與一を中心に」,『情況』(第二期) 11卷 6號, 情況出版, 2000, 172~178쪽; 牧野邦昭,「戰時下の經濟學者」, 中央公論社, 2010,「第三章 思想戰なかの經濟學」; 長幸男·住谷一彦 編,『近代日本經濟思想史』II, 有斐閣, 1971, 219~226쪽; 早坂忠,「第3章 戰時期の經濟學」,經濟學史學會 編,『日本の經濟學』, 東洋經濟新報社, 1984 참조. 패전 이후 이타가키 요이치는 베버의 사회과학 방법론에 대한 기존의 입장을 수정·발전시키기보다는 베버의 '자본주의'론, '근대사회'에 관한 이론을 매개로 전후 일본의 아시아 연구 재건, 조직화에 뛰어들었다. 패전 이후 얼마 지나지 않은 시점에서 그는 당대 일본의 막스 베버에 관한 연구경향을 비판적 입장과 긍정적 입장으로 나누어 소개, 검토하면서 후자에 동조하는 논조를 보여주었다. 板垣與一,「マックス·ウエーバーの批判と攝取─戰後ウエーバー研究の綜觀」,『讀書俱樂部』4卷 1號, 讀書研究會, 1949. 그리고 '근대화'를 베버의 탈주술화, 합리화로서 정의하는 가운데 아시아의 근대화 문제를 검토하는 논고를 발표하기도 했다. 이 논고에서는 "아시아의 經濟의 後進性이나 停滯性"의 "經濟主體의 측면에서 주된 원인"을 "住民의 經濟意識 未發達"에서 구하는 논의가 많지만, "拘束없는 營利衝動을 魂으로 하는 유태적 賤民資本主義(Pariakapitalismus)"는 "결코 合理的인 資本主義일 수는 없다"고 하면서, 이 난제를 "아시아의 宗敎意識의 自己革新에 의해서 傳統主義를 超越하면서도 단순한 西歐의 合理主義도 아닌, 새로운 合理의 經濟精神이 발생할 가능성"을 제기했다. 이는 소위 '유교자본주의'론에 비추어서도 흥미로운 지적이라고 할 수 있다. 板垣與一,「アジアの近代化とは何か: 問題接近への覺え書」,『アジア問題』4卷 1號, アジア協會, 1956. 나아가 아타가키가 소개한 부케 등이 베버나 좀바르트의 '東洋社會'觀이나 '前자본주의시대 西歐의 도시와 농촌'에 관한 개념 정의를 답습하여 이를 토대로 후진사회의 특성을 파악했다고 지적하면서 비판적으로 검토한 小段文一,「第四章 社會經濟學派開發論의 批判的考察」, 松井淸 編,『後進國開發理論의 硏究』, 有斐閣, 1957 참조.

23 최문환(1916~1975)은 경북 경산(慶山)에서 출생하여 1934년 3월 大邱高等普通學校 4년 수료 후 1937년 3월 早稻田大學 第1高等學院 文科를 졸업했으며, 그해에 早稻田大學 政治經濟部 經濟學科에 입학하여 1940년 3월 졸업했고, 1942년 3월 早稻田大學 大學院을 수료했다. 해방 후 연희대, 고려대, 서울대 문리대 교수를 지냈으며, 1961~66년 서울대 상과대학 학장, 1966~70년 서울대 총장 등을 역임했다. 그의 경력에 대해서는 曉岡崔文煥先生記念事業推進委員會,『崔文煥全集』上, 1976, i~ii쪽 참조. 전집(全集)에는 그의 몇몇 논고가 수록되지 않았다. 이 책에서는 초출(初出) 서지를 표기한다. 최문환의 생애와 연구, 대학 강의 일화 등을 개괄한 글로 愼鏞廈,「崔文煥의 學問世界」,『서울평론』67, 서울신문사, 1975년 2월 17일 참조.

"그의 『프로테스탄트의 윤리와 자본주의정신』을 읽었다"고 회고했다.[24] 기존 연구에서 지적하고 있듯이, 일본 학계의 막스 베버 수용, 연구사에서 1930년 대 후반은 첫 번째 정점을 이루는 시기였다.[25] 당시 1936년부터 베버의 사회과 학 방법론에 관한 주요 저술이 일본어로 다수 번역되는 가운데, 1938년 가지 야마 쓰토무(梶山力)에 의해 『프로테스탄티즘 윤리와 자본주의 정신』(이하 『정 신』으로 줄임) 또한 번역되었다.[26] 1930년대 후반부터 패전에 이르는 시기 베버 사회이론에 대한 일본 학계의 지배적인 관심은 그의 사회과학 방법론에 있 었으나, 1930년 도쿄제국대학 경제학부를 졸업하고 1930년대 경제사 연구자 의 길에 들어섰던 오쓰카 히사오는 1938년을 전후하여 『정신』에 대한 기존의 비판적 입장을 전회(轉回)하는 가운데, 유럽 경제사 연구의 문제의식 또한 "전 기적(前期的) 자본"으로부터 "산업자본으로 성장해가는 루트"에 관한 것에서 "산업자본"의 형성을 "전기적 자본에 대항적인" 것으로 보면서 "중산적(中産

24 崔文煥, 「나의 學窓時節」, 『財政』 7권 1호, 大韓財務協會, 1958년 1월, 150~152쪽; 崔文煥, 『막스 웨버 硏究』, 三英社, 1977, 「序文」 참조.

25 20세기 일본 사회과학계의 막스 베버 수용에 관해서는 1964년 일본에서 열린 막스 베버 탄생 백주년 기념 심포지엄을 시작으로 지금까지 적지 않은 연구가 제출되었다. 이 책에서 참조한 주요 연구는 다음과 같다. 大塚久雄 編, 『マックス・ヴェーバー硏究―生誕百年記念シンポジウム』, 東京大學出版會, 1965; 内田義彦・小林昇 編, 『資本主義の思想構造―大塚久雄教授還暦記念』 III, 岩波書店, 1968; 山之内靖, 『日本の社會科 學とウェーバー體驗』, 筑摩書房, 1999; 나카노 도시오(中野敏男), 서민교·정애영 옮김, 『오쓰카 히사오와 마 루야마 마사오―일본 총력전 체제와 전후 민주주의 사상』, 삼인, 2005; 三笘利幸, 「ウェーバー研究史におけ る逆説―歴史の分断と密かな連続」, 『Quadrante』 1號, 東京外國語大學, 1999; 三笘利幸, 「戦時期の經濟學 におけるヴェーバー受容―板垣與一を中心に」, 『情況』(第二期) 11卷 6號, 情況出版, 2000; 三笘利幸, 「戦時期 における"沒價値性"論と"東亞共榮圈"―出口勇藏を手がかりに」, 『エコノミア』 53卷 2號, 横浜國立大學, 2002; 三笘利幸, 「日本における『倫理』受容についての一考察」, 橋本努・矢野善郎 編, 『日本マックス・ウエ ーバー論争』, ナカニシヤ出版, 2008; 볼프강・슈베엔트카(Wolfgang Schwentker), 野口雅弘 外 共訳, 『マックス・ウエーバーの日本―受容史の研究 1905~1995』, ズミス書房, 2013.

26 マックス・ウェーバー, 梶山力 訳, 『プロテスタンティズムの倫理と資本主義の精神』, 有斐閣, 1938. 가지야 마 쓰토무는 「譯者序文」에서 번역에 도움을 주었던 지도교수 혼이덴 요시오(本位田祥男)과 선배 오쓰카 히사오 등에게 감사를 표했다. 또한 가지야마는 막스 베버의 사회과학방법론과 『정신』을 둘러싼 논쟁을 소개하는 장문의 「譯者序說」을 실었다.

的) 생산자층"의 형성과 전개를 살피는 연구로 일변했다.[27] 최문환은 당시 이와 같은 일본 학계의 흐름 속에서 베버를 접했던 것으로 보이며, 특히 『정신』의 내용과 오쓰카 히사오의 경제사 연구에 상당한 관심을 기울였던 것으로 보인다.

그래서 해방 이후 그의 첫 저작이었던 『근세사회사상사』(1949) 상당 부분의 내용이 막스 베버의 『정신』과 오쓰카 히사오, 토니(R. H. Tawney) 등에 의해 이루어진 유럽 경제사 연구에 기대어 있음을 확인할 수 있다.[28] 그러나 『근세사회사상사』에서 최문환은 베버의 『정신』과 오쓰카 히사오의 경제사 연구에 대해 다음과 같이 비판적인 평가를 내렸다.

칼비니쯤의 사회윤리가 자본주의 정신의 발생에 공헌한 면도 있으나, 이에 관하여도 다음에 논급하기로 한다. 그러나 소위 자본주의 정신은 지리상 제발견에 의한 상업자본의 발달에 따라 대두한 것이며, 루내쌍스의 정치경제사상도 이에 배양적(培養的)인 구실을 하였다. 자본주의 정신의 발생에 일의적(一義的)으로 프로테스탄트의 윤리에서만 규정한다는 것은 편파적이라고 생각된다. [주註] 이는 웨버의[가] 이르는 자본주의 정신에 대립되는 것이다. 웨버에 의하면 근세의 영리욕(營利慾)은 특유한 영리(營利)의 윤리이며, 이 윤리의 담당자는 농촌의 요만층(자영농민)과 길드의 소패두(小牌頭)라 한다. 즉 산업혁명을 일으킨 '공장주층

---

27 이에 관해서는 나카노 도시오(中野敏男), 서민교·정애영 옮김, 앞의 책, 32~73쪽; 三笘利幸, 「ウエーバー研究史における逆說一歷史の分斷と密かな連續」, 『Quadrante』 1號, 東京外國語大學, 1999, 121~128쪽; 三笘利幸, 「日本における『倫理』受容についての一考察」, 橋本努・矢野善郎 編, 『日本マックス・ウエーバー論爭』, ナカニシヤ出版, 2008, 226~232쪽; 恒木健太郎, 『思想としての大塚史學一戰後啓蒙と日本現代史』, 新泉社, 2013, 72~84쪽.

28 崔文煥, 『近世社會思想史』, 大成出版社, 1949. 이 책은 前篇(중세사회, 1장~3장)와 後篇(근세사회, 4장~14장)으로 구성되어 있는데, 후편 제4장(近世經濟의 變革)부터 6장(宗教改革)까지, 그리고 제8장의 '東洋社會'에 관한 서술 내용이 특히 그러하다.

(Captains of Industry)'의 사회적 계보를 보면 중산적 생산층이었다. 자본주의의 기축적인 사회층은 귀족적 대상인과 모험적 금융업자 또는 독점적인 무역업자, 관용상인, 관용 금융업자, 식민지 기업가층이 아니고, '반농반공(半農半工)의 사회층'에서 연원하였다고 주장하는 것이다. 이러한 사실로써 웨-버-의 입론을 정당하다고 논증하는 것이 최근에 유력화하고 있다[大塚久雄 著, 『近代歐洲經濟史序說及西洋近世經濟史(新經濟學論集)』 참조]. 나는 서구 자본주의에 특유한 산업자본의 확립 및 중산적 생산층의 역할을 높게 평가하고저 한다. 그리고 이 중산적 생산층들이 봉건적 잔재를 파쇄하면서 신교도(新敎徒)로서 자본주의 정신을 체득하고 자본주의를 추진시킨 면을 명확히 하였던 점에 차라리 경의를 표하는 바이다. 그러나 이상의 동향은 자본주의 추진의 유력한 일면에 불과한 것이다. 경제사적으로 보드라도 상업자본이 산업자본으로 전환한 면도 적지 않으며 소위 본원적 자본축적은 반농반공의 중산계급층에 의한 금욕적인 절약 통제에서 초래되었나고 볼 수 없다. 이 섬은 「근세의 경제석 변혁」에 논급한 바이다. 자본주의적 발전에 따라 중산계급층이 자본주의를 추진시키는 유력한 일익(一翼)이 되어 신교도와 자본주의 정신의 신장과 이양(異樣)이 결부되었다고 보면 타당하다고 생각한다.[29](밑줄─인용자)

위 인용문에서 볼 수 있듯이 막스 베버의 『정신』과 베버의 "입론을 정당하다고 논증하는" 경제사 연구로서 오쓰카 히사오의 저술이었던 『近代歐洲經濟史序說』(1944)과 『西洋近世經濟史』(1941)에 주목하고 있음을 알 수 있다.[30]

---

29 崔文煥, 위의 책, 99~100쪽.

30 오쓰카 히사오는 1933년부터 1937년까지 발표했던 경제사 논문을 모아 첫 저작 『株式會社發生史論』(有斐閣, 1938. 2)을 냈다. 『株式會社發生史論』은 상업자본, 고리대자본 등 "前期的 資本"이 자본주의의 추진주체로 변화하는 과정에서 빌생하는 자본집중의 형태를 실증직으로 추직하는 것이었다고 한다면, 앞서 언급한 바와 같이 1938년을 전후하여 베버로의 전회와 동시에 경제사 연구의 문제의식 또한 변동했다. 최문

그러나 당시 최문환은 이와 같은 베버와 오쓰카의 주장에 대해 상업자본의 산업자본으로의 전환양상이나 "본원적 자본축적" 등을 들어 그것의 일면성을 지적하고 있다. 나아가 책의 말미(末尾)에서는 "막쓰 웨버가 시대의 숙명인 자본주의를 여하히 이념화하여도 그의 소위 자본주의 정신은 이제 그도 인정한 바와 같이 가치없는 잔재에 불과"하며, "이제 자본주의와 자유주의는 실천적 사회지도원리를 잃은 유물(遺物)로 전화"했다고 규정하면서, "마치 16세기가 사회적 전치시대(轉置時代)"였던 것과 같이 바야흐로 세계는 "대전치시대에로 답입(踏入)"하게 되었다고 바라보았다. "자본주의는 사회화, 계획화의 사회에로 일보 전진"하게 되었으며, "소련 같은 사회주의적 계획경제는 물론이어니와 대부분의 자본주의국가도 국민경제 총체로써 계획화의 동향은 필지적(必至的)"이라는 것이 그가 말하는 "대전치시대(大轉置時代)"를 상징하는 것이었다.[31] 즉 최문환은 막스 베버의 『정신』과 오쓰카 히사오의 경제사 연구로부터 많은 영향을 받으면서도, 대공황과 제2차 세계대전을 거치며 전 세계적으로 나타난 정치경제적 체제변동 속에서 자본주의는 "새로히 지양될 운명"을 맞이한 것으로 보았기 때문에, 그들의 주장이 당대의 새로운 정치경제적

환이 평가했듯이, 근대 산업자본주의의 사회경제적 계보를 '요면(자영농민)층'의 성장과 이를 모태로 한 농촌 매뉴팩처의 발달 속에서 성립한 "半農半工"의 "中山的 生産者層"에서 찾는 연구가 시작되었고, 그 첫 저작이 『歐洲經濟史序說』(時潮社, 1938. 12)이었다. 이 책의 연장선에서 자신의 논지를 보다 분명히 했던 저작이 『西洋近世經濟史』(日本評論社, 1941)였고, 『歐洲經濟史序說』의 구상을 확대하여 전면적으로 증정, 가필한 저작이 『近代歐洲經濟史序說』上卷(時潮社, 1944)이었다. 이에 대해서는 上野正治 編著, 松山智雄 序說, 『大塚久雄著作ノート』, 圖書新聞社, 1965, 28~35쪽 참조. 오쓰카는 학술지 등에 논문을 발표한 후 이를 모아 단행본으로 발간하거나, 발간 도서의 개정판을 발행할 때 첨가하여 수록 또는 보설(補說)로 재록하는 경우가 많았다. 따라서 그가 발표한 논문의 초출과 이후 단행본들에 수록되는 양상을 추적하며 검토할 필요가 있는데, 이러한 작업에 우에노 마사지(上野正治)의 『大塚久雄著作ノート』가 유용하다. 이외에도 패전 직전 오쓰카의 유럽 경제사 연구에 관한 문제의식을 살필 수 있는 텍스트로서 大塚久雄, 「本邦に於ける西洋資本主義發達史の研究に就いて」, 東京帝國大學學術大觀編輯全學委員會 編, 『東京帝國大學學術大觀—法學部·經濟學部』, 東京帝國大學, 1942; 大塚久雄, 「近世經濟史上に於ける農村工業」, 社會經濟史學會 編, 『社會經濟史學の發達』, 岩波書店, 1944 참조.

31 崔文煥, 앞의 책, 261~263쪽.

변동 상황에 부합할 여지에 대해서는 부정적으로 평가했던 것이다.

그러나 한국전쟁을 거치면서 최문환의 태도는 크게 변화했다. 정전협정 체결로부터 수개월이 지난 시점에 발표한 「막스 베버의 현대적 의의」에서 그는 "최근 해외의 학계에서 '외버-'의 연구열이 높아지며" 그에 대한 "새로운 재평가가 창도(唱導)"되고 있다고 지적하고,[32] "6·25동란을 맞아 빈곤의 심연에 빠져 이제는 동물적 생존을 지속"하고 있는 경제적 참상의 원인에 대해 다음과 같이 서술했다.

> 논자에 따라서는 이는 전시경제에서 오는 일시적인 현상이어서 원조물자를 받아 재건하면 경제적 번영은 필연적으로 도래하리라는 낙관주의자도 있고, 또는 이는 자본주의 경제의 고유한 체제모순에서 도래된 사회악이라는 비관주의자도 있을 것이다. (…) 원조경제의 도입 문제도, 자본주의 제도적 모순 문제도 그 기본에 있어서는 이 산업자본을 통한 생산, 재생산 과정의 국민경제 체제의 확립 위에 비로소 의의를 갖게 될 것이다. (…) 자본주의제도의 내재적 모순은 원래 생산의 과잉에서 초래되는 것이다. '풍부 안의 빈곤'이 문제로 된다. 그러나 현실 우리의 경제 문제는 생산의 과잉이 아니라 생산의 과소 및 생산의 과소재생산 과정에 있다. 따라서 우리의 경제 문제는 근대적 자본주의제도의 모순 이전의 것이다.[33](밑줄—인용자)

전화(戰禍)를 겪으며 "금전충동에 몸부림치는 수라장이 가열(苛烈)"하지만,

---

32 崔文煥, 「막스·외버-'의 現代的 意義」, 『文理大學報』 2권 1호, 서울大學校 文理科大學, 1954, 4쪽. 출전을 표기하지 않았지만, 이 논고는 青山秀夫, 『マックス·ウエ-バ-の社會理論』(岩波書店, 1950)의 내용, 특히 「第四論文 ウエ-バ-の中國社會觀序說」에 상당 부분 기대고 있다.

33 최문환, 앞의 글, 5~6쪽.

그것은 "빈곤의 누적, 축적 과정"에 다름 아니라고 하면서 그 극복방향을 "생산 재생산 과정의 확대"에서 찾았다. 위의 인용문에서 볼 수 있듯이, 한국전쟁 발발 이전 그가 주장했던 '자본주의의 계획화, 사회화'는 사라지고, 한국의 경제 체제와 현실은 "근대적 자본주의제도의 모순 이전"의 것으로 낙착되었던 것이다. 그는 당시 한국의 경제적 현상을 다음과 같은 관점에서 바라봤다.

> 물론 장기적 인프레슌은 일반물가등귀율(一般物價騰貴率)에 대비하여 실질임금이 저하되어 이윤이 산업자본(産業資本)의 축적으로 되는 경우가 있다. 그러니 아국(我國)에 있어서는 이윤의 획득이 산업자본으로 전환되지 않고, 유통 부문에 편중되어 상업자본화하여 물가등귀(騰貴)만 촉진시키고 있다. 이것이 단순한 상업, 고리대, 불환(弗換)을 하든지 그 형태 여하를 불구하고 상인자본주의 및 천민자본주의의 형태를 취하는 것과 또는 일부 특권 정치적 권력을 이용 결탁하여 영리를 얻고자 하는 정치적 자본주의의 형태를 취하는 2종류의 비근대적, 전기적(前期的) 자본주의가 지배적으로 행사되어 있다. 환언하면 서구에서 발생한 합리주의적 경영과 자유노동을 가진 부르조아적 산업자본주의와 [같이] 정상적으로 발전하지 못하고 있다. 그리하여 산업자본이 왜곡화하여 상업, 고리대자본, 금융자본, 정치적 권력과 이양(異樣)히 교직(交織), 혼효(混淆), 중적(重積)되어 있다. 이러한 기형화된 자본 성격이 국민경제의 전망적 발전과의 연관 없이 모리(謀利)를 위하여 치열한 쟁투의 마당을 연출하고 있다.[34](밑줄—인용자)

위의 인용문에서 살펴볼 수 있듯이 그는 전근대적(前近代的) 자본주의 형태로서 상인자본주의 혹은 천민자본주의와 정치적 자본주의를 들고, 이를

---

34 崔文換,「韓國經濟의 特徵」,『大學新聞』 1954. 11. 29, 3면.

근대적인 산업자본주의와 대립적인 것으로 규정하면서 당시 한국 경제의 상황이 "국민경제의 전망적 발전"과 무관하게 전자(前者)에 의해 지배되고 있음을 비판했다. 이는 막스 베버의 자본주의 형태에 대한 3가지 분류, 즉 상인자본주의 내지 천민자본주의, 정치적 자본주의, 근대적 산업자본주의를 기본 범주로 삼는 가운데, 전근대적 자본주의(상인자본주의, 정치적 자본주의)에 대해서는 "일시적으로 광야(曠野)의 귀화(鬼火)와 같이 활약"하지만, "지속적으로 경제사회의 전반을 발전시키지 못하고", "경제사회의 외피에만 영향을 주다가 소멸"하는 것으로 규정한 반면, "근대적 자본주의는 생산력을 확대시키면서 모든 산업 부문을 연쇄적 연관적으로 변혁시키고 경제사회를 전 구조 근대화시키면서 사회를 전진"시킨다고 대비하여 파악한 것이었다.[35]

나아가 '경제윤리'에 관해서도 전자(前者)는 "유통 부문에서 기만행위와 독점, 정치적 권력을 남용해서 이익"을 추구하는 "비근대적 자본주의 정신"의 발로로서 "정상적인 근대적 자본주의 정신에 의한 것이 아니"라고 하고, "근대적 자본주의 정신에 있어서는 경제와 도덕은 상호대립 배척되는 것"이 아니라 "상호보충적인" 것이라고 했다. 그는 당시 한국 사회에서는 오직 "산업자본을 주축으로 하는 경제적 재생산 과정을 강력히 발전시키는 경제 체제의 토대 위에 소위 근대적 자본주의 정신을 앙양"시키는 것이 급무라고 역설했다.[36]

이와 같이, 한국전쟁을 거치면서 최문환에게서 "가치 없는 잔재에 불과한 자본주의 정신", "사회화와 계획화"에 의한 '자본주의의 지양'이 이루어지

---

35 崔文煥, 「後進國經濟開發의 一考察」, 『財政』 5권 12호, 1956년 12월, 11~12쪽.

36 崔文煥, 「經濟的 倫理의 問題」, 『財政』 5권 6호, 1956년 6월, 10~11쪽. 한국전쟁 이후 최문환이 집필한 대다수의 논저에서 이와 같은 베버-오쓰카의 관점과 학설을 쉽게 찾아볼 수 있지만, 특히 다음의 논고에 상세히 서술되어 있다. 최문환, 「社會思想의 諸類型에 關한 序說」, 『思想界』 4권 4호, 思想界社, 1956년 4월; 崔文煥, 「經濟倫理」, 『思想界』 5권 2호, 思想界社, 1957년 2월.

고 있는 "대전치시대(大轉置時代)"라는 관점은 급격히 자취를 감추고, 근대 산업자본주의를 '정상적', '합리적'인 것이라 설정하면서 그 이외의 자본주의 형태에 대해서는 '비상적', '비합리적'인 것으로 치부하는 관점을 확고히 하는 형태로 변화했다. 그에 따라 베버가 설정한 '근대 자본주의'는 한국 사회의 목표이자 비전으로 변화하는 가운데, 이를 매개로 현실 사회경제적 질서를 전근대적인 것이자 비합리적인 것으로 규정하여 비판하는 언설을 지속적으로 전개했고, '근대화'의 내용 또한 그러한 구도 속에서 제시되었던 것이다. 즉 한국전쟁을 거치며 최문환에게 베버-오쓰카의 학설은 '과거의 것'에서 '미래의 것'이자 '지향해야 할 것'으로 변환했던 것이며, 이것은 '세계적 동향'과 결부하여 '자본주의의 지양'을 전망하던 구도에서 '전근대 자본주의'-'근대 자본주의', '선진사회'-'후진사회'의 구도로 급격히 전화되는 가운데 한국 사회의 경제적 현실과 향후 진로를 타진하는 것으로 크게 변화했던 것이다.[37]

이와 같은 베버의 '자본주의'에 관한 학설이나 오쓰카 히사오의 유럽 경제사 연구는 한국전쟁 이후 최문환에게 후진국 경제의 현상을 진단하고 설명하는 기본 관점이자 이론 틀로서 자리 잡게 되었다.

자주적으로 근대적 자본주의를 발전시키지 못한 후진국에 있어서 앞서 본 바와 같은 전근대적 자본주의는 완전히 지양되는 것인가? 후진국가는 선진국의 자본주의의 충격에 의하여 비로소 자본주의화의 과정을 밟게 된다. 그러나 전형적으로 발전한 서구와 같이 중산적 생산자층에 의하여 자주적으로 산업자본을 발전시키지 못한 후진국에 있어서는 상인자본주의 및 정치적 자본주의가 완

---

37 조기준(趙璣濬) 또한 아시아의 침체성, 정체성과 대비되는 서구의 시민사회 형성 과정을 오쓰카 히사오의 학설에 의거하여 설명했다. 趙璣濬, 「아시아 社會의 沈滯性―社會·經濟面에서의 考察」, 『現代』 1권 2호, 女苑社, 1957년 12월, 51~54쪽.

전히 청산되지 않는다. 구(舊)상인층 또는 정치적 배경을 가진 사회층이 산업자
본가로 전화하는 것이나 근대적 합리적 자본주의를 형성하지 못한다. 정치적 권
력에 의뢰하여 이권, 특권, 거액 융자를 얻는다든지 귀속재산을 불하받는다든지
또는 특별히 외국 무역에 혜택을 받을 경우에는 이는 전근대적 자본주의에로
지향한다고 아니할 수 없을 것이다. 이러한 전근대적 자본주의가 지배하는 곳에
는 일부 소수의 특혜자들만이 부유하게 되어 대다수의 국민은 여전히 빈곤상태
를 극복하지 못한다.[38]

앞서 살펴보았던 『근세사회사상사』에서 표명되었던 막스 베버의 『정신』
과 오쓰카 히사오의 경제사 연구에 대한 비판적 입장은 한국전쟁 이후 찾아
볼 수 없게 되었다. 그런데 최문환은 이미 『근세사회사상사』 말미에서 베버
의 "소위 자본주의 정신은 이제 그도 인정한 바와 같이 가치없는 잔재에 불
과"하다고 썼던 바와 같이, 베버가 '자본주의 정신'이나 근대 자본주의 질서
의 미래에 대해, 그리고 근대 관료제의 발달과 확장이 초래할 문제들에 대해
낙관적으로 전망하지 않았다는 것을 알고 있었다. 그에 따라 한국전쟁 이후
발표한 논고에서도 그와 같은 베버의 비판적인 전망과 성찰을 다루고 있지
만,[39] 그에 대해 최문환은 "자본주의 정신"의 "변질 과정" 문제는 "선진자본주

---

38 崔文煥, 「後進國經濟開發의 一考察」, 『財政』 5권 12호, 1956년 12월, 13쪽.

39 정전(停戰) 직후 발표한 논고에서 최문환은 막스 베버의 "近代 資本主義와 近代 官僚制"에 관한 이론만 가
지고 "後進國家인 우리의 社會와 結付"시킴으로써 베버의 "現代史의 課題"를 몰각하는 것 아니냐는 "讀
者"의 시선을 유의하고 있었다. 그는 "鐵의 外殼과 같은 冷徹한" 近代官僚制化의 過程에 近代的 自由를
어떻게 確保하는가, 人間의 自由를 어떻게 살려 나가는가 하는 問題는 외버-의 問題인 同時에 現代世界의
基本的 課題"라고 했고, "장래의 사회주의" 또한 관료제를 약화시킬 수는 없을 것이라는 베버의 주장을 소
개하기도 했다. 崔文煥, 「'막스·외버-'의 現代的 意義」, 앞의 책, 12~14쪽. 그러나 베버의 사회이론에 담긴
"현대사적 과제"에 대한 그의 관심은 이후 더욱 주변화되었다.

의의 경제윤리 문제이어서 우리의 문제는 아니"라고 잘라 말했다.[40] 또한 "합리화의 필연적인 과정"으로 위기에 처한 "현대인의 운명"에 대한 베버의 문제제기를 연구할 가치가 있다고 하면서 전후 미국의 산업사회학 등 새로운 학문적 동향을 언급했지만, 이 또한 "고도로 발달한 서구 근대사회의 문제"라고 했다.[41] 그는 "우리는 전근대적인 요소를 많이 지니고 있으므로" 베버가 분석한 "가산적(家産的) 관료제 및 전근대적 자본주의, 즉 상인자본주의와 정치지향적 자본주의를 검토하고 이를 극복하는 이론 및 실천을 강구하는 것이 더욱 긴요할 것"이리고 결론지었다.[42]

이와 같이 최문환은 막스 베버의 '근대 자본주의' 이론과 오쓰카 히사오의 경제사 연구를 결합하여 '근대화'를 정의하고 그 역사상을 정립했다. 그렇다면 '전근대적인' 한국 사회는 구체적으로 어떠한 과정과 정책을 거쳐 경제

---

40 崔文煥, 「經濟倫理」, 『思想界』 5권 2호, 思想界社, 1957년 2월, 262쪽.

41 제2차 세계대전 이후 일본과 미국 등에서 활발히 전개되었던 막스 베버에 관한 연구를 토대로 『막스 웨버』(思想界社出版部, 1960)를 출간했던 황산덕의 관점은 최문환과는 다소 달랐다. 황산덕은 "지금 서양에서는 '現代文明의 危機'니 '不安'을 말하고 있으나, "이러한 위기 또는 불안이 모두 근대적 관료제의 産物이라는 것을 잊어서는 아니된다"고 하면서 "근대적 관료제"가 초래한 "필연적인 결과"로서 "인간성 상실"을 지적했다. 그는 "家産官僚制的"이고 "구시대적인 것을 청산하고 근대적인 관료제의 확립에 전력"을 기울여야 한다고 하면서도 "미국을 위시하여 서양의 여러 나라에서" "재검토 또는 그 시정방책의 수립에 협안"이 되어 있는 "惡魔의 官僚制"를 그대로 모방해야 한다는 생각은 어리석다고 했다. 黃山德, 「官僚制의 過去와 現在」, 『思想界』 1959년 9월호, 27쪽. 나아가, 한국 사회가 "대번에 프로테스탄트의 철저한 생활의식에 그대로 빠져 들어갈 수는" 없을 뿐 아니라 "서양 사람들이 오늘날은 근대화에 환멸을 느끼며 동양의 발견을 위해 노력"하고 있는 점을 들어 "우리가 가지고 있는" "참된 가치"의 재발견을 위해 반성해보는 것이 필요하다고 주장하기도 했다. 黃山德, 「事大的 카리스마와 東洋의 再發見」, 『思想界』 67, 思想界社, 1959년 2월; 黃山德, 『막스 웨버』, 思想界社出版部, 1960, 「머리말」과 「第六章 政治와 責任倫理」 참조.

42 崔文煥, 「웨버의 近代資本主義 省察」, 『思想界』 1960년 6월호, 思想界社, 279쪽. 1950~60년대 한국의 '막스 베버' 이론 수용 문제를 다룬 기존 연구들은 최문환, 황산덕, 국민윤리교과서 등에 나타난 전유, 활용 양상을 검토하여 '근대화 이론의 대부'이자, '사적 유물론에 대한 방파제' 혹은 '반공교육'에 활용되었던 측면을 지적했다. 이종현, 「'자본주의 옹호자'로서의 막스베버(Max Weber)?—그 수용의 '한국적 기원'에 대한 탐구」, 『한·독사회과학논총』 15권 2호, 한·독사회과학회, 2005. 이 연구는 패전 이전 일본의 막스 베버 수용·연구 경향을 주목하지 않는 가운데 최문환의 경우 한국전쟁 이후의 텍스트만 제한적으로 검토했기 때문에 그 전회양상 등이 분석되지 않았다. 또한 베버의 자본주의와 관료제에 대한 비관적 전망 등에 대한 최문환과 황산덕의 평가 문제도 다루지 않았다.

적·사회적 근대화를 이룩할 수 있을 것인가? 논리적으로 본다면, 그에게 경제적·사회적인 측면에서 근대화의 핵심은 '중산적 생산자층'의 육성일 것이고, 이를 정책적으로 촉진하기 위한 경제개발이론으로서 넉시(R. Nurkse)의 '후진국 경제개발이론'을 채택, 활용하였다. 그는 넉시의 『후진국의 자본형성론』에서 개진된 '빈곤의 악순환' 문제를 요약한 다음, 다음과 같이 썼다.

> 공업화가 후진국 경제의 초점이 되는 것을 췌언할 필요는 없다. 그러나 공업화를 반드시 중공업화로 의미하는 것이 아니라 후진국에 있어서는 경공업, 중소공업을 효과 있게 발전시키는 것이 유리하다. (…) 그러나 산업 부분에 따라서는 대경영만이 유리하다고 할 수 없다. 선진국가에 있어서 경영을 지방적으로 분산시켜 능률을 높이는 경향이 현저히 나타나고 있다. 스위스의 유명한 에리콘 기관총의 부분품은 유타산맥에 산재되어 있는 많은 소공장, 가내공장에서도 생산하고 있다. (…) 이러한 중소기업을 발전시킬 여지는 광범하게 있다. 그러므로 <u>이러한 공업을 좀 더 대규모적으로 광범하게 지방에 분산·확대시켜 공업화를 촉진시켜야 한다. 이는 경제적으로 농촌의 위장실업을 흡수하고 국민경제를 발전시키는 문제인 동시에 사회적으로도 건전한 중산국민층을 배양하는 문제로 된다. 이러한 경제적 발전을 촉진시켜야 후진국의 빈곤이 극복되는 것이며, 이러한 경제적 발전이 있어야 비로소 정치적 민주화가 성취되는 것이다. 따라서 후진국 경제발전의 문제는 민주주의 성취의 초석이 되는 것이다.</u>[43] (밑줄—인용자)

인용문에서 볼 수 있듯이, 노동집약적 경공업 건설에 관한 넉시의 이론을 활용하는 가운데, 지방으로 분산된 중소공업의 발전을 토대로 '건전한 중

---

43 崔文煥, 「後進國經濟의 停滯性과 開發의 問題」, 『文理大學報』 6권 1호, 서울大學校 文理科大學, 1958, 14쪽.

산국민충'을 배양함으로써 빈곤의 악순환을 타개하고 민주화의 초석을 놓을 수 있다고 보았던 것이다. 이와 같은 그의 후진국 근대화론은 1958년 이후 후진지역의 '민족주의'를 주목하기 시작하면서, 근대화의 '추진주체'와 '방법'·'경로'에서 점차 그 이전과 다른 주장으로 변화하기 시작했다. 이에 대해서는 제3부 3장에서 검토할 것이다.

2. 후진국 경제개발론의 수용과 한국 경제발전 모델의 모색

다음으로 1950년대 중반 이후 경제 분야에 집중하여 후진국 경제의 현상과 특질을 진단하고 경제개발의 이론적 모델을 추구했던 논의의 흐름을 살펴보자.

먼저 미국 시카고대학교·프린스턴대학교 교수로 활동했던 바이너(Jacob Viner)의 후진국 경제개발론, 즉 비교생산비설에 따르는 국제분업을 통한 후진국 경제개발을 주장하는 이론에 대해, 이를 적극적으로 옹호하는 한국의 경제학자는 드물었다. 후진국 경제개발이론을 소개할 때, 후진국의 개념규정과 관련하여 바이너가 제시한 다섯 종류의 정의방식을 논지 전개에서 활용할 뿐, 국제분업에 근거하여 '농업'을 축으로 한 후진국 경제개발, 그리고 공업화를 경제발전의 결과로 파악하는 그의 견해는 후진국을 고정, 정태적으로 간주하는 것으로서 경제자립과 국민경제의 균형발전에 타당하지 않다는 측면에서 비판을 받았다.[44] 즉, 바이너의 주장은 당시 한국 경제학계뿐 아니라 사

---

44 李昌烈,「後進國經濟理論提起의 根據」,『財政』5권 7호, 大韓財務協會, 1956년 7월; 李廷煥,「後進國開發論」,『自由春秋』1957년 8월호, 自由春秋社; 高承濟,「後進國經濟研究: 그 基礎條件과 開發方式에 關한 論議」,『現代』1권 2호, 女苑社, 1957년 12월; 金潤煥,「後進國經濟開發論의 諸類型」,『高試界』4권 1호, 1959년

회 전반적으로 '공업화'를 기본과제로 인식했던 상황 속에서 우호적인 반응을 일으킬 수 없었던 것이다.

흥미로운 점은 이데올로기적 제약 속에서도 마르크스주의 경제학자였던 돕(Maurice Dobb)의 후진국 경제개발이론이 소개되었고, 학자에 따라 그 평가나 적용에는 편차가 있지만 적지 않은 관심의 대상이 되었다는 점이다. 1950년대 전반 전개되었던 자본주의 이행논쟁, 소위 돕(Dobb)-스위지(Sweezy) 논쟁 등으로 인해 일부 국내 학계에는 알려져 있었던 것으로 보이며, 1950년대 후반에는 자본주의 이행논쟁에 대한 개괄적인 소개와 평가를 담은 글이 발표되기도 했다.[45] 그의 후진국 경제개발이론에 대한 관심은 그 이전부터 존재했지만, 대체로 유인호(兪仁浩)에 의해 번역된 글이 『재정(財政)』에 실린 1958년을 전후하여 논의가 확산되었다고 할 수 있으며,[46] 후술하는 바와 같이 경제학계의 관심은 4월혁명을 거치며 좀 더 커졌다.

유인호는 일본 리쓰메이칸대학(立命館大學) 경제학부, 동 대학원 경제학연

1월; 李昌烈, 「後進國經濟의 工業化」, 『財政』 8권 6호, 1959년 6월.

45 閔錫泓, 「封建社會의 崩壞와 資本主義의 成立: 돕브=스위지 論爭을 中心으로」, 『文理大學報』 6권 1호, 서울大學校 文理科大學, 1958; 趙容範, 「M. Dobb의 經濟史學吟味」, 『經商學叢』 6집, 中央大學校 經商學會, 1957 참조. 특히 민석홍은 이데올로기적인 관점에서 논쟁의 내용을 평가하였다. 조르주 르페브르(Georges Lefebvre)를 제외한 논쟁 참가자들의 글에서 "역사가로서 배척해야 할 공통된 특징", 즉 "具體的인 歷史的인 事實에 눈을 감고, Marx의 見解 속에서 絶對的인 眞理를 求하려는 態度와 歷史的인 發展에 대한 너무나 圖式的인 解釋"을 발견한다고 하면서 "Marxist의 이른바 '歷史'를 對할 때마다" "歷史에 對한 랑케的인 態度"의 귀중함을 느낀다고 썼다.

46 1950년대 후반 국내에서 발표된 돕(M. Dobb)의 후진국 경제개발 이론을 소개하거나 분석·활용한 논고는 다음과 같다. 李昌烈, 「永遠한 後進國」, 『財政』 6권7호, 1957년 7월; Maurice Dobb, 鄭榮慕 譯, 「(飜譯論文) 後進諸國에 있어서의 所謂 投資의 資本集約度에 관한 覺書」, 『經濟學叢』 8호, 延世大學校 商經大學 商經研友會, 1958; 金甲植, 「後進國의 工業化와 農業—특히 東南亞世亞를 中心으로」, 『財政』 7권 4호, 1958년 4월; 李昌烈, 「資本主義의 經濟計劃의 周邊」, 『財政』 7권 6호, 1958년 6월; 全英淳, 「넉시와 돕브 理論의 一硏究」, 『思潮』 제1권 제2호, 思潮社, 1958년 7월; 李根熙, 「韓國經濟開發計劃의 問題點」, 『財政』 7권 9호, 1958년 9월; 丘廷煥, 「後進國 經濟의 諸問題에 關한 小考」, 『商大評論』 16호, 서울大學校 商科大學學藝部, 1958; 李昌烈, 「後進國이란 어떤 것인가?」, 『財政』 8권 3호, 1959년 3월호; 李昌烈, 「後進國經濟의 工業化」, 『財政』 8권 6호, 1959년 6월; 孫徑秀, 「經濟發展의 諸要因分析」, 『商大評論』 17호, 서울大學校 商科大學 學藝部, 1959 참조

구과 수료 후 귀국하여 본격적인 활동을 시작했다. 그가 돕의 저서 *Some Aspects of Economic Development*(1951)의 일부를 번역하여 『재정』에 게재했을 때,[47] 유인호는 「역언(譯言)」에 다음과 같이 썼다.

> 특히 돕은 많은 학자들이 후진국을 개발함에 있어서 가장 중요한 문제로서 자본을 드는 데 대하여 반대한다. 그는 후진국을 공업화시키는 문제는 본질적으로는 자금적인 문제가 아니고 경제조직의 문제라고 강조한다. 즉 공업화의 길은 그 국민이 가지고 있는 자금의 여하(如何)에서 결정되는 것이 아니고 경제조직에 달려 있다고 한다. 이와 같은 견해의 시비는 독자에 맡기되 이러한 견해도 있다는 것을 소개코자 번역한 것이다. 그리고 제1강, 제3강은 다음 기회에 꼭 번역 소개하고 싶다.[48] (밑줄—인용자)

인용문의 밑줄 그은 부분은 돕의 후진국 경제개발이론에서 핵심을 차지하는 내용이었고, 따라서 그에 관한 논의가 중심을 차지하는 것이라 할 수 있다. 그러나 유인호가 소개하고 싶다고 했던 제3강(소련의 공업화 과정)은 번역·게재되지 못했을 뿐 아니라 "경제조직"의 편성 문제 또한 주된 논의 대상이 될 수 없었다. 여기에서 짐작할 수 있듯이, 돕의 이론에 내포된 사회주의적인 경제개발이론으로서의 성격은 당시 이데올로기적 억압 속에서 공개적인 학문

---

47 M. 돕 著, 「農業國이 工業化하는 길」(1)~(2), 『財政』 7권 7호~8호, 1958; M. 돕 著, 「資本主義下의 經濟發展의 길」(1)~(2), 『財政』 7권 9호~10호, 1958. 유인호의 일본 유학과 귀국 후 한국농업문제연구회에 참여하는 등의 활동에 대해서는 조용래, 『유인호 평전—사회변혁을 꿈꾼 민중경제학자의 삶』, 인물과사상사, 2012, 186~345쪽; 일곡기념사업회 엮음, 『진보를 향한 발걸음—유인호 추모집』, 인물과사상사, 2012, 김병태·예춘호·김낙중 등의 회고 참조.

48 M. 돕 著, 「農業國이 工業化하는 길」(1), 『財政』 7권 7호, 1958, 43쪽.

적 연구와 논의의 주된 이슈가 될 수 없었다.[49]

따라서 1950년대 후반 한국 경제학계에서 돕의 후진국 경제개발이론을 주목하고 활용했던 측면은, 이창렬 등의 논고에서 확인할 수 있듯이, 첫째 앞서 살펴본 바이너(J. Viner)의 경제개발이론과 같이 비교생산비설 등에 근거하여 자유시장, 무역에 입각한 점진적인 경제개발론을 주장하는 경제학 조류에 대한 비판, 둘째 경제개발에서 자본축적이 갖는 중요성, 셋째 후진국 경제발전에서 '경제계획'이 갖는 의의와 역할 문제, 넷째 투자 우선순위와 관련하여 중공업 우선건설론 등이었다. 그중 후진국 경제건설에서 '경제계획'이 갖는 중요성, 발전전략이나 투자기준 등에 관한 돕의 주장이 경제학계의 주목을 받았고, 특히 후술할 넉시의 경공업 우선건설론과의 비교 맥락에서 다루어졌다. 또한 그의 발전전략은 1950년대 중공업건설 노선을 채택했던 인도의 제2차 경제개발계획에 대한 경제학자들의 적극적인 평가 등을 통해 간접적으로 표출되기도 했다.

사회주의국가를 제외한다면, 1950년대 중반까지 세계적으로 가장 큰 영향을 미친 후진국 개발이론에 관한 연구로 넉시(R. Nurkse)와 루이스(W. Arthur Lewis)의 논저를 들 수 있을 것이다.[50] 한국에서는 루이스의 후진국 경제개발에 관한 대표적인 저술이라 할 수 있는 *The Theory of Economic Growth*(1955), *The Principles of Economic Planning*(1956) 두 저서가 부흥부의 주도적 역할 속에서 1958년 번역, 출간되었다. 전자는 당시 부흥부 기획국장 송정범(宋正範)의 주도하에 한국은행 조사부 직원들이 번역에 참여했고, 후자는 송정범의 권유로 서

---

49 그럼에도 불구하고 돕의 이론을 비롯하여 바란(Paul Baran)과 스위지(Paul. M. Sweezy) 등의 저작들은 이후에도 상당한 영향을 미쳤다. 그리고 1960~70년대까지를 고려하면 조용범, 주종환을 비롯하여 전후 일본의 마르크스주의 경제학 등 진보적인 정치경제학과의 접속과 그 영향을 알리는 첫 텍스트로서 의미가 적지 않다고 할 것이다.

50 Arturo Escobar, *Encountering Development*, Princeton University Press, 1995, pp. 76~77.

울대학교 상과대학 전임강사였던 박희범이 번역하여 부흥부가 발행했던 『부흥월보』에 연재 수록한 뒤 단행본으로 출간된 것이었다.[51]

루이스의 후진국 경제개발이론을 주목했던 경제학자는 번역 과정에서도 적극적인 역할을 했던 박희범이었다. 그는 루이스의 개발이론 중에서도 '계획'이론에 관심을 기울였다. 루이스는 경제계획을 "시장가격 기능을 이용하는 유도적 계획(planning by inducement)"과 "가격의 경직성 내지 인적, 물적 생산자원의 비가동성(immobility)" 때문에 나타나는 "조절 과정의 완만성을 해결하기 위한 물량적 계획", 즉 "명령계획(planning by direction)"으로 나누어 파악하고, 계획 여건에 따라 두 가지를 겸용해야 한다고 했다.[52] 특히 박희범은 "후진 경제"에서는 "전 산업 부문의 경제 활동이 화폐경제화되어 있지 않고", "경제 체제의 구조적 불균등"으로 인해 시장의 가격 기능은 정상적으로 작동하기 어려울 뿐 아니라 "구조적 불균등을 시정"하는 데 "너무 미약하다"는 점을 논증하려 했고, 그 과정에서 루이스의 "자원의 가동성(mobility of resource)", '명령계획' 개념을 원용했던 것이다. 이러한 관점을 토대로 박희범은 "가격의 거시적 기능, 즉 자원의 합리적 배분 기능만은 일관성 있는 경제계획에 의하여 정부가 담당하고 구조적 변동을 꾀해야 한다"는 논지를 폈다.[53]

1950년대 중·후반 한국 경제학계의 후진국 개발론에 가장 큰 영향을 미쳤던 것은 넉시의 『후진국의 자본형성 문제』(1955)였다. 책에서 전개된 후진국

---

51 W·아더·루이스 著, 『經濟成長의 理論』, 東亞出版社, 1958; W. Arthur Lewis 著, 朴喜範 譯, 『經濟計劃의 原理』, 凡潮社, 1958. 부흥부장관 송인상(宋仁相)이 쓴 전자의 「推薦의 말」에는 장별로 번역을 맡은 한국은행 조사부 직원들의 명단과 함께 박희범이 서문부터 제5장까지를 再檢했다는 말이 실려 있으며, 박희범은 전자에 대한 서평에서 번역 "최종단계"에서 관여하여 적지 않은 수정을 가했다고 밝히고 있다. 朴喜範, 「(書評) The Theory of Economic Growth by W. A. Lewis」, 『商大評論』 16, 서울大學校商科大學學藝部, 1958, 220쪽 참조. 후자는 『復興月報』 3권 3호(1958년 3월)부터 3권 6호(10월)까지 4회로 나누어 번역 게재되었다.

52 W. Arthur Lewis 著, 朴喜範 譯, 앞의 책, 「譯者 序文」 7쪽.

53 朴喜範, 「經濟計劃과 價格體系」, 『財政』 8권 6호, 1959년 6월호, 46~53쪽.

개발에 대한 접근법과 주요 개념들—위장실업, 듀젠베리(J. S. Duesenberry)의 과시효과(demonstration effect)이론, 빈곤의 악순환 등—은 한국 경제의 후진성을 진단하고 경제발전을 모색하는 경제학자들의 논의에서 빈번하게 인용되었다.

가령, 부흥부의 산업개발위원회가 발족하기 이전 산업은행에서 발간한 『경제 정책의 구상』은 앞서 언급했던 해로드(Harrod)의 자본계수를 활용하고 국민경제계정 방식을 택하여 작성되었던 「네이산 보고서(Nathan Report, 한국경제재건계획)」[54]의 계획 모형과 함께 넉시의 후진국 경제개발이론에 근거한 것이었다고 해도 과언이 아니었다.[55] 박동섭이 넉시의 책을 번역했던 것도 산업은행 조사역 시절이었을 뿐 아니라 특히 『경제 정책의 구상』의 집필을 주도했던 것으로 보이는 산업은행 조사부의 이면석·안림 등은 이후 '산업개발위원회'의 위원으로 장기개발계획 입안 과정에서 주도적인 역할을 했다는 점에서 주목된다.[56]

한국의 경제학자들이 넉시의 개발이론을 적극적으로 평가했던 가장 중요한 이유는 농촌의 위장실업 문제에 대한 그의 관점 때문이었다. 그는 과잉인구와 결합된 농촌의 위장실업을 단순히 제거되어야 할 사회 문제나 부정

---

54 「네이산 보고서」의 내용에 대해서 당시 최호진이 "우리의 생활수준을 과도히 낮게 평가한 기준에 의거된 최저의 자립수준에 불과"하며, "이와 같은 계획하에서는 국민경제의 정상적인 확대재생산을 확보할 가능성이 희박하다"고 했듯이, 보고서에 담긴 계획의 목표 등에 대한 비판이 제기되었다. 崔虎鎭, 「韓國經濟의 復興計劃과 財源」, 『復興月報』 1권 1호, 復興部, 1956년 6월, 15쪽. 그러나 「네이산 보고서」의 기준연도 책정이나 목표수준 등에 대해 불만을 표시하면서도, 당시 산업은행 조사부에서 활동하던 박동섭, 안림 등은 보고서에 담긴 '계획모형'을 높이 평가했다. 안림은 보고서에 대해 "한국 경제 전반에 걸쳐서 廣範緻密한 관찰"을 토대로 한 "최초의 과학적인 계획책정"이라고 평가하고, "거시적인 국민소득 접근법과 미시적인 산업별 접근법을 병용"하여 "우리들의 경제계획의 책정에 있어서도 방법론상의 좋은 모델을 제공"하고 있다고 했다. 安霖, 「韓國經濟와 네이산報告의 位置」, 『産業經濟』 29호, 大韓商工會議所, 1955년 5월, 10쪽; 朴東燮, 「韓國再建計劃策定의 問題點」, 『産業經濟』 29호, 大韓商工會議所, 1955년 5월호 참조.

55 韓國産業銀行 調査部, 『經濟政策의 構想』, 1956, 39~59쪽, 66~77쪽.

56 경제개발 3개년계획 입안 과정에서 산업개발위원회 위원으로서 이면석, 안림의 주도적인 역할에 대해서는 鄭眞阿, 「제1공화국기(1948~1960) 이승만정권의 경제정책론 연구」, 연세대학교 사학과 박사학위논문, 2007, 186~198쪽 참조.

적 요인으로서 접근하는 것이 아니라 후진국 "자본형성의 원천"으로서, "잠재저축력(潛在貯蓄力)"으로 간주했다.[57] 즉 농촌의 생산에 참여하지 않더라도 전체 생산량의 감소를 초래하지 않는 노동력을 새로운 투자계획에 의해 조성된 생산시설(사업장)로 보냄으로써 농민의 저축 여력이 발생한다고 보았던 것이다. 이와 더불어 농촌을 떠난 위장실업자를 어떠한 생산수단과 결합시킬 것인가의 문제에 대해 노동집약적 자본과 결합시킬 것을 주장했다.

또한 넉시는 듀젠베리의 '과시효과' 이론을 근거로 후진국 '자본형성'의 제약요인으로 소비 패턴의 모방현상으로 나타나는 '소비성향'을 문제 삼고, 이를 억제함으로써 저축증대를 통해 내부 자본을 생산력 증대에 동원할 수 있다고 보았다. 이러한 넉시의 주장은 당시 한국의 경제학자들이 일부 부유 계층이나 대중적인 소비행태를 한국의 후진적인 경제현실의 상징이자 극심한 경제적 격차를 현시하는 것으로 비판하는 과정에서 빈번하게 동원했던 논리였을 뿐 아니라, 절약과 소비의 억제(즉 저축의 증대)를 통해 내부 자본을 경제개발에 동원할 수 있는 가능성을 시사한 것으로서 긍정적으로 수용되었다.

둘째, "빈곤의 악순환" 개념은 넉시 스스로 "'한 국가는 빈곤한 고(故)로 빈곤하다'는 진부한 명제"[58] 표현할 수 있다 했듯이, 후진국 경제발전을 저해하는 메커니즘을 공급과 수요 양면의 순환관계로 제시했다. 이는 후진국 개발을 위해 자본의 투자, 즉 공급 면에만 치중하여 접근했던 기존의 관점에 대해 시장의 크기, 즉 수요 면의 중요성을 환기했다는 점에서 주목받았다. 예를 들

---

57 이와 같은 넉시의 접근방식에 대해 이기홍은 그동안 "農村의 過剩人口가 一種의 liability視" 즉, 골칫거리로 간주되었는데, "넉시 敎授에 依하여 '潛在貯蓄' 視"되었다고 하여 "轉禍爲福의 實現性을 提唱"한 "一種의 福音的인 主張", "世界各地의 未開發國에 대해서는 '케인즈革命'에 比할 만한 革命的 理論"이라고 높이 평가했다. 李起鴻, 「經濟開發과 經濟計劃의 理論的 背景」, 『復興月報』7, 復興部, 1957년 2월, 19~20쪽.

58 R. 넉시, 朴東燮 譯, 앞의 책, 15쪽.

어 김용갑은 그동안 "후진국 경제 문제의 고질(痼疾)을 자본부족 면"에서만 찾으면서 "그 공급 면에 치중"해왔으나, 넉시의 개발이론은 "수요 면의 자본 부족을 해명"했다는 점에 대해 높이 평가했다.[59] 또한 앞서 언급한 바와 같이 당시 케인즈 경제학의 활용에 부심하고 있던 성창환은 넉시의 책이 번역·출간되자 그를 "세계적으로 저명한 케인지안"이라고 하면서 "빈곤의 악순환"에서 "저축과 투자, 그중에도 투자유인(投資誘因)의 결핍에 치중하는 논의"를 접하고 "그의 광범한 시야와 명쾌한 분석으로부터 계몽된 바"가 많다고 했다.[60]

넉시의 개발이론에서는 '투자유인'이 시장의 크기에 의해 제약된다는 점이 강조되어 '사적(私的) 투자유인'의 증대를 위해서는 '외부경제(外部經濟, 역자 박동섭은 '외적 경제'로 번역)의 확충을 비롯하여 일련의 보완적 투자를 통해 시장의 전체 크기를 확대함으로써 수요 면에서 악순환으로부터 탈출할 수 있다고 보았다. 즉 도로, 항만, 전력, 교육, 위생, 관개 등 정부의 사회적 기반시설 확충을 통해 '외부경제'를 창출함으로써 사적 자본 투자를 자극하여 자본형성을 촉진한다는 것이었다. 그러한 일련의 과정 속에서 광범한 이종산업(異種産業)의 "균형성장"과 "시장의 전면적 확대"를 주장하고, 그 결과 이루어진 생산력 증대나 국내 시장의 확대는 수출입품목도 바뀌게 한다고 보았다.

미국 잉여농산물 원조의 도입과 낮은 농업생산성 등으로 인한 농촌의 열악한 생존여건은 당시 경제학자들에게 시급히 해결해야 할 경제 문제이자 사회 문제였다. 그런 상황에서 넉시의 관점은 농촌의 피폐상을 경제개발, 자립경제 건설 속에서 발전적으로 극복할 수 있는 전망을 제공해주는 것이기도 했다. 당시 배성룡은 이를 "농촌개혁 농업혁명에 의하여 국내 시장과 구매

---

59 金容甲, 「(書評) 넉시 著, 朴東燮 譯, 『後進國의 資本形成論』」, 『京鄕新聞』 1955. 12. 1, 4면.

60 成昌煥, 「學究生活과 自慰」, 『高大新聞』 1955년 12월 12일, 3면.

력의 계발에 힘쓰고 농업과 공업의 자기포합연결(自己抱合連結)의 관계에 의하여 산업발전을 기하는 것"이라고 하여 농업과 공업이 서로를 껴안는 "자기포합적" 발전이라고 표현했다.[61] 최호진은 "한국의 공업화는 농업개량과 절대로" 분리할 수 없으며, "농업생산성의 향상이 공업화를 위한 첫째의 필수조건"임을 지적하면서, 한국 경제는 "농업과 공업과의 성장적인 균형"을 유지해 나가야 한다고 강조했다.[62] 김용갑은 "농업과 공업의 상호의존하에 균형적 성장(balanced growth)"을 주장했다.[63] 이정환은 농업 부문이 "공업제품의 시장이라는 관련하"에서 "공업의 지방분산화"와 "농공병진책"을 주장했다.[64]

넉시의 개발이론에 대해서는 대체로 긍정적인 평가가 다수를 차지했다. 다만 이정환·고승제를 비롯한 일부 경제학자들은 넉시의 개발이론 자체를 거부하거나 평가절하했다고 할 수는 없으나, 그 결점을 지적하기도 했다. 이정환은 넉시의 이론이 첫째 공평한 소득분배의 문제를 중시하지 않고 있으며, 둘째 합리주의적인 경제생활 태도 등 자본형성의 주체적 요건이 갖는 중요성이 소홀히 취급되고 있고, 마지막으로 현행 "소비수준을 유지하면서 자본형성을 감행하는 방책"보다는 고전학파 경제학의 관점과 같이 후진국 "자본형성의 기본문제"는 축적을 위한 "소비의 절약"에 보다 중점을 두어야 한다는 점을 들어 비판했다.[65] 특히 세 번째 측면은 다수의 경제학자들이 주장하는 후진국 경제개발을 위한 기본적 관점이기도 했으며, 생산적인 자본축적을 저해하는 일부 소비의 확장에 대한 비판과 경계는 지속적으로 제기되

---

61 裵成龍, 「時急한 經濟政策의 樹立」, 『地方行政』 6권 7호, 1957.

62 崔虎鎭, 「韓國의 農業과 工業과의 均衡問題」, 『國會報』 28, 國會事務處, 1960.

63 金容甲, 「農業優位냐 産業優位냐—經濟發展論序說」, 『協同』 52, 大韓金融組合聯合會, 1955년 10월.

64 李廷煥, 「'天下之大本'의 經濟學—韓國農業의 經濟的 位置」, 『思想界』 1960년 1월호, 56·59쪽.

65 李廷煥, 「(書評) 後進國家에 있어서의 資本形成의 諸問題 by Ragnar Nurkse」, 『國民大學報』 4권 1호, 國民大學, 1956.

는 것이었다.[66] 하지만 이러한 관점은 넉시의 경제개발이론과 충분히 공존, 보완할 수 있는 것이기도 했다.

부흥부 산업개발위원회의 산업개발위원으로 참여하여 경제개발 3개년 계획의 작성에 주도적인 역할을 하고 있던 안림은 장기개발계획 작성의 주요 전제들에 관한 논고를 연재하면서 다음과 같이 썼다.

> 후진국은 공업화가 설사 그 시초에는 자본손실이 많더라도 장기적으로는 소득향상과 자본축적을 보다 강화할 수 있다는 점에서 산업성장의 보호육성을 주장한다. 불균형하고 열악한 원시산업체계(原始産業體系)를 지닌 채 <u>원료수출, 완제품수입</u>이라는 부등가교환의 희생을 강요당하여온 후진 제국군이 그 자립의 결의로서 산업성장률의 각이(各異)한 면에 착안하여 국가 보호 정책에 의하여 공업화를 제기하고 있다. (…) <u>공업발전의 초기 단계에 있어서는 도시의 중소공업이 생산하는 일상소비재에 대한 주요한 국내 시장은 농촌이다.</u> 다만 중공업화와 경공업화의 비중은 국민경제가 요구하는 정책에 의하여 결정할 문제이며, 국내 시장의 안정성은 현명한 종합 정책으로 능히 해결할 수 있는 것이다.[67] (밑줄—인용자)

투자 순위는 의당 투자환수율이 높은 것 즉 될 수 있는 대로 자본형성률은 크고 자본계수가 적은 것, 노동집약성이 높은 것 즉 고용 흡수도가 큰 것, 생산품

---

66 李廷煥,「自立經濟樹立을 爲하여」,『産業經濟』27호, 大韓商工會議所, 1955년 2·3월; 李廷煥,「先進國과 後進國의 經濟的 性格差」,『産業經濟』38, 大韓商工會議所, 1956년 6월; 成昌煥,「韓國의 經濟的 惡循環과 그 基本對策」,『國會報』10, 國會事務處, 1956년 12월; 南德祐,「外國物資導入의 問題點」,『復興月報』2권 2호, 復興部, 1957년 2월; 옥윤홍,「後進經濟의 特性」,『金融』1957년 8월호, 大韓金融團; 高承濟,「後進國經濟研究—그 基礎條件과 開發方式에 關한 論議」,『現代』1권 2호, 女苑社, 1957년 12월.

67 安霖,「韓國經濟計劃作成의 諸問題 (1) 後進國一般의 國際經濟關係」,『財政』8권 10호, 1959년 10월.

1950년대 후진국 개발론 수용과 경제발전 전략의 모색　249

의 수출 가능성이나 수입대체 가능성이 높은 것 등에 두어야 한다. 그러나 일부의 중화학공업 부문 및 사회 기본시설 등은 자본의 단기효율에만 구애될 필요는 없다. 구조적인 개선에는 약간의 출혈과 '로쓰'는 불가피하기 때문이다."[68](밑줄—인용자)

인용문에서 볼 수 있듯이 안림은 당시 선진국과 후진국의 경제적 관계에 대해 "부등가교환"이라는 표현을 쓰고 후진국 공업화의 당위성을 지적하는 가운데 국내 '수요 면'을 중시했던 넉시의 후진국 개발론을 수용하고 있었나. 안림의 논고에도 투영되어 있듯이 당시 대다수 경제학자들은 넉시의 후진국 경제개발론에 대한 긍정적 평가 속에서 자립경제 건설, 경제개발에 대한 몇 가지 공감대를 형성하고 있었다.[69]

당시 대다수 경제학자들은 후진국은 경제성장을 위해 필요한 '시장'(수요/구매력)의 크기가 적다는 점을 기본 전제로서 수긍했다. 영국의 산업혁명과 그 이후 유럽·미국의 후발 산업화 과정은 식민지를 비롯한 방대한 시장이 존재했기에 용이하게 진행될 수 있었지만, 당시 후진국들은 그것을 누릴 수 없는 상황이라고 보았기 때문에 내부 시장의 확대를 모색할 수밖에 없다고 인식했다. 즉, 그들의 구상 속에서 수출증진은 '국제수지의 균형'이라는 자립경제의 기본지표를 위해서도 당위적으로 강조되었지만, 그것은 당장 실현되기 힘들다고 판단하는 가운데 수입대체를 통한 수입 감소를 우선적으로 이루어

---

68 安霖,「韓國經濟計劃作成의 諸問題 (3) 韓國經濟와 計劃上의 與件」,「財政」 9권 1호, 1960년 1월.

69 申泰煥,「後進國經濟發展의 一般的인 諸問題」,「産業經濟」 39호, 1956년 7월호, 大韓商工會議所; 高承濟,「韓國經濟의 構造的 要請」,「復興月報」 1권 4호, 復興部, 1956년 11월; 李昌烈,「後進國經濟의 工業化」,「財政」 8권 6호, 1959년 6월; 李根熙,「韓國經濟開發計劃의 問題點」,「財政」 7권 9호, 1958년 9월; 崔文煥,「後進國經濟의 停滯性과 開發의 問題」,「文理大學報」 6권 1호, 서울大學校 文理科大學, 1958; 崔虎鎭,「後進國의 資本形成과 經濟成長」,「新太陽」 8권 5호, 新太陽社, 1959년 5월; 金俊輔,「韓國經濟成長의 展望—라인강의 기적의 조건이 그대로 한강의 기적의 조건이 될 수 없을까」,「새벽」 7권 2호, 새벽사, 1960년 2월.

내야 한다고 생각하였다. 따라서 내부 시장 확대를 위해 농촌 구매력 증진은 불가결한 과제였다.

동시에 소득수준을 높이고, 즉 노동생산성을 향상시키고 경제적 자립을 달성하기 위해서 '공업화'는 필수적이지만, 투자 재원이 부족한 상황 속에서 투자기준을 어떻게 설정할 것인가라는 문제에 당면했다. 이에 대해서는 앞서 넉시가 주장한 바 있는 위장실업의 고용에 보다 적합한 '노동집약적인 산업', 즉 소비재공업 육성을 주축으로 하되 주요 기간산업에 대한 투자가 병행되어야 한다고 보았다. 이를 통해 자국 농업생산 원료를 활용할 수 있는 최종 소비재 중심의 수입품에 대한 수입대체산업을 육성함으로써 경제적 자립도의 향상을 도모하는 것이었다. 즉, 큰 틀에서 본다면 "균형발전론"와 "수입대체산업화"의 길이었고, 행위주체의 측면에서 본다면 중소기업을 비롯한 민간 경제주체의 활동을 주로 하되, 외부 경제의 확충과 일부 중화학공업을 비롯한 주요 기간·기초산업(基幹·基礎産業)의 건설에서는 정부의 적극적인 역할을 필수적인 것으로 인식하고 있었다.

제3부

1950년대 제3세계 민족주의 인식과 후진성 극복 담론

01

한국전쟁 전후(前後)
제3세계 민족주의 인식의 변동*

    1945년 8월 15일 제2차 세계대전에서 군국주의 일본의 패전과 함께 조선은 식민지배로부터 해방되었으나, 그와 동시에 한반도는 38도선을 경계로 분할되어 남과 북에 미군과 소련군이 각각 진주했다. 해방 직후 조선인들에게 미군과 소련군은 해방군으로서 환영받았고, 제2차 세계대전은 파시스트 추축국에 대한 민주주의 연합국의 승리로 인식되었으며, 미·소의 분할점령이 드리울 암영에 대한 위기의식은 찾아보기 힘들었다. 독립된 민주국가로서 조선의 신국가건설에 대한 낙관적 전망이 지배적이었다.

    해방 이후 국내 사회주의 세력은 전국적으로 신속하게 조직화되는 가운데 초기 해방정국을 주도했고, 민족주의 세력 또한 완만하지만 세력을 규합하고 있었다. 해방 직후 두 세력의 대립과 갈등이 부재했다고 할 수는 없으나, 각기 자신들의 조직적 기반을 확보하는 데 주안을 두고 활동하고 있었다. 그런데 1945년 말 모스크바 3상회의 결정 소식이 국내에 전해지면서, 특히 남한 우익 세력을 축으로 신탁통치 반대운동이 남한 전 지역으로 확산되는 가운

---

* 본 장의 내용은 홍정완·전상숙, 『함께 움직이는 거울, '아시아'—근현대 한국의 '아시아' 인식의 궤적』, 신서원, 2018, 제3부 1장~2장 1절의 일부 내용을 축약하는 가운데 새로운 내용을 가필한 것이다.

데, 좌우 세력의 대립과 갈등이 전면적으로 폭발하기 시작했다. 이후 모스크바 3상회의 결정에 따른 일련의 절차가 진행되는 가운데 좌우 세력의 대립은 격화되었고, 제1차 미소공동위원회가 무기휴회된 1946년 5월까지 국내의 정치적 격동 속에서 주요 정치 세력과 매체에서 '아시아'의 국제적 동향에 대한 관심은 그다지 크지 않았던 것으로 보인다.

대체로 1946년 5월 1차 미소공위 결렬에 따라 신국가건설의 낙관적 전망은 찾아보기 힘들어지고 분단에 대한 위기의식이 나타나기 시작했다. 동시에 미군정의 좌익 탄압과 좌익 세력의 '신노선' 채택, 그리고 일부 우익 세력의 단독정부수립 의사가 표명되는 가운데 조선의 정치 세력과 지식인들은 제2차 세계대전 종전 이후 미국과 소련을 축으로 전개되고 있던 세계정세를 주목하지 않을 수 없었다. 대체로 1946년 중반 이후 극동, 아시아 지역의 정세에 대한 분석과 평가, 전망이 남한의 주요 매체들 지면을 채우기 시작했다. 그해 초부터 국민당과 공산당의 군사적 충돌이 본격화되자 1946년 중반부터 관련 소식이 주목을 받았고, 그 외 인도와 인도네시아, 베트남 등에서 전개되고 있던 식민지 해방·독립운동은 1947년에 들어서면서부터 본격적으로 주목받기 시작했다. 당시 이들 지역의 동향에 대한 남한 정치 세력과 지식인층의 인식에 나타난 특성을 살펴보자.

먼저 중국 문제에 대한 남한 지식인층의 관점을 전반적으로 살펴본다면, 초창기에는 논자에 따라 약간의 편차는 존재했지만 대체로 국·공협상의 성공 가능성을 염두에 두는 가운데 관망적인 입장을 보이는 경우가 많았다.[01] 물론 1947년을 경과하면서 중일전쟁 이래 국·공의 군사작전지구와, 제2차 세

---

01 『新天地』 1권 6호(1946년 7월호)에 실린 '중국 문제' 특집의 다음 논고들을 참조. 崔熙範, 「中共과 國民黨의 將來」; 鄭鎭石, 「朝鮮과 中國關係의 將來」; 李辰永, 「中國國民黨과 國民政府의 成長過程」; 裵成龍, 「世界 情勢와 中國問題」.

계대전 종전 이후 극동 지역에 나타난 미국과 소련의 작전·주둔지구를 겹쳐 보면서 '군사작전'의 측면과 '정치협상'의 측면을 구분하여 파악하는 논고가 발표되기도 했다.[02] 하지만 중국공산당의 승리와 국민당의 패퇴가 가시화되지 않던 1947년까지도 대체로 국공내전에 대한 미국의 중재노력이나 군사·경제적 원조, 소련의 중국공산당 지원에 대한 명백한 증거가 부재하다는 점 등이 작용하여 관망적인 태도가 많았다.

그러나 1948년 남북 분단정부수립이 이루어지고 중국공산당의 우세가 가시화되기 시작하자, 남한 정부수립에 적극적이었던 우익 세력은 중국공산당의 우세를 소련의 후원에 의거한 것으로서 소련의 동진(東進) 정책, 제국주의적 팽창의 결과라고 주장하고, 이를 극동 지역 방공(防共) 대책의 긴급성을 설파하는 주된 근거로 활용했다.[03] 이러한 정세인식은 후술할 1949년 중반 이후 '태평양동맹(太平洋同盟)' 결성의 필연성과 시급성을 주장하는 근거로 이어졌다.

이와 같이 주장하는 일부 우익 세력의 평가와는 달리, 국공내전이 중국공산당의 승리로 굳어졌던 이유를 '소련의 지원'에 의한 공산당의 군사적 위력에서 찾기보다는 미국의 원조에도 불구하고 패퇴했던 '국민당의 부패와 무능'에서 찾는 경우가 더 많았다. 이와 같은 국공내전에 대한 국내의 반응은 1949년까지 중국공산당이 '티토'화할 가능성을 긍정적으로 전망하는 것으로 이어졌고, 이를 바탕으로 미국과 영국 등의 중국공산당에 대한 정책 또한 "중공의 주도권을 인정하는 가운데 중립지대화하는 방안"이 실현 가능성이 높

---

02 李東洲, 「두個의 中國과 朝鮮의 將來」, 『新天地』 2권 2호, 서울新聞社出版局, 1947년 2월.

03 金錫吉, 「蘇聯의 東進政策」, 『大潮』 3권 3호, 大潮社, 1948년 8월; 金錫吉, 「韓美關係의 展望」, 『大潮』 4권 1호, 大潮社, 1949년 3월호.

다고 평가되었다.[04]

그런데 국공내전에서 중국공산당의 승리가 확연해지고 국민당 정권이 대만에 퇴로를 확보하는 가운데, 1949년 7월 장제스(蔣介石)가 필리핀을 방문하여 퀴리노 대통령(Elpidio R. Quirino)과 회담하고, 그가 제창했던 '태평양동맹' 결성에 뜻을 같이하는 성명을 발표했다. 이에 대해 이승만의 적극적인 동의가 표명되자, 장제스는 1949년 8월 한국을 방문했고, 양자는 동맹 결성을 위한 예비회담을 퀴리노에게 제의했다. 이와 같은 '태평양동맹' 결성 시도는 서유럽의 북대서양조약기구(NATO) 창설이 전해지자 이를 모델로 하여 시작된 구상이었다. 국공내전이 중국공산당의 승리로 귀결되고 한반도가 분단되었으며, 호치민(胡志明)을 중심으로 한 베트남 민족해방운동이 활성화되는 상황, 이에 더해 필리핀을 비롯한 동남아시아 국가 내부에서 공산주의 세력의 활동이 두각을 나타내는 가운데 공산주의의 확산을 경계하고 방어하기 위한 집단적 방위협정이 필요하다는 공감대에 의한 것이었다.

'태평양동맹' 결성이 제창되자 국내 반공 우익 세력들은 적극적으로 이를 환영하며 그 절박한 필요성을 강조했고, '민주주의의 보루이자 최일선'으로 대한민국을 자리매김하고 아시아와 전 세계의 '반공(反共)'에서 첨단적 역할과 위상을 확립해야 한다고 목소리를 높였다.

[중공이] 소련 세력에 가담하면 세계사의 방향은 일대 전동(轉動)을 할 것이니, 적색 판도는 남한을 누란의 위기에 고립시키고 일본에 무언의 위혁(威嚇)을

---

04 李東洲,「美國極東政策의 變貌」,『民聲』 5권 4호, 高麗文化社, 1949년 3월; 李玘寧,「中國의 新情勢와 中共의 諸政策」,『新天地』 4권 4호, 서울新聞社出版局, 1949년 4월; 吳振宇,「(世界의 動向) 交替 前夜의 中國 政界」,『民聲』 5권 6호, 高麗文化社, 1949년 6월; 申基彦,「毛澤東과 中國의 將來」,『新天地』 4권 6호(7월호), 서울新聞社出版局, 1949년 7월; 趙璡欽,「(中國問題特輯) 蔣介石과 毛澤東─中國動亂과 國共의 將來」,『新天地』 4권 7호(8월호), 서울新聞社出版局, 1949년 8월 1일.

가함이 되며 인도, 버마, 필리핀(比律賓) 등도 압축(壓縮)을 느끼지 않을 수 없을 것이다. 이에 만근(挽近)에 이르러 미·영에 있어서도 중국의 사태를 재검토하게 되고 대한민국의 존재에 주의하게 되었다. (…) 그러나 중국에 있어서의 대공산주의 투쟁은 이미 결정적 단계에 이르러 국부(國府)가 그 세력을 만회하여 권토중래(捲土重來)하기에는 외국의 방대한 원조와 장구한 시일을 소요하려니와 공산주의의 세계적 공세의 격랑을 삼팔선에서 방지하고 있는 대한민국의 고군분투는 참으로 민주주의적 보루의 역할을 하고 있는 것이니, 최근 미국에서 한국을 가르켜 민주주의의 보루라 일커리고 있음은 결코 공허예찬이 아닐지니 진실로 대한민국은 아세아에 있어서 민주주의 최후의 일선이다. 만일 이 일선이 허무러지는 날에는 전 아세아의 적화(赤化)를 막을 길이 없을 것이다.[05]

위와 같은 논조는 당시 태평양동맹 결성을 적극적으로 환영하고 그 의미를 부각시켰던 반공 우익 세력의 주장에서 반복적으로 제기되었다.[06] 그런데 이러한 반공 우익 논자들 모두 인정하고 있듯이, 태평양동맹이 실질적인 방공(防共)을 위한 집단적 안전보장기구가 되기 위해서는 미국의 참여가 필수적이었다. 그러나 미국은 대(對)중국 정책의 실패 속에서 새로운 아시아 전략을 강구하는 와중에 '시기상조'론을 내세우며 사실상 반대했고 태평양동맹은 결실을 이루어내지 못했다. 그리고 당시 '태평양동맹' 구상은 한 논자가 지적

---

05 鄭命俊,「太平洋同盟과 韓國의 地位」,『建國公論』 1949년 9월호, 建國公論社, 10쪽.

06 梁又正,「太平洋同盟의 必要性」,『民聲』 5권 7호, 高麗文化社, 1949년 7월; 金相欽,「太平洋同盟과 東亞의 政局」,『新天地』 4권 7호, 서울新聞社出版局, 1949년 8월; 李健赫,「太平洋同盟의 意義」,『新天地』 4권 8호, 서울新聞社出版局, 1949년 9월; 鄭一亨,「太平洋同盟의 政治的 構想」,『新天地』 4권 8호, 서울新聞社出版局, 1949년 9월; 趙憲泳,「北大西洋同盟과 太平洋同盟」,『新天地』 4권 8호, 서울新聞社出版局, 1949년 9월; 鄭命俊,「亞細亞의 歷史的 胎動」,『建國公論』 1949년 10월호, 建國公論社; 梁又正,「太平洋同盟의 展望」,『現代公論』 爽秋號, 現代公論社, 1949년 10월; 金錫吉,「바키오會談과 鎭海會談」,『民聲』 5권 10호, 高麗文化社, 1949년 10월 참조.

했듯이 인도네시아와 인도차이나 등 동남아시아의 식민지 해방운동이 전개되고 있는 상황에서 참여 주체 선정 문제에 있어서도 심각한 모순과 결함을 갖고 있었다.[07]

다음으로 중국 문제 외의 아시아 지역에 관한 인식을 살펴보자. 해방 이후 한국전쟁 발발 이전까지 남한 지식인층이 큰 관심을 표명했던 대상은 인도의 독립 과정이나 인도네시아, 월남의 식민지 해방투쟁이었다. 인도의 경우, 독립을 둘러싼 영국과의 교섭 과정과 그 속에서 벌어진 힌두교와 이슬람교의 종교적 대립으로 인한 인도와 파키스탄의 분리독립, 그리고 간디(Mohandas Karamchand Gandhi)의 민족운동 역정(歷程)과 수상(首相) 네루(Pandit Jawaharlal Nehru)의 대외 노선 등이 여러 매체에서 많은 주목을 받았다.

인도네시아에서는 제2차 세계대전 중에 사실상 인도네시아로부터 철수했던 네덜란드가 종전 후에도 식민지배를 유지하려 하자 그에 반발하여 식민지 해방과 독립을 위한 무장투쟁이 치열하게 전개되었다. 아래는 당시 박인환이 인도네시아 인민에게 띄운 시의 일부이다.

> 동양의 오케스트라 / 가메란의 반주악이 들려온다 / 오 약소민족 /우리와 같
> 인 식민지의 인도네시아 // (…) // 세워야 할 늬들의 나라 / 인도네시아공화국은
> 성립하였다. 그런데 연립임시정부란 또다시 박해다. / 지배권을 회복할랴는 모
> 략을 부셔라 / 이제는 식민지의 고아가 되면 못쓴다. / 전 인민은 일치단결하여
> 스콜처럼 부서저라. / 국가방위와 인민전선을 위해 피를 뿌려라 / 삼백 년 동안
> 받아온 눈물겨운 박해의 반응으로 너의 조상이 남겨놓은 저 야자나무의 노래를

---

07 태평양동맹 결성 구상에 내포된 여러 모순을 지적하고 있는 다음을 참고. 玉日兼,「(內外動態展望) 苦惱의 東南亞와 太平洋同盟」,『새한민보』 3권 13호(통권51호), 새한민보社, 1949년 6월.

부르며 / 오란다군의 기관총 진지에 뛰어드러라 // (…) // 참혹한 멫달이 지나면 / 피흘린 자바섬(島)에는 : 붉은 간나꽃이 피려니 / 죽엄의 보람은 남해의 태양처럼 / 조선에 사는 우리에게도 빛이려니 / 해류가 부디치는 모든 육지에선 / 거룩한 인도네시아 인민의 내일을 축복하리라. (…)[08]

위의 시는 가혹한 식민지배로부터 벗어나기 위한 인민의 무장투쟁을 적극적으로 평가하는 가운데 인도네시아의 식민지 해방투쟁에 대한 강렬한 공감과 지지, 연대의식을 담고 있다.

이와 더불어 일본 제국주의의 식민지 총동원 체제 속에서 여러 연유로 이산(離散)과 귀환이 이루어졌던 과정에서 동남아시아에 체류했던 조선인들의 체험이 매체에 담기기도 했다. 제2차 세계대전 종전 이후 인도네시아 상황을 체험했던 인물의 인터뷰 기사에는 식민지 해방투쟁에 적극 참여했던 민중들의 모습과 민족해방운동의 지도자인 수카르노(Achmed Sukarno)의 면모에 대한 긍정적인 평가, 그에 대한 민중의 열렬한 지지가 묘사되어 있었다.[09] 이러한 재현양상은 호치민(胡志明)을 중심으로 한 베트남 민족해방투쟁에 대한 묘사에서도 살펴볼 수 있다.

---

08 朴寅煥, 「인도네시아 人民에게 주는 詩」, 『新天地』 3권 2호, 서울新聞社出版局, 1948년 2월, 124~125쪽.

09 S記者, 「紙上世界一周─申京徹氏가 말하는 인도네시아의 神話」, 『새한민보』 2권 7호, 새한민보社, 1948년 4월, 31~32쪽. 이외에도 당시 미국의 진보적 지식인 잡지인 New Republic에 실린 인도네시아에 관한 글을 번역 수록한 글에서 인도네시아 민중의 수카르노에 대한 지지를 다음과 같이 묘사하고 있다. "그(수카르노)가 民衆 앞에 연설하는 것을 보지 못한 사람은 그의 民衆에 대한 뚜렷한 영향을 이해하지 못할 것이다. 인민들은 바나나 잎에 쌀 한 줌을 싸 가지고 山中에서 내려오고 먼 거리를 걸어와 대통령이 연설할 거리 한 모퉁이에 사흘이고 나흘이고 끈기 있게 앉아 기다리는 것이다. (…) 그리고 한번은 수카르노가 熱로 떨면서 그에게 연설을 금지시킨 두 사람의 醫師에 부축되어 壇 위에 올라 빰에 뜨거운 눈물이 흐르고 있는 군중들에게 말하고 있는 것을 보았다. 수카르노는 맹렬한 雄辯家도 아니고 煽動家도 아니다. 그는 민중에게 慈父같이 타이르고 자신을 외국 지배에서 벗어나는 데 헌신하는 까닭에 지지를 받고 있다." 케투트 텐트리, 「수카르노와 샤리푸딘─인도네시아에서의 帝國主義者의 愚擧」, 『新天地』 4권 5호, 서울新聞社出版局, 1949년 6월, 92쪽.

기　자 : 호치민 박사를 만나본 일이 있습니까?

장수인 : 본 일은 없습니다만 육십이 넘은 노혁명가로서 처자도 없고 소의소식(素
　　　　衣素食)하며 오로지 독립을 위하여 목숨을 바쳤습니다. 그래서 그의 인기
　　　　도 굉장하며 베트남인(安南人)은 모두 무조건 지지입니다.

기　자 : 독립운동의 주동 세력은?

장수인 : 주로 베트남과 통킹, 코친차이나(交趾支那)에 본거를 둔 월남독립동맹, 약
　　　　(略)하여 월맹당(越盟黨)이라고 하는 것이 그 주동 세력인데, 물론 호치민
　　　　박사의 영도 아래 있는 것입니다.

기　자 : 병력의 정도는?

장수인 : 대개 월맹당원들로서 구성되어 있는데 베트남, 통킹, 코친차이나 일대는
　　　　그 당원 아닌 사람이 없을 정도로 대중적 기반을 가지고 있습니다. 무장
　　　　은 패전 일본군에게서 양도 받은 것도 많고 더러는 중국과 샤무(샴―인용
　　　　자)를 거쳐서 밀수입되어 오는 모양입니다."

기　자 : 전의(戰意)는?

장수인 : 무섭습니다. 사이공만 하더라도 예전은 '동양의 파리'니 무엇이니 했지
　　　　만 지금은 죽음의 거리로 화하였습니다. 그처럼 월남 측은 게리라 전술
　　　　을 써서 백주에도 암살을 감행하는 것입니다. 월남공화국의 수도였던 하
　　　　노이는 프랑스(佛國)에게 뺏겼습니다만 교외로 나가면 전부 월남군이지
　　　　요."[10]

　위의 기사처럼 베트남의 식민지 해방투쟁에 대한 열망과 그 대중적 기반,

10　S記者, 「(紙上世界一周) 張洙仁氏에게서 듣는 越南의 抗爭譜」, 『새한민보』 2권 7호, 새한민보社, 1948년 4
　　월, 33쪽.

그리고 그 위에 서 있는 호치민(胡志明)의 존재에 대해 직접적으로 표현, 묘사한 기사들이 많았다. 물론 앞서 언급한 인도네시아 체험을 다룬 인터뷰 기사나, 위에서 인용한 월남에 관한 기사도, 낮은 위생수준이나 '국민체위(國民體位)'의 연약함, 높은 문맹률, 정조 관념의 부족 등 여러 시선이 함께 투영되어결합되어 있었기 때문에 강렬한 반제국주의 식민지 해방운동이라는 단일 표상만 담고 있는 것은 아니었다. 그러나 제국주의 식민지배의 참혹함과 그와대비되는 식민지 해방투쟁의 치열함을 높게 평가하고 그에 대한 지지와 공감을 표하는 것이 주된 정조였다.

다음은 당시 네덜란드의 식민지배 연장 획책에 저항하는 인도네시아 식민지 해방운동에 대한 한국독립당(韓國獨立黨)의 성명서이다.

전 아세아 민족의 해방은 불가분할의 관계가 있는 것이다. 제2차 세계대전중에 민주주의 국가들은 약자의 자유와 해방을 위하여 싸운다는 듣기 좋은 말로서 피압박민족의 해방을 약속했던 것이다. 그러나 팟쇼가 패망한 뒤에는 그들의 약속을 실행하기에 주저하고 도리어 패퇴한 압박자의 지위를 대취(代取)하려하고 있다. 화란(和蘭)의 침략행위를 비난하고 인도네시아공화국의 반침략 항전을 지원하기 위하여 인도 정부의 제창으로 뉴-데리에서 거행되는 전아세아민족회의(全亞細亞民族會議)는 아세아의 공동운명을 개척하고 민족의 자유를 옹호하려는 중대한 역사적 국제회의이다. <u>한국 민족은 제(諸)아세아 민족과 더불어 이 회의를 절대 지지할 뿐 아니라 이것을 계기로 하여 모든 아세아 제 민족국가와 연합전선을 결성코 조국과 아세아의 해방을 위하여 공동 투쟁할 각오를 가져야한다.</u> 제국주의를 타도하자. 아세아 민족해방 만세!![11](밑줄—인용자)

11 「(輿論) 弱小民族은 總蹶起하자」, 『새한민보』 3권 2호, 새한민보社, 1949년 1월.

미·소의 냉전이 격화되고, 국내 좌우 세력의 대립과 갈등 속에서 1948년 남북 분단이 공식화되고, 남한 사회에서 운동할 수 있는 이데올로기적 폭은 점차 협착되었으나, 제국주의 식민지배를 경험했던 '조선'에서 탈식민지적 지향은 반공주의로 온전히 전치될 수 있는 것이 아니었다. 특히 분단 이후에도 남한 사회에서 적지 않은 비중을 차지하고 활동했던 중도파(중도좌파, 중도우파) 성향의 지식인층 사이에는 미국 혹은 소련의 양자택일식 사고보다는 양대국에 의해 분단된(희생된) '민족', '한반도'라는 관점이 퍼져 있었고, 이런 인식은 '조선' 또한 여전히 아시아 식민지 민족해방운동의 일환으로서 이해하는 기반이 되었다고 할 수 있다. 이런 측면은 아래의 논설에 잘 드러나 있다.

침략 세력에 대한 세계 해방을 공동목적으로 한 제2차 세계대전에서 민주 진영이 완전한 승리를 획득하였음에도 불구하고 아세아에는 아직도 압제자의 쇠사슬에 매이어 혈투를 계속하고 있는 약소민족이 불소(不少)하다. 인도네시아는 물론 프랑스(佛國)의 식민주의에 감투(敢鬪)를 계속 중인 인도차이나(印度支那) 민족이 있고, 영국의 식민지배와 항쟁 중인 말레이(馬來) 민족이 있다. 가까이는 삼팔선으로 양단된 채로 열강 정략(政略)의 도구가 되어 통일 독립을 실현치 못하고 있는 한민족이 있다. (…) 약소민족 해방은 개별적으로 해결하기 곤란한 것은 역사적 사실이 증명하는 바이다. 세계대(世界大)로 문제를 확장하여야 한다는 것이 아니라 금반의 아세아회의(亞細亞會議)에서 보여준 바와 같이 동감동정(同感同情)할 수 있는 운명하에 있는 다수의 민족이나 국가가 역량을 결집한다면 문제 해결에 대한 더욱 유력하고 효과적인 투쟁을 전개할 수 있는 것만은 사실일 것이다.[12](밑줄—인용자)

---

12 崔垣烈, 「亞細亞會議와 弱小民族」, 『大潮』 4권 1호, 大潮社, 1949년 3월, 105쪽.

위의 인용문에서 언급된 '아세아회의'는 인도 수상 네루의 제의로 아시아 지역 19개국이 참가하여 1949년 1월 뉴델리에서 개최되었던 국제회의를 말한다. 이 회의에서는 네덜란드의 인도네시아 지배 연장 기도에 대해 인도네시아의 완전독립 실현과 아시아 제(諸)국가의 항구적 협력 및 협의기관 설치가 결의되었다. 그러나 '아시아회의'의 결의와 인도네시아 독립 실현을 위한 이후 과정에서 특히 문제시되었던 것은, 당시 미국이 소련 봉쇄를 위해 '북대서양안전보장조약'을 추진 중에 있었고, 이 조약에 네덜란드 또한 참가하고 있었기 때문에, 미국이 주도하는 UN 안전보장이사회에서 '아시아회의' 결의안과는 다소 거리가 있는 신(新)결의안이 채택되었다는 것이었다. 이에 대해 위 인용문의 필자는 "UN도 사실에 있어서는 대국(大國)의 기관이나 도구로 화(化)하고 있는" 것이라고 평가했고, "역사의 대전환기에 있어서 약소민족 해방을 이룩한 아세아는 능히 세계 사태 발전에 있어 주도적 역할을 자임"할 수 있으며, 약소민족에게는 "자각한 민족 자체를 기본으로 삼은 강력하고 열렬한 투쟁기관이나 조직체가 가장 필요한 것"이라고 주장했다.[13]

'아시아' 식민지 해방운동에 관한 한국 사회의 사상지형에 한국전쟁이 가한 충격은 매우 컸다. 앞서 '태평양동맹'에 관한 인식에서 잘 드러나듯이, 1948년 남북 분단정부가 공식화되고, 1949년 중국 내전에서 국민당의 패퇴가 기정사실화되는 가운데, 미국과 소련을 축으로 한 진영 논리가 남한 사회에서 확대·강화되고 있었다. 하지만 한국전쟁 발발 이전 남한 사회의 사상적 지형 속에서는 반식민(反植民), 탈식민(脫植民)의 지향 또한 여전히 힘을 발휘하고 있었고, '공산주의' 내지 '스탈린주의'를 표명하지 않을 경우, 다양한 스펙트럼의 사상이 운동할 수 있었다.

---

13 위의 글, 106쪽.

소련의 '스타-린이즘'적 국가자본주의, 미국의 개인자본주의, 식민지 반식민지사회의 봉건적 및 반(半)봉건적 잔재 세력 등 세계사적 현실의 모순적 제(諸)조건은 인간적인 자유와 사회적 평등을 요구하는 '현대민족'의 급속한 성장을 요청하는 동시에 이 '현대민족(現代民族)'의 세계사적인 행동 통일을 촉성시키고 있다. 이것이 역사발전의 과정으로서의 세계사적 현실이다. (…) 이 민족민주주의적 통합체로서의 현대민족과 현대민족의 반제민족전선(反帝民族戰線)적 통일체인 세계 제3세력에 의해서만 세계사적 현실의 모순적 제(諸)조건은 기양(棄揚)되고 미·소 양 반동 세력에 의하여 준비 조장되고 있는 침략적이고 죄악적(罪惡的)이며 반동적인 전쟁은 세계사적 방향에서 친화적 주체적으로 극복할 수 있고 세기의 과제는 빛난 성과를 거두어 '새역사', '신세계'는 창조 건설될 것이다.[14]

한국전쟁 이전에는, 미국과 소련을 모두 "제국주의 반동 세력"으로 규정하고 식민지(植民地), 반식민지(半植民地) 지역의 "반제민족전선적 통일체인 세계 제3세력"에 세계사적 혁명성을 부여하는 위와 같은 논리가 발현될 수 있었다. 앞에서 살펴본 바와 같이, 한국전쟁 이전 남한의 사상동향은 분단질서, 진영 논리로써 온전히 포착될 수 없으며, 반(反)제국주의와 탈식민적 지향을 내포한 사상적 흐름을 포함하여 여러 층위와 각도에서 충분히 검토될 필요가 있을 것이다.[15]

그런데 위와 같이 제국주의에 대한 약소민족의 저항이나 민족해방운동

---

14 金基泰, 『世紀의 課題』, 白楊社, 1949, 72쪽.

15 이승만과 결합하여 남한 정부수립에 참여했던 정치 세력 또는 지식인층의 이념적 지향 또한 친미 반공주의로 환원되지 않았다는 점에 주목하여 초대 국무총리였던 이범석과 '족청(族靑)' 세력의 이념과 활동을 분석한 후지이 다케시의 연구 『파시즘과 제3세계주의 사이에서―족청계의 형성과 몰락을 통해 본 해방 8년사』(역사비평사, 2012), 그리고 해방 이후 한국전쟁 이전까지 남한의 번역 텍스트와 그 속에 담긴 이념적 다층성과 정치성을 다룬 박지영의 연구 「해방기 지식 장(場)의 재편과 '번역'의 정치학」(『대동문화연구』 68, 성균관대학교 대동문화연구원, 2009) 등이 주목된다.

에 세계적 차원의 혁명적 의의를 역설하는 관점이나 주장은 한국전쟁을 거치면서 더 이상 정치적으로 공공연하게 표출될 수 없었고, 냉전과 반소-반공-반북의 논리가 지배하는 가운데 이와 다른 사상적 궤적을 그리는 것은 사실상 억압, 잠재화되었다. 전쟁 와중에 발간된 몇몇 매체들의 지면을 보면, 한편으로는 북한군의 압제와 핍박, 학살 등의 체험과 그들의 '죄악상(罪惡相)'을 폭로하고, 소련의 적색세계 제패(赤色世界制霸), 적색제국주의(赤色帝國主義)에 대항하는 철저한 투쟁을 외치는 반소(反蘇)·반공(反共)의 언어가 지면을 가득 채웠다.

다른 한편에서는 공산주의를 독재(獨裁), 전체주의(全體主義)로 정의하고, 그에 대항하는 '자유' 이념에 근거한 '민주주의'의 의의가 선명(宣明)되었다.[16] 나아가 한 논자는 "국제 민주주의를 철저히 이해"하여 "국내 민주주의를 이에 관련하여 그 의의를 인식"해야 한다고 주장하고 그 이유를 다음과 같이 밝혔다.

솔직히 말하건대 유감이나마 국제사회는 아직도 강국정치(强國政治)의 시대인지라 대국 간의 관계로 지배되고 있다. 그럼으로 소국은 일종의 피지배계급이라고 볼 수 있다. 이 피지배계급인 소국의 입장으로서는 국제사회에서 어떠한 입장을 취해야 할 것인가 두말할 것 없이 국내 민주주의에 철저해야 할 것이다. 국내 민주주의에 철저하여야만 국제 민주주의가 목표로 하는 개인의 인권을 존중한다는 사실을 세계에 표명함으로써 그 국가가 민주 진영 내에서 존재 이유가 있고, 또 따라서 이를 원조하려는 세계의 관심이 생기게 된 것은 명약관화이

---

16 白樂濬, 「民主主義는 왜 公式的이 아닌가」, 『思想』 3, 思想社, 1952년 11월; 金在俊, 「民主主義論」, 『思想界』 2, 思想界社, 1953년 5월.

다.[17]

위 인용문은 '공산'–'민주' 진영의 구도와 국제적인 위계적 역학관계를 모두 '소국'에게 주어진 조건으로 수용하는 가운데, '소국'이 취해야 할 길에 대해 '민주주의'의 실현을 하나의 '진영'에 소속되기 위한 '존재 이유'이자 '대국(大國)'의 원조를 받기 위한 것으로 표명했다. 이러한 주장은 전쟁 이전 '태평양동맹' 구상 속에서도 부분적으로 간취할 수 있지만, '한국전쟁'의 전개 과정에서 나타난 '전쟁폭력'의 세계적 규모를 직접적으로 체험하는 가운데 국제적 역학관계를 핵심으로 한 이데올로기 문제가 보다 직접적이고 노골적으로 표현된 것이라 할 수 있다.

이러한 언설과는 다소 결을 달리하면서 냉전과 국제적 역학관계 속에서 UN을 중심으로 한 '세계정부(世界政府)'론이 개진되기도 했다. 한 국제법학자는 "전 세계가 하나의 사회를 구성하게 되었으므로 당연히 낡은 국가주권을 청산하는 단계"에 도달했으며, "세계주권만이 20세기의 현실에 적합한 주권임은 틀림없는 사실"이라고 하고, "세계국가의 주권" 건설이라는 "세기적(世紀的) 운명적 과제가 그 실천을 기다리고 있을 뿐"이라고 했다.[18] 또한 한 정치학자는 "동서의 대립으로 유엔의 목적에 대한 통일적 행동은 거의 불가능한 상태"임을 인정하면서, "국가 내의 가속적인 사회성의 증가로 말미암아 국가기능이 강화되는 것"과 같이 "국제생활의 의존성의 확대는 개별적 주권 개

---

17 張徹壽, 「國內民主主義와 國際民主義」, 『自由世界』 1952년 5월호, 弘文社, 74쪽. 이와 같은 주장과 유사한 관점에서 소련의 세계 정책이 "植民地紛亂을 不斷히 挑發하여 民主主義諸國을 忙殺케" 하는 것이라고 하면서, "弱小民族 解放의 方法"으로서 '民主主義' 방식, 즉 "될 수 있는 대로 過激한 摩擦을 避하고" "植民國과 植民地間에 相互妥協主義的으로 問題를 解決하는 것"이 "世界平和에 도움"이 되며, "無理하게 實現하기 위하여 反亂을 일으키는 것은 世界平和의 禍根을 招來"하는 것이라고 주장했다. 張徹壽, 「戰鬪的 民主主義를 爲하여」, 『新天地』 6권 1호(戰時版), 서울신문社出版局, 1951년 1월, 16~17쪽.

18 李漢基, 「世界國家의 理論」, 『東大新報』 1952. 11. 20, 4면.

념의 재조직과 강력한 국제기구를 필요"한다고 하면서 "세계정부를 지향하는 기구로서 유엔을 육성"해야 한다고 했다.[19] 두 지식인 모두 '국가주권'의 청산, 재조직 등을 주장했다는 점에서 '전쟁'의 체험과 수행 속에서 요동쳤던 '국가'-'세계' 인식의 편린을 담고 있다고 할 것이다

이와 같이 한국전쟁을 계기로 국제적 역학관계와 이데올로기를 축으로 한 세계인식의 재편이 일어났다. 이는 특히 '아세아' 또는 '제3세계'의 반식민, 민족 문제에 대한 인식 틀이 전면적으로 재편되는 과정이기도 했다. 한국전쟁 당시 2년간 문교부장관을 지냈던 백낙준(白樂濬)은 정전 직전에 쓴 글에서 한국전쟁을 "제3차 세계대전"이라 칭하면서, 전쟁의 목적은 "세계 평화를 유지"하는 것으로 "물질적 목적물"을 위한 싸움이 아니라 "민주주의를 위한 전쟁"이며, "원리와 원칙을 세우기 위한 정의(正義)의 싸움"이라고 규정했다. 이러한 "정의와 불의의 싸움"에서 "중립을 취하려는 것은 사실상 정의의 입장을 약화"시키는 것이라고 강조했다.[20] 또한 정전협정 체결 직후 그는 한반도를 둘러싼 국제정세에 대해 논하면서 다음과 같이 썼다.

여기에는 반드시 세계의 평화를 위한 위대한 목적 이외에 그 나라의 특수한 목적이 없다고 할 수 없다. 나는 네루 수상이 아세아에서 서구 백색인종의 지배권을 배척하고 아세아를 아세아인의 아세아로 만들자는 뜻을 잘 안다. 이러한 주지하에 중공(中共)을 지지한다 하면 그것은 하나는 알고, 둘은 모른다는 것이다. 중공이 아세아 인종인 것은 사실이나 그 지휘자요 상전(上典)이 러시아(露西亞)임을 어찌 알려고 하지 않으며, 공산주의의 실체를 포착하려 하지 아니하는가?

---

19 閔丙台,「世界政府의 理念」,『大學新聞』1952. 10. 27, 2면.

20 白樂濬,「韓國戰爭과 世界平和」,『思想界』1953년 6월호, 6~7쪽.

오늘 인도가 제출한 안에 의해 휴전 성립을 보았다 하여 인도의 공로를 인정하려 하는 편은 있겠지만, 인도의 친공(親共) 정책은 필경 민주주의 승리에 대한 소극적 정책이요 공산주의에의 가담하는 것이다. 오늘의 전쟁은 사상적(思想的) 전쟁이요 인종적(人種的) 전쟁이 아니다. 더욱이 국제 문제를 다룸에 있어 인종 문제를 가미하는 것은 근신(勤愼)을 요(要)하는 것이다. 인도는 아세아에 있어서 공산주의의 승리를 원치 아니할 줄 아나 현 정부의 정책은 민주 진영 아세아인의 지원을 얻지 못할 것이요, 도리어 반항을 받게 될 것이다.[21](밑줄—인용자)

위 인용문에서 백낙준은 동서 냉전이 격화되고 국지적인 열전이 교차하고 있던 상황에서 인도를 주축으로 아시아 여러 신생국가들이 '중립', '평화'를 향한 움직임을 보이는 데 대해 불안과 분노를 표현하고 있다. 그는 인도 정부의 "중공(中共)" 승인 정책과 양대 진영의 충돌·전쟁에 대한 중립적 태도를 '인종 문제'로 치환하면서, '사상적 전쟁'의 프레임을 교란시키는 이실석 차원의 시선과 열망에 대해 불안과 적대를 드러냈다. 한국전쟁 정전(停戰)을 전후(前後)하여 『사상계』를 비롯한 다양한 매체에 실린 국제정세 관련 여러 논설과 번역문들 또한 철저히 진영 논리에 입각한 것이었을 뿐 아니라, 특히 인도와 동남아시아 국가들을 축으로 모색되었던 '중립', '제3세력' 형성의 구상과 움직임에 대해 비판과 경계를 표명하고 있었다.[22]

---

21 白樂濬, 「韓國을 圍繞한 國際情勢의 今昔」, 『思想界』 1953년 9월호, 112쪽.

22 위에서 살펴본 백낙준의 논고를 비롯하여 정전(停戰)을 전후(前後)하여 인도를 비롯한 아시아 국가들의 중립 또는 '제3세력' 형성 노선을 비판하고 있는 다음의 글들을 참조. 金龍星, 「데모크라시-와 第三勢力」, 『新思潮』 1953년 5·6월호, 新思潮社; 朱耀翰, 「네에루의 外交政策」, 『首都評論』 1953년 7월호, 首都文化社, 1953년 7월 1일; 韓泰淵, 「亞細亞社會黨의 課題—階級이냐 國民이냐」, 『東大月報』 1953. 11. 30, 7면; 申想楚, 「아시아의 第三勢力論 批判」, 『思想界』 1954년 2월호; 白樂濬, 「亞細亞와 世界政局」, 『思想界』 1954년 3월호; 프랑소아 봉디, 閔錫泓 譯, 「亞細亞의 文化의 統一性」, 『思想界』 1954년 8월호; G. L. Arnold, 康鳳植 譯, 「共存—두 個의 世界」, 『思想界』 1954년 10월호.

1953년 정전협정과 한미상호방위조약 체결 이후, 이승만 정권은 1954년 제네바회담을 전후한 시기에도 '아세아민족반공대회(亞細亞民族反共大會)'를 추진하여 6월 15일부터 17일까지 3일간 개최했다. 한국군을 인도차이나에 파병하자고 미국 정부에 제의하는 등, 당시 이승만 정권의 강경한 반공, 북진통일 노선은 정점에 달해 있었다. 기존 연구에서 지적되었듯이, 1950년대 이승만 정권의 강경한 반공 정책은 동남아시아를 포함한 아시아 전반에 걸쳐 냉전 대립구도를 격화시킴으로서 다양한 대내적·대외적 효과를 유발하려는 것이었다.[23]

한반도와 베트남 문제 등을 의제로 설정했던 1954년 제네바회담의 결과 등을 평가한 조봉암(曺奉巖)의 글에서 이와 관련하여 당시 분위기를 짐작할 수 있다.

우리 민족은 소위 동병상련 격으로 월남 독립운동에 대해 무한한 관심을 가져왔다. 일찍이 호지명군(胡志明軍)이 불란서에 대한 투쟁을 계속할 때 우리가 일본 제국주의에 대한 투쟁과 같이 큰 감격을 가지고 보아왔다. 그런데 세계가 양 진영으로 갈라져서 지금 우리는 자유 진영의 일원이고, 호지명은 공산 진영에 들어갔다. 이 또한 약소민족의 비애이다. (…) 호지명이 공산 진영에 들어가서 소련의 괴뢰(傀儡)가 되었다면 그 또한 우리 민족 중의 김일성(金日成) 같이 월남 민족의 적(敵)으로 전락되는 것이 아닐까, 생각이 여기에 미치매 가슴이 아프고 몸

---

23 이에 대해서는 최영호, 「이승만 정부의 태평양동맹 구상과 아시아민족반공연맹 결성」, 『국제정치논총』 39-2, 한국국제정치학회, 1999; 김연철, 「1954년 제네바회담과 동북아 냉전질서」, 『아세아연구』 54권 1호, 고려대학교 아세아문제연구소, 2011. 1954년 이선근(李瑄根)을 문교부장관으로 기용하여 "반공방일(反共防日)"의 교육 방침을 추진했던 것을 비롯하여 이승만의 강경한 반공 노선은 진영 논리에 기반한 것이지만, 또한 일본을 거점으로 하는 미국의 동아시아 정책과 일정한 갈등을 내포한 것이기도 했다. 이에 관해서는 李鍾元, 『東アジア冷戰と韓美日關係』, 東京大學出版會, 1996, 제3장 참조.

이 떨린다.[24]

이어서 조봉암은 '반불독립운동(反佛獨立運動)'을 이끄는 호치민에 대한 베트남 민중의 지지 등을 언급했지만, 시종일관 반공·자유 진영 강화에 적극적 의미를 부여해야 한다는 맥락을 부각시켰다. 강경한 반공주의는 단순히 이승만 정권의 전유물이 아니었고, 민주국민당-민주당으로 이어진 보수야당[25] 이나 대다수 언론도 크게 다르지 않았다.

진영 논리에 입각한 반공주의적 관점이 지속되는 가운데 '제3세계' 지역의 동향이 남한 주요 언론이나 지식인들에게 더욱 주목받기 시작한 것은 대체로 1955년 반둥회의가 개최되면서부터였다. 예를 들어 『사상계』는 1955년 6월호에서 '천(天)·지(地)·인(人)' 코너를 통해 반둥회의에 관해 논평하기 시작했고, 이후 1955년 9월부터 '움직이는 세계' 코너를 새롭게 편성하면서 미·소의 동향과 함께 '제3세계' 국가들의 동정을 보도하는 데 적지 않은 지면을 할애했다.[26] 『사상계』를 포함하여, 반둥회의에서 채택한 아시아-아프리카 국가들의 비동맹 노선에 대한 자유당과 민주당 등 주류 정치 세력과 언론의 반응은 매우 부정적이었다. 이승만 정권은 반둥회의에서 저우언라이(周恩來)의 활약, 그리고 특히 일본과 중화인민공화국의 접촉에 대해 "일본은 미국을 배반하고 새로운 아세아제국을 몽상"하고 있다고 비난했다.[27] 당시 반둥회의로 상징

---

24 조봉암, 「내가 본 내외 정국」, 정태영·오유석·권대복 엮음, 『죽산 조봉암 전집』 1, 1999, 251쪽. 이 글은 1955년 6월 16일부터 7월 11일까지 『韓國日報』에 총 26회 연재되었다.

25 1950년대 보수야당인 민주당의 이념과 정치 노선에 대해서는 서중석, 「한국 야당의 두 얼굴—민주당(1955~61)을 중심으로」, 『이승만의 정치 이데올로기』, 역사비평사, 2005 참조.

26 『思想界』 국제정세 관련 고정 코너는 1954년 10월호 '時論'으로 시작하였다. 1955년 9월호부터 시작된 '움직이는 세계' 코너는 1966년까지 지속되었다.

27 「對共共存이란 無謀—葛室長 반둥會議에 성명」, 『東亞日報』 1955. 4. 15, 1면.

되는 '제3세계' 국가들의 움직임에 대한 주류 언론의 태도는 1955년 『동아일보』 사설(社說)에 압축적으로 담겨 있다.

> 아시아·아프리카(亞·阿) 제국(諸國)과 비(非)아시아·아프리카 제국, 특히 서구 열강과의 모순 대립은 결코 완전히 소멸한 것이 아니요 시급히 해결을 요하는 문제도 적지 않다. 그러나 그것은 이 지역 내에서의 자유·공산의 대립에 비하면 극히 비중이 적은 문제이다. 두 진영의 싸움에 있어서 어느 쪽이 승리하느냐에 따라서 아시아·아프리카 제국의 운명과 진로가 결정되는 것이지 그 반대로 아시아·아프리카 제국의 공동보조가 냉전을 해소할 수 있는 것이 아니다. 바로 이 근본 제약 때문에, 아시아·아프리카 제국은 단합할 수도 없으며, 공동이 움직여 나갈 수도 없는 것이다. (…) 지난날 일본이 부르짖던 "아시아인의 아시아, 아시아인을 위한 아시아"라는 스로-간이 그들의 침략주의 연막(煙幕)이었다 싶이, 오늘날 저우언라이(周恩來)가 부르짖고 있는 그와 꼭 같은 스로-간은 곧 아시아와 서방을 이간(離間)시키고, 약화된 아시아를 일시에 정복하여 보겠다는 야망의 표현이 아니고 무엇인가! (…) 그리고 이른바 "평화공존 5개 원칙"을 믿는다는 네루 노선은 구미의 강력한 지원에 의한 자유 아시아, 자유 아프리카의 유지를 침략자의 제단 앞에 희생시키는 결과 외 그 무엇을 초래할 수 있을 것인가.[28] (밑줄—인용자)

위의 사설은 자유 진영과 공산 진영의 대립에 비해 아시아-아프리카 국가군과 서구열강의 대립은 부차적인 것임을 강조하고, 앞서 이승만과 유사하게 저우언라이의 활약을 지목하여 "아세아인의 아세아"가 공산 진영의 팽

---

28 「(社說) 아시아는 하나가 아니다」, 『東亞日報』 1955. 4. 20, 1면.

창으로 귀결될 것이라는 경계를 드러내고 있다. 이는 백낙준의 관점과도 비슷한 것이지만, 인도와 같은 특정 국가의 정책이나 지향을 넘어 대다수 아시아 국가들이 참여하는 국제적 연대의 움직임으로서 '반둥회의'가 현실화되자, 그러한 "단합"과 "공동보조" 자체가 진영 대립 속에서 불가능하고 무력할 뿐 아니라, 오히려 '구미 제국'의 자유 진영에 대한 지원이나 그들과의 유대를 약화시킴으로써 공산 침략을 용이하게 한다고 역설하고 있는 것이다. 이렇게 진영론에 입각했던 당시 남한의 지배적인 관점의 기저에는 사실상 '이데올로기'적 대립 그 자체와 분리되지 않은 채로 인식되었던, 미국과 소련을 축으로 한 강대국의 '권력정치(power politics)'로부터 벗어날 길은 없다는 태도가 강력하게 자리 잡고 있었다.

1950년대 후반의 '제3세계' 인식과
'내셔널 인터레스트(national interest)'*

1950년대 중반을 거치면서 미·소를 축으로 한 냉전질서가 장기화되고 남북의 군사적 대치 또한 안정화되자, 강대국의 움직임과 함께 아시아·아프리카 지역 각 국가들의 동향에 대한 관심이 점점 커졌고, 그런 가운데 '제3세계' 지역을 바라보는 초점 또한 일정하게 이동했다. 이러한 초점 이동은 내적으로 1956년 이후 자유당과 민주당이 주도하는 정치질서가 자리 잡아가는 가운데 전후복구를 넘어 경제·사회·문화 등 제반 분야를 부흥 건설하는 것[01] 즉 근대국가로서의 자립적 체제건설의 모색과 연관된 것이었다. 물론 미국과의 군사적 동맹과 경제적 원조 등의 물적 토대를 수긍하고, 교육·문화·기술 등 제반 영역에서 미국의 영향력 또한 확대되고 있었기 때문에, 냉전 논리에 입각하여 '중립주의', 비동맹 노선의 용공성 등을 비판하는 시선 또한 여전히

• 본 장의 내용은 홍정완·전상숙, 앞의 책, 제3부 2장 제1절의 일부 내용을 축약하는 가운데 새로운 내용을 가필한 것이다.

01 도널드 스턴 맥도날드, 한국역사연구회 1950년대반 옮김, 『한미관계 20년사(1945~1965년)』, 한울아카데미, 2001, 407~431쪽; 정진아, 앞의 논문, 2007, 제5장; 이현진, 『미국의 대한경제원조 정책 1948~1960』, 혜안, 2009, 제5장. 앞에서 살펴본 바와 같이, 경제학계에서는 1950년대 중반을 거치면서 '후진국' 경제개발이론과 정책에 대한 학문적 열의가 본격화되기 시작했다.

강하게 지속되었다. 그러나 미국과 소련의 대립이 이른바 '평화공존'하의 경제적 체제경쟁으로 전이되어가는 정세변화와 함께, 제3세계 국가들의 비동맹 노선, 반식민주의 운동, 그와 결부되어 자립적 경제 체제 건설을 향한 움직임에 세계의 이목이 집중되면서, 냉전질서의 전시장이었던 한국 사회 지식인층에게도 냉전, 진영대립의 틀로 환원되지 않는 영역이 부상하기 시작했던 것이다.

물론 진영대립에 근거한 반소·반공주의 관점 또한 제3세계의 민족해방운동 자체를 비난하지는 않았고, 제국주의 지배에 대한 항거라는 점에 대해 동정적이었다. 하지만 1956년 진보당 창당대회의 국제정세보고는 다소 결을 달리했다. 그들은 1955~56년 격동했던 국제정세, 즉 1955년 반둥회의, 그리고 같은 해 제네바회담에서 미국과 중화인민공화국의 회담, 1956년 2월 소련공산당 20차 대회의 새로운 노선 채택과 폴란드·헝가리의 항쟁 등을 근거로 당시를 세계정세의 역사적 전환기로 평가하고 있었다. 그와 더불어 반둥회의를 주도했던 인도, 버마, 인도네시아 등의 대외적 노선을 소위 "평화지역"의 확대 노력으로 평가하면서, 1956년 이집트 나세르(Gamal Abdel Nasser) 정권의 수에즈운하 국유화 단행에 대한 영국·프랑스의 무력행동을 "낡은 제국주의적 주권행사"로 비난했다.[02] 나아가 아시아 아프리카 내셔널리즘은 유럽의 내셔널리즘과 달리 "약소적 연대성이라는 휴매니즘" 원칙에 입각하고 있음을 강조하면서, "소련의 침략에 항거하는 헝가리의 인민"과 "영·불의 제국주의적 자본 침략에 항거하는 이집트 아랍의 후진국가"를 지원하자는 결의안을 채택

---

02 『죽산 조봉암 전집』 4, 세명서관, 1999에 실린 「진보당 창당대회」 기록(24쪽~120쪽) 참조. 이 책의 주제와 관련하여 "자유자본주의적" 방식이 아닌 "계획민주주의적" 방식을 통해 後進國으로서 남한의 경제건설 노선을 제기했다는 점도 주목된다. 조봉암과 진보당의 이념, 노선, 활동 전반에 관해서는 서중석, 『조봉암과 1950년대』 上·下, 역사비평사, 1999 참조.

했다.[03]

이와 같은 '제3세계' 동향에 대한 적극적인 평가와 지지의 입장에 연결될 수 있는 지식인층의 동향으로 1950년대 최일수(崔一秀), 정태용(鄭泰鎔) 등이 주장했던 민족문학론(民族文學論)을 들 수 있다. 물론 이들의 민족문학론이 문학계 전반, 혹은 남한 사회의 지적 지형 속에서 갖는 위상과 반향은 제한적이었지만, 특히 「현대문학과 민족의식」(1955), 「민족문학의 현대적 방향」(1956), 「동남아의 민족문학」(1956) 등 최일수의 일련의 지적 행보는 주목할 만하다. 그는 "20세기 후반기" 세계문학의 현실과 성격을 제2차 세계대전 이후 약소민족의 민족해방운동 흐름과 직접적으로 연관시키고, 나아가 일제의 "압제에 대결하던 저항의식"과 미·소 양대 세력에 의해 "분단된 민족의 현실"을 극복하려는 정신을 기반으로 민족문학의 새로운 방향, "민족적 리얼리즘"을 주창했다. 또한 당대 '제3세계' 국가·민족들의 동향에 대해 "외국의 예속적 운명을 겪어 넘어온 후진민족들"과의 "문학정신의 현대적 유대"를 주장했다는 점에서 그의 문학론이 갖는 '제3세계'적 지평을 확인할 수 있다.[04]

앞의 진보당 창당대회 국제정세보고에서도 일부 확인할 수 있지만, 1950년대 후반 '제3세계' 동향에 관한 지식인층의 이목을 새롭게 집중시키고 기존 인식지형에 충격을 가한 것은 이집트의 수에즈운하 국유화를 둘러싼 충돌 등 중동(中東) 지역의 정세와, 그 한복판에 있었던 나세르를 정점으로 한 이

---

03 진보당과 대비되는 1956년 동유럽 항쟁과 이집트 사태에 관한 이승만 정권의 입장은 『世界의 焦點—東歐義擧와 中東紛爭』, 公報室, 1956에서 확인할 수 있다. 특히 이집트 사태에 관하여 나세르를 "아랍種族의 救世主"를 자처하는 독재자이자 친소(親蘇) 행보도 서슴지 않는 위험한 인물로 평가했다.

04 1950년대 최일수, 정태용 등의 '민족문학'론에 대해서는 崔一秀, 『民族文學新論—崔一秀評論集』, 東泉社, 1983; 崔一秀, 『現實의 文學』, 螢雪出版社, 1976; 鄭泰鎔, 「民族文學論—概念規定을 爲한 하나의 試考」, 『現代文學』 1956년 11월호 참조. 이들의 민족문학론에 관한 대표적인 연구로서 한수영, 『한국 현대 비평의 이념과 성격』, 국학자료원, 2000; 이명원, 『종언 이후—최일수와 전후 비평』, 새움, 2006 등 참조.

집트 집권 세력의 행보였다. 나세르의 저서 2종이 번역 출간되었으며,[05] 그 외에도 당시 중동 지역을 둘러싼 국제적 역학관계를 소개하거나 향후 국제정세를 전망하는 기사들이 다량 생산되었다.

한 번역본을 소개하는 「서문」에서 부완혁(夫玩赫)은 나세르의 저술을 통해 "정치적 혁명과 사회적 혁명을 병행시켜야 할 후진국 재건사업"의 난관을 절감한다고 하면서 "조급한 심정으로 지지한 우리의 재건사업을 개탄, 비판, 이용만 하고 있는 방관자들에게는 큰 경종이 아닐 수 없다"고 했다. 그리고 또다른 번역본의 역자 원용찬(元容贊)은 「역자서(譯者序)」와 「해설」을 통해 이집트혁명이 영국·프랑스에 대한 "울분이 탈선하여" "공산 뿔럭의 유혹에 떨어질 가능성"이 있다고 언급하면서도, "이집트혁명"을 "민족해방혁명"으로 평가했다. 특히 원용찬은 기존 이집트의 "마호메트 아리" 왕조를 "식민주의 압자비"로 규정하는 가운데, 나세르가 내세운 슬로건 "단결, 규율, 근로"에는 서구의 혁명과 달리 "외국 제국주의 세력"과 "봉건적인 구(舊)세력을 타도"하는 "후진국 민족주의혁명"의 성격이 나타나 있다고 강조했다. 이와 더불어 "노예적 습성이 박히고 식민지 근성이 고질화된 후진국"이 "새로운 민주주의 국가로 출발"하기 위해서는 "강력한 청년 지도자를 필요로" 한다고 하면서, 그러한 예를 "필리핀의 맥사이사이"와 함께 "낫쎌"과 "자유장교단"에서도 찾아볼 수 있다고 말했다.

나아가 중동 지역에 비등한 반식민주의, 민족주의적 행보를 한국 사회의 대내외적 현실과 견주는 논의 또한 적지 않았다. 신일철(申一澈)은 1956년 국제정세를 통해 "피압박민족들이 굴욕과 학대의 쇠사슬"을 끊고 "자아를 발견

---

05 가말 압둘 낫쎌, 咸泰岩 譯, 『埃及의 解放─革命의 哲學』, 靑丘出版社, 1957; 낫쎌, 元容贊 譯, 『革命의 哲學』, 高句麗文化社, 1958. 前者의 번역자 함태암은 육군 정훈장교로서 국방연구원(國防研究院) 창설에 참여했던 인물이라는 점이 주목된다.

하고 자각"해가는 "역사의 새 방향"을 목도했다고 하면서 "미국의 원조나 나불나불 받아먹고 사는 상거지 신세"를 탈피하여 "최근의 세계동향이 지시"하는 것과 같이 "후진민족은 후진민족대로의 활로"를 열어가는 "생활이념의 재발견"이 시급하다고 주장했다.[06]

1957년 새해 국제정세를 전망하는 한 좌담회에서는 수에즈운하를 둘러싼 국제적 갈등과 반둥회의, 인도 네루의 비동맹 노선 등이 주된 논제로 다루어졌다. 참석자 중 이승만 정권의 초대 내무부장관이었던 윤치영(尹致暎)은 중동지역 민족주의를 극히 경시히면서 네루의 비동맹 노선에 대해 노골적인 무시와 적의를 드러냈지만, 그를 제외하고 좌담회에 참석한 지식인들은 대체로 제3세계 국가들의 노선과 민족주의 운동의 의의를 우호적·적극적으로 평가했다.[07] 윤치영 외의 논자들은 이집트가 오랫동안 유럽 제국주의의 식민지배를 받았기 때문에 "공산주의"에 비해 영국과 프랑스에 더 강한 반감을 가지고 있다는 점을 지적했다. 그들은 이집트에 대한 영국과 프랑스의 군사행동에 극히 비판적이었다. 그리고 네루의 비동맹 노선은 양대 진영의 대립 완화에 역할이 적지 않다고 평가하고, "피억압민족으로서 단결", 협력하여 서구 제국주의와 공산주의의 침략을 물리치고 "자주적 독립적으로 발전하고 진보"하려는 아시아·아프리카 내셔널리즘의 근본 입장과 특징에 입각하여 "공정하게" 파악될 필요가 있다고 했다. 그리고 당대 미국과 소련의 대립이 완화하면서 미국의 '제3세계'에 대한 정책이 "군사원조", "지역적인 안전보장"에

---

06 申一澈, 「生活理念의 再發見—우리나라의 아메리카니즘」, 『새벽』 1957년 1월호, 49~52쪽.

07 「(座談會) 危機! 一九五七年」, 『新太陽』 1957년 1월호. 참석자: 高貞勳(朝鮮日報論説委員), 尹致暎(民議院外務委員), 閔丙台(서울文理大教授), 李東華(成均館大學 教授). 좌담회에서 윤치영은 "아라비아 나라들이라는 것이 말이 나라지 우리나라 道만도 못한 나라들"이라고 하고 네루에 대해 "가장 자기가 民主主義의 지도자처럼 깝죽대지만 그것을 인정하는 나라가 없어요"라고 하는 등 제3세계 동향에 대해 경시, 적대하는 태도를 노골적으로 드러냈다.

서 "경제건설"로 변화하는 추세 또한 긍정적으로 평가했다.

위 좌담회와 비슷한 시기에 작성된 다음 글에는 1950년대 후반부터 1960년대까지 한국 사회 정치 세력과 지식인층이 '제3세계' 국가들의 동향에 관해 논의한 주요한 주제들이 담겨 있다.

이제 아시아 각국은 제각기의 방법에 따라 근대화(近代化)에 박차를 가하고 있다. 쏘련 지배하의 쏘련 방식대로의 중공의 5개년계획, 중립주의 국가인 인도의 5개년 계획, 미국 원조에 의존하는 자유 아시아 제국의 공업화운동. 누가 빨리 목적을 달성할 것인가? 두고 봐야 할 장래의 일에 속할 것이다. 그 방법의 호불호(好不好)는 고사하고 아시아 제민족이 빈곤에서 해방되려고 최대의 노력을 하고 있는 것만은 사실이다. (…) 아시아의 대부분 국가는 공산주의가 새로운 위협일망정 옛 식민지주의보다는 좋은 것으로 인식하고 있다. 이집트(埃及)의 낫셀이 영·불의 식민지주의를 배척하기 위하여 쏘련의 원조를 받으려는 것도 그 까닭이다. 낫셀의 독재와 전제는 우리 아시아인의 민족해방운동의 중요 목표의 하나—전제(專制) 타도—에 어긋나기 때문에 배척하지마는 그의 필사적인 영·불 식민지주의의 배척에는 동정(同情)한다. 이번의 수에즈운하 사건에 있어서 미국이 영·불의 식민지 정책을 지지하였던들 아시아의 모든 우의(友誼)를 한꺼번에 잃어버렸을 것이고 앞으로 가능성이 많은 일본의 식민지 정책을 어떤 형식이라도 도와주기만 해도 미국은 같은 결과에 봉착할 것이다. 이것이 수세기, 수세대 동안 아시아 민족의 가슴 속에 흘려 내려오는 민족주의이다. 전제·부정·불평등·빈곤을 일소하기 위하여서의 민족해방운동인 것이다.[08]

---

08 金俊燁, 「아시아民族解放運動」, 『思想界』 1957년 3월호, 139~140쪽.

김준엽은 같은 글에서 아시아를 "정체사회(停滯社會)의 대명사"이자 "전제주의(專制主義)" 혹은 "전제의 전통"에 얽매여 있다고 평가하면서도 당대 '제3세계' 국가들의 민족해방운동의 의의를 위와 같이 높이 평가했다. 또한 중립주의 노선에 대한 비판이 논지의 핵심을 차지하지 않은 점도 눈에 띈다. 이 글에서는 '제3세계' 국가들의 민족주의와 근대화, 혹은 빈곤 해방의 문제, 반식민 민족주의와 공산주의의 관계, 그리고 '제3세계' 국가들의 정치체제에서 나타났던 권위주의적·독재적 경향의 문제 등이 언급되어 있다. 이러한 문제들이 당시 별개로 분립되지 않고 긴밀한 상호연관하에 논의되었다는 점, 그리고 이에 대한 태도가 당대 한국 사회의 현실인식 문제와 결부되어 나타났다는 점을 새기면서 살펴볼 필요가 있다. 이와 같은 측면을 고려하는 가운데, 이하에서는 1950년대 후반 한국 지식인층의 '제3세계' 인식의 변동양상을 주로 국제정세 인식과 관련하여 살펴보려 한다.

조효원은 1955년 발간된 『아세아정치론』에서 '구미(歐美)' 민족주의는 단선적인 문명화 논리에 입각하여 "침략행위를 '백인의 책임(The Whiteman's Burden)', 무슨 신탁(Trusteeship)이니 사명(mission)"이라 '분장'함으로써 "구미적 맹점"을 지니게 되었다고 비판하고 '아시아 민족주의'가 나아갈 방향을 모색했다.[09] 기존 19~20세기 전반 아세아 민족주의의 실패는 "양이(攘夷), 척화(斥和), 백화(白禍)라는 표어로 표시되는 아세아 제(諸)민족의 지나친 자기봉쇄"에 기인했다고 평가하면서, 객체·환경의 변화라 할 수 있는 "세계 대세에 순응"하면서도 '주체' 측의 자기변혁을 통해 "서구에의 저항에 국축(跼蹙)하던 봉쇄적"인 방향이 아니라 "구미 사회와 불가분적이면서 대등적인 일환"으로서 그

---

09 趙孝源, 「亞細亞民族主義의 正道를 爲하여」, 『思想界』 16, 1954년 11월호. 이 글은 趙孝源, 『亞細亞政治論』, 文鍾閣, 1955의 「總論」과 동일한 내용이다.

자주적 지위를 확보하는 "신아세아(新亞世亞)"를 제시했다.[10]

이와 같이 '저항적' 민족해방운동을 '배타성'과 '자기봉쇄'적인 형태로 평가하는 관점은 1956년 국제정세의 격동을 목도하면서 다음과 같은 형태로 조정·지속되었다.

> 아세아는 모든 형태의 제국주의를 분쇄해야 한다. 아세아 각국은 한국의 경험을 헛되이 하지 말아야 할 것이다. (…) 대외적인 문제에 있어서 끝으로 한 가지 강조하고자 한다. 그것은 과거에 아세아를 지배했던 구미 제국에 대해서 소아병적인 태도를 버리자는 것이다. 그네들이 아세아를 재인식하고 동등한 인격으로 협조를 요청하는 경우에는 공동적인 문제에 있어서는 협조를 해야 될 것이다. 20세기의 인류사회는 전 세계적인 해결을 요하는 문제가 수다하다. 구미 제국의 공업력과 아세아의 인적 물적 자원을 결합하여 인류의 행복을 실현시켜야 할 것이다. 이 점에 있어서 콜롬보 플랜은 우리에게 좋은 실례를 제시한다. 각국이 개별적으로 "힘의 정치"를 하던 시대는 지났다. 아세아는 외국의 지배로부터 독립되었기 때문에, 또 더욱이 민족주의 초기 단계에 있기 때문에 외국이라고 하면 의심이 앞선다. 그러나 시대의 변천은 또는 현대 각국의 제반 문제는 다국 간의 집단적 해결과 노력을 요구하고 있다. 아세아의 인민들은 자기 충실을 기하고 집단적 협조를 통해 인류의 행복과 평화에 공헌하도록 노력해야 할 것이다.[11]

서석순은 한국전쟁을 들면서 "공산주의적 제국주의"를 포함한 "모든 형태의 제국주의"를 배격해야 한다고 하면서도, 아시아 국가들은 "구미 제국"

---

10   趙孝源, 『亞細亞政治論』, 文鍾閣, 1955, 517쪽.

11   徐碩淳, 「世界의 亞細亞—오늘의 亞細亞의 歷史的 現實과 政治的 課題」, 『新世界』 1권 2호, 昌平社, 1957년 1월, 64~65쪽.

에 대해 "소아병적 태도"를 버리고, 내적인 사회·경제적 여건, 즉 "격증하는 인구"와 "경제적으로 미개(未開)상태" 등의 악조건을 극복하기 위해서 '콜롬보 플랜(Colombo Plan)'과 같이 "구미 제국"과의 협조·협력에 나설 것을 주장했다. 다시 말해 냉전 진영대립하에서 제3세계 국가들이 제국주의 구(舊)종주국들에 대한 항거로서 대외적인 반제국주의 반식민주의적 운동에 집중하기보다는 대내적인 경제개발과 사회적 개혁을 위해 '자유 진영'의 '선진' 자본주의 국가들과 결합, 협력해야 함을 내세웠던 것이다.

냉전질서하의 국제정세, 국제정치 인식과 관련하여, 1950년대 후반 한국 지식인층에게 새롭게 주목 받았던 것은 현실주의 국제정치이론(realist theory of international politics), 그중에서도 미국 시카고대학 교수였던 한스 모겐소(Hans Morgenthau)의 현실주의 이론이었다.[12] 이데올로기를 앞세운 냉전의 최전선, 전시장이라 불렀던 한국의 지식인들이 "권력으로 정의되는 이익(interest defined in terms of power)" 개념에 입각한 모겐소의 현실주의 이론을 바탕으로 국제정치에서 '이데올로기'가 갖는 규정력을 상대화시키고, '국가(nation)'의 이해관계를 본질적인 요인으로 인식했다는 점은 대단히 흥미로운 것이라 하지 않을 수 없다.

당시 동국대학교 교수였던 김영달(金永達)은 모겐소의 유명한 저작 *Politics*

---

12 한국전쟁 이후 현실주의 국제정치학의 수용에서 적극적인 역할을 했던 지식인으로 "Carr 선생"이라고 불릴 정도로 카(E. H. Carr)의 주요 저작을 번역 소개하고, 모겐소의 책 또한 번역한 바 있는 이원우(李元雨)를 들 수 있다. 현실주의 국제정치학의 기초를 놓았다고 평가받는 저작인 카(E. H. Carr)의 *The Twenty Years' Crisis 1919-1939*(초판 1939, 개정판 1954)는 이원우에 의해 『國際政治學槪論』(德壽出版社, 1955), 『國際政治學』(培學社, 1960)으로 번역되었다. 개정판을 대본으로 번역했는데, 전자는 주석의 번역이 생략되어 있고 후자가 완역본이다. 그 외에도 카(Carr)의 여러 저작을 번역했고, 한스 모겐소의 *In Defence of the National Interest*(1951)를 번역하여 『國際政治와 美國外交政策』(李元雨 譯, 永昌書館, 1957)으로 출간했다. 이원우가 번역했던 카(Carr)와 모겐소(Hans Morgenthau)의 책은 모두 일본어 번역본의 중역(重譯)이었다. 이원우의 현실주의 국제정치이론 수용과 그 변화양상을 비롯하여, 전후(戰後) 한국의 국제정치학 학문동향과 국제정세 인식에 대해서는 추후 연구 과제로 삼고자 한다.

among Nations(1954)[13]에서 개진된 '제국주의' 이론 중에서 문화제국주의(文化帝國主義)에 관한 내용, 즉 "문화제국주의가 단독으로 성공"한다면 "가장 성공적인 제국주의 정책"일 것이며, "문화제국주의는 영토정복이나 경제독점의 지배를 목표로 삼는 것이 아니고 2개국 간의 권력관계를 변경시키기 위한 수단으로서 사람의 정신을 정복, 지배하는 것을 목표"로 한다는 점을 주목했다. 그는 당시 "아세아 내쇼날리즘의 성격을 규정"하는 외적인 요인으로서 구(舊)서구 식민지주의와 다른 "새로운 양식의 콜로니알리즘", 즉 "양극 권력정치의 아세아에 있어서의 전개 과정에서 나타나는 세력권(勢力圈) 확대의 경합현상"을 들면서 동남아시아 국가들을 둘러싸고 나타났던 미국과 중국의 활동을 다음과 같이 파악했다.

> 미소 양국이 주동적 역할을 하고 있으나 최근에 와서는 중공(中共)이 미국과 직접 대결하고 있으며, 이 양국이 연출하는 세력권 경합의 현상형태 역시 '원조' 또는 '해방'이라는 명분하에 문화적·사상적 면에서 내전의 양상을 나타내고 있다. 그 전형적인 예로 인도네시아, 월남, 라오스, 태국, 파키스탄 등에 대한 미국의 공작과, 또 한편으로는 인도네시아, 캄보디아에 대한 중공의 적극적인 활동 공작에서 엿볼 수 있다. (…) 또한 미국은 태국, 파키스탄에서는 불화(弗貨) 원조의 대상으로 반공 군사 체제를 수립, 미국의 대(對)아세아 정책에 협력시키고 있으며, 이 지역에 있어서의 미국의 문화활동(USIS와 같은 기구를 통해서)은 활발하게 움

---

13 모겐소의 *Politics among Nations*는 1948년 초판을 시작으로 단독 저자로서 개정판이 1973년 5판까지 발간되었다. 이 책은 한국에서 1973년 개정판(5판)을 대본으로 1987년 이호재에 의하여 첫 번역본이 출간된 바 있다. 한스 J. 모겐소 著, 李昊宰 譯, 『現代國際政治論—世界平和의 權力理論的 接近』, 法文社, 1987. 모겐소 사후(死後) 그의 제자 톰슨(Kenneth W. Thompson)과의 공저 형태로 개정 6판이 출간되었는데, 최근 개정 7판이 번역되어 출간되었다. 한스 모겐소, 이호재·엄태암 옮김, 『국가 간의 정치—세계 평화의 권력이론적 접근』 1·2, 김영사, 2014.

직이고 있다. 한편 중공도 미국에 대항하여 인도네시아에서도 국부계(國府界) 세력의 일소, 공산주의의 침투, 반미감정 조성에 활동하고 있으며, 캄보디아에서는 경제·문화적 접근 공작을 활발하게 전개하고 있다. 인도에 있어서도 각종 출판물을 통해 반미감정을 주입시키려고 노력하고 있다.[14]

김영달은 모겐소의 제국주의 이론을 활용하여 동남아시아에서 전개되고 있던 미국과 중국의 대외 정책과 활동을 "아세아 내쇼날리즘의 발전"을 가로막는 외적 요인으로서 "새로운 콜로니알리즘", 즉 '신식민주의(新植民主義)'로 파악했던 것이다. 이와 같은 그의 인식은 진영론적, 이데올로기적 관점에서 제3세계의 민족주의가 걷게 될 장래에 대한 우려와 경계의 시선을 투영한 것이 아니라, 냉전하 양대 진영 강대국의 활동 자체를 '제3세계' 민족주의의 발전을 방해하고 자국의 권력과 영향력을 확대하려는 것으로 파악한다는 점에서 그 이전 한국사회에서는 찾아보기 힘든 것이었다.

고려대학교 교수였던 이건호(李建鎬) 또한 "정치적 행동의 당면목표는 권력에 있는 것"이며, "정치적 권력은 인간의 정신과 행동에 대한 힘을 말하는 것"이라는 모겐소의 주장을 인용하면서 "오늘날의 국제사회"에서 "권력을 많이 가진 국가"에 의한 "일방적 구속"이 일반적인 현상이지만, "마치 상대국가가 스스로 이데올로기에 동조하여 협력하는 것 같은 인상을 주도록" 그 "일방적 구속이 이데올로기라는 화장품에 의해 짙게 분장되어 있다"고 했다. 그는 "국제정치의 현실을 결정하는 것은 이기적인 국가의 권력의사에 있다"는 것을 "가장 근본적인 원리로 이해해야" 한다고 하면서, "이데올로기는 권력을 정당화하는 데 봉사"하는 것이기 때문에 "이데올로기는 허위로 간주되

---

14 金永達,「亞細亞내쇼날리즘의 特徵」,『新太陽』8권 5호, 新太陽社, 1959년 5월, 157쪽.

어도 좋은 경우가 많다"고 했다.[15]

시카고대학교에서 모겐소에게 수학했던 민병기(閔丙岐)[16]는 현실주의 국제정치이론을 1950년대 후반부터 1960년대까지 국내에 적극적으로 소개하는 가운데, 그에 근거하여 한국의 외교와 대외 정책에 관한 논고를 발표했던 대표적인 학자였다.

모든 이해관계에서 그렇듯이 외교 면에서는 이념과 현실을 엄연히 구별해야 된다. 왜냐하면 국가의 이익, 즉 한 국가의 운명이 어떠한 감정이나 이념으로 바꾸어질 수는 없기 때문이다. 우리는 소련 공산주의를 위해 대한민국의 국가적 이익을 희생할 수 없는 것과 똑같은 논리에서 미국의 이념 앞에 우리의 국가적 이익을 제공할 수도 없는 것이다. 한국에는 지켜야 할 한국의 독특한 국가적, 국민적 이익이 있다. 이러한 이론은 자칫 오늘날에 유행하는 중립이론이나 국수주의와 혼동될 우려가 있다. 그러나 진정한 의미에서의 국민적 이익의 옹호가 중립주의나 국수주의와 동일시되어서는 안 된다.[17]

그러나 이러한 이념 면에서의 공통이익은 항상 불안정한 것이다. 첫째, 어느

---

15 李建鎬,「政治이데올로기와 勢力均衡」,『思想界』5권 3호, 思想界社, 1957년 3월. 같은 해 그는 잡지의 서평란에 한스 모겐소(Hans Morgenthau)의 *Politics among Nations*(1955版)를 소개하면서 모겐소와 그의 저작이 한국에 "너무나도 잘 알려져 있다"고 했다. 특히 모겐소의 저작에 대해 "국제정치론의 가장 좋은 교과서가 될 것"이라고 하고 "是非 兩論이 있을 것이나 어쨌든 재미있는 것만은 사실"이라고 했다. 李建鎬,「(모던 라이브러리) 法律·外交」,『現代』1권 2호, 女苑社, 1957년 12월, 290쪽. 그 전 년 발표한 논고 또한 모겐소의 주장을 언급하는 가운데, 국제정치에서 '법'과 '권력'의 문제를 검토하고, '국제사회'에서 "지배적 원동력이 權力"에 있음을 지적했다. 李建鎬,「國際社會에 있어서의 權力」,『思想界』1956년 2월호, 思想界社.

16 민병기의 제자였던 이호재는 한스 모겐소의 *Politics among Nations*를 번역하면서 "모겐소 교수에게 직접 배운 한국인"으로서 "故 閔丙岐 교수는 모겐소 교수의 韓國 제자 1대, 그리고 譯者가" "그 뒤를 잇고 있는 2대임을 자랑스럽게 생각한다"고 밝혔다. 한스 J. 모겐소 著, 李昊宰 譯, 앞의 책,「譯者 序文」참조.

17 閔丙岐,「韓國 外交의 있어야 할 姿態」,『高大新聞』1957. 10. 7, 1면.

편이 더 긴급성을 가지고 있느냐 하는 점으로 볼 때, 하나의 동맹 내에서 각 체맹국(締盟國)들이 갖는 이해관계는 반드시 균등하지 않다. (…) 무엇보다도 그러한 이념적 공통이익은 국가 정책의 기반이 될 수 없다는 점에서 더욱 불안정한 인소(因素)가 되는 것이다. (…) 앞으로 있어야 할 동북아동맹은 엄연하고도 구체적인 공통이익 위에 건설되어야 한다는 점을 거듭 강조한다. 아시아에서의 공산주의 진출을 대처하는 미국의 세력균형 정책이 아시아 지역 각국이 가진 바의 독특한 이익을 도모 신장하여주는 것이라야만 한다는 것이다. 모든 국민국가는 아직도 국가이익만을 위하여 움직이고 있다. 어떠한 이념상의 공통이익을 위해 자국의 운명까지를 희생한 국가는 일찍이 없었다.[18]

위의 두 인용문은 모두 국제정치를 움직이는 기본 동인으로서 한 국가의 대외 정책과 외교를 추동하는 핵심은 국가적 이해관계, 즉 '국가이익(national interest)'에 있음을 강조하고 있다. 특히 냉전하 이데올로기적인 측면에서 각 국가의 특수이익을 초월하는 '공통이익'이 있을 수 있으나, 그것이 항구적·안정적이지 않다는 점을 강조한다. 이와 더불어 '중립'과 '국수주의' 노선을 택하자는 것이 아니라고 선을 그으면서도, '미국의 이데올로기'를 위해 한국의 국가이익을 제공할 수는 없다는 점을 지적하면서 이데올로기(이념)와 국가적 이해관계를 동일시하는 것에 대해 비판적 입장을 내세우고 있다.

이와 같이 '국가이익'을 중심으로 한 현실주의적 국제정치 인식이 한국의 지식인층에게 점차 확산되는 가운데, 1950년대 말에 이르면 주요 신문, 잡지 매체에서 이승만 정권의 외교 정책에 대한 비판과 더불어 향후 한국의 대외 노선이 취할 방향에 관한 언설을 쉽게 찾아 볼 수 있게 되었다. 1959년 하반기

---

18 閔丙岐, 「現代的 同盟의 性格」, 『法律·經濟』 1권 2호, 法律·經濟學會, 1958년 7월, 67쪽.

UN 정치위원회에서 미국이 주도한 한반도 통일안에 관한 표결 결과 비동맹 노선의 아시아 국가들을 중심으로 19개국이 기권하는 사태가 발생하자, 한국의 외무부 당국도 기존 외교 노선을 재검토하면서 아시아·아프리카 지역에 대한 공관 설치 계획 등을 발표했다.[19] 이후 장면 정권, 박정희 정권 등 한국 집권 세력이 지속적으로 표명했던 이른바 '적극외교(積極外交)' 구상의 시작이었다. 이에 대해 『동아일보』는 여전히 UN에서의 한국에 대한 우호적 여론의 확보라는 차원에 한정되어 있긴 하지만 "아시아-아프리카(AA) 뿔럭에 속하는 제국(諸國)에 대한 신축성 있는 외교 활동" 전개를 환영하면서 그동안 외교 정책이 "아시아의 고아(孤兒)" 되는 길이었으며, "내셔널 인터레스트(national interest)"의 관점에서 본다면 "자살행위"[20]였다고 비판했다.

나아가 당시 서울대 정치학과 교수였던 박준규(朴浚圭)는 이승만 정권이 "외교를 일종의 십자군적(十字軍的)인 반공 혁명운동으로 착각"함으로써 "제3 세력 국가"에 대해 "냉혹한 이해관계에 의해서 움직여지는 민족국가 단위의 현 국제사회에서는 몰상식한 치아(痴兒)적인 외교"를 전개했고, 그로 인해 "아시아·아프리카(亞阿) 중립주의 국가들"로부터 대한민국이 "이북 괴뢰정권과 동등시"되고 있으며, 한국 외교를 "호전적이고 오만한 소위 '동갈외교(恫喝外交)'"로 비춰지게 만들었다고 강하게 비판했다.[21]

---

19 「積極的으로 外交政策刷新 曺外務, 亞阿諸國과 修交도 希望」, 『東亞日報』 1959. 1. 6, 조간 1면. 이러한 경향은 3·15 정·부통령 선거 당시 자유당의 선거공약에서도 찾아볼 수 있다. 自由黨, 『自由黨의 業績과 施策』, 1960, 287쪽 참조.

20 「(社說) A.A 諸國에 대한 外交强化의 必要」, 『東亞日報』 1959. 12. 1, 조간 1면.

21 朴浚圭, 「나라의 體面」, 『새벽』 1960년 1월호. 이 글에서 박준규가 당시 세계정세 변동과 연관하여 미국의 대외 전략, 한반도 정책변화 가능성 등을 분석하면서 「콜론 보고서」를 자주 인용하고 있다는 점이 주목된다. 이승만 정권의 외교 정책을 유사한 맥락에서 비판한 글로는 関丙岐, 「外交政策의 無能을 止揚하라」, 『思潮』 1권 2호, 思潮社 참조. 이러한 관점을 더욱 적극화하여 한미관계의 유대 강화를 위한 정신적 기초로서 "平等한 사이의 友誼"를 제기하고, 나아가 미국에만 의존할 것이 아니라 제3세계 국가들의 민족주의적 노선을 개방적인 관점에서 이해하고 그에 기반하여 해당 국가들의 광범한 지지를 이끌어내는 외교 정책

앞서 『동아일보』가 1959년 정부의 '적극외교(積極外交)' 구상을 평하며 '내셔널 인터레스트(national interest)'의 관점을 제기했는데, 이러한 관점이 비슷한 시기 『사상계』에서 정치학, 국제정치학 분야의 학자들을 주축으로 연이어 국제정세, 국제정치와 제3세계의 대두 문제에 관한 좌담회(座談會) 형식으로 주요하게 다루어졌음이 주목된다. 국내외 정치경제적 현실에 대한 사회과학자들의 지식생산의 본격화는 『사상계』 지면에도 반영되었다. 한 좌담회[22]에서는 먼저 당대 국제정치의 핵심원리를 어떻게 볼 것인가를 주제로 국제관계에서 양대 체제-이념대결의 논리, 나아가 집단안전보장에 근거한 이익의 문제와 '내셔널 인터레스트'의 조화·충돌 양상 등 다소 원론적인 문제를 논의하는 가운데, 한국 사회가 직면한 구체적인 문제로서 미국의 원조방식을 비롯한 대한(對韓) 정책의 변동 기류와 '국가이익'의 원리가 결부되어 제기되었다. 특히 한국전쟁을 거치며 형성된 운명공동체적인 한미관계가 지속될 것이라고 안이하게 판단했던 언론을 비롯한 사회 일반의 태도를 비판하고, 변화된 세계정세 속에서 미국의 대(對)아시아·한반도 정책 또한 그 변경방향을 예의주시하는 속에 국가적 이해관계에 입각하여 연구·대응해야 한다는 점이 강조되었다.

또 다른 좌담회[23]에서는 1958년 하반기 이후 부상하고 있던 이른바 '(2차) 베를린 위기'에 대한 분석과 전망을 시작으로, 당시 미국과 소련의 세계전략

이 필요하다는 주장이 전개되기도 했다. 金哲, 「國家基本政策에 대한 再檢討—變遷하는 國際情勢를 背景으로」, 『國際評論』 4, 國際學術院, 1959. 일본에서 활동하던 김철이 1958년 귀국하여 전개한 기고 활동에 대해서는 金哲, 「革新政黨의 입을 달라—言論自由와 限界」, 『世界』 2권 7호, 國際文化研究所, 1960 참조

22 「(討議) 權力政治의 地籍圖—國際政治를 어떻게 볼 것인가?」(1959. 11. 12), 『思想界』 77, 1959년 12월호. 참석자는 민병기(閔丙岐, 사회), 이원우(李元雨), 신상초(申相楚), 차기벽(車基璧).

23 「(座談會) 國際政治의 暖流와 寒流」, 『思想界』 70, 1959년 5월호. 참석자는 이동욱(李東旭, 사회), 이용희(李用熙), 고정훈(高貞勳), 김상협(金相浹), 주요한(朱耀翰).

변화와 그것이 국제정세에 미칠 파급력 등을 상세하게 분석했다. 특히 베를린 문제를 조정·해결하기 위해 다각적으로 제기되었던 미국과 소련의 방안 등을 분석하면서, 당시 미국과 소련이 서로 각자 세력권의 존재를 현실적으로 인정하고 공존하는 가운데 "경제전(經濟戰)"의 방식으로 변화하고 있는 추세를 논하고, 그 속에서 전개되는 아시아—중동—아프리카 지역에 대한 경쟁적 지원 정책들에 관하여 의견을 나눴다.

이와 더불어 주목되는 바는, 이러한 국제정세의 변화와 결부하여 중동과 아시아에서 나타나는 '군부독재'나 그 외 다종한 독재적 경향을 어떻게 평가할 것인가의 문제가 본격적으로 논의되었다는 점이다. "케말리즘(Kemalism)", 교도민주주의(教導民主義) 등을 단순히 봉건적·전근대적인 사회의 표현이자 나아가 '공산주의의 길'을 닦아주는 후진적 현상으로 치부하는 것이 아니라, '제3세계 지역'을 둘러싼 양대 세력경쟁에서 자유 진영이 '반공'을 위한 확고한 방편이자 통로로서 "무단독재(武斷獨裁)로서의 케말리즘"을 활용할 수 있는가의 문제였다. 터키의 행로를 성공적인 케이스로 평가하는 가운데 "방임(放任)"으로 시작하는 것이 아니라 케말리즘을 실시하여 "애매한 후진 지역의 국민들"을 자유민주주의의 방향으로 가도록 교도(教導)하는 것이 오히려 실효성이 있다는 당대 구미(歐美) 학계의 주장이 소개되었던 것이다. 하지만 교도민주주의, 케말리즘 등에 대한 참가자들의 구체적이고 명확한 평가의 개진으로 이어지진 않았다.

지금까지 본장에서 살펴본 바와 같이 한국전쟁 발발 이후 한국 사회에는 냉전 진영론이 크게 확산되는 가운데 제3세계 민족주의, 비동맹 노선 등에 대해 우려, 경계하는 태도가 지배적이었으나, 1950년대 후반에 접어들면서 점차 다른 모습이 나타났다. 1956년 소련에서 '평화공존' 노선이 채택되고, 제3세계 국가들의 비동맹 중립 노선이나 반식민주의에 근거한 자립적 경제체제

건설운동 등이 전 세계적으로 반향을 일으키면서 한국 지식인층 또한 일정한 이념적 편차 속에서 냉전 진영론으로 환원할 수 없는 영역을 주목하기 시작했다. 그러한 가운데 한스 모겐소의 현실주의 국제정치이론은 냉전 질서 하에서 이데올로기가 갖는 위상과 규정력을 상대화할 수 있는 이론 체계로 수용·전유되었으며, 이를 바탕으로 제3세계 민족주의의 대두와 '원조 경쟁'이라 일컬어진 미·소의 제3세계 정책 등 새로운 국제정세의 좌표 속에서 미국과의 관계를 비롯해 한국이 그동안 밟아온 대내외적 경로와 여건을 비판적으로 객관화하고, 이를 국가이익(national interest)의 관점에서 재정향하려는 움직임이 나타났던 것이다.

03

1950년대 후반 후진성 극복 담론의 지형

앞에서 살펴본 바 1950년대 후반 국제정세 인식과 관련하여 한국 지식인 층의 '제3세계' 인식의 변동양상을 염두에 두면서, 이하에서는 당시 '제3세계' 국가들의 정치·사회적 특성에 관한 한국 지식인층의 인식을 살펴보고자 한 다. 특히 한국 지식인층이 '제3세계' 국가의 정치·사회적 성격을 파악하는 핵 심적인 개념으로 빈번하게 사용했던 '후진성' 담론에 주목하려 한다. '후진 성' 개념은 단지 '제3세계' 국가들에 대한 시선, 관점에 그치는 것이 아니라 역사적·사회구조적 측면에서 당대 한국 사회의 사회적 현실을 제3세계 국가 들과 동시대적·동질적으로 인식하는 개념적 틀이기도 했다는 점에서 더욱 주목된다.

1954년 헌법 경제조항 개정 논의에서도 표출되었지만,[01] 1950년대 전반 이 래 야당이었던 민주국민당-민주당 세력과 『동아일보』, 『사상계』, 『새벽』 등을 주도했던 지식인들은 '봉건성' 내지 '후진성'의 극복과 근대사회로의 개혁을

---

01 이에 관해서는 辛容玉, 「大韓民國 憲法上 經濟秩序의 起源과 展開(1945~54年)」, 고려대학교 박사학위논 문, 2006, 제4장 참조.

주장하는 계몽적 언설을 지속했다.[02] 이러한 언설의 주된 논지는 정치적으로
자유주의적인 민주정치의 실현, 경제적으로 관권개입 배제와 민간경제 육성
을 통한 자본주의적 근대화, 사회·문화적으로 근대적 시민문화의 육성에 놓
여 있었고, 그 속에서 이데올로기이자 운동으로서 '민족주의'는 크게 주목받
지 못했다.

  흥미로운 것은, 대체로 1956년 이선근 문교부장관 사임 이후부터 이승만·
자유당 정권은 그 이전처럼 "멸사봉공"의 "민족정신"을 내세우며 국가, 민족,
반공을 결합하여 대내적 통제와 동원을 시도했던 이데올로기적 작업을 직극
화하지 않았다는 점이다.[03] 파편적인 형태로 표출된 사례를 제외한다면, 1950
년대 후반에 접어들면서 이승만·자유당 정권은 '제3세계' 국가들의 정치현상
에서 나타나는 권위주의적·독재적 통치양식을 근거로 자신들의 권력확장을
정당화하지 않았다.[04] 반공과 자유민주주의를 사실상 동일시하면서 이승만
에게 '세계적 반공 지도자'의 권위를 부여하고, '자유민주주의의 수호'를 자
신들의 집권 정당성으로 확보하려는 모습을 보였지만,[05] 공식적으로는 정당-

---

02 1950년대 『思想界』의 후진성 탈피와 근대화 지향에 관해서는 김건우, 『사상계와 1950년대 문학』, 소화,
    2003, 130쪽~142쪽; 김경일, 『근대와 근대성』, 백산서당, 2003, 5장과 6장; 이상록, 『한국의 자유민주주의와
    『사상계』』, 고려대학교 민족문화연구원, 2020, III장 참조.

03 이와 같은 1950년대 중반 이승만 정권과 관변 지식인층의 기획과 활동에 대해서는 홍정완, 「전후재건과 지
    식인층의 '道義' 담론」, 앞의 책, 60~67쪽 참조. 1950년대 중반 멸사봉공(滅私奉公)의 민족정신(民族精神)
    을 강조했던 지식인으로서 제3세계 민족해방운동의 대두를 주목했던 인물로는 김두헌(金斗憲)을 들 수
    있다. 그는 해방 후 자신이 발간한 『民族理論의 展望』(乙酉文化社, 1948)을 증보하여 『民族原論』(東國文化
    社, 1960. 3)을 발간했다. 증보판에 추가한 제3세계 민족주의에 관한 내용은 대체로 반공과 진영 논리에 의
    거하여 비동맹 노선, 중립주의를 비난하고 "國土의 安全은 오직 集團安全保障의 길" 밖에 없음을 강조하
    고 있기 때문에 새로운 통치 양식에 관한 주장을 담고 있지는 않다.

04 파편적인 형태이나마 확인할 수 있는 사례로서, 한국과 서구는 "社會的 背景에 多大한 差異"가 있기 때문
    에 "韓國은 西歐民主主義 複寫版을 만들 意圖"가 없다는 1959년 駐英韓國大使臨時代理 박동진(朴東振)
    의 발언이나 "韓國은 後進國이므로 言論 出版의 自由를 制限"해야 한다는 자유당 간부층의 발언 등을 들
    수 있다. 「韓國版民主主義란?」, 『東亞日報』 1959. 5. 16, 석간 1면.

05 白雲善, 「民主黨과 自由黨의 政治理念 論爭」, 陳德奎·韓培浩 外, 『1950年代의 認識』, 한길사, 1981.

대의제도를 축으로 한 자유민주주의의 발전을 내세웠다. 따라서 그들은 이승만의 집권을 유지하는 가운데 어떤 수단을 동원하더라도 선거제도를 통해 '의회'를 장악하는 것에 몰두했던 것이다. 그 결과, 제3세계의 잦은 쿠데타와 권위주의적 통치양식은 '정치적 후진성'을 상징하는 것으로서, 오히려 이승만 정권에 비판적이었던 지식인층에 의해 정권의 권력구조와 통치행태를 비판하는 근거로 자주 활용되었다.

이와 같은 '후진성'에 대한 태도는 1950년대 후반 이승만 정권에 우호적이지 않았던 일간지와 지식인 잡지의 공통적인 논조였다. 이는 당시 제3세계 정치현상에 관한 시선에서 보다 완연히 드러난다. 1957년 초반 태국 총선거에서의 관권개입을 비난하는 학생들의 시위로 태국 정부가 비상사태를 선언하고 강경한 대응을 취하자, 이에 대해 후진국가들의 "민주적 건설을 지향하는 하나의 진통"을 현시한다고 평하면서, 그 다른 예로서 인도의 네루와 국민의 회파의 독주, 인도네시아의 군부반란 만연과 그 대응으로서 수카르노의 "훈정적 민주주의", 과거 중국국민당 정권의 '훈정(訓政)' 실패, 이란·파키스탄·터키 등의 정변과 정국불안, 이집트 "나세르 독재" 등을 언급했다. 오로지 필리핀이 막사이사이 집권 이후 "민주적인 공명선거와 청렴행정의 길"을 간 것만을 예외적인 상황으로 평가했다. 결론적으로 이러한 아시아의 진통을 "세계적 통례(通例)라고 자가변호(自家辯護)의 재료"로 삼아서는 안 되며, 이를 경계하고 교훈으로 삼아 한국이 민주주의 발전에 있어서 "아시아의 서열에서 선진적 위치를 확보"해야 한다고 역설했다.[06]

---

06 「(社說) 아시아의 陣痛」, 『東亞日報』 1957. 3. 6, 1면. 또한 당시 태국 수상에게 보내는 형식으로 작성된 김동명(金東鳴)의 논설에서도 "우리들의 공산당과 투쟁의 대의명분"은 "오직 인권, 인권 문제"가 아니냐고 하면서 "공명선거를 배반한 민주주의", "인권침해를 능사로 하는 반공 투쟁"이 명분일 수는 없다고 비판했다. 金東鳴, 「亞細亞의 昏迷의 止揚—泰國 首相 피분·송 그람氏에게」 ①~③, 『東亞日報』 1957. 3. 16~18, 석간 1면. 필자가 확인했던 자료 범위 내에서 '제3세계'의 독재적, 권위주의적 통치양식을 '민족혁명'을 위한 불

1950년대 중·후반 '제3세계' 민족주의에 주목했던 『사상계』의 지식인으로 신상초, 김성식(金成植), 양호민(梁好民) 등을 들 수 있다. 앞서 언급한 김준엽에 비하여 이들은 '제3세계' 민족주의의 의의를 적극적으로 평가하기보다는 '후진성'의 관점에서 보다 비판적으로 접근한다는 점에서 공통적이었다.

신상초는 유럽이 밟았다고 간주한 '근대사회로의 경로'를 기준으로 '아시아적 정체성', '봉건성', '후진성' 등의 관점에서, 그리고 '비동맹 노선'에 대한 우려와 비판적 시선 속에서 아시아·아프리카 지역의 동향에 접근했다. 그는 '제3세계'에서도 서구 시민혁명과 유사하게 '시민계급'이 주도하는 자유주의적인 근대화 과정이 필요하다고 보았다. 이는 과거 식민지였던 국가의 봉건적 사회구조로 인해 자유주의가 아니면 "파시즘"이나 "전체주의"로 쉽게 전락할 가능성이 있다고 우려했기 때문이었다. 또한 아시아-아프리카 지역의 민족주의가 공산화의 통로가 되는 현상에 대한 경계와 비판 또한 그 연장선상에서 제기되었다. 신상초는 이집트의 나세르가 '제2의 장제스'가 될 것을 경계하면서 서독과 일본, 터키 등의 예를 들고 "나쇼나리즘의 원리를 관철"하면서 "민족의 이익이 공동히 번성해 나가는 데 사회주의보다 자본주의가 오히려 강인하고 탄력성 있는 제도"임을 내세웠다.[07]

한국 사회에 대한 시선 또한 크게 다르지 않았다. 그는 "우리는 20세기 후

가피한 것으로 옹호하는 텍스트들 가운데 가장 이른 시기에 작성된 것은 1960년 3월 8일 『嶺南日報』 사설(社說)이다. 이 사설(社說)에서는 인도네시아 수카르노의 "교도민주주의" 구상이 "불안한 정국의 안정, 수습"을 위해 "서구식 자유민주주의, 서구식 의회민주주의를 수입품으로 받아드리지 않고 인도네시아의 정치적 토대에 가장 알맞은 정치체제를 취하"려는 것이었다고 평가하면서, "수카르노 대통령의 대통령 권한 강화와 이번 의회 기능 정지 조치는 단순한 전제적 독재화 경향"이라기보다는 '민족혁명', '정치혁명', '사회혁명'의 '3중혁명'을 시급히 수행하여야 할 아세아 후진 제국에게 불가피적으로 나타나는 하나의 통치 형태로서 적지 않은 의의를 가진 것"이라고 했다. 「(社說) 수카르노大統領의 獨裁化傾向의 意義」, 『嶺南日報』 1960. 3. 8, 1면.

07 申相楚, 「民族主義의 新次元」, 『思想界』 1957년 4월호, 306쪽.

반기 한국"에서 살고 있지만, "사회의 발전 단계는 19세기 유럽 사회나 아메리카 사회에 해당한다"[08]고 주장하면서 "산업혁명이 현재 진행 중이며 자본주의적 상품생산이 활발해지기 시작"했다고 보았다. 그에 따라 한국 사회 근대화의 목표로 정치적으로는 '국민국가'의 완성, 경제적으로는 상품경제의 확립, 사회적으로는 씨족제도의 일소와 소가족제도를 통한 봉건적 인간관계와 인간의식의 해소 등을 들었다.

김성식은 민족주의의 이상적 모델이자 준거로서 영국의 "민주적 민족주의"를 들고, 현실의 "한국적 민족주의"는 그것과 대비하여 아시아적 봉건성과 후진적 성격으로 인해 배외성, "주종(主從)적인 충성 관념", "비민족적 특수성"과 그로 인한 "특권성", 국가(권력) 주도성 등이 강하게 나타나고 있다고 비판했다. 따라서 현실의 "한국적 민족주의"는 "안으로 민주화를 막고, 밖으로 국제적 이해를 저해"하고 있기 때문에 청산되어야 할 현상이었다.[09] 그는 당시 한국 사회에서 요청되는 민족주의의 주된 방향은 "제국주의에 반항"하는 것이라기보다는 "사회정의(社會正義) 수립에 치중"하는 것이라 보았다.[10] "민족주의는 민족애에서 나오고 민족애는 인인애(隣人愛)에서 근원"하는데, "부패"와 "사회적 불의"가 충만한 속에서 사회적 연대의식은 취약할 수밖에 없다는 것이었다. 따라서 민족의 단결은 권력으로부터 형성되는 것이 아니라 개인

---

08 申相楚, 「韓國社會近代化의 意味」, 『遞信文化』 32, 1956, 4쪽.

09 '한국적 민족주의'에 대한 그의 비판적인 관점은 당시 이집트와 중동 지역의 분열과 민족주의에 대한 평가에서도 유사하게 나타났다. 중동 지역에 대한 서구 제국주의의 분할, 위임통치를 비판하면서도 중동 지역의 민족주의는 "近代化의 過程을 밟지 못하고 直線的으로 二十世紀에 突入하였기 때문에 近代 西歐의 이데올로기의 하나인 民族主義를 올바르게 理解하지 못하였다"고 보았다. 金成植, 「中東地域의 歷史的 特徵—第一次大戰後를 中心으로」, 『高大新聞』 1957. 4. 15, 2면.

10 이에 대해서는 金成植, 「學生과 民族運動」, 『高大新聞』 1958. 2. 3, 2면. 헤이즈(Calton Hayes)의 민족주의론, 특히 히틀러와 무솔리니의 민족주의를 "철저한(integral)" 민족주의로 평가한 것에 대해 김성식은 '독단적 민족주의'라고 부르고 싶다고 했다.

의 자유의사에 의거해야 함으로 사회적 정의의 실현만이 개인과 개인의 격리, 개인과 사회의 격리를 매우고 "참된 민족주의"를 형성시킬 수 있다고 보았다.[11]

양호민의 경우, '후진·봉건적'-'선진·근대적'의 구도로 접근한다는 점은 신상초나 김성식과 동일하지만, '한국의 민족주의'를 '제3세계'의 민족주의와 구별하려 했다는 점에서 주목할 만하다. 그는 "한국의 근대적 민족주의"는 "아랍, 아시아의 식민지적 민족주의와 커다란 간격"이 있다고 하면서 그 이유로 3·1운동 이래 "민족 고유의 신화나 국수주의가 아니라 근대적 서구적 이념"에 뿌리박고 있음을 내세웠다. 이와 달리 "서구 자본주의에 의하여 잠식된" 지역은 "정복자의 종교, 즉 기독교에 대해서 증오감"을 지니고 "모슬렘교와 같은 자기의 전통적 민족종교에 맹목적으로 집착"하여 '현대문명'을 받아들이는 데 많은 장애가 있음을 강조했다.[12]

다시 말해 그는 제3세계 국가들의 근대화를 저해하는 종교적 요인 등을 지적하고, 한국 민족주의에 내재된 특성을 당대 '제3세계' 민족주의와 차이화함으로써, 구미 근대문명 수용에 심각한 장애가 발생하는 일 없이 근대화를 이룩할 수 있는 역사적·문화적 조건을 부각시키려 했던 것이다. 이와 같은 그의 한국 사회 이해방식은 사회과학 분야 다수의 지식인들이 당시 한국의 사회구조를 '제3세계', '후진국가'들과 동일시하는 가운데 후진성 극복방도를 도출하려 하고 있었다는 점을 감안할 때 주목할 만하다.

1959년 『동아일보』의 한 사설(社說)에는 제3세계 국가들과 '한국'의 관계설

---

11 金成植,「韓國的 民族主義」,『思想界』1958년 9월호; 金成植,「史筆을 울릴 悲劇」(上)~(下),『思想界』1959년 1~2월호.

12 梁好民,「韓國民族主義의 回顧와 展望」,『現代政治의 考察』, 思想界社出版部, 1962. 이 글은 1959년 여름에 개최된 한·미문화교류회의에서 강연한 내용을 옮긴 것이라 밝히고 있다.

정, 그리고 그 속에서 한국의 위상과 정체성에 관한 흥미로운 관점이 표명되어 있다.

> 중립국과의 외교관계 설정은 UN에 있어서 한국의 입장을 강화하고 공산 뿔럭을 고립화시키는 데 필요할 뿐만 아니라 대외무역의 확장과 한국 기술의 해외진출을 위해서도 대단히 유익할 것이다. (…) A·A(아시아·아프리카—인용자) 뿔럭에 속하는 나라들의 거개(擧皆)가 우리보다 민도(民度)가 낮고 후진적인 농업국이어서 상품과 기술과 자본을 절실히 필요로 하고 있다는 사실을 주목하여본다면 우리는 무역확장이나 인구 문제, 실업 문제 등 매우 골치 아픈 문제 해결방법을 이 방면에서 구해보지 않으면 안 된다. 우리는 우리나라가 구미 제국이나 일본 등 선진국에 비하면 분명히 후진국이지만 A·A 제국에 비하면 선진국이라는 점을 자각하여 민족적인 자신을 가지고 이 지역에의 진출책을 적극적으로 꾀하지 않으면 안 된다.[13](밑줄—인용자)

제3세계 지역에 대한 위와 같은 태도를 '아제국주의(亞帝國主義)' 발상이라고 속단할 수는 없고, 당시 남한 사회의 일반적인 관점이라고 확대해석할 수도 없을 것이다. 하지만 이는 당시 야당 성향의 대표적인 일간지에서 표명된 관점이자 태도로서, 제3세계 지역과의 관계 속에서, 그리고 선진(先進)-후진(後進)의 문명·문화적 위계 속에서 당시 한국의 위상, 정체성 등을 어떻게 바라보고 있었는가를 엿볼 수 있는 대목이다. 이를 앞서 언급했던 바 『동아일보』가 '자유민주주의'의 발전 정도를 기준으로 제3세계 지역의 정치현상을 평가했던 측면과 함께 중첩하여 고려해보면, 당시 '자유민주주의'와 '사회경제적 근

---

13 「(社說) A·A 諸國에 대한 外交强化의 必要」, 『東亞日報』 1959. 12. 1, 조간 1면.

대화'를 추구하던 한국 지식인층의 관점에 놓인 '제3세계' 인식의 특성을 가늠해볼 수 있을 것이다.

'후진세계'의 국가들과 '한국'의 역사적·문화적 경험과 조건을 차이화하는 양호민의 관점이나, 위의 사설에서 '민도(民度)'를 기준으로, 즉 '선진-후진'의 문화·문명적 위계 속에서 한국의 위상을 여타의 '후진국가'들과 차등화하려는 태도는 한국 사회 지식인층의 세계인식의 한 특징을 잘 드러내고 있다. 그러나 1950년대 후반 한국 지식인층이 산출한 '후진성' 담론의 지배적 흐름은 한국 사회의 제반 영역에서 나타나고 있던 현상을 '제3세계' 국가들, 이른바 아시아의 '후진 제국'들과 동일한 수준과 동일한 범주로 인식하는 것이었다. 이러한 후진성 담론의 몇 가지 주요 특성을 살펴보자.

한태연은 '후진성'이 '한국 사회'에서만 논의될 문제가 아니라 "아세아 사회" "어디에서나 공통하게 발견될 수 있는 공통한 문제"라고 지적하며 다음과 같이 썼다.

> 이미 일본의 유명한 동양학 학자인 쓰다 사우키치 박사에 의하여 지적된 사실이지만, 구라파적 의미의 동양이라는 개념은 아직까지 존재하지 않고 있다. (…) 우리의 동양에는 동양적 사회를 공통하게 지배하는 통일된 문화나 정신이 없다. (…) 이른바 유교문화나 불교문화 같은 것은 중국 문화나 인도의 문화를 의미할 뿐이지 동양을 대표할 수 있는 통일된 문화가 아니다. 구라파라는 개념에 대응하는 동양이 존재하지 않는 이유는 바로 이 까닭이었다. 그러나 <u>역사에 있어서는 동양의 역사는 그 전체를 통일할 수 있는 어떠한 공통한 원리 위에 입각하고 있다. 그것이 바로 동양사의 시대적 구분까지를 불가능하게 한 역사적 정체성</u>이었다. 최근에 이르기까지 동양의 개념과 동의어격으로 간주되어온 식민지라는 말은 그 모두가 동양사에 공통한 역사적 후진성에 기인하는 것이었

다.[14](밑줄—인용자)

위의 인용문은 '통일된 문화나 정신'으로서 '구라파'라는 개념에 대응하는 통일적인 '동양적 사회'의 문화와 정신은 존재하지 않는다고 지적하면서도, '역사'에서 그 공통한 원리를 발견할 수 있다고 주장하고 있다. 즉 '동양'의 개념과 동의어격인 '식민지'에도 응축되어 있다고 간주한 '역사적 정체성', '역사적 후진성'이다. 여기서 확인할 수 있는 것은 '후진성'이 서구와 대비되는 '아시아', '동양'의 역사적 정체성으로 등치되고 있다는 점이다. 이러한 '후진성'에 대한 관점은 '서구 근대'를 보편화하는 가운데 그 음각으로서의 내용과 성격을 가졌고, 바로 그 점에서 종족적·문화적·경제적으로 다양하게 전개되었던 아시아의 역사적 흐름들이 '후진성', '정체성'으로 단일하게 구획·구성될 수 있었음을 명확히 보여준다.

일국의 사회적 특질을 그 근대화의 과정에서 논할 때 거기에 우리는 사회의 발전 단계에서 보아 비동시적인 것의 동시적 존재, 신크레티즘(syncretism)을 지적할 수 있다. 근대화가 봉건제에서 자본주의에의 이행을 의미하는 한 그는 전근대적인 봉건제와 근대적 자본주의와의 공재(共在) 또는 일국의 자본주의의 발전의 전제로서 봉건적 잔재가 결합, 미봉되고 있는 그러한 구조적 모순의 사태가 그것이다. 그러나 한국의 경우 근대화의 과정은 아시아적 후진국의 성격에서 더욱 복잡하여 그 신크레티즘은 적어도 기천 년의 간격으로서 그러한 시대적 폭을 가지고 이해되어야 할 그러한 성질의 양상을 띠고 있다. 다시 말하면 거기에

---

14 韓泰淵,「韓國的 現代의 性格—民主主義的 舞臺에 演出되는 君主主義的 演劇」,『現代』創刊號, 女苑社, 1957년 11월, 77~78쪽. 인용문 중 '쓰다 사우치키'는 쓰다 소키치(津田左右吉)의 오기(誤記)임.

는 근대사회의 첨단을 나타내는 대중사회적인 요소와 중세적이라기보다는 오히려 고대적인 씨족 체제적 요소가 혼재하고 있다.[15]

위의 인용문은 근대화가 '봉건제에서 자본주의'로의 이행을 의미한다고 하고, 당시 한국의 "발전 단계"에서 나타난 특성을 전근대적인 것과 근대적인 것의 '공재(共在)' 혹은 그것들의 결합·미봉으로 인해 나타난 "비동시적인 것의 동시적 존재"에서 구하고 있다. 특히 단순히 중세 봉건적인 것과 근대 자본주의적인 것의 '공재(共在)'만이 아니라 "아시아적 후진국"의 성격으로 인해 '기천 년(幾千年)'의 시대적 폭을 지닌 '공재(共在)', 즉 '동시병존'의 양상을 보이고 있다고 지적한다. 이러한 양회수의 표현은 그만의 특이한 생각이 아니었다. 당시 지식인층이 한국에서 나타나고 있던 사회적·문화적·사상적 양상에 내포된 특성을 '발전 단계'의 관점에서 표현할 때마다 자주 등장하던 발상이었다.[16]

이러한 관점을 바탕으로 당시 지식인들은 한국 사회 여러 영역에서 나타나는 '비정상적'이고 '기형적'이며 '불균형적인' 후진성의 실상을 적나라하게 지적하고자 했다. 최문환은 당시 한국 공업구조의 실태를 평가하며 "가내공업, 공장제수공업" 등을 포함하여 "고도화, 근대화되지 않은 압도적 대다수의 중소공업과 거대공업이 유기적으로 관련되지 않고 모든 공업형태의 전람회와 같이 나열"되어 있다면서 그 극복을 주장했다.[17] 이러한 '발전 단계'의 중

---

15 梁會水, 「韓國社會의 近代性과 前近代性」, 『思潮』 1권 7호, 思潮社, 1958년 12월, 16쪽.

16 당시 국회의원이었던 윤제술(尹濟述)은 후진성과 독재의 상관성을 논하면서 신생 후진국가의 후진적 성격을 "석기시대(石器時代)로부터 근대에 이르기까지의 모든 역사적 단계가 혼합공생"하고 있다는 점에서 찾기도 했다. 尹濟述, 「後進性과 獨裁―裁를 誘發하는 原因과 狀況」, 『現代』 1권 2호, 女苑社, 1957년 12월.

17 崔文煥, 「韓國經濟體制의 跛行性」, 『思潮』 1권 7호, 思潮社, 1958년 12월, 30쪽.

첩, 혼재로 표상된 현실에서 가장 많이 등장하는 것은, 도시 번화가와 농촌 실태의 강렬한 대비였다. 예를 들어, 도시에서 확산되고 있던 '대중사회'적 문화현상에 대비하여 "첩첩한 골짜구니에 논밭을 갈고 생명을 유지하는 수많은 우리 백의민족은 농산양식과 생활양식에 있어 아직도 신라 백제 그대로의 모습"이라거나,[18] "명동의 밤거리"와 "전라도나 경상도의 농촌"을 대비하며 과연 "이것이 20세기 한국인지", "임진왜란 시대의 한국인지" 분별할 수 없을 정도라는 표현[19] 등이 그것이다.

앞서 인용한 한태연의 글에서도 일부 확인할 수 있지만, 당시 '후진성' 담론의 지향성, 즉 '비판'과 '극복'의 대상으로서 '후진성' 문제는 '후진된' 상태를 비추는 거울이었던 '서구의 역사적 발전', 특히 '근대사회로의 발전' 과정을 어떻게 규정하는가의 문제와 직결된 것이었다. 다음은 신일철(申一澈)이 내린 「후진 한국의 진단서」의 머리에 있는 내용이다.

첫째로 한국은 정상적인 근대화(近代化) 과정을 밟지 못하였음으로 봉건적 전제의 제요소가 아직껏 청산되지 못하고 있다는 것이다. 오래 동안 우리 민족 가운데 뿌리박힌 동양적인 관료적 중앙집권적 지배양식이 고질화되어 근세에 들어서면서 쉽사리 새로운 근세적 시민사회질서를 확립치 못했다는 점이다. 귀족적 관료국가이던 이조(李朝)가 봉건국가의 경제적 기초라 할 전제(田制)를 개혁하여 공전화(公田化)함으로써 국가권력 지배의 경제적 기초를 강화했던 것이다. 그러므로 아직껏 "나으리"니 "대감"이니 하는 관료주의적 악취를 풍기는 용어가 엄존해 있는 형편인 것이다. 이러한 요소는 새로운 시민사회(市民社會)를 탄생시

---

18 宋建鎬, 「쓰레기통 속에 장미꽃은 피고 있다―犯罪·墮落面에서 본 韓國的 人間型의 諸相」, 『現代』 1권 2호, 女苑社, 1957년 12월, 33~34쪽.

19 韓泰淵, 앞의 글, 80쪽.

킬 주동적 역군으로서의 시민계급(市民階級)이 나타나지 못하게 하는 경제적·사회적 요인이 되었다고 할 수 있는 것이다. (…) 이러한 자각적인 개인인 부르쥬아들이 계약에 의하여 성립시킨 근세적 국가(近世的 國家)의 공동의식(共同意識)을 체득치 못했던 것이다. 이와 같이 개인(個人)과 국가(國家)를 발견치 못한 우리 민족으로 하여금 그 후진성을 지양케 하는 방법으로 위로부터의 개혁을 수행함으로써 즉 좋은 입법(立法)으로 나쁜 현실을 고치겠다는 오산이 반복되었을 뿐이다. 아직까지 이어온 봉건적인 관료적 전제주의는 이 사회의 모든 악(惡)의 근원이요, 후진성의 원천이라고도 할 수 있다. 그러므로 이 사회에는 정상적인 건진한 시민계급 내지는 중산계급(中産階級)이 육성되지 못하고, 정치권력을 악용하여 치부(致富)한 정상자산계급(政商資産階級)이 창궐하여 유독성자본주의(有毒性資本主義)를 성립시키는 형편이다.[20](밑줄—인용자)

신일철은 부르주아계급에 의한 서구의 근대적 시민사회 건설을 "정상적인 근대화 과정"으로 간주하고, 그것을 기준 삼아 그 '부재' 혹은 '결여'로서 한국의 '역사적 정체'를 바라보았다. 이 '정체'를 초래한 원인으로서 "공전제(公田制)", 즉 토지의 국유제를 토대로 한 "봉건적인 관료적 전제주의"를 들고, 그것을 한국 사회의 "후진성의 원천이자 악의 근원"으로 지목하며, 그것에 결탁하여 형성된 "정상자산계급(政商資産階級)"이 주도하는 한국 자본주의 질서를 비난했다. 그의 「후진 한국의 진단서」 내용은 앞서 살펴본 최문환의 논의에서도 확인할 수 있듯이, 당시 '후진성' 담론에서 공통적으로 등장하는 핵심적인 논지를 담고 있다. 특히 당대 정치적인 측면에서 이승만 정권의 통치양

---

20 申一澈, 「韓國的 後進性의 諸樣相─畸形的 近代化와 後進的 新階級」, 『現代』 1권 2호, 女苑社, 1957년 12월, 69~70쪽.

식과 결부되어 관료제의 성격은 '가산국가(家産國家)'적인 것으로, 그리고 '관존민비'의 관료주의적 유제는 민주주의에 역행하는 것으로 지속적인 비판대상이 되었다.

그런데 위에서 살펴본 '후진성'은 '발전 단계'의 문제, 즉 역사적·사회구조적인 수준의 문제로서 정치, 경제, 사회, 문화 등 제반 영역에 걸쳐 있는 것이었다. 후진성을 극복한다는 것은 특정 부분의 특수 문제를 해결하는 것이 아니었기 때문에, 어떻게 극복할 것인가의 문제는 사회 전체의 '발전', '진보' 그 자체였다.

그렇다면 '후진성'을 어떻게 극복할 것인가? 그에 대한 당대 중요한 하나의 흐름이 앞서 살펴보았던 1950년대 중반 민주당 이데올로그들이나 『사상계』를 주도했던 지식인들이 내세운 길이었다. 즉, 정치·경제적으로 관권의 개입·간섭을 배제하고, 국유·국영을 민유·민영화하는 것 등을 바탕으로 민간경제를 육성함으로써 자유주의적인 자본주의 체제를 건설하는 길이었다. 이러한 주장은 이승만 정권의 무능과 부정부패가 지탄받는 가운데 적지 않은 반향을 일으킬 수 있었다. 그러나 1950년대 후반에 이르면 '후진국 경제발전'을 위한 장기개발계획의 입안과 실행이 필수적인 것으로 인식되었고, 사회 전반에 걸친 급속한 '후진성'의 탈피, 즉 사회 전체의 구조변동을 의미하는 '근대화'를 '시장'과 '민간'의 자율에 맡긴다면 급속히 성과를 이루어낼 수 있을 것인가에 대해 회의적인 시선 또한 확산되었다.

김상협의 경우 "민주적 전통이 전무한 후진국가에서는 집중된 강력한 국가권력"이 "남용되기 쉽고" "관헌은 부패하기 쉽다"고 지적하고, 이러한 "부패는 예외적 우발적 현상이 아니라 만성적인 구조적인 성격까지를 갖게" 된다고 했다. 이런 "전제와 그 부패"는 "비록 후진국일망정" 용납될 수 없기 때문에 "필경에는 민중의 반항이 야기"될 것이라고 하면서도 다음과 같이 썼다.

근래 한국 식자(識者)들의 대부분은 선거간섭, 불법감금, 공금횡령, 증수뢰(增收賂), 은폐보조(隱蔽補助) 등 관헌에 의한 권력남용과 부패를 근멸하는 방책으로 국가권한의 대중삭감(大中削減)을 주장하는 경향이 농후하다. 국영(國營) 체제를 불하하고 무역관리를 변화하고 일체 가격통제를 철회함으로써 자유방임 자본주의 경제를 지향하는 한편, 교육·문화·사회 등 각 분야에 걸쳐서 국가의 간섭을 배제하면 절로 권력남용과 관헌부패의 기회가 줄어지리라는 생각이다. 물론 이러한 주장에도 일리 없는 바는 아니다. 그러나 이 주장은 19세기에 그것도 선진국가에서만 통용할 수 있는 추론방식에 불과하다. 일찍이 불란서 국민들은 18세기 말부터 (…) 관헌필악론(官憲必惡論)에서 출발하여 자유방임과 국가권한 축소를 단행하여 훌륭한 성과를 거둔 것은 사실이다. 그러나 불란서는 선진국가라는 것을 잊어서는 안 된다. 또 지금의 한국은 집중된 국가권력과 강력한 정권 없이는 그의 낙후성으로 말미암아 부하된 4중, 5중의 중첩된 과제를 시급히 동시에 해결할 도리는 없다는 것을 깊이 명심해야 할 것이다. 여기까지 적어오면 사랑하는 한국 장래에 대한 절망만이 남을 뿐이다. 그러나 우리는 용기를 가져야 한다.[21] (밑줄―인용자)

김상협은 이승만 정권의 문제점과 폐단에 대해 비판적인 입장을 취하면서도, 국가의 권한을 대폭 삭감하는 형태로는 후진국의 '낙후성'으로 인해 중첩된 과제를 급속히 해결할 수 없기 때문에 후진국가의 근대화를 위해 '집중된 국가권력'과 '강력한 정권'이 필수적임을 주장했던 것이다.

---

21 金相浹, 「韓國의 政治的 朽落性」, 『新太陽』 1957년 12월호, 49쪽. 이와 같은 김상협의 주장은 앞서 언급한 1950년대 말 좌담회에서 '케말리즘'의 의의에 대한 구미 학계의 견해를 소개하는 등 이후에도 지속되었다. 「(座談會) 國際政治의 暖流와 寒流」, 『思想界』 1959년 5월호, 김상협(金相浹)의 발언 참조. 다만 김상협이 말하는 '강력한 국가권력'은 민주적인 제도와 절차의 문제를 배제, 주변화시키는 것이라고 보기는 힘들다고 판단된다.

그러나 이승만 정권의 국가기구와 관료 체제에 대해서는 다수의 지식인 층이 회의적 평가에 그치지 않고 주된 비판의 표적으로 삼았기 때문에, 합리적이고 유능한 국가기구를 지렛대로 삼은 후진성 탈피, 근대화의 전략 또한 동요하고 있었던 것이 사실이었다. 이러한 당시의 딜레마 속에서 직접적으로 정권 차원의 전체적인 통제와 계획에 기대지 않는 '방향'이 타진되기도 했다. 가령 이만갑(李萬甲)이나 양회수(梁會水) 같은 경우, 국가권력의 직접적·전체적인 통제와 계획이 오히려 '민주적인 발달'을 저해하고 "아시아적 전제국가로 후퇴"시킬 위험성을 우려했다. 그들은 "아세아의 후진성과 빈곤"의 근원으로서 '농촌사회'의 특성에 주목하고, '사회계획', 즉 '지역사회개발(community development)' 계획과 같은 지역사회의 조직화에 중점을 둔 '지역종합개발계획'에 기대를 걸었다.[22]

이상과 같은 지식인들의 지향과 다소 변별되는 문제의식과 관점에서 1950년대 후반 아시아·아프리카 국가들의 민족해방운동과 '민족주의'의 의의를 높게 평가했던 대표적인 지식인으로 최문환을 들 수 있다. 앞에서 살펴본 바로도 추측할 수 있듯이, 한국전쟁 발발 이후 1950년대 중반까지 그는 '근대 시민사회'의 성립 과정과 그 속에서 형성된 '자주적인 근대적 인간형'에 대한 탐색에 치중하고 있었다. 그에 따라 후진국가의 민족주의 또한 "개인의 자유와 민족국가, 민족국가와 보편적 인류가 유기적으로 결합하지 않고 강렬한 배외사상"이 지배하게 되어 "민족지상 국가지상주의가 개인의 자각과 자유를 매개하지 않고 국가전체주의로 발전할 위험성이 농후"한 것으로 보고 주로 비판했을 뿐 그 의의를 적극적으로 평가하지 않았다.[23]

---

22 梁會水, 앞의 글; 李萬甲, 「經濟政策만으로 農村問題를 解決할 수 있는가?」, 『韓國評論』, 1958년 7월호, 韓國 評論社; 李萬甲, 「農村貧困의 社會學的 解釋―農村問題解決策의 盲點」, 『思想界』 1960년 1월호.
23 崔文煥, 「社會思想의 諸類型에 關한 序說」, 『思想界』 1956년 4월호. 1958년에 발표한 글에서도 후진국 민족

제3세계 민족주의 운동에 대한 그의 평가는 1958년을 전후하여 변화했다고 판단된다. 그는 1958년 『민족주의의 전개 과정』을 발간했고,[24] 이와 더불어 조지훈(趙芝薰), 조동필(趙東弼), 신동욱(申東旭) 등과 함께 『사조(思潮)』를 창간하고 1958년 8월호와 9월호에 각각 '중동과 중립주의', '민족주의와 약소국가'라는 특집을 마련하여 제3세계 국가들의 민족주의에 관한 적극적인 관심을 표명했다. 그는 "이제 세계사의 가장 유력한 추진력은 약소민족운동"이라고 하면서, 그 예로 "동구라파의 민족항쟁, 중동의 아랍 민족운동, 아시아의 민족주의" 등을 지적했다. 나아가 '제3세계'에서 경제적 자유주의의 파행적 결과를 강조하고,[25] 정치적 예속과 식민지 경제에서 이탈하려는 제3세계 국가들의 민족주의가 갖는 '사회혁명적' 성격을 적극적으로 평가하면서 후진국가의 민족주의가 지향할 바와 그 의의를 다음과 같이 제시했다.

이와 같이 후진국의 동향이 중요한 것은 후진국이 다만 긴장된 세계정세를 좌우하는 인구수를 갖고 있는 것만이 아니다. 한 걸음 나아가서 인류의 일보전진을 위하여 후진국의 발전이 대단히 중요하다고 우리는 생각하는 것이다. 후진국가의 민족주의가 제국주의의 정치경제적 압박과 공산주의의 정치 경제적 예속을 극복한다면 이는 다만 후진국의 문제만 아니라 도리어 세계사를 전환시키는 문제로 되는 것이다. 이러한 후진국의 발전이 자본주의와 공산주의의 정

주의가 "국내의 민주화의 토대 위에" 추진되지 않기 때문에 "前近代的"이고 "排外·排他的 性格"을 가지기 쉽다는 점을 지적하면서, 후진국가에서 "近代的 民族主義를 올바르게 發展"시키려면 "國民經濟全般을 近代化"해야 하며, "後進國의 民族主義 問題는 後進國 經濟開發의 問題에 直結되는 것"이라고 했다. 崔文煥, 「後進社會와 民族主義: 經濟問題 開發만이 克服의 길」, 『新太陽』 7권 6호, 新太陽社, 1958년 6월.

24 초판이 1958년, 이듬해 출판사를 바꿔 개정판이 발행되었다. 崔文煥, 『民族主義의 展開過程』, 白映社, 1958; 崔文煥, 『民族主義의 展開過程』, 博英社, 1959.

25 崔文煥, 「後進國經濟의 停滯性과 開發의 問題」, 『文理大學報』 6권 1호, 서울大學校 文理科大學, 1958.

치경제체제에 심각한 체제의 전환을 일으킬 수 있는 것이다. 자본주의의 발전에 따라 일어난 노동자와 노동조합의 결성이 자본주의 자체를 수정시킨 상쇄력(countervailing power)으로 되었다. 이와 같이 후진민족의 올바른 민족주의가 상쇄력으로 되어 세계사를 올바르게 발전시키는 힘이 될 수 있다. 그러나 이러한 힘은 반드시 대중의 이익을 민족적 토대 위에 세운 민족국가만이 행사할 수 있다. 강대국의 괴뢰로 되어 있는 위성국가나 또는 외국의 매판자본(買辦資本)에 기생하여 자본주의 잔재를 향수하는 국가는 세계사에 공헌을 할 자격이 없는 것이다. 이와 같이 후진민족은 후진이기 때문에 도리어 유리한 입장에 있는 것이다.[26](밑줄—인용자)

위의 인용문에서 볼 수 있듯이 "후진국가의 민족주의"는 냉전질서하에서 자본주의(제국주의)와 공산주의 양 진영 모두에 의해 압박을 받고 있다고 파악하고, 그러한 압박을 극복할 수 있는 "후진민족의 올바른 민족주의"야말로 '세계사에 공헌'할 수 있다고 주장했다. 여기서 후진국가의 민족주의는 앞서 살펴보았던 '선진'-'후진'의 구도로 환원되지 않는 다른 차원을 내포한 것으로서, '대중의 이익'과 '민족적 토대'를 결합시킨 '후진민족주의'의 발전은 자본주의-공산주의 등 기성 정치경제 체제의 전환을 촉발시킬 수 있는 힘으로서 그 의의가 높게 평가되었다.

나아가 그는 아시아 민족주의 운동의 혁명적 성격에 대해서 맥마혼 볼(W. Macmahon Ball)이 *Nationalism and Communism in East Asia*(1952)에서 주장한 "3중의 혁명(three-fold revolution)", 즉 "제국주의에 대한 반항", "빈곤과 비참에 대한 사회경제적 반항", 그리고 "서양에 대한 동양의 반항"을 인용하면서 아시아 민족주

---

26 崔文煥,「民族主義論」,『思潮』 1권 5호, 思潮社, 1958년 10월, 20쪽.

의에 내포된 복합적·중첩적인 혁명성을 지적했다. 그런데 그는 맥마흔 볼이 "민족주의를 추진시킨 정치적 주체를 구명하지 않았다"고 하면서, "아세아의 민족운동의 추진력을 담당하는 계급 여하를 분석"함으로써 "민족주의의 특질을 밝혀야 비로소 내면적으로 이해할 수" 있을 것이라고 덧붙였다. 그러면서 아시아 사회의 "시민계급"(자본가계급), "노동자계급", "농민계급"의 정치적·사회적 성숙도와 위상, 역량을 각각 고찰하고 다음과 같이 결론지었다.

> 이와 같은 정치적 주체 없는 무정부상태에 아세아는 놓여 있다. 국민이 산업 자본이 형성되지 않고 중산시민계급이 결여되어 있으므로 민족운동의 추진력 이 시민계급을 배제하고 직접적으로 노동자 농민계급의 해방운동과 결부될 경 향을 표시하고 있다. 이와 같이 시민계급의 무력(無力)과 미발달은 아세아의 민 족운동을 농민, 노동자계급의 사회혁명운동에 연결시켜 민족혁명이 사회혁명 적 성격을 갖고 동시에 해결할 처지에 놓여 있다. 이러한 지난한 과제를 정치적 으로 추진시킬 성숙된 계급층이 없이 수행하여야 할 처지에 있다. "밑으로" 정치 적으로 성숙된 계급층이 없다면 결국 "위에서" 이 과제를 수행할 성실, 능력, 능 률 있는 정부가 되어야 한다. 이러한 정부의 "위에서"의 혁명이 정치적, 경제적 후진과 주형(疇型)을 극복하고 올바른 정치교육을 통해 국민을 민주화, 국민화하 는가의 문제는 대단히 중요한 의의를 갖는다.[27] (밑줄—인용자)

이러한 "위에서의 혁명"이 정치적 경제적 후진성을 극복하고 올바른 정치 교육을 통하여 민주화 국민화를 추진시키면 사태는 순조로이 진행된다. 그러나 "위에서의 혁명"은 과감, 유능, 성실한 정부를 전제로 한다. 이러한 "위에서의 혁

27　崔文煥, 「亞細亞民族主義의 性格」, 『新世界』 1권 2호, 昌平社, 1957년 1월, 86쪽.

명"에 기대할 수 없다면 "옆에서의 혁명(Revolution von seiten)"에 기대하여야 하며 이를 담당 추진시키는 계급층은 민중의 토대 위에 선 지식계급층이라 할 수 있다. 민중을 계몽시키지 못하는 지식계급층은 무용무력하며, 지식계급층 없이는 민중은 그들의 사명을 자각할 수 없다.[28](밑줄—인용자)

'제3세계' 민족주의에 관한 그의 입론의 최종적인 문제영역은 해당 지역에서 민족주의적 열망과 과제를 어떻게 실현할 것인가, 더 궁극적으로는 실현주체, '주도 세력' 문제였다. 상단의 인용문에서 볼 수 있듯이, 그는 '제3세계' 민족주의의 혁명적 과제를 주도할 수 있는 "중산시민계급"을 비롯한 성숙된 계급층이 부재하다는 점을 부각시키고, 노동자·농민계급에 의한 "밑으로"부터의 길은 가능하지 않기 때문에, "위에서" 이 과제를 수행할 성실하고 능력·능률 있는 정부가 필요하다고 주장했다. 그런데 이와 같은 그의 주장은 이듬해 『민족주의의 전개 과정』(초판)에서 하단 인용문과 같이 변화했다. 이처럼 1950년대 후반 최문환이 제3세계 국가의 '위로부터의 혁명'에 대해 유보하면서 단서를 달았던 것은 현실의 이승만 정권에 대한 그의 비판적 입장과 무관치 않다고 판단된다. 그는 당시 한국 경제 체제의 지배적 특성을 "가산국가적(家産國家的) 관료제(官僚制)"와 그에 근거하여 정치적 권력을 활용한 부(富)의 축적 등에서 찾았고, 이를 직접적으로 비판했다.[29]

이러한 그의 주장은 앞에서 살펴본 바와 같이, 이타가키 요이치가 후진국 개발론을 검토하면서 소개했던 에머슨(Rupert Emerson)의 '동남아시아 지역'을 대상으로 한 '후진국 사회'론을 기본 틀로 삼아 변용한 것으로 판단된다. 에

---

28 崔文煥, 『民族主義의 展開過程』, 白映社, 1958, 441쪽.

29 崔文煥, 「經濟倫理」, 『思想界』 1957년 2월호.

머슨의 '후진국 사회'론은 서구의 경제적·사회적·정치적 안정(stability)과 진보(progress)의 본질적 요인이었던 '중간계층(middle class)'이 동남아시아에는 결여되어 있으며, 향후 토착사회 내부로부터 공급되기도 힘든 상황이라고 평가했다. 그리고 이와 같은 여건하에서 경제적 진보를 이룩하기 위해서는 무엇보다 정직하고(honest), 활력있고(vigorous), 능률적인(efficient) 정부(government)가 필요하다고 했다. 이와 더불어 아시아에서 서구적 교육이나 정치훈련을 몸에 익힌 소수의 지식계급과 엘리트들의 존재를 인정하지만, 그들은 인민들에게 이질적인 존재로서 괴리되어 있을 뿐 아니라 정치적 부패와 반동적 퇴영에 빠질 가능성도 없지 않다고 보았다.[30] 이러한 에머슨의 관점을 수용하는 가운데, 하단 인용문에서 주장한 "민중의 토대 위에 선 지식계급층"에 의한 "옆에서의 혁명(Revolution von seiten)"은 에머슨이 우려했던 '후진국 엘리트'의 특성을 뒤집어 표현한 것이라고 판단된다.

이와 같은 루퍼트 에머슨의 주장에 대해 "행태주의적(behavioralist), 구조기능주의적 방법을 채택하지는 않았을지라도 지정학적 문제를 정의하고", '전통(tradition)'과 '근대성(modernity)'의 양극성(polarity)을 비롯하여 "정치학계의 근대화 이론가들이 이후 20년간 사용한 어휘들을 성립시켰다"[31]는 길먼(Nils Gilman)의 평가를 겹쳐볼 필요가 있을 것이다. 의식적인 것은 아니겠지만, 최문환은 이타다키 요이치를 매개 삼아 아직 사회과학의 일반이론으로 체계화되지 못했던 미국 학계의 초창기 근대화론과 접속하고 있었다고 할 수 있다.

1950년대 후반 한국 사회에서 표출된 '제3세계'에 대한 관심과 인식의 초점을 파악할 때, 지식인층의 집권 세력에 대한 평가를 포함하여 한국 사회 내

---

30 이러한 에머슨의 '후진국 사회'론은 다음의 텍스트에서 요약한 것이다. Rupert Emerson, "Progress in Asia: A Pessimistic View", *Far Eastern Survey*, Vol. 21, No. 13, Institution of Pacific Relations, Aug. 27, 1952.

31 Nils Gilman, *Mandarins of the Future*, The Johns Hopkins University Press, 2003, pp. 120~121.

적 조건에 관한 그들의 문제의식을 염두에 둘 필요가 있다. 1950년대 후반 제 3세계 국가들의 동향을 다루는 텍스트들에서 제3세계 군부 세력의 집권이나 집권자의 독재적 경향 등을 불가피한 것으로 정당화하거나 '민족혁명'의 일환으로 우호적인 관점에서 다룬 글을 찾기는 힘들다. 물론 경제 분야에서 '후진'국가들의 경제개발 과정에서 국가(정부)와 시장(민간 자율)의 관계, 정부 정책의 위상 등에 대해서는 의견이 나뉘어 있었다. 그중에서 정부의 역할이나 경제개발계획의 중요성을 강조하는 논자들도 적지 않았지만,[32] 그들 논의에서 경제개발을 위한 정치적 동력과 권력형태, 정치체제의 재편 등 '발전체제 (developmental regime)'를 상론하고 있었던 것은 아니었다.

1950년대 말에 이르면 현실정치적 측면에서 이승만·자유당의 장기집권, 정권교체 문제 등을 "후진국 독재", "정치적 후진성" 등과 결부시켜 비판하는 관점이 적극적으로 제기되었다.[33] 당시 야당 의원이었던 주요한은 신생국의 "군부정치"와 "교도민주주의(敎導民主主義)" 등 "20세기의 독재주의"를 하나의 질병으로, "정치병리적 현상"으로 파악하면서 태국, 인도네시아, 파키스탄, 인도, 아프리카 신생국들의 "실질적 독재형태의 미청산 또는 독재로의 후퇴현상이 일반화"되고 있다고 우려했다. 그는 이러한 후진국 민주제도의 유산(流産)에 놓인 공통적 원인으로 "봉건 유습의 미청산", "정치적 훈련의 미완숙, 국민경제의 미성장" 등을 들고, 이러한 점은 "한국에도 적용되는 사실"이라고 토로한 뒤, 이를 타개하기 위한 방도를 다각도로 모색했다.

그는 한국 사회가 당면한 과제로 "국민경제의 현대화와 정치적 민주제도

---

32 정진아, 「1950년대 후반~1960년대 초반 '사상계 경제팀'의 개발 담론」 참조.

33 주요한, 「껍질을 깨뜨리는 순간—復興方略序論」, 『새벽』 1959년 11월호; 申相楚, 「後進國의 獨裁」, 『새벽』 1959년 11월호. 이승만·자유당의 장기집권과 정권교체 문제를 후진국 정치현상의 맥락에서 비판하는 글로는 주요한, 「後進國의 政權交替」, 『새벽』 1959년 10월호 참조.

의 성숙"을 꼽고 "정치적 민주주의의 육성"을 위해 '산업화'는 불가결하다고 보았다. "신생국가의 공업화"는 "조직된 대량노예화(大量奴隷化)"와 "조직된" 착취·학살 등을 수반한 "공산식 계획경제"방식을 택할 수 없다고 단언하면서도, 동시에 "자유방임 정책과 경쟁적인 시장경제"에 근거한 "고전적인 자본주의 형태"로 추진하는 것 또한 불가능·불필요하다고 했다. 신생국가가 고통을 줄이며 '빈곤의 악순환'을 끊는 방법으로서 "후진국의 주권을 손상하지 않는" 조건에서 이루어지는 외국원조가 필요하며, 이와 함께 "장기건설계획"과 일부 대기업의 국영을 포함하여 제반 경제·사회 정책의 "행정적 실시"를 배합한 "혼합경제(混合經濟)"가 필요하다고 보았다. 그렇지만 그는 '산업화'와 '민주주의 성숙'의 관계는 '선후'의 문제가 아니라 '동시적'인 것이고, 서로 보완 발전하는 길밖에 없다고 주장했다.[34]

이와 같은 주요한의 한국 사회 진로 모색은 그가 1950년대 중반까지 '민족성 개조'의 관점에서 한국 사회의 근대화를 역설했던 것과 비교해볼 때 1950년대 말에 이르러 한국 사회의 현실과 그 극복방안에 관한 자신의 관점을 일부 재조정했다고 평가할 수 있다.[35] 즉 1950년대 중반까지 정치적으로 '자유민주주의'의 실현, 사회·경제적으로 원리적인 수준의 자유주의적 입장에서 '근대화'를 추구했던 한국의 지식인들이나 일부 야당 정치 세력들은 1950년대 말에 이르러 '제3세계' 국가들의 행보와 '한국 사회의 현실'을 견주어보는 가운데 당시 한국 사회의 지식인층에게 확산되었던 후진국 경제개발이론과 정책, 그리고 '후진성' 극복을 향한 공감대에 영향을 받아 일정한 정책적 지향의 재편을 이루게 된 것이다.

---

34 주요한, 앞의 글, 103~106쪽.

35 1950년대 중반까지 '민족성 개조'의 관점에서 한국 사회의 근대화를 역설했던 주요한에 대해서는 홍정완, 「전후재건과 지식인층의 '道義' 담론」, 앞의 책 참조.

4부

4월혁명 이후 민족주의의 대두와 근대화 담론의 재편

4월혁명 직후 민족주의의 대두와
근대화 담론의 위상 변화*

4월 26일 이승만 퇴진 직후만 하더라도 1960년 3·4월 항쟁을 '민족주의' 운동으로 직결하여 파악하는 사람은 드물었고, '민주주의'와 '민권'운동으로, 그리고 '부정과 부패에 대한 항거'로 파악하는 것이 일반적이었다. 3·15 부정선거에 대한 항쟁이 확산되자 장준하(張俊河)는 4월 초순 『사상계』 「권두언」을 통해 "한국의 민권운동도 이제 피를 흘리기 시작"했다고 하면서 항쟁을 "자유와 민권을 위한 투쟁"으로 평가했으며,[01] 주요한은 4월혁명을 "민권혁명(民權革命)"으로 규정했다.[02]

송건호(宋建鎬)는 4월혁명 이전의 "수많은 정치적 데모는 내셔널리즘의 운동이라는 하나의 정치적 후진현상"에서 벗어난 것이 아니었던 반면, 3·15 이후의 데모는 "내셔널리즘의 시위가 아니요 근대의식에 자각한 시민적 데모"라고 구분하여 적극적인 의미를 부여했다.[03] 또한 양호민은 3·15 부정선거 직

---

* 본 장의 내용은 홍정완·전상숙, 앞의 책, 제3부 3장 내용을 대폭 가필하여 보완한 것이다.
01 張俊河, 「(卷頭言) 民權戰線의 勇士들이여 편히 쉬시라」, 『思想界』, 1960년 5월호.
02 주요한, 「民權革命의 意義」, 『새벽』, 1960년 6월호.
03 宋建鎬, 「民主革命의 政治心理的 分析」, 『世界』, 1960년 6월호.

후 쓴 글에서 아시아 아프리카 여러 나라의 민주주의 발전이 이룩되지 않고, 독재 체제가 만연되어 있는 것에 대해 "누백 년(累百年)의 쓰라린 독립투쟁"을 통해 "민족의식이 고도로 앙양"되었으나 "인민주권과 제도에 관한 정치의식"은 희박함을 지적하여, 민족주의와 민주주의를 직접적으로 연관시켜 파악하지 않았다.[04]

4월혁명은 '독재'를 거꾸러뜨리고 '자유', '민주주의'를 쟁취했다는 자긍심을 고무시키면서 국가와 사회에 대한 태도와 관점에도 큰 변화를 가져왔다. 혁명 직후 한 대학생은 4월혁명으로 한국 사회의 "무기력(無氣力)의 표식(標識)"은 "피의 위력(威力)"으로 물러서게 되었으며, 자부심과 사명감을 앙양했다고 표현했다.[05] 또한 당시 서울대 법대 교수였던 김증한(金曾漢)은 '자유'와 '민주주의'를 자력으로 쟁취함으로써 "우리 사회에 태어난 제도"로 만들게 한 사건이자, 그것을 누릴 수 있는 '국민'임을 자각케 했다고 높이 평가했다.[06] "민중의 민주주의적 성장을 볼 때 우리는 실로 용기와 고무를 받는다"는 송건호의 표현에서 볼 수 있듯이,[07] 4월혁명은 시민, 학생층을 비롯한 일반 대중의 정치적 각성과 진출을 불러일으켰다.

이와 같은 사회적 분위기 속에서 '주체'의 관점에서 '혁명'을 규정하고 평가하는 언설이 나타나기 시작했다. 이러한 언설은 혁명의 원인과 지향을 어떻게 볼 것이며, 나아가 혁명 이후 국면을 어떻게 전치(轉置)할 것인가의 문제가 내포된 것이었기에 중요한 의미를 가진다. 기존 연구에서 지적된 바와 같이, 4월혁명에서 도시 하층 대중의 역할이 지대했음에도 그들은 혁명 직후 대

---

04 梁好民, 「政治的 後進性의 本質」, 『새벽』, 1960년 6월호.

05 徐文源, 「從屬의 克服·個體의 完成」, 『大學新聞』 1960. 5. 9, 5면.

06 金曾漢, 「學生運動의 새로운 方向」, 『大學新聞』 1960. 5. 9, 3면.

07 宋建鎬, 「民主革命의 政治心理的 分析」, 83쪽.

다수 신문, 잡지 등 언론 매체의 지면에서 주변화, 배제되는 가운데 혁명의 주
체로서 '학생', 특히 '대학생'과 '지식인' 등이 지목되었다.[08] 4월혁명 직후 장준
하는 『사상계』 「권두언」에서 다음과 같이 썼다.

> 사월혁명은 자유와 민권의 선각자인 이 땅의 지식인들의 손에 의한 혁명이
> 다. 그 기반을 닦아온 것은 정객(政客)들보다는 양심 있는 이 나라의 교수들과 교
> 사들을 포함한 지식인들이오, 이에 박차를 가해준 것은 신문이나 잡지들을 포함
> 한 매스콤의 힘이요, 그 불길이 되어 탄 것은 가장 감수성이 강하고 정의감이 가
> 장 두터운 학도들이었음이 분명하다. (…) 혁명의 과업은 아직도 그 전도에 낙관
> 을 불허한다. 여기에서 절실히 요망되는 것은 전국의 지성인이 과업을 수행하는
> 모든 부면에서 활발히 움직여주는 일이다.[09](밑줄―인용자)

위 인용문에서 볼 수 있듯이 장준하는 4월혁명을 '지식인' 혁명으로 규정
했다. 그는 혁명의 불길이 되어 타오른 '학도들'을 중심에 두고, 그들을 가르
친 교수와 교사, 그들을 인도한 신문·잡지 등 언론 매체의 생산자 등이 함께
이루어낸 혁명으로 평가했던 것이다.

당시 대학교수들이나 대학생층에서도 대체로 4월혁명의 주도 세력을 학
생층, 그중에서도 대학생층을 중심으로 하는 도시 지식인계층으로 해석하는
경향이 강했다. 최문환은 4월혁명 발발 직후 이승만 정권을 "소수의 독점자
본과 경찰전제(警察專制)의 결합"으로 규정했고, 4월혁명을 "혁명의 주체가 민

---

08 이승원, 「'하위주체'와 4월혁명」, 『기억과 전망』 20, 2009; 권보드래, 「4·19와 5·16, 자유와 빵의 토포스」, 『상
허학보』 30, 2010; 오제연, 「4월혁명의 기억에서 사라진 사람들」, 『역사비평』 106, 2014; 장숙경, 「4월혁명, 주
권재민의 첫 승리」, 민주화운동기념사업회 한국민주주의연구소 엮음, 『한국민주주의, 100년의 혁명』, 한울
아카데미, 2019.

09 張俊河, 「(卷頭言) 또다시 우리의 向方을 闡明하면서」, 『思想界』, 1960년 6월호, 36~37쪽.

중의 호응에 입각한 대학생, 인텔리겐챠"였다는 점에서 『민족주의의 전개 과정』에서 자신이 주장한 바와 같은 "옆에서의 혁명"으로 평가했다.[10] 그러면서도 혁명의 주도 세력이 정치권력을 획득하는 형태로 귀결되지 않은 특수성을 지적하면서, 대학생층과 교수·지식인층이 앞으로 취해야 할 태도는 현실정치에 대한 직접적 개입이 아닌 정치적 중립을 견지하는 가운데 민주주의의 발전을 감독, 견인하는 것이 되어야 한다고 보았다.

이러한 최문환의 주장과 유사하게 혁명 직후 주요 신문들은 혁명의 주인공으로 대학생층을 부각시키면서도 대학생들의 현실정치 참여를 우려하면서 '정치적 중립'을 주문하거나 '학원으로의 복귀'를 종용했다.[11] 당시 『경향신문』의 '학도논단(學徒論壇)' 코너에 실린 대학생들의 기고 또한 크게 다르지 않았다. 혁명 직후 "현 국회의 해산"과 "과도내각(過渡內閣)의 사퇴" 등을 요구했던 일부 정치 세력과 대학생층의 움직임에 대해 "권력 투쟁에 여념이 없는 정상모리배(政商謀利輩)들"이 "순진한 학도를 정치적인 도구로 이용"하려는 것이라고 비난하고, 위대한 "사적(史蹟)을 남긴 우리 청년학도"는 "몰지각한 정치인의 감언이설"과 "권모술수책"에 넘어가서는 안 되며, "학원으로 돌아가서 현 정국에 대한 건설적이고 선의적인 태도와 안목으로서 감시"해야 한다고 주장했다.[12] 또한 각 대학 신문들도 대학생들의 정치 활동 참가는 "학생의 신분"에 배치된 행위이자 4월혁명 "정신의 순수성"을 저버리는 것이라며, 일부 정치 세력이 대학생층과 결합하려는 것에 대해 "사일구(四一九)의 의혈(義血)을

10 崔文煥, 「四月革命의 社會史的 性格」, 『思想界』, 1960년 7월호.

11 李熙昇, 「歷史를 創造한 學生들에게」, 『東亞日報』 1960. 4. 29, 조간 4면.

12 趙東烈, 「(學徒論壇) 本然의 姿勢로 돌아가자」, 『京鄕新聞』 1960. 5. 1, 조간 4면; 조남조, 「(學徒論壇) 良心的인 大道에서」, 『京鄕新聞』 1960. 5. 10, 조간 4면; 李淳權, 「(學徒論壇) 革命 이후 젊은 世代의 使命」, 『京鄕新聞』 1960. 6. 2, 조간 4면; 安重基, 「(學徒論壇) 鮮血에 報答하는 길」, 『京鄕新聞』 1960. 6. 8, 조간 4면.

더럽히는 가증(可憎)한 행위"라고 비난했다.[13]

이와 같이 5월, 6월을 거치면서 혁명의 '주인공'으로 부각된 '대학생'층은 '혁명정신의 순수성'과 '의혈'의 정치적 자원을 얻었지만, 현실 제도정치에 대한 집단적 참여로 이어지지 못하고 이격(離隔)의 지점에서 자신들의 활동을 본격화했다. 대학생층은 6월 중순부터 방학과 총선거를 앞두고 '계몽운동'을 내세우기 시작했다. 신생활운동과 농촌계몽운동이 그것이었다. 계몽운동에 나선 대학생층은 "구질서의 타도와 신질서의 수립을 절규하였던 혁명정신"을 자각하지 못한 정치인, 언론인, 일부 학생 국민들의 무지, 보수성, 반혁명성의 강화로 인해 혁명이 '사산(死産)'될 수 있다고 경계하면서 단기적으로는 "선거계몽", 장기적으로는 "신생활, 신도덕의 수립"을 통해 "건설하는 국민의 생활계몽"을 향해 전진할 것이라고 선언했다.[14]

이와 같은 대학생층의 신생활운동을 비롯한 계몽운동에 대해 이만갑은 계급, 계층적 관점에서 다음과 같이 평가, 전망하기도 했다.

> 4·26혁명이 성취되었다는 소식을 듣고 중년 부인들이 하는 말이 "제발 이제는 사치가 없어졌으면" 하는 것이었다. 그들에게는 관(官)의 탄압에 못지않게 사회에 비만하고 있는 사치가 무척 눈꼴사나운 것으로 보였던 모양이다. 요사이 서울대학생들은 국민계몽대를 조직하고 (…) 이러한 움직임은 비단 서울대학교 학생들에 국한한 것이 아니고 다른 학생들에 의해서도 일어나고 있다. (…) 신생활운동을 전개하는 층은 주로 학생, 지식인, 문화인들이고 좀 더 넓게 말한다면 중산계급의 이익에 입각하면서 국가와 사회의 복지를 명분으로 하고 있다고 생

---

13 「(社說) 新秩序를 이룩하자」, 『週刊成大』 1960. 5. 11, 1면; 「(社說) 最近의 學生 動向」, 『東大時報』 1960. 6. 4, 1면; 編輯部, 「政治勢力의 學園浸透, 學徒는 國家存亡 最後의 堡壘」, 『大學新聞』 1960. 6. 13, 2면.

14 「서울大學校 國民啓蒙隊 宣言文」, 『大學新聞』 1960. 7. 11, 2면.

각한다. 그들은 생활이 곤란하고 지식이 없어서 생활을 합리화하지 못하는 사람들을 딱하게 생각하는 동시에 관권이나 금권을 가지고 한국인 대다수가 놓여 있는 수준과는 엄청나게 높은 생활수준을 유지하면서 물질적인 것으로 위세를 부리는 행위에 참을 수 없는 반발을 느끼는 모양이다. (…) 그러나 중산계급이 지식인과 쩌너리스트들과 깊은 유대를 맺고 신생활운동을 한낱 양담배니 코피니 외래품 등의 사용을 억제하는 데 초점을 두지 않고 보다 근본적으로 정치적 참여를 과감히 하여 자기들의 이익을 대변할 수 있는 인물을 선출하는 운동으로 발전시킨다면 그것은 일소되지는 않더라도 어느 정도 감소되지 않을까 생각하는 것이다.[15](밑줄—인용자)

이만갑은 '신생활운동'을 '상류계급'과 '중산계급', 그리고 '생활이 곤란하고 지식이 없어 비합리적인 생활을 하는 사람들' 사이의 관계에 위치 짓고, 사치와 부패에 찌든 상류세급에 내항하여 "국가와 사회의 복지를 명분"으로 "중간계급의 이익"에 입각한 운동으로 바라보았다. 이러한 그의 관점은 '신생활운동'을 "중산계급"의 이익과 연결 짓고 있을 뿐 아니라 정치적으로 대의체계를 통해 중산계급의 이익이 대변되는 경로를 전망했다는 점에서 이채를 띠는 것이었다.

하지만 4월혁명 이후 계몽운동을 전개했던 대학생들은 '정치'와 '계몽운동'을 분리시키고 자신들의 운동을 민족·조국의 발전, 후진성 극복, 근대화 등과 결부시켰다. 현실 '정치'로부터의 거리를 '민족'의 과업, 즉 근대화와 후진성 극복에서 찾았다. 이러한 관점과 태도에 근거하여 대학생층은 '불편부당(不偏不黨)의 역사적 사명감'을 고취하고, 이승만 독재의 근저에 놓인 기성

---

15 李萬甲, 「新生活運動과 中産階級의 政治的 役割」, 『民國日報』 1960. 7. 10, 조간 2면.

"가치 체제와 사회질서" 변혁의 열망을 표출했다. "새 역사의 출발"을 위하여 민족과 사회의 "정신혁명"을 일으켜야 한다고 역설하고, 농민과 대중의 "흉중에 우리의 존재를 인식시킬 때"가 왔다고 하면서 계몽운동에 임하는 포부를 밝혔다.

> 그리고 민족의 본질적 비극인 빈곤과 무지에서 민중을 구제하고 근대적 시민사회의 건설을 위한 통일된 가치 체계와 이념을 확립하여 그들을 계몽 선도할 민족적 사명감을 인식하여야 한다. (…) 고역에서 행복을 찾고 노동과 근면을 최고 도덕률로 이해하여 내핍과 절제에 의한 합리적 생활방식을 통한 경제의 자립과 성장이 무엇보다 선결조건이라는 것을 깨달아야 한다. 우리의 최후의 승리가 높은 지위와 권력의 획득, 방일(放逸)에 있지 않는 한, 생활과 직업 관념의 서민화를 통하여 민족의 비극을 걸머지고 시지프의 고역을 담당해야 한다. (…) 암담한 현실에의 염증을 이상이란 안식처를 찾음으로써 합리화해서는 안 된다. 아직 우리 사회에는 개체의 이익과 행복 증진이 그대로 전체 사회의 복지 증진을 가져올 수 없다. 누적된 실업과 자원의 부족에서 오는 '빈곤의 악순환'과 수세기를 궁(亘)하는 이질적 사회요소의 혼성은 사회정의의 실현과 국민경제의 성장을 구조적으로 저해한다는 것을 알아야 한다. 정체(停滯)된 사회계급, 즉 농촌의 도시 식민지 노릇을 방치하는 한 다른 계급의 비약(飛躍)은 그 실질적인 실현성이 불가능하다. 세계사의 조류는 바야흐로 민족주의적 시민사회의 육성에 분망하고 있다.[16](밑줄─인용자)

위 인용문의 필자는 앞에서 살펴본 바 혁명 이전 한국 사회에서 논의되었

---

16 李大根, 「放學, 農村, 意識革命」, 『大學新聞』 1960. 7. 4, 6면.

던 '후진성' 극복과 근대화에 관한 논의를 이어받으면서도 "개체의 이익과 행복 증진이 그대로 전체 사회의 복지 증진"으로 이어지지 않는다는 점을 지적하여 '시장'과 민간의 자율에 기댄 자유주의적 근대화의 길에 대해 비판적인 태도를 나타내고 있다. 또한 '도시의 식민지' 노릇을 하고 있는 '농촌'을 방치하는 한 구조적으로 국민경제의 성장을 가로막고 있는 '빈곤의 악순환'과 '이질적 사회의 혼성' 상태를 극복할 수 없다고 보았다. 강렬한 민족의식과 역사의식을 가진 주체만이 민중을 선도하고 계몽함으로써 민족의 비극을 극복하고 근대적 시민사회를 열어 나갈 수 있다는 것이었다. 이러한 태도 속에서 농민은 "병이 들면 의사보다는 무당"을 찾고, "쌀 술을 마시면서 초근목피 아니면 보리밥"을 먹으며, 자신들의 불행에 대해 "그들의 선조(先祖)와 그 묘(墓)자리"를 탓하는 미신과 비합리적인 생활양식, 운명에 대한 체념에 빠진 존재들이었다. 반면 대학생·지식인층은 수세기에 걸친 민족의 역사적 비극을 현현(顯現)한 농민·농촌의 무지와 빈곤을 치료할 의사이자 합리적인 세계로 인도할 전도사였다.

앞서 언급한 바와 같이 농촌 계몽운동에 뛰어들었던 대학생층은 7·29 총선거를 앞두고 '선거 계몽'에 힘을 실었다. 그럼에도 이들 대학생층은 7·29 총선거의 결과에 대해 만족하지 않았던 것으로 보이며, 오히려 '선거 계몽'의 경험을 토대로 현실의 제도정치 차원을 넘어 민족적·역사적 지평에서 자신들의 '계몽운동'에 새로운 의미를 부여하기도 했다. 한 대학생은 4월혁명을 독재자를 몰아낸 '외곽적인 혁명'으로 평가하면서 자신들이 추진한 '계몽운동'의 정신은 민주주의 혁명으로서 4월혁명을 완성시키는 '내면혁명'으로 통하는 길이라고 밝히고 다음과 같이 주장했다.

따라서 사월혁명은 대내적인 견지에서 본다면 새로운 자유민주주의를 이룩할 수 있는 군건한 터전을 만들어주는 하나의 역사적 계기(契機)임에 틀림없지만, 민주주의 발전사적(發展史的) 입각지에서 본다면 얼마간 역사를 소급해 올라갔을 때 비로소 수긍되는 성격을 지니고 있는 것이다. 이처럼 현재 우리의 안전(眼前)에 전개되는 현실적인 현상을 역사의 소급이라는 과정을 거쳐야만 인지되고 수락될 수 있다는 사실은 <u>우리 민족의 숙명적인 후락성(後落性)을 시사하는 것</u>이요, 뼈가 녹아내리듯 슬픈 일이긴 하지만 우리가 수긍치 않으면 안 될 현실이다. <u>우리의 육신은 근대라는 역사적 영역에 속해 있으면서도 정신은 아직도 전근대의 범주에 머물러 있는 것이 오늘 우리의 정신사적 풍속도이다.</u> 다시 말하면 우리의 육신은 근대와 보조를 맞추어 투표의 흉내도 내고, 외국의 유행을 좇기도 하며 남의 지성이나 사상을 피상적으로 도습(蹈襲)하기도 하지만, <u>정신은 아직도 전근대의 암흑 속에서 잠들고 있기 때문에, 광명을 투시하기에는 그 생리가 너무나도 질병적인 것이다.</u>[17] (밑줄—인용자)

위 필자는 4월혁명의 성격을 '역사적 소급'을 통해서만 비로소 인지되고 수긍될 수 있는 것이라고 주장하고 있다. 다시 말해 4월혁명을 '전근대'와 '근대'의 사이에 배치하여 자신들의 계몽운동이 갖는 의미를 새롭게 부여했던 것이다. 당시 한국 사회의 정신적 상황은 '민족의 숙명적인 후락성'으로 인해 '전근대'에 머물러 있기 때문에 '근대'와 호흡하기에는 '너무나 질병적'이라고 보았다. 또한 같은 글에서 해방 이후 "도시는 부패의 진열장", "농촌은 무지와 궁핍의 전시장"을 이루었으나 "대학의 상아탑과 도서관에서는 순결하면서도 싸늘한 지성(知性)"이 발아하였으며, "시대의 최고(最高)의 심판자(審判者)"인 그 지성의 저항정신이 독재자를 쓰러뜨린 후 이제 "무지의 화석처럼

---

17 崔炳德, 「(學徒論壇) 國民福祉와 啓蒙精神」, 『京鄕新聞』 1960. 8. 11, 조간 4면.

굳어가는" 대중의 저급한 정신을 고양하려 나섰다고 했다. 이와 같이 "이웃을 사랑하고 아끼는 휴매니즘"을 기초로 하는 "계몽정신"이야말로 "가장 진격한 '애족'이요 '애국'하는 정신"이라고 주장했다.

이와 같이 민족주의적인 정서를 바탕으로 한 엘리트적 계몽의식과 근대사회로의 개혁에 대한 열망, 그리고 그것을 기반으로 하는 민주주의의 육성이라는 관점은 당시 남한 지식인층에게 널리 공유되고 있었다. 이는 당시 『사상계』 주도 지식인층이나 민주사회주의를 지향하는 일부 혁신계 정치 세력, 지식인들에게도 적지 않게 공통된 것이었다.[18] 근대사회로의 개혁을 이끌어 갈 지도 세력의 범위설정이나 그 실천 과정에서 '정치적 통합'을 어떻게 구성해 나갈 것인가에 대한 입장의 차이는 존재했지만, 민중·대중의 역능(力能)을 적극적으로 평가하는 지식인층은 드물었다.

4월혁명 직후 전개된 대학생층의 신생활운동, 계몽운동은 현실 제도'정치'로부터 이격(離隔)을 내세우며 시작했지만 '후진성 극복', '근대화'를 '민족'의 역사적 과업으로 내세우며 자신의 자리를 찾음으로써 '민족'을 기치로 대학생층이 정치화되는 '도입부'이기도 했다. 1960년 여름방학 계몽운동을 전개한 후 가을로 접어들면서 대학생층의 통일운동이 촉발되는 가운데 '민족'은 뜨겁게 '정치화'되었다.

잘 알려져 있듯이 4월혁명은 이승만 정권에 의해 억압되었던 수많은 사회적 모순과 부조리에 대한 항의와 비판을 열었다. 혁명 이후 민주적 입법조치에 의해 정당·사회단체 결성이 등록제로 바뀜에 따라 '진보당 사건'으로

---

18 4월혁명 이후 일부 혁신계 정치 세력 내지 민주사회주의적 성향의 지식인들에게 나타난 '농민층'에 대한 계몽주의적 태도와 산업화에 대한 지향은 다음의 좌담회에 잘 드러나 있다. 申一澈(사회·本社主幹)·李東華(社會大衆黨)·金哲(韓國社會黨)·曺圭澤(革新同志總聯盟)·韓旺均(社會革新黨)·趙一文(敎員勞組委員長), 「(討論)民主社會主義를 말한다」, 『世界』, 1960년 7월호 참조.

위축되어 있던 '혁신 세력' 등 다양한 정치·사회운동단체들이 자신들의 지향을 합법적인 공간에서 전개할 수 있게 되었다. 나아가 대외적으로도 1960년 아프리카 17개국이 일제히 새롭게 독립함으로써 제3세계 국가들의 민족해방운동이 더욱 고조되었고, 특히 1960년 9월부터 개최된 제15차 UN총회는 제3세계 국가들이 제도적 차원에서도 세계 정치의 무시할 수 없는 흐름을 형성하게 되었음을 뚜렷이 보여주었다.[19]

대중적인 정치적 각성과 실천이 고조·확산되고 7·29 총선을 거치며 '통일' 문제가 주요 이슈로 논의되면서 '이념'이자 '운동'으로서 '민족주의'가 새롭게 대두하게 되는데, 크게 두 가지 흐름으로 대별해볼 수 있다. 하나는 대학교수 등 제도권 지식인층과 대학생층을 중심으로 주로 대내적인 정치·경제적 변혁을 지향하는 흐름이고, 다른 하나는 혁신계 정치 세력의 통일운동과 그에 결합했던 대학생층의 민족주의운동이다. 두 흐름이 서로 무관한 채 독립적으로 진행되었다고 할 수는 없고, 당시 한국 사회가 처한 대내외적 여건에 대한 비판적인 인식이 적지 않게 겹쳐졌지만, 그 주된 이념적·실천적 방향이 변별된다. 특히 후자는 당시 남한의 지배 체제를 제국주의적 지배질서와 그에 연이은 동서 냉전에 의해 짓눌린 예속적 체제로 파악하는 가운데, 이를 변혁하기 위한 민족해방운동, 민족혁명의 이념과 운동으로 전개된 것이기에 '후진성 극복', '근대화'를 향한 사상이자 운동의 차원으로 한정하여 규정하기는 곤란하다고 생각한다.

7·29 총선 이후 민주당의 분열과 혁명을 계승하는 과업의 수행이 지지부진하자, 민주당과 제도정치권에 대한 실망이 커져갔다. 1961년에 접어들면

---

19 1960년을 "植民地主義 敗退의 해"라고 규정할 정도로 당시 고조되었던 아프리카 反제국주의, 反식민주의 운동의 동향에 대해서는 李元雨, 「검은 民族主義의 第三빨럭 形成」, 『思想界』, 1960년 10월호; 「콩고의 루뭄바는 살아 있다」, 『民族日報』 1961. 2. 16, 2면 참조.

당시 한국 사회의 급격한 변혁을 열망하던 대학생층 내부에서는 민족주의적 정서가 비등하는 가운데 '자유민주주의'는 한국의 현실에 적합하지 않다는 인식이 확산되기 시작했던 것으로 보인다. '자유민주주의'를 미국이 약소국에 영향력을 행사하기 위한 이데올로기적 방편으로 치부하거나 급속한 '경제발전'을 방해하는 장애물로 인식하는 주장들이 제기되었던 것이다.

누가 뭐라 해도 오늘날의 국제정치사는 민주주의, 민족주의, 공산주의라고 하는 삼대 이데올로기가 예리하게 교착되는 가운데서 미묘하게 짜여가고 있다. 그러나 무엇보다도 '민족'이라는 것은 이미 파괴할 수 없는 인간생활의 '성(城)'으로서, 마치 현대의 자유라고 하는 개념이 이제는 단순한 사상이 아니라 이미 불식할 수 없는 인간의 생활 체제가 되어버린 것과 같다 하여도 과언이 아닐지니 왜냐하면 비록 민주주의라고 하더라도 인민의, 인민에 의한, 인민을 위한 정치체제임을 부인할 수 없는 한, 이는 민주형(民主型)으로 변용된 민족주의인 것이며, 또한 공산주의라 하는 것도 오늘날 우리가 소련이나 중공(中共)에서 보아 알고 있는 것과 마찬가지로 그때그때 민족적 고려에 쫓아 변용되는 민족 중심의 지배 체제임은 말할 것도 없는 것이다.[20] (밑줄—인용자)

더욱이 민주당이 오늘날 실현하고 있는 내각책임제가 오히려 정국의 혼란만 조장할 뿐 아무런 실익도 찾아볼 수 없다는 것을 발견하게 됨으로써 한국의 자유민주주의는 이제 막다른 위기에 직면하게 될 것이며, (…) 사실 '인민에 의한' 정치라고 하는 자유민주주의의 형식논리가 그 실질적 내용이며 이상인 '인민을 위한' 결과로 나타나지 않을 때 이에 대하여 부정적인 방향으로 치닫게 됨은 오

---

[20] 「(社說) 民族自尊의 氣風을 時急히 振作하자」, 『高大新聞』 1960. 9. 17, 1면.

히려 당연한 것이다. 오늘의 이 난국을 하루빨리 극복하기 위하여는 '강력한 젊은 지도자'라든가 심지어 '선의(善意)의 독재자'까지도 나와야 한다는 국민의 소리가 기대를 넘은 절박감에서 울어나오고 있는 것이다. (…) 한마디로 북한의 김일성 정권이 민족을 떠난 소련의 괴뢰라면 남한의 보수 정객은 자유민주주의에 중독된 미국적 맹신자들이 아니고 무엇이냐! (…) 그러므로 민족의 장래를 우려하는 혜안지사(慧眼之士)들 간에는 공산주의와 싸워 이길 수 있는, 풍전등화의 위기에 처한 조국의 자존을 보전하기 위하여는 강력한 패시즘 체제를 구축해야 한다는 신념이 점차로 굳어져가고 있는 것이다. 이미 낡은 자유민주주의를 우리가 이 이상 옹호할 이유는 없다. 우리는 새로운 사회의 건설을 위하여 진정한 의미의 민주주의를 창조하는 이 거창한 작업에 과감히 착수하자. 그리하여 비극적인 피압박자의 지위로부터 새로운 민족국가의 주인공으로 하루바삐 전환하자. 위대한 결단자여! 어서 나오라.[21] (밑줄—인용자)

위 인용문은 4월혁명 직전 『고대신문(高大新聞)』의 편집국장이 되어 「4·18 고대선언문」을 기초했으며, 혁명을 전후(前後)하여 『고대신문』 사설을 집필하고, 교내외 잡지에 다양한 논고를 발표하면서 활발하게 움직였던 박찬세(朴贊世)가 학내 신문의 사설(社說)과 시론(時論)으로 발표한 것이다.[22]

전자의 사설을 보면 당시 냉전질서의 양대 이데올로기로서 '민주주의'와 '공산주의'가 모두 '민족', '민족주의'를 토대로 작동하고 있는 것임을 지적하여, '민족'을 기준으로 냉전 이데올로기를 상대화시키고 있다. 5·16쿠데타 직

---

21 朴贊世, 「(우리世代의 發言 ②) 自由民主主義냐 '패시즘'이냐」, 『高大新聞』 1961. 5. 6, 1면.
22 박찬세의 논고와 그의 경력에 대해서는 石岳朴贊世先生 古稀紀念文集刊行委員會, 『安岩과 北岳의 하늘』, 열화당, 2005; 고려대 한국사연구소 기획, 허은 편, 『정의와 행동 그리고 4월혁명의 기억』, 선인, 2012, 제4부에 수록된 '박찬세'의 구술 참조.

전 작성된 후자의 칼럼에서는 북한 김일성 정권이 "소련의 괴뢰"라면, 남한의 보수 정객, 즉 민주당 정권을 포함한 기성 정치 세력은 '자유민주주의'에 중독된 '미국적 맹신자들'이라고 규정하고 있다. 이 또한 '민족'의 관점에서 냉전 이데올로기를 파악하면서도, '자유민주주의'를 미국의 대외적 지배 이데올로기로 직접적으로 연결시키고, 그것을 다시 '기성 정치권력'에 대한 불만과 결합시키고 있다는 점에서 현실 정치체제에 대한 비판과 부정적 태도가 고조되었음을 알 수 있다.

그와 동시에 추구해야 할 이념으로서 '자유민주주의'의 위상이 급격히 침식되고 있음을 볼 수 있다. 특히 원리적 측면에서 '인민에 의한'을 자유민주주의의 '형식논리'로 배치하고, '인민을 위한'을 그것의 "실질적 내용이며 이상(理想)"으로 규정하면서 후자를 중시하고, '후자'(실질적 내용, 이상)를 산출하지 못하는 '전자'(형식논리)를 정치적 '위기'의 원인으로 지목했다.[23] 박찬세는 이와 같은 '위기'의 극복을 '강력한 젊은 지도자'나 '선의의 독재자'의 출현, 나아가 '강력한 파시즘 체제의 구축'에서 찾았다. 자신이 말하는 '파시즘'은 과거 독일과 이탈리아의 제국주의, 군국주의적인 폭력독재로서 '파시즘'을 지칭하는 것이 아니라, "강력하고 양심적인 지도자 원리(指導者原理)에 입각한 민족사회주의(民族社會主義)로서의 패시즘"을 지칭한다고 하면서 그에 대해 "커다란 매력과 기대"를 갖게 된 "국민감정(國民感情)"을 "획기적인 민족적 자각"이라고 평가했다.

1960년 하반기부터 민족주의가 대두하면서, 미국과 민주당 정권으로 이

---

23 당시 고려대 학생운동을 주도했던 이세기(李世基) 또한 "人民에 依한 政治만이 民主主義로 알고 있던 時代는 이미 지나갔다. 要컨대 우리는 人民을 爲한 政治가 무엇보다도 民主主義의 根本理念과 더불어 一致한다는 것을 알아야 한다. 더욱이 韓國의 現實은 西歐式의 그것보다 오히려 韓國의 特殊事情을 基盤으로 하는 韓國의 民主主義가 더욱더 要請되고 있는 것이다"라고 하여 유사한 주장을 전개했다. 李世基, 「젊은 피는 統一戰線으로」, 『高大新聞』 1961. 4. 15, 3면.

어진 지배적 이데올로기와 집권 세력에 대한 비판적 태도 속에서 '민족적' 변혁의 열망이 부상하고 있었으나, 민주당 정권에 대한 실망, 그리고 대중·민중의 정치적 역능에 대한 회의와 불신에 뿌리박은 엘리트주의적인 계몽적 태도 속에서 급속한 변혁을 실현할 방도를 찾지 못하고, '강력하고 양심적인 지도자 원리'와 '독재 권력'의 출현에 의지하는 무책임한 태도를 보였던 것이다.

1960년 11월 21일 서울대학교 상과대학 학생연구회에서 '후진국 개발과 경제 체제'라는 주제로 개최한 심포지엄은 당시 대학생층의 정치적 분위기를 잘 보여주고 있다. 여기서 상과대학 학생연구회 대표 논설위원이었던 안병직(安秉直)은 다음과 같이 발언했다.[24]

현재 국민들은 지금의 이익을 투자해 가지고 백 년 후에 우리 자손이 잘살 수 있는 경제발전보다도 이 단계에 있어서 좀 더 잘먹고 잘사는 것이 좋지 않겠느냐 하는 이러한 사고방식을 가지고 있기 때문에, 그러한 발전을 유지하기 위한 정치체제를 후진국의 국민들은 찬성하고 받아들이지 않기 때문에, 첫째 이 선거제도에 의한 정치체제라는 것, 발전에 있어서 어떠한 의존성, 이런 면에 있어서 저는 적극적으로 반대를 합니다. 그러면 과연 공산주의를 해야 되겠느냐 거기까지는 가고 싶지 않습니다만, 다만 강력한 추진력을 가진 선의의 현명한 독재자가 나타나기를 후진국에서는 얼마든지 기대할 수가 있다고 보고 있습니

---

24 「심포지움: 後進國開發과 經濟體制」, 『商大評論』 18, 서울大學校 商科大學 學藝部, 1961년 2월, 103쪽. 심포지엄 참가자 구성을 보면, '경제발전'과 '경제 체제' 문제를 둘러싼 당시 한국 사회의 이념적 스펙트럼을 고려했음이 엿보인다. 그리고 심포지엄 내용 전문이 수록되어 심포지엄의 현장 분위기가 비교적 잘 담겨 있다. 사회: 朴昇(서울 상대 4년), 이하 참가자: 高承濟, 宋邦鏞, 閔丙岐, 李東旭, 朴喜範, 李東華, 金教殷(서울 문리대 3년), 安秉直(서울 상대 4년), 金奎尙(동아대 3년), 張殷順(이대 4년), 申銀淑(이대 3년), 金聖昊(서울 농대 4년).

다. 이러한 독재자 밑에서는 강력하게 계획화된 명령 체제를 운영할 수가 있을 것입니다. (…) 미약한 경공업이라고 하는 것은 개인기업에 돌리고 중공업에 있어서는 국영화하는 이러한 독재적 정치체제와 계획화된 경제 체제를 저는 원합니다. (박수)(밑줄—인용자)

민주주의 발전사를 볼 것 같으면 한국 같은 이러한 투표제도, 각인에 한 표씩의 투표제도는 18세기 말에 와서야 있었던 것입니다. 그러면 19세기 말의 선진국가의 경제생활은 어떻게 되어 있느냐 하면, 영국에서는 벌써 19세기 후반에 있어서 산업혁명을 거쳤기 때문에 민주주의제도라는 것이 들어맞는 것이 되었던 것입니다. 그러나 산업혁명도 거치지 않은 우리나라와 같은 데에서는 민주주의제도라는 것은 들어맞지 않는다고 생각합니다. 한국에서 민주주의가 좋다고 그렇게 신봉하는 사람은 선진국가에 아부하기를 좋아하는 사람이지 우리가 살려고 하면 민주주의만 가지고는 안 될 것입니다.(밑줄—인용자)

박찬세와 유사하게 안병직도 '보통선거'의 형식을 "민주주의"로 규정하는 가운데 그것은 "산업혁명도 거치지 않은" 한국의 현실에 맞지 않는다고 주장했으며, '민주주의'의 옹호를 "선진국가에 아부(阿附)"하는 것이라고 보았다. 나아가 "국가계획"에 의한 "중공업"의 건설, "국영화" 정책을 추진·유지하기 위해서는 "국민의 자유가 상당히 속박"당하지 않을 수 없는데, 이를 "후진국의 국민들은 찬성"하지 않기 때문에 민주주의적 "선거제도"에 의한 정치체제를 반대했다. 요컨대, 그는 국가계획에 의한 중공업 육성을 지향하는 후진국의 '발전체제(developmental regime)'로서 "독재적 정치체제와 계획화된 경제체제"를 열망하고 있었던 것이다.

다른 논고에서도 그는 "우리의 가장 긴급한 문제인 경제적 침체성(沈滯性)

을 타개"하기 위해서는 "국민의 도각(倒閣)의 위협으로부터 자유로울 수 있는 정책결의체(政策決意體)를 수립할 수밖에" 없으며, "이것은 독재(獨裁)로밖에 될 수 없다"고 했다.[25] 서울대 문리대생 김교은(金敎殷)은 심포지엄에서 안병직의 발언과 유사하게 "국민을 위한, 국민에 의한, 국민의 정치"는 "하나의 '부르죠아'적인 민주주의"일 뿐이며, "참다운 민주주의"는 "전체에 의한, 전체를 위한, 전체의 정치"라고 했다. 이어서 후진국의 개발은 "강력한 독재자에 의한 명령적(命令的)인 계획"에 의해 이루어질 수 있으며, 후진국 개발이 없는 한 '선거권'의 참다운 행사는 있을 수 없다고 했다.[26]

이러한 안병직, 김교은의 주장에 대해 심포지엄 현장에서는 "박수(拍手)"가 터져 나오기도 했지만, 여타의 학생 참가자들이 적지 않게 반발했기 때문에 그들의 주장이나 태도가 당시 대학생층 사이에서 지배적인 것이었다고 간주할 수는 없을 것이다. 그럼에도 심포지엄의 전반적인 분위기는 안병직과 같이 제도로서의 민주주의적 절차 자체를 불필요·부적합한 것으로 인식하지는 않았다 하더라도, 자유주의적 원리보다는 '중공업의 국영화' 등 '계획화된 경제 체제'로의 개조에 대해 우호적인 분위기가 확산되어 있었다는 것을 엿볼 수 있다.[27]

혁명 이후 새롭게 부상했던 민족주의의 또 다른 흐름을 살펴보자. 1960년 6월 이후 김삼규(金三奎)의 '중립화 통일론'을 비롯해 그동안 금기시되어왔던 통일론이 신문, 잡지 등의 매체에 게재되기 시작했고, 사회대중당(社會大衆黨) 등 7·29 총선에 참여한 혁신 세력들은 통일 문제를 선거 과정의 주된 이슈로

---

25 安秉直, 「貧困의 惡循環을 打開하기 爲하여」, 『商大評論』 18, 서울大學校 商科大學 學藝部, 1961년 2월, 78쪽.

26 「심포지움: 後進國開發과 經濟體制」, 앞의 책, 107쪽.

27 「學生層 果敢한 '計劃經濟' 主張」, 『大學新聞』 1960. 11. 28, 1면.

쟁점화했다. 또한 7·29 총선 결과 혁신 세력의 원내진출 성과는 미미했지만, 1960년 하반기부터 지식인과 학생층을 중심으로 통일 방안에 대한 논쟁이 일어나는 가운데 민족주의적 정서가 급속히 확산되기 시작했다. 1961년 초반 『한국일보』의 여론조사에서 "만약 남북이 통일이 되었을 경우, 한국의 중립화를 어떻게 생각하느냐"는 질문에 지지 32.1%, 반대 39.6%, 기타 1.7%, 모르겠다 26.5%라는 결과[28]가 나왔을 정도로 중립화 방안은 대중적으로도 상당한 반향을 일으켰다.

당시 한국 사회에 확산되었던 중립화 통일론은 일정한 편차가 있었지만, 제3세계 국가들의 비동맹 노선, 중립주의에 담긴 '냉전'에 대한 비판적 태도와 '냉전'에 침윤되어 나타난 내적 파열을 극복하려는 약소민족들의 평화와 존립의 지향을 일정하게 공유하고 있었다. 당시 '중립화 통일론'을 주장했던 대표적인 지식인으로 김삼규를 꼽을 수 있다. "우리가 통일 독립한다는 것은 단적으로 말하면 미소의 세력권 투쟁에서 해방되는 것"이라는 주장에서, 그리고 "전쟁을 금지하고 평화를 확보"하여 "약자도 강자와 평등하게 생존하여야겠다는 도의(道義)의 소리가 세계를 뒤덮고 있는 이 시대야말로 외래 세력의 지배를 받지 않는 중립국을 세워서 민족의 자주성을 확립할 수 있는 천재일우의 호기"[29]라는 그의 정세인식에서, 김삼규의 '중립화 통일론'이 당대 제3세계 국가들에서 비등했던 대외적 노선을 주된 배경으로 삼고 있었음을 확인할 수 있다.[30]

중립화 통일안의 확산에 직면하자 민주당 정권은 이를 관념적·용공적인

---

28 홍석률, 『통일 문제와 정치·사회적 갈등: 1953~1961』, 서울대학교출판부, 2001, 257쪽에서 재인용.

29 金三奎, 「韓國中立化는 可能한가」, 『世界』 1960년 8월호, 國際文化硏究所, 131~133쪽.

30 중립화 통일론에 내포된 세계정세인식의 특성과 '제3세계'의 대외 노선에 관한 관점 등에 대해서는 국제신보사 논설위원 일동, 『중립의 이론』, 샛별출판사, 1961; 홍석률, 앞의 책, 제3장 제2절 참조.

것으로 위험시했다. 『사상계』를 주도하고 있던 지식인들 또한 주요 인물이 민주당에 참여하는 가운데 자신들이 지향하는 바를 분명히 제시했다. 특히 1960년 11월호 「권두언」[31]은 1950년대 후반을 거치면서 나타난 세계정세의 변화, 특히 서구 국가들이나 일본 등이 미국과 일정한 거리를 두려고 했던 다원화 경향을 전후 경제성장에 따라 풍부해진 "물질생활"을 배경으로 공산 진영에 대한 투쟁의욕이 약화된 것이라고 파악하면서, 이를 "소련이 고안한 평화공존론"과 "정신부패의 침투공작"의 효과라고 규정했다. 이러한 공작은 유럽과 일본에만 해당되는 것은 아니었다.

> 그들 대부분은 처음에 미국의 후원으로 독립하였지만, 어찌된 일인지 서로 약속이나 한 듯이 "독립-부패-정변-혼란-쿠데타-혼란"이라는 동일한 노선을 밟고 있다. 그리고 그 원인으로 미국의 경제원조방식이 피원조국가의 진정한 경제부흥을 목적으로 하는 것이 아니라 일정한 수준의 소비생활을 유지시켜주는 것을 위주로 하였다는 것을 들 수가 있는데, 이러한 미국의 태도야말로 쏘련에게는 더할 나위 없이 고마운 일이었던 것이다. (…) 이리하여 쏘련도 모르는 중립화론이 이들 약소국가에게서 튀어나오게 되었는데, 이것 역시 쏘련으로서는 그의 평화공존론이 가져온 의외의 소득이라 하지 않을 수 없다.[32]

당시 제기되고 있던 '중립화 통일안'은 소련의 평화공존론이라는 술책에 넘어간 것에 불과하다는 것이었다. 인용문에서 보듯이 미국의 원조방식에 대한 비판적 태도를 제외한다면 냉전 진영 논리에 여전히 의존하고 있다. 앞

---

31 「(卷頭言) 이데올로기的 混沌의 克服을 위하여」, 『思想界』 1960년 11월호.
32 위의 글.

서 4월혁명을 "자유와 민권"으로 해석했던 장준하 또한 그 이후의 국내 정세와 향후 진로를 말하면서 "자유와 민권이 침해될 가능성을 예상시키는 여하한 형태의 중립주의도 용납될 수는 없다"고 분명하게 말했다.[33]

이와 함께 『사상계』 1960년 12월호 권두논문이 김삼규의 중립화론을 이론적으로 비판하는 조순승(趙淳昇)의 논문이었다는 점도 주목할 필요가 있다. 그런데 조순승 논지의 핵심은 '중립' 노선을 표방하는 제3세계 국가들의 여건과 한국의 여건이 다르다는 점이었다. 그는 "인도와 에집트" 등에 비해 한국은 지정학적으로 소련에 인접해 있다는 점을 짚었고, "공산주의"의 종교적 성격을 부각시키면서 다른 제3세계 국가들과 달리 한국은 그에 대응할 만한 "고유의 종교와 이념 체계가 없는 것", 그리고 "이념의 빈곤이나 공백상태"를 메울 수 있는 강력한 민족주의 의식 또한 빈약하다는 점 등을 지적하였다.[34]

반면, 당시 혁신계와 진보적 학생층을 대변하고 있던 『민족일보(民族日報)』는 아시아, 아프리카, 라틴아메리카 지역의 동향이나 민족해방운동에 대한 관심과 연대의식을 강하게 표출했다. 특히 『민족일보』의 국제면은 미국을 비롯한 열강의 동향에 관한 소식도 자주 다루었지만, 지면의 대부분을 아시아, 아프리카, 라틴아메리카 지역에서 전개되고 있던 혁명운동이나 정치적 사태들에 할애했다. 아프리카 콩고의 지도자 루뭄바(Patrice Lumumba)의 사망 소식, 아프리카 반식민주의운동, 라오스 사태, 쿠바혁명 등에 관한 소식과 국내외 지

---

33 張俊河, 「(卷頭言) 一九六〇年을 보내면서」, 『思想界』 1960년 12월호. 그는 4월혁명을 "민족사상 최대의 영예로 만방에 자랑한 민권과 자유를 위한" 항쟁으로 평가했지만, 혁명으로 출현한 제반 사회적 목소리에 대해서는 "자유와 민권을 바탕으로 한" "우리의 국가이익"을 해치는 것이라고 규정했다. '국가이익'이라는 표현도 그렇지만, "걷잡을 수 없는 혼란"이 계속될 경우 "또 다른 하나의 독재를 유치시킬 가능성"을 언급한 것도 의미심장하다.

34 趙淳昇, 「韓國中立化는 可能한가─金三奎氏의 理論을 中心으로」, 『思想界』 1960년 12월호. 그의 주장은 한국 민족주의가 서구 근대문명 수용에 친화적이라는 양호민의 주장과는 다른 각도에서 '제3세계'와 한국의 차별화에 기대고 있다는 점이 주목된다.

식인들의 관련 분석 및 전망을 게재했다. 예를 들어 반(反)식민주의 해방운동가 루뭄바와 그의 노선을 전망한 논설,[35] 나세르의 지향을 적극적으로 평가한 칼럼을 번역 연재했으며,[36] 카스트로(Fidel Castro) 등이 주도했던 쿠바혁명에 대해서도 "온 세계 약소민족들에게 빛나는 햇불을 올려주었던 것"이라 평가하면서,[37] 리오 휴버맨(Leo Huberman)과 스위지(Paul M. Sweezy)의 「큐바―그 혁명의 해부」를 1961년 3월~4월에 걸쳐 47회 장기 연재했다. 또한 쿠바혁명의 지향에 대해 "자본주의도 아니고 공산주의도 아니고 오로지 큐바적인 것이오 인도주의적인 것"이라고 하면서 "집권자끼리의 정권교체에 따른 징변이 아니라 실로 대중의 넓은 지지를 발판으로 하는 사회적 변동"의 성격을 갖는 "일종의 민족사회주의 국가건설"운동이라고 평가하는 주장이 게재되었다.[38]

『민족일보』에는 냉전의 첨단에서 적대(敵對)를 선구하거나 편승했던 기존 한국 사회의 반공주의적 태도들을 비판하는 주장이 빈번히 등장했다. 한 대학원생은 "금일의 객관적 정세는 약소민족의 대로(大路)를 저지(沮止)하지 못한다"고 하면서 한국의 보수 기성 세력에게 "미국이라는 강대국의 광신론자"가 되어서는 안 된다고 일갈했다.[39] 또한 과거 이승만식 반공을 비판하고, 한국 사회는 평화공존을 배경으로 "세계사의 방향을 좌우할 수 있는 심대한" 제3세계 국가들의 "가위(可謂) 혁명적 조류"에 적응해 나갈 자신감 있는 자세

---

35 「(焦点) 콩고의 루뭄바는 살아 있다―後進弱小國家가 指向하는 길」, 『民族日報』 1961. 2. 16, 2면.

36 무알리·모구루, 「(論壇) 아랍圈을 휩쓰는 中立主義」 (1)~(5), 『民族日報』 1961. 3. 11~15, 2면. 민족일보의 인터뷰 형식 연재기사였던 「曠野의 소리」에서 정화암(鄭華岩)은 "統一아랍共和國의 낫셀을 봐요, 印度의 간디를 보고, 우리나라의 指導者될 사람은 마땅히 본받아야 할 偉大한 人物이 아닙니까?"라고 하였다. 「曠野의 소리」 (10), 『民族日報』 1961. 2. 22, 1면.

37 「(社告) 리오 휴버만, P. M. 스위지 共著, '큐바'―그 革命의 解剖, 三月 二日부터 譯載」, 『民族日報』 1961. 2. 28, 4면.

38 「後進國指導者가 가는 길 (1) 큐바의 카스트로」, 『民族日報』 1961. 3. 1, 2면.

39 朴恒, 「(象牙의 廣場) 保守旣成勢力을 不信한다」, 『民族日報』 1961. 3. 8, 3면.

를 필요로 한다는 주장도 있었다.[40] 나아가 신상초가 『경향신문』 지면을 통해 혁신 세력의 통일운동을 비판하자, "민족자결의 원칙하에 민족해방투쟁을 과감히 단행하고 있는 아시아-아프리카(亞阿), 중남미, 그리고 중동의 민족진영"이 주축이 된 "세계 평화옹호 세력은 사대주의 아닌 민족자주 및 자립의 원칙을 강력히 주장하는 우리들을 뒷받침"하고 있음을 내세우는 반비판 칼럼을 게재했다.[41] 동일한 취지에서 또 다른 논자는 한국의 통일운동이 민족 자체의 문제를 넘어 제3세계 국가를 비롯한 "세계 평화 애호 세력"에 직결되어 "민족자결"의 입장에서 전개되어야 한다고 주장했다.[42]

이러한 세계적 흐름과의 연대에 대한 적극적인 의미부여는 당시 사회당(社會黨) 대변인이었던 유병묵(劉秉默)의 다음과 같은 논설 속에서 체계화되어 표현되기도 했다.

> 공산주의 진영의 경제적 발전, 자본주의의 상대적 몰락, 그 필연적 귀결로서의 약소민족의 해방과 식민지 체제의 점차적 붕괴, 제2차 세계대전을 계기로 급속히 전개된 이와 같은 세계사적 변동은 국제정치에 있어서의 미소 2대 세력의 일방적 절대성을 말살하였다. (⋯) 이와 같이 주관적 의도 여하를 막론하고 실제적으로 제국주의와 침략전쟁을 수행할 수 없게 되었다는 데 평화공존과 약소민족의 자주 노선의 세계사적 방향이 확립되어 있는 것이다. 이와 같은 세계사적 방향에 역행하고 반항하는 자는 국제적 고아로 전락될 것이며 스스로 세계사에서 자신을 말살시키게 될 것이다. 그러므로 평화통일은 평화공존에 대한 우리 민족의 주체적 노력과 역사적 실천인 동시에 우주시대에 있어서의 우리 민족의

---

40 朴象,「(論壇) 李承晩的 反共의 再檢討」(下),『民族日報』1961. 2. 22, 2면.

41 金相贊,「似而非 統一論을 규탄함 (2) 申相楚議員의 글을 論駁한다」,『民族日報』1961. 3. 18, 2면.

42 朴埼俊,「(論壇) 統一의 廣場으로 나아가자」(2),『民族日報』1961. 2. 24, 2면.

세계사적 자각인 것이다.[43]

통일운동과 관련하여 혁신계 인사들과 진보적 대학생 그룹들은 '중립화 통일론'에 입각하기도 했지만, 이를 넘어서 새로운 민족주의적 흐름과 노선을 만들어가기도 했다. 이러한 운동을 이끌었던 그룹 역시 세계적 정세로서 평화공존의 정착, 아시아 아프리카 국가들의 반(反)제국주의 민족해방운동 대두에 주목했다. 1960년 6월 12일 부산 지역 청년층을 중심으로 결성된 '민주민족청년동맹(民主民族靑年同盟)'은 기본강령으로 "특권 보수가 아닌 또 관념론적인 사회주의혁명이 아닌 서민성(庶民性) 자본 민주주의 민족혁명"임을 천명하고, 「전략 강령」의 하나로 "반둥 체제 지역들의 청년운동과 제휴한 세계 민주방향 청년운동에의 일익성(一翼性) 견지"를 제시했다.[44] 나아가 민족건양회(民族建揚會)는 "통일운동의 내용과 방법"은 "민족 자주적이며 민주적이며 평화적"이어야 하고, 통일운동의 "대(對)국제 친교방향은 미국을 선두로 한 나토 체제도 아니며, 소련을 선두로 한 바르샤바 체제도 아닌 아시아 아프리카(亞阿) 및 중남미의 생리(生理)로서의 반둥 체제의 방향"에 있다고 했다.[45]

이러한 운동 노선은 이종률(李鍾律)의 '민족혁명론'에 근거한 것으로 보이는데, 이종률은 자신의 민족혁명론을 "서민성 민주주의 민족혁명, 신뿌르주아 민주주의 민족혁명, 즉 반(反)봉건 반(反)외세 반(反)민족매판자본 등 삼반(三反)의 터전에 서게 된 것"이라고 했다. 그가 제시한 '삼반' 노선은 혁신계 정치 세력과 학생층이 주도했던 통일운동이나 민족주의운동의 이론적 근간이 되

43 劉秉黙, 「(論壇) 平和統一의 主體性과 客觀性」, 『民族日報』 1961. 2. 20, 2면.

44 李一九, 『現瞬間政治問題小辭典』, 國際新報社, 1961, 147~150쪽.

45 사월혁명연구소 편, 『한국 사회변혁운동과 4월혁명』 2, 한길사, 1990, 제2부 자료편, 317~319쪽.

었으며, 그 이후에도 많은 영향을 미쳤다.[46] 이는 1961년 서울대학교학생회가 「4·19 제2선언문」을 통해 "3·4월 항쟁을 계속 발전시키기 위해[서는] 반봉건 반외세압력 반매판자본 위에 세워지는 민족혁명을 이룩하는 길"뿐임을 선언한 것[47]에서 잘 드러난다. 따라서 4월항쟁 이후 혁신계와 학생층을 중심으로 한 저항적 민족주의 흐름이 갖는 이념적 특성과 연관하여 그의 민족혁명론의 특징을 파악할 필요가 있는데, 그는 겨레와 민족을 구분하고 "민족은 민주성과 반외제성 등을 지닌 형용사적 명사"라고 했듯이 반제국주의적 성향을 강하게 내포한 하나의 기획이자 성취해야 할 과제로서의 '민족'을 주장했다.

1961년 5월에는 민족통일전국학생연맹 결성 준비대회에서 다음과 같은 「공동선언문」이 발표되었다.

一. 세계사적 현 단계의 기본적 특징은 식민지 반(非)식민지에 있어서의 민족해방투쟁의 승리이다. (…) 광대한 아세아 아프리카 중남미의 대부분 인민들은 이미 식민주의와 군사기지적 예속 체제를 거부하고 국내의 매판 관료 세력을 타도하여 민족 자주의 독립 노선 위에 경제적 번영의 길로 매진하고 있다. 그들의 단결된 국제적 세력은 유엔에 있어서의 발언권을 증대하여 전쟁 세력을 압도하고 있다. 동시에 오늘날 자본주의 진영 내부에 있어서도 핵 장비와 군사기지의 철폐를 주장하는 양심적 시민들의 열렬한 평화주의 운동이 고조되고 있다. (…) 본 준비대회에 참석한 모든 대표들은 전국의 학생 동지들을 대신하여 알제리아 콩고 큐바 라오스 및 여타의 아시아·아프리카·중남미에 있어서의 민족해

---

46 일제시기 이래 이종률의 민족혁명론에 대해서는 김선미, 「이종률의 민족운동과 정치사상」, 부산대학교 사학과 박사학위논문, 2008; 민주주의사회연구소 편, 『산수 이종률 민족혁명론의 역사적 재조명』, 선인, 2005; 오제연, 「1960년대 전반 지식인들의 민족주의 모색」, 『역사문제연구』 25, 역사문제연구소, 2011 참조.

47 「一切의 旣成政治勢力不信, 民族革命을 成就─서울大學校學生 會서 宣言文」, 『民族日報』 1961. 4. 20, 1면.

방투쟁을 열렬히 성원하는 바이다.

二. 이조(李朝)와 일제통치로부터의 유산인 사회구조의 식민지적 반식민지적 반봉건성의 요소는 8·15 해방 후 정부수립 이래 금일에 이르러서도 시정되지 않고 있다. 더구나 이러한 사회상이 동서 냉전의 격류 속에 함입되어감에 따라 군사기지적 예속성이 부가되고 비합리적 원조 정책이 가중되어 더욱더 매판성과 예속성을 띠게 되었으며, 이러한 하부구조를 대중수탈의 도구로 사용하면서 반민족적 사대주의자 매판 관료들은 가부장적 전제정치를 연장하여왔다.[48] (밑줄─인용자)

이러한 통일운동 세력의 정세인식과 '민족혁명'론은 남한 지배 체제를 이승만 '독재'에 한정하여 파악한 것이 아니라 전 세계적인 제국주의적 지배질서와 냉전에 따른 전쟁 위험, 군사적 예속 등과 연관하여 파악하고, 이를 민족자주, 민족해방을 향한 투쟁으로써 극복할 것을 주장한 것이었다.

4월혁명 이후 새롭게 대두했던 민족주의의 양상을 크게 두 개의 흐름으로 나누어 살펴보았다. 앞서 언급한 바와 같이 두 개의 흐름이 이질적으로 분리되어 존재했다고 할 수는 없지만, 그 논의와 운동의 방향성은 변별된다. 하나의 흐름은 주로 기존 지배적 이데올로기와 정치·경제 체제에 대한 비판 속에서 '후진성'의 탈피, 산업화를 향한 '민족적인' 정치·경제 체제의 건설, 즉 '발전체제'의 수립에 기울어져 있었다. 다른 하나의 흐름은 내부적으로 다소 편차가 있었다 하더라도, 당시 남한의 지배 체제를 제국주의적 지배질서와 그에 연이은 동서 냉전에 의해 짓눌린 예속적 체제로 파악하는 가운데, 이를 변혁하기 위한 이념과 운동을 전개했다. 이러한 변혁 이념과 운동은 당대에

---

48 「民族統一全國學生聯盟結成準備大會 共同宣言文」, 『民族日報』 1961. 5. 7, 2면.

세계적으로 크게 부상하고 있었던 '제3세계'의 반제국주의, 반식민주의 민족 해방운동과의 공명, 연대의식 속에서 전개되었으며, '탈냉전'적인 지향 속에서 민족자주와 평화를 추구하는 운동으로 전개되었다.

02

5·16쿠데타 주도 세력의 민족주의*

"반공을 국시의 제일의(第一義)"로 내건 5·16쿠데타 세력은 4월혁명 이후 통일운동을 주도했던 혁신계와 진보적 대학생 세력을 탄압한 것에서 드러나듯이 '제3세계' 민족해방운동과 스스로를 동일시하고 연대의식을 표명했던 흐름에 대하여 분명한 선을 그었다. 그러나 뒤에서 상술하겠지만 쿠데타 세력은 스스로가 4월혁명의 진정한 계승자이자 아시아 아프리카 지역 민족주의적 흐름의 일환임을 자처했다.[01] 즉, 당시 한국 사회가 처한 대내외적 현실을 규정하고, 이른바 '혁명 과제'를 제시하는 등 자신들의 쿠데타를 정당화하는 프레임 설정에서 핵심적인 위상을 차지했던 것은 당대 '제3세계'의 동향과 그에 대한 전유 전략이었다.

박정희와 함께 쿠데타 계획과 실행 과정에서 핵심 인물이었던 김종필(金鍾泌)은 2011년 5·16쿠데타 50년을 기념한 국내 언론과의 인터뷰에서 쿠데타

---

* 본 장의 내용은 홍정완·전상숙, 앞의 책, 제3부 4장의 일부 내용을 가다듬은 것이다.

01 쿠데타 이후 조성된 새로운 국면에서 '민족주의'를 둘러싸고 나타난 지식인들의 사상적 경향에 대해서는 홍석률, 「1960년대 한국 민족주의의 두 흐름」, 『사회와 역사』 62, 한국사회사학회, 2002; 홍석률, 「1960년대 한국민족주의의 분화」, 노영기 외, 『1960년대 한국의 근대화와 지식인』, 선인, 2004; 오제연 「1960년대 전반 지식인들의 민족주의 모색」, 앞의 책 참조.

의 모델로 1952년 이후 진행된 이집트 군부의 행보, 그리고 터키 케말 파샤 (Mustafa Kemal Pasha)에 관한 내용을 참조했다고 술회했다.[02] 이는 구체적인 혁명 모델에 관한 술회라는 점에서 중요한데, 당시 자료를 통해서도 그와 유사한 맥락을 쉽게 확인할 수 있다. 당시 중앙정보부장 김종필의 이름으로 『신사조 (新思潮)』에 실린 「5·16혁명과 민족주의」라는 글을 살펴보자.

> 형식상의 민주주의 법질서를 파괴하고 나선 5·16혁명과 그 후의 사태 진전
> 은 민족주의적인 관점으로 보지 않는 한 그 의의를 정확히 파악할 수 없을 것이
> 다. 먼저 5·16혁명이 초기에 미국을 비롯한 자유 진영 제국의 반대와 의혹을 무
> 릅쓰고 성공하였다는 사실에서 한국의 이익은 한국이 스스로 결정하려는 민족
> 적인 자주독립의 정신을 찾아볼 수 있다. (…) 한국민을 수천 년간에 걸쳐 지배하
> 여온 사대주의적인 사상이 정면으로 부정된 것을 의미한다. 이 점에서 우리는
> 5·16혁명의 그 사상적 연원을 멀리 3·1운동의 정신에서 구할 수 있다.[03]

쿠데타 세력은 쿠데타에 반대했던 미국의 초기 대응을 공개적으로 활용 하여 자신들의 행위가 '국가이익'이라는 관점에서 "민족적 자주독립의 정신" 의 표현이었으며, 따라서 자신들이야말로 '민족주의' 세력임을 주장하고 있 다. 그렇다면 민족주의에 대한 김종필의 기본 관점이 무엇인지 살펴보자.

민족의식이나 민족주의는 하나의 원망(願望)이자 이데올로기인데 이것이 일 민족, 일 국가의 정치적 표현을 보려면 필연적으로 정치권력이 목표 달성을 위

---

02 「50년 맞은 5·16 (上) JP, 그날을 말하다」, 『조선일보』, 2011. 5. 12.

03 金鍾泌, 「(特別寄稿) 五·一六 革命과 民族主義」, 『新思潮』 1권 6호, 1962년 7월호, 44~45쪽.

한 수단으로 개입하게 되고 불가피하게 권력 장악자의 결단이 민족주의의 방향과 성격을 규정하기 때문이다. (…) 한국이 걸어온 과거의 빈곤과 굴욕의 역사를 정시(正視)하고 세계 역사의 조류 속에 주어진 한국의 위치와 현실을 직시하면서 민족과 조국의 운명을 스스로 이끌고 나가기 위하여 일어난 5·16혁명의 현실적 결단이 내렸으면 이에 우리는 이를 실행할 수 있는 강력한 정치력을 가져야 하겠다.[04]

그는 민족적 에너지는 항상 그 염원이 실현되는 것이 아니라 정치권력과 그 권력을 장악한 세력의 결단 속에서만 목표를 달성할 수 있다는 논리로 쿠데타 세력의 '결단'이 갖는 의미를 부각시켰다.[05] 이는 "빈곤과 굴욕의 역사", 세계 속의 "한국의 위치와 현실"을 말하기에 앞서 로스토우의 주장을 인용하고 있다는 점에서 그 의미가 완연해진다. 즉, 남한에 가로놓인 지배적 국제질서를 수용하는 가운데, 4월혁명 과정에서 다기하게 분출된 민족주의적 지향들을 재정향된 목표로 포섭하고, 목표달성의 효율을 극대화한다는 명분하에 결단주체(지도 세력)와 실행주체(대중·국민)의 관계를 재편하려는 것이었다. 재정향된 목표로는 '후진성 극복', '경제적 근대화', '복지사회 건설' 등이 제시되었고,[06] 그 방법이자 통로로서 '한국적' 조건에 맞는 민주주의, '강력한 리더십', '인간개조(도의재건)' 등이 제시되었다.

쿠데타 세력은 김종필과 같은 핵심적 인물의 기명 논설로 자신들의 이념

---

04 金鍾泌,「(特別寄稿) 五·一六 革命과 民族主義」, 앞의 책, 41쪽.

05 다른 글에서도 김종필은 유사한 구도 속에서 "북돋고", "계몽하고", "소생시키는" "領導者와 領導力"의 중요성을 강조하고 있다. 金鍾泌,「後進民主國家의 리더쉽——一九六三年 九月 二十七日 美國 페어리 디킨스 大學에서의 演說文」,『理念과 政策』, 民主共和黨 總務部, 1965 참조.

06 朴正熙,「우리 民族의 活路—經濟와 道義를 再建함이 살 길이다」,『新思潮』 1권 4호, 1962년 5월호.

과 지향을 밝히기도 했지만, 쿠데타 이후 쿠데타 세력에 동조·기대하는 학계 지식인들의 도움을 얻어 이러한 작업을 체계적으로 진행시켰다. 쿠데타 세력은 집권 후 민주당을 비롯한 기존 정치인들과 관계를 단절하고, 전문지식이나 경험이 필요할 때는 학계 지식인들이나 행정 관료층에게 의존했다.[07] 5·16 직후 체포, 투옥된 이들을 제외한다면 쿠데타에 기대를 걸거나 지지·묵인하는 지식인층이 많았고, 쿠데타에 대한 비판을 적극적으로 전개하는 경우는 많지 않았기 때문이다.[08] 특히 본 연구의 주제와 관련하여 본다면, 쿠데타를 정당화하고 쿠데타 직후 소위 '혁명과제'의 설정과 제시에 적극적으로 결합했던 지식인층으로는 정치학, 경제학, 사회학 등 사회과학 분야를 전공하고 있던 이들이 많았다.[09]

먼저 쿠데타 직후 박정희의 명의로 발행된 세 저작, 『지도자도(指導者道)』[10]와 『우리 민족의 나갈 길』,[11] 그리고 『국가와 혁명과 나』[12]를 살펴보자. 『지도자도』는 35쪽 분량의 소략한 팸플릿인데, 저술의 주된 목표가 '지도자'의 신념과 자질, 리더십의 원칙 등에 관한 내용이므로 본 연구의 주제와 직접 관련된 내용은 찾기 힘들다.[13] 기존 연구에서 지적되었듯이 『우리 민족의 나갈 길』에

---

07 다음 제3장에서 살펴보게 될 박희범은 경제학자로서 5·16쿠데타 직후 군정에 참여하여 중요한 역할을 했다가 그만둔 직후 자신의 군정 참여 경험에 대한 소회를 담은 글에서 "흔히 張政權은 言論亡國이요 軍政은 敎授亡國이라고들 한다"고 썼다. 여기서도 당시 쿠데타 세력이 학계 지식인들을 적극적으로 포섭, 기용했던 양상을 엿볼 수 있다. 朴喜範, 「軍政과 經濟」, 『Fides』 10권 3호, 서울大學校 法科大學, 1963년 9월, 24쪽.

08 정용욱, 「5·16쿠데타 이후 지식인의 분화와 재편」, 노영기 외, 앞의 책, 170~171쪽.

09 쿠데타 세력과 지식인층의 결합 혹은 동원에 관해서는 『내가 겪은 분단과 독재』(한국정신문화연구원, 2001) 중 강성원(康誠元)의 구술; 홍석률, 「1960년대 지성계의 동향」, 한국정신문화연구원 편, 『1960년대 사회변화연구: 1963~70』, 백산서당, 1999 참조.

10 朴正熙, 『指導者道—革命過程에 處하여』, 國家再建最高會議, 1961년 6월 16일.

11 朴正熙, 『우리 民族의 나갈 길—社會再建의 理念』, 東亞出版社, 1962년 3월.

12 朴正熙, 『國家와 革命과 나』, 向文社, 1963.

13 다만 『指導者道』 서두에 「國家再建國民運動要綱」이 제시되어 있는데, 第一項이 "容共中立思想의 排擊"이었다. 그런데 재건국민운동본부에서 발행한 『재건통신』(제1호, 1962년 1월 발행)에 「국민운동 실천요

는 『사상계』에서 활동하던 이만갑(李萬甲)을 비롯한 지식인들이 참여한 것으로 추정되고 있으며, 『국가와 혁명과 나』는 박정희와의 수많은 면담을 거쳐 박상길(朴相吉)이 대필하고 김팔봉(金八峯)이 감수한 것으로 알려져 있다.[14]

『우리 민족의 나갈 길』은 「콜론 보고서」가 자주 인용되는 가운데 로스토우의 근대화론에 크게 기대고 있는 것으로 판단된다. 내용은 두 가지 테마로 구성되어 있는데, 하나는 정체(停滯)되고 사대주의와 당쟁 등 온갖 폐습으로 점철된 한국의 역사를 반성하는 것, 다른 하나는 제3세계의 동향과 관련하여 "우리나라와 비슷한 아세아 여러 나라", 즉 "현대 후진 민주국가의 위기"를 규정하고 그 위기를 타개할 방법과 과제를 모색하는 것이었다. 이와 같이 종횡으로 한국 사회의 현실을 규정하고, 이를 타개할 첫 번째 과제로 "반봉건적, 반식민지적 잔재로부터 민족을 해방"하는 것을 제시하면서 다음과 같이 썼다.

> 오늘날 후진국의 민족주의는 빈곤 세계의 소리요, 생존을 위한 의지이기도 하다. (…) 독립은 쟁취했으나 민족 자립과 자존을 위한 싸움은 온 민족이 이기적 개인을 탈피하고 대동단결하는 길이 남아 있다. 과거 모든 민족은 전통사회를 벗어나 근대사회로 비약할 때에는 어느 경우에나 민족주의적 정열이 작용하였다. 먼저 근대화의 무드를 만들어놓지 않고는 안 된다는 것을 자각해야 한다.[15]

강」이라는 이름으로 실린 글을 보면, 앞의 요강 중 나머지 항목은 동일하지만 第一項이 "勝共民主理念의 確立"으로 되어 있다. 『지도자도』에 관한 당대의 평가에 대해서는 『人物界』 特別號(5권 10호)로 발간된 『革命指導者 朴正熙論』, 人物界社, 1961년 10월 참조. "우리는 『지도자도』가 혁명철학도 아닌 것이며 혁명 이론도 아니라는 것을 알고 있다. 톱 마네지먼트의 자격을 제시한 것으로 알고 있으며 솔직히 이야기해서 그가 미국식 군대훈련과 군사경험에서 얻은 마네지먼트의 이론을 우리 사회에 알맞게 적용시킨 것 이외에 아무것도 아니다"라고 하였다.

14 황병주, 「박정희 체제의 지배 담론」, 한양대학교 박사학위논문, 2008, 98~99쪽.

15 朴正熙, 『우리民族의 나갈 길—社會再建의 理念』, 128쪽.

이와 같이 민족주의를 근대화의 수단으로 위치 짓고, 다음으로 민중의 전근대적 숙명관과 의식을 계몽하여 근대화하는 과제를 설정한 뒤, 마지막으로 "건전한 민주주의 재건"을 역설했다. "지난 16년간 민주주의 수입사(輸入史)", 즉 "외래 민주주의를 직수입"한 후 "민족사의 반성 위에 우리의 생활 속에 뿌리를 내리게 하지 못했다"는 점을 지적하면서 "민주주의 한국화"를 제기했다. 또한 민주주의는 "방종적 자유가 아니라 자율적 자유"에 기초하므로 "민주주의에도 지도성(指導性)이 도입"되어야 한다고 서술했다.

한편, 『국가와 혁명과 나』는 제4장 「세계사에 부각된 혁명의 각 태상(態像)」에서 쑨원(孫文)의 국민혁명, 메이지유신과 함께 "케말 파샤의 터키혁명(土耳其革命)"과 "나세르와 에집트혁명"을 직접 거론하며 높이 평가했다. 반면 쿠바를 비롯해 "중남미"에 대해서는 "만성적 정정(政情)불안"과 공산주의 "혁명 수출 선풍" 등을 지적하면서 비판적으로 서술했다. 특히 "에집트혁명"은 "양보 없는 현대의 혁명, 곧 경제혁명"인 동시에 "국제 연관성과 항시 직관(直關)"된 것임을 깨달을 수 있는 사례로 거론하면서, "나세르혁명"의 상징이 나일강의 "아스완댐"이라면 "5·16혁명"은 "울산공업센터와 제1차 5개년계획"을 들 수 있다고도 했다.

이와 같이 군정기(軍政期) 박정희의 이름으로 출간된 저작들을 살펴보면, '제3세계' 국가들의 동향을 특정 방향에서 전유하면서 한국의 역사와 사회구조를 규정하고, "혁명과제"를 제시함으로써 5·16쿠데타를 '민족주의적 혁명'으로서 정당화하는 것에 적극적으로 활용했음을 확인할 수 있다.

이러한 경향은 쿠데타 직후 집권 군부 세력이 공식적으로 간행했던 정기간행물 『최고회의보(最高會議報)』에서도 쉽게 발견할 수 있다. 『최고회의보』에는 쿠데타 세력에 결합했거나 우호적인 지식인층만 기고했던 것은 아니었기 때문에 전반적인 논조는 별도의 검토가 필요할 것이다. 다만 편집·발행을 담당한 이들이 민간 지식인들을 동원하여 구성한 '특집'도 그러하겠지만, 스스로 설정한 고정 코너들에서 그들의 관심과 의도를 확인할 수 있다. 창간호의 「내외 혁명 지도자론」 코너는 박정희와 버마의 우 누(U Nu) 수상 인물평을 시작으로, 이후 터키 국가통일위원회 의장 제말 구르셀(Cemal Gursel) 장군, 파키스탄 대통령 아유브 칸(Ayub Khan), 태국 수상 샤릿 타나랏(Sarit Thanarat), 버마의 네윈(Ne Win) 장군 등 '제3세계' 국가 집권자들을 다루었다. 「고금 정치인 평전」 코너에서는 터키의 케말 아타튈크(Mustafa Kemal Ataturk), 쑨원(孫文), 장제스(蔣介石) 등이 소개되었으며, 「자료」란에는 제3세계 국가들의 각종 원조, 외자도입 실태, 장기개발계획을 비롯한 제반 정책 관련 자료가 게재되었고, 1962년 5월호부터는 터키 편을 시작으로 '각국 군사혁명 해부' 코너를 만들어 통일아랍공화국 편, 파키스탄 편 등을 연재했다.

또한 외무부를 통해 해외 공관들이 수집한 자료[16]를 바탕으로 국가재건최고회의에서 발간한 『외국 군사혁명 개요』 제1집[17]도 버마, 파키스탄, 태국, 터키, 통일아랍공화국, 이라크, 남미(南美) 여러 나라의 최근 역사와 대내외 정책 등을 비교적 상세하게 소개하고 성취와 한계를 논했다. 「서문」을 통해 최근 제3세계 국가들의 행보는 "후진국의 정치적 모순을 제거"하고 "각 분야에 걸쳐 획기적 비약을 시도함으로써 후진국의 후락차(後落差)를 단축시킬 징조"라고 평가하면서, 한국에서도 사회적 폐습을 개혁하고 새로운 경제 체제와 사회질서를 확립해야 한다고 주장했다.

이와 함께 쿠데타 세력의 지향을 살펴볼 수 있는 매체로서 쿠데타 직후인

---

16 쿠데타 직후 "각국의 군사혁명 관계자료" 형태로 일련의 보고서가 외무부 명의로 발행되었다. 『토이기 군사혁명(1960. 5. 27)』, 1961; 『버마 군사혁명(1958. 9. 26)』, 1961; 『태국 군사혁명(1958. 10. 20)』, 1961; 『한국 군사혁명』, 1961.

17 國家再建最高會議, 『外國軍事革命概要-第一輯』, 1961.

1961년 8월 공보부(公報部) 조사국(調査局)에서 창간호를 발간한 후, 제2호부터 내외문제연구소(內外問題研究所)에서 발행한 잡지 『시사(時事)』를 들 수 있다. 한 재덕(韓載德), 김창순(金昌順), 방인후(方仁厚) 등 내외문제연구소의 핵심인물들은 1960년대 이후 한국에서 반공주의 지식 생산과 선전에 큰 역할을 담당했다.

그런데 현재 확인할 수 있는 설립 관련 정부문서들을 종합해볼 때, 1981년 공식 해산까지 연구소는 공보부에서 다양한 선전효과를 산출하기 위해 정부기관이 아닌 '사단법인' 형식으로 조직한 위장 관제(官制) 기구였다.[18] 내외문제연구소 법인 이사장은 공보부 차관이었고, 이사와 감사 또한 주로 공보부 과장급·계장급 관료들로 구성되었다. 월간 『시사』는 국내 또는 재외 한국 공관을 배포 대상지로 설정하여 평균 매월 5천 부씩 발행했고, 『시사』 외에도 1961년 12월부터 1964년까지 19종의 문고판(권당 2천 부 발행) 단행본[19]이 연구소 명의로 발간되었다.

월간 『시사』를 살펴보면, 그 내용의 상당부분이 '제3세계' 국가들의 동향 분석과 평가, 그리고 공산 진영의 동향에 대한 비판에 할애되었음을 확인할 수 있다. '제3세계' 국가들의 동향에 대한 『시사』의 논조에서 발견되는 가장 큰 특색은 친공(親共)과 용공(容共), 반공(反共)을 지역과 국가에 따라 세분하여

---

18 內外問題硏究所 관련 정부기록은 국가기록원 관리번호 BA0136705에 묶여 있는 서류철 참조 쿠데타 직후 설립된 내외문제연구소는 1964년 한국반공연맹이 창설되면서 통폐합되기도 했으나 곧 다시 법인형식으로 독립되어 사실상 공보부 관제기구로서의 성격은 계속되었다. 기록에 따르면 "대외선전의 효과 면을 고려하여" 공보부 조사국의 『內外通信』, 『內外文庫』 발간사업 등에서 내외문제연구소라는 위장 명칭, 명의를 활용했음이 드러나 있다.

19 본고의 주제와 관련하여 연구소 명의로 발행된 문고판 책자로는 『東南亞諸國의 經濟開發實態─파키스탄, 印度, 比律賓, 버마를 中心으로』, 1962; 바바라 워드, 『부유한 나라 가난한 나라』, 1962; 『新帝國主義 硏究』, 1962; 『中立主義 解剖』, 1963; 『共産主義 問答集─共産主義란 이런 것』, 1963 등을 참조.

파악하고, 그에 따른 외교적 대응 등을 상술하고 있다는 점이다.[20] 그리고 인도의 대내외 노선에 대해 우호적인 평가를 내리고 있다. 인도 중립 노선이 갖는 안정성, 즉 친소련으로 경사될 우려가 없다는 점과 함께 인도의 개발계획과 그 결과도 높이 평가하고 있었음을 확인할 수 있다.[21]

---

20 대표적인 몇 개의 기사만 든다면 嚴基衡, 「라오스越南의 將來」(창간호), 尹大均, 「後進國一般의 狀況」(창간호), 方仁厚, 「中立諸國의 現況과 우리의 外交方向」(1961년 9월호); 方弼柱, 「中立國 頂上會談의 意味」(1961년 9월호); 姜秉奎, 「最近 國際情勢와 中立主義 路線의 問題點」(1961년 11월호) 참조.

21 「印度의 開發計劃」, 『時事』 창간호, 1961년 8월; 崔文煥, 「聲明과 經濟計劃」, 『時事』 1961년 9월호 참조. 최문환은 로스토우의 근대화론에 경사되고 있음을 확인할 수 있다.

03

경제개발 5개년계획의 입안·실시와
후진국 경제개발론의 변화

1960년 부흥부 산업개발위원회의 경제개발 3개년계획이 입안되었지만, 4월혁명으로 실시되지는 못했다. 기존 연구에서 밝힌 바 있듯이 산업개발위원회에는 경제 관료들과 함께 다수의 경제학자들이 참여했기 때문에, 계획의 작성과 내용은 알려져 있었다.[01] 그러나 4월혁명을 거치며 이승만 정권의 붕괴와 민주당 정권의 성립, 그리고 5·16쿠데타로 이어지는 정치적 격동 속에서 '경제개발'에 관한 논의 또한 일정한 영향을 받지 않을 수 없었다. 이 장에서는 1950년대 후반 경제학계의 후진국 경제개발론과 대비해볼 때 새롭게 나타난 몇 가지 측면을 중심으로 살펴보고자 한다.

1961년 여러 경제학자들이 참여하여 발간한 『후진국 경제론』은 1950년대부터 1960년대 초반까지 한국에 소개되었던 주요 후진국 개발론을 망라하여 해설하고 있다.[02] 이 책에서는 앞서 살펴보았던 한국 경제학계의 후진국 개발론에 비추어볼 때 두 가지가 주목된다. 하나는 허쉬먼(Albert O. Hirschman)과 스트

---

01 鄭眞阿, 「제1공화국기(1948~1960) 이승만 정권의 경제 정책론 연구」, 연세대학교 박사학위논문, 2007.
02 韓國經濟學者十三人 共編, 『後進國經濟論』, 進明文化社, 1961.

리튼(Paul Streeten)의 불균형발전론과 함께 기존 연구에서 4월혁명 이후 민주당 정권의 경제개발 5개년계획 작성을 돕기 위해 특별고문으로 내한하여 불균형발전론의 도입을 주장했던 찰스 울프(Charles Charles Wolf, Jr.)의 저서 등이 소개되어 있다는 점이다.[03] 다른 하나는 마르크스주의적 개발이론으로서 돕(Maurice Dobb)의 후진국 개발론이 1950년대 후반에 소개되었던 것에 비해 좀 더 확장·심화된 형태로 이규동에 의해 분석·소개되었다는 점이다.

먼저 불균형발전론부터 살펴보자. 4월혁명 이후 경제발전과 관련하여 장기계획이 갖는 역할과 중요성이 그 이전에 비해 더욱 강조되었으며, 조속한 경제발전에 대한 열망 또한 높아졌던 것으로 보인다.[04] 그런 가운데 균형발전론에 대한 회의가 표명되고, 불균형발전론에 대한 관심이 점차 높아지기 시작했다. 그 과정에서 민주당 정권이 입안하고 있었던 경제개발 5개년계획에 대해 찰스 울프가 부흥부 장관(太完善)에게 제출한 '평가보고서'[05]는 국내 학자들에게 주목을 받았다. 이 평가보고서는 전문 번역되어, 국내외 전문가들의 논평과 더불어 부흥부의 『경제조사월보(經濟調査月報)』에 실렸다.[06]

찰스 울프는 보고서에서 균형발전론과 불균형발전론의 요점을 정리하고

---

03 李昌烈, 「Albert O. Hirschman─經濟發展을 위한 戰略」; 朴喜範, 「Paul Streeten─不均衡成長論」; 姜命圭, 「Charles Woolf, jr.─低開發地域에 있어서의 資本形成과 外國投資」, 韓國經濟學者 十三人 共編, 앞의 책. 이 책은 1961년 10월 발행되었는데, 울프의 내한이 동년 3월이었던 점을 감안하면 신속하게 번역 소개되었음을 알 수 있다.

04 李廷煥, 「新經濟政策에 期待한다─政策基盤을 整備하라」, 『思想界』 1960년 10월호; 成昌煥, 「經濟開發을 위한 自由와 計劃의 調和」, 『思想界』 1961년 3월호.

05 Charles Wolf, Jr., On Aspects of Korea's Five-Year Development Plan, Ministry of Reconstruction, March 28, 1961. 정확히 말하면 보고서의 평가 및 수정 제안 대상은 부흥부 산업개발위원회에서 입안한 '新五個年經濟開發計劃要綱(Method and Principles of New Five Year Economic Development Plan)'이다.

06 復興部 特別顧問 찰즈·울프, 「韓國經濟開發五個年計劃에 關한 管見」, 『經濟調査月報』 제6권 제3호, 復興部, 1961년 3월. 이와 함께 徐景錫(農業銀行 調査部長), Henry Shavell(USOM 企劃局 經濟顧問官), 李秉彦(産業銀行 調査部長), 安鍾檥(韓國銀行 調査部次長)이 각각 작성한 「'울프'博士의 報告書에 對한 論評」이 게재되었다. 『經濟調査月報』는 그동안 부흥부에서 발간했던 『復興月報』를 1961년에 들어서 개제한 것이다.

한국이 처한 조건에 타당한 이론과 정책적 제안을 담았다. 그는 균형발전론의 대표적인 주창자로서 넉시와 로젠슈타인-로단을 들고, 이들은 경제의 여러 부문들이 '투입의 자원(sources of inputs)'이자 동시에 '산출물의 시장(markets for outputs)'으로서 서로 밀접히 연관되어 있기에 소수의 몇 개 부문을 발전시키려는 시도는 곧 난관에 봉착할 수 있다는 점을 강조하면서 여러 부문이 동시적인 균형적 성장을 역설했다고 보았다.

한편 불균형발전론에 대해서는 로스토우와 한스 싱거(Hans W. Singer), 허쉬먼의 주장을 요약하여 설명했다. 먼저 그는 로스토우가 경제성장을 역사적인 관점에서 설명하는 가운데 눈에 띄는 지속적 경제발전이 일어나는 곳에서는 전체 경제의 성장에 비해 1~2개 산업 분야의 성장이 빠른 속도로 이루어져 경제성장을 주도했다고 지적한 사실을 들었다. 이와 달리 경제성장을 위한 '계획(planning)'의 관점에서 제기되었던 불균형발전론으로서 싱거와 허쉬먼의 이론을 소개했다. 이들은 균형성상이 바람직스럽지 않다기보다는 실행 불가능하다는 점을 비판하고, 투입 가능한 자원의 희소성, 그리고 정부나 민간기업의 경영능력, 의사결정능력이 한정된 상황 속에서 확산효과가 큰 사회간접자본에 희소한 자원을 집중하거나 한정된 능력자원을 분산시키기보다는 특정 산업 부문에 집중하여 개발함으로써 그것이 다른 부문의 발전을 자극하는 방식으로 계기적인 산업 간 연관(linkage) 효과의 극대화를 주장한다고 하였다.

찰스 울프는 위와 같은 균형발전론, 불균형발전론 중에서 한국의 상황에 적합성을 갖는 것은 싱거와 허쉬먼의 이론이라고 했다. 한국에서는 '가용자원의 희소성'으로 인해 '규모의 경제'와 외부경제(external economies) 혹은 확산효과(spillovers)를 발생시킬 수 있는 분야에 집중하는 것이 필요하다고 하면서, 그와 같은 분야로서 '동력(power)'과 '농업' 부문을 선택하는 것이 합리적이라고 제안했다.

'평가보고서'에서 찰스 울프가 소개하고 있는 허쉬먼의 불균형발전론은 이미 1959년 송정범에 의해 국내에 소개된 바 있지만,[07] 4월혁명 이후 한국 경제학자들에게 본격적으로 확산되기 시작했다고 할 수 있다. 허쉬먼의 *The Strategy of Economic Development*(1958)가 번역·출간되자, 이창렬은 그 서문에서 1959년 그의 이론을 처음 접하고 "참으로 수많은 계시와 방법론을 배울 수 있었"다고 하면서 1960년부터 대학원에서 허쉬먼의 『경제발전의 전략』을 강의하기 시작했다고 하였다.[08]

이창렬은 사회주의권 경제발전의 성과를 예로 들어 경제계획의 중요성을 강조하면서도 "자본주의 국가에서의 계획경제는 개인의 의욕과 자유를 존중하면서 또 사유재산의 존엄을 다치지 않고서 국가목적을 달성하여보려고 계획하는 것"이라고 했다. "공산주의 체제 밑에서의 가치법칙"에 입각하는 것과는 달리 "자본주의 체제 밑에서 이루어질 수 있는 기능법칙", 즉 "자본주의사회에서 보여지는 가치, 화폐, 자본 등의 존재와 작용을 시인하고서 그것들이 가지는 기능의 작용을 통해" 경제계획을 수립하여 "조국의 경제를 부흥"시켜야 한다고 주장했던 것이다. 이어서 한국의 경제적 현실은 자본·자원은 부족하나 "넘치는 노동인구"가 있으므로 "어떠한 산업 부분을 선택해서 판로가 있든 말든 억지로라도 집중적인 계획투자를 해서 개발해 나갈 때에 여기서 생산되는 물자의 공급이 타(他)산업 부문의 자발적인 생산작업을 자

---

07 알버트 O. 허어슈맨 著, 宋正範 譯, 「不均衡成長論」, 『財政』 8권 12호, 1959. 이 글은 허쉬먼의 저서 *the Strategy of Economic Development*(1958)의 제5장 번역이다. 송정범은 「소개의 말」에서 "넉시와 루이스의 均衡成長理論이 우리나라에 소개되기는 이미 오래이다. 그리고 그러한 이론이 後進國經濟開發理論으로서 거의 定說的 위치를 차지한 것도 사실이다. 그러나 그 후 많은 學者들이 이에 贊意를 표하지 않고 있다. 이러한 學的 雰圍氣에서 均衡成長論을 정면으로 攻迫한 것이 바로 허어슈맨의 이 책이다"라고 썼다.

08 Albert O. Hirschman 著, 李賢宰 譯, 『經濟發展의 戰略』, 文運堂, 1965. 이창렬은 번역자 이현재(역서 발간 당시 서울대학교 상과대학 교수)가 당시 허쉬먼에 관한 대학원 강의를 수강했던 제자임을 밝히고 있다.

극"시키는 방식을 채택하자고 했다.[09] 이상에서 볼 수 있듯이, 이창렬은 두 가지를 강조했다. ① 자본주의적 가격기구를 적극적으로 활용하면서, ② 허쉬먼의 불균형발전론에 근거한 계획적이고 전략적인 투자선택을 통해—판로, 즉 소비가 아닌 공급을 통한—연관효과(linkage effect)를 노리자는 것이었다.[10] 5·16 쿠데타 이후 이창렬은 위와 같은 논리를 보다 분명하게 제기했다.

농업 부문의 유효수요가 확대된다 치더라도 그것을 통해서 순환적으로 상승할 수 있는 균형적 발전을 고대한다는 것은 우리들의 의욕에 비해서 너무 느리다. 궁극적인 공업화를 모색하는 자리에서 우리나라의 갈 길은 전력과 석탄과 기간공업과의 확대를 전략 부분으로 삼아서 집중적으로 추진시키는 것이 요구된다. 농업 부문 자체 내에서가 아니라 공업 부문을 통해서 한국 경제발전을 위한 비약점은 마련될 것이라고 생각한다. 비록 자본과 기술들이 부족하다고 하

---

09 李昌烈, 「韓國經濟體制의 進路」, 『思想界』 1961년 3월호.

10 잘 알려져 있듯이, 허쉬먼은 넉시가 주목했던 '산업 간의 보완적 상호수요', 즉 투자의 보완효과를 중시하면서도 산업 제부문의 보완효과를 동시적·평면적으로 대상화('균형발전론')하기보다 경제발전의 초기 단계에서 경제 활동을 계기적(sequential)으로 파악함으로써 유발투자를 극대화할 수 있는 효과적인 메커니즘에 착안한 것이었다. 그에 따라 사회간접자본(SOC)과 직접생산활동(DPA)의 관계에서, 그리고 특정 산업의 산출물(output) 이용을 유발하는 효과로서 전방연쇄효과(forward linkage effect)와 특정 산업의 투입물(input)을 유발하는 효과로서 후방연쇄효과(backward linkage effect) 등 산업 내부의 투자유발 메커니즘을 토대로 '불균형발전론'을 제기했다. 그는 "우리의 목적은 경쟁제도하에 있어서 이익과 손실로 표시되는 불균형(disequilibrium)을 제거하는 것보다는 오히려 그것을 육성해 나가지 않으면 안 된다. 만일 경제가 전진을 유지하려고 하면 긴장과 불균형을 유지해야 하는 것이 발전 정책의 과제인 것이다. (…) 균형(equilibrium)으로부터 벗어나도록 이끄는 계기(sequence)가 우리의 관점에서 바로 발전에 대한 이상적인 형태이다. 다시 말해 이 계기(sequence)에 따른 각각의 움직임은 이전의 불균형에 의해 유발되며, 또한 이것은 더 한층의 발전을 가져오는 새로운 불균형을 창조한다"(Albert O. Hirschman 著, 李賢宰 譯, 앞의 책, 93쪽, 번역은 원문과 대조하여 일부 수정하였음)라고 주장했다. 여기서 그의 '불균형발전'의 문제의식과 기본관점을 살펴볼 수 있다. 이와 같은 허쉬먼의 불균형발전론은 기본적으로 저개발국의 '수입대체산업화' 발전을 전망하며 산출된 것임은 물론이다. 허쉬먼의 불균형발전론에 대해서는 李亨純, 『經濟計劃의 理論』, 法文社, 1968, 107~110쪽; 백종국, 「허쉬만과 발전 전략의 정치경제학」, 안청시 외, 『현대 정치경제학의 주요 이론가들』, 아카넷, 2000; 강명구, 「남미의 수입대체산업화 발전 전략—허쉬만의 해석을 중심으로」, 『라틴아메리카연구』 21권 4호, 한국라틴아메리카학회, 2007 참조.

나 한번 발전으로의 바퀴가 돌기 시작하기만 하면 이 모든 애로는 스스로 해결되고 남음이 있을 것으로 안다. (…) 그런고로 다시금 우리들은 무슨 짓을 해서라도 우선 발전적 궤도 위에 한국 경제를 올려 세워놓고 보자는 점을 강조하게 된다.[11](밑줄—인용자)

밑줄친 부분에서 알 수 있듯이, 인용문은 그가 제1차 경제개발 5개년계획의 중점 부분을 평가하면서 불균형발전 전략을 강조하는 내용이었다. 그러니 이창렬은 제1차 경제개발계획에서 내세운 "지도받는 자본주의 체제"에 대해 비판적이었다. 그는 "동남아시아 지역에서 경제성장률이 가장 높은 곳"은 홍콩과 일본이라고 하면서, 이들 지역은 "순전한 민간경쟁"을 통해 높은 성장률을 기록하고 있다고 지적했다. 이어서 5개년계획에서는 투자총액 중 내자(內資)의 비중을 높게 잡았으나, 그 속에서 "민간에 의한 순(純)외국 차관"을 포함한 민간저축의 비중이 큼에도 "저축과 외국 차관을 촉구"하기 위한 "가격기구의 합리적 확보"가 미비하고, "특히 금리는 5개년계획이 발족한 뒤에도 현실율을 벗어나서 책정"되고 있음을 지적했다. 즉 "민간자본 동원은 저축이나 외자도입이거나를 막론하고" 이윤율과 이자율이 현실에 맞을 때 고무적 효과를 얻게 된다는 것이었다. 결론적으로 "지도받는 자본주의 체제"에 대해 "공적 부문만을 강력한 계획 밑에서 강조함으로써 민간 부문을 압도시켜버리려는 의도가 아닐까 의심"된다고 비판했다.

다음으로 4월혁명 이후 돕(M. Dobb)의 후진국 개발론에 대한 경제학자들의 반응과 수용 양상을 살펴보자. 제2부 3장에서 살펴본 바와 같이 돕의 저서 *Some Aspects of Economic Development*(1951)가 1958년 유인호에 의해 번역되어 그 일

---

11   李昌烈, 「韓國經濟의 計劃性과 戰略」, 『亞細亞研究』 5권 1호, 高麗大學校 亞細亞問題研究所, 1962, 9~10쪽.

부가 『재정』에 게재되었는데, 총 세 개의 강의(three lectures)로 구성된 원서의 내용 중에서 '소련의 공업화' 과정을 다룬 제3강은 실리지 못했다. 『재정』에 번역 게재하면서 '제3강' 또한 다음 기회에 번역하고 싶다는 뜻을 밝혔으나, 단행본으로 발간될 때도 분량이 적은 책자였지만 「역자서언」에서 "지면의 사정으로 제3강은 생략키로 했다"고 썼다.[12] 제3강의 내용이 사회주의 산업화 방식에 대한 돕의 주장을 요약하고 있기 때문에 정치적 부담을 느껴 수록하지 않은 것으로 보인다. 앞에서도 언급한 바 있듯이, 당시 경제학자들은—제한된 정보에 근거한 것이지만—소련과 동유럽 국가, 중화인민공화국 등의 급속한 공업화와 경제성장을 "강력한 중앙집권적 통제"에 의한 사회주의적 경제계획의 결과로 이해했고, 사회주의적 경제계획이 자본주의적 경제계획에 비해 후진국 경제발전에 효율적이라는 생각을 가지고 있었던 것으로 보인다.[13]

　4월혁명 이후 돕(Dobb)의 공업화 이론을 적극적으로 수용·전유했던 경제학자로 박희범[14]을 들 수 있다. 서론에서 언급한 바와 같이 '제1차 경제개발 5개년계획'에 관한 기존 연구에서는 박희범을 5·16쿠데타 직후 박정희 국가재건최고회의 의장고문이자, 쿠데타 직후 입안했던 '제1차 5개년개발계획'(특히

12　M. 돕 著, 兪仁浩 譯, 『後進國經濟發展論』(Some Aspects of Economic Development, 1951), 一韓圖書出版社, 1960, 「譯者序言」4쪽 참조. 이 책은 4월혁명 직전이었던 1960년 2월 발행되었다.

13　李廷煥, 「新經濟政策에 期待한다」, 『思想界』 1960년 10월호, 154쪽; 李昌烈, 「韓國經濟體制의 進路」, 『思想界』 1961년 3월호, 102쪽.

14　박희범(1922~1981)은 경북 金陵에서 출생하여 閨慶公立普通學校를 거쳐 1941년 3월 大邱公立商業學校, 1950년 5월 서울대 경제학과를 졸업했다. 이후 大邱大學 助敎(1952), 경북대학교 법정대학 교수(1954~1957), 서울대학교 상과대학 교수(1957~1968)로 활동했다. 5·16쿠데타 직후 國家再建最高會議議長諮問委員으로 활동했으며, 서울대 상대 학장(1966~1968)을 거쳐 1968년 5월부터 1970년 1월 초까지 문교부 차관으로 재직했다. 이후 경제과학심의회 위원(1970~1973)을 거쳐 1973년 2월부터 1977년 2월까지 충남대학교 총장을 지냈다. 忠南大學校三十年史編纂委員會 編, 『忠南大學校三十年史』, 忠南大學校, 1982, 234쪽; 嶺南人士銘鑑編纂會, 『嶺南人士銘鑑』, 嶺友會中央本部, 1981, 386쪽; 「六部次官을 경질」, 『東亞日報』 1968. 5. 24, 1면; 「文敎次官에 金道昶씨, 商工次官에 金禹根씨」, 『東亞日報』 1970. 1. 8, 1면 참조.

국가재건최고회의안)을 뒷받침했던 경제이론가로 파악하고, 당시 그의 경제개발론을 "내포적 공업화론"으로 규정했으며,[15] 나아가 '내포적 공업화'론을 쿠데타 세력의 발전 전략으로까지 평가하는 연구도 제출되었다.[16]

그런데 이들 연구에서 박희범의 경제개발론을 "내포적 공업화론"으로 규정하는 근거가 1968년에 발간된 그의 저서 『한국경제성장론(韓國經濟成長論)』이었다. 그렇다면 1950년대 말~1960년대 초반 그는 '내포적 공업화'라는 용어나 그와 유사한 개념을 사용했는가? 현재까지 확인한 그의 텍스트들 중에서 후진국 경제성장 전략으로서 '내포적 공업화'라는 용어나 개념을 사용한 첫 문헌은 1964년 12월에 발표한 「후진국에 있어서의 내자(內資)의 조달과 그 산업적 배분(其2)」이다.[17]

기존 연구들은 세계적으로 후진국 경제개발론이 시간의 흐름에 따라 변화해갔다는 점을 적극적으로 고려하지 않았기 때문에 그가 '내향적(inward-looking)', '내포적(inward-looking)'이라는 용어를 라울 프레비쉬(Raúl Prebisch)의 1964년 저작에서 채용했다는 사실에 주목하지 않았다. 잘 알려져 있듯이 라울 프레비쉬는 이른바 라틴아메리카의 수입대체산업화 이론, 나아가 종속이론으로 이어지는 흐름에서 중요한 역할을 했던 경제이론가였다. 그는 1870년대부터

---

15 이완범, 『박정희와 한강의 기적—1차 5개년계획과 무역입국』, 선인, 2006, 105~115쪽; 박태균, 『원형과 변용』, 서울대학교출판부, 2007, 55~58쪽.

16 기미야 다다시, 『박정희 정부의 선택—1960년대 수출지향형 공업화와 냉전 체제』, 후마니타스, 2008.

17 朴喜範, 「後進國에 있어서의 內資의 調達과 그 産業別配分」(2), 『經商論集』 제3권 제4호, 서울大學校 韓國經濟研究所, 1964년 12월. 이 텍스트에서 "內包的 成長"(24쪽)이라는 용어가 사용되었다. 당시 후진국 경제성장 전략을 지칭하기 위한 것은 아니었지만, 그 이전 발표한 일부 논고에서도 '內包的'이라는 용어의 사용이 확인된다. 그는 대공황 이후 미국·영국 등 선진 자본주의 열강의 경제적 대응방식에 대해 "內包的 擴大" 또는 "國內的 해결책"이라고 칭하고, 이에 반하여 독일·일본 등의 대응방식은 "內包的 擴大"와 더불어 제국주의적 침략, 즉 "外延的 擴大" 또는 "國際的 해결책"이 병행되었다고 평가하면서 사용했다. 이에 대해서는 朴喜範, 「民主主義의 土臺로서의 經濟—韓國民主主義의 再建」, 『思想界』 1962년 1월호; 朴喜範, 「民主主義 成長과 民族主義」, 『空軍』 82, 空軍本部 政訓監室, 1964년 3월 참조.

1930년대에 이르기까지 중심부 제조품과 주변부 1차상품 간의 교역 조건이 장기간 주변부에 불리하게 작동했다는 사실—이른바 '프레비쉬 테제(Prebisch thesis)'—을 밝히는 저작[18]을 1949년 발표하고, 이후 ECLA를 통해 여러 라틴아메리카 경제학자들과 함께 소위 '구조주의' 이론을 체계화하면서 라틴아메리카의 경제발전 전략과 정책에 관한 연구를 꾸준히 진전시켰다. 하지만 전세계적으로 그의 구조주의 이론이 크게 주목을 받게 된 계기는 1964년 3월부터 6월까지 3개월간에 걸쳐 121개국이 참여했던 제1회 국제연합 무역개발협회(UNCTAD) 회의에 사무총장이었던 그가 제출한 보고서, 이른바 「프레비쉬 보고(Prebisch Report)」[19]가 큰 반향을 일으켰기 때문이었다.[20]

장기간의 통계자료를 활용한 프레비쉬의 실증적인 연구가 갖는 의의는 남다른 것이었지만, 공업국과 농업국의 교역에서 후자가 경제적으로 불리하

---

18 Raúl Prebisch, *The Economic Development of Latin America and Its Principal Problems*, United Nations: Department of Economic Affairs, 1949. 널리 알려져 있듯이 프레비쉬-싱거 테제(Prebisch-Singer thesis)라고도 불리는데, 그 이유는 비슷한 시기에 프레비쉬와는 독립적으로 한스 싱거(Hans W. Singer) 또한 유사한 연구 결과 ("The Distribution of Gains between Investing and Borrowing Countries", *American Economics Review*, Vol. 11, No. 2, May, 1950)를 제출했기 때문이다. 싱거는 이 논문의 내용을 1949년 12월 전미경제학회(American Economic Association)에서 처음으로 발표했다. 이에 대해서는 해당 논문을 수록한 H. W. Singer, *International Development: Growth and Change*, McGraw-Hill, 1964, p.161 참조.

19 *Towards a New Trade Policy for Development*, Report by the Secretary-General of the United Nations Conference on Trade and Development, United Nations, 1964.

20 1940년대부터 1960년대에 이르기까지 라울 프레비쉬의 후진국 경제발전에 관한 사상적 궤적과 유엔 라틴아메리카경제위원회(ECLA), UNCTAD 등 국제기구에서의 활동에 대해서는 김기현, 「라울 프레비쉬와 종속이론」, 이성형 편, 『라틴아메리카의 역사와 사상』, 까치, 1999; 강동조, 「종속이론—라틴아메리카 지식인들의 자기 발견」, 『역사와 경계』 91, 부산경남사학회, 2014; 안트(Heinz W. Arndt) 著, 安鍾吉 譯, 『經濟發展思想史』, 比峰出版社, 1989, 76~92쪽; 細野昭雄, 「プレビッシュの經濟思想」, 『アジア經濟』 6권 3호, アジア經濟研究所, 1965; Joseph L. Love, *Crafting the Third World: Theorizing Underdevelopment in Rumania and Brazil*, Stanford University Press, 1996, Chp. 8; Joseph L. Love, "CEPAL, Economic Development, and Inequality", *History of Political Economy*, Vol. 50 Supplement, 2018 참조. 1964년 「프레비쉬 보고」 직후 국내의 소개와 평가로는 林鍾哲, 「(書評) Raul Prebisch 著, 『經濟開發을 위한 새로운 貿易政策』(*Towards a New Trade Policy for Development*, 1964)」, 『經濟論集』 제3권 제2호, 서울大學校 商科大學 韓國經濟研究所, 1964년 6월; 鄭道泳, 「低開發國에 있어서 外國貿易의 不均衡」, 『社會科學』 제1권 제1호, 成均館大學校附設社會科學研究所, 1964년 12월 참조.

며, 소득수준을 높이기 위해서 '공업화'가 필요하다는 주장은 특별한 것이 아니었다. 1950년대 중반 국내에서 발간된 국제무역에 관한 개설서에서도 정태적 비교생산비설에 입각한 공업국과 농업국의 국제분업과 자유무역은 "소득수준 차이의 확대" 경향을 가속화시키는 것일 뿐이라고 보았다. 소득수준 격차로 인해 심화되고 있는 국제적인 무역 불균형을 해소하기 위해서는 공업국의 시장개방을 비롯한 국제적 협력조치와 더불어 농업국의 공업화, 즉 "내포적(內包的) 발전"이 필수적이라고 주장했다.[21]

이와 같이 자본주의 세계경제의 중심부와 주변부 사이 구축되어 있는 위계적인 분업구조를 중시하는 맥락에서 주변부 국가의 공업화를 "내포적 발전"으로 개념화하는 것은 충분히 제기될 수 있는 것이었다. 그러나 제2부 3장에서 살펴본 바와 같이 1950년대 후반 한국 경제학자들 대부분은 수입대체산업화의 길을 주장하면서도 '교역 조건(terms of trade)' 문제는 핵심 사안으로 다루지 않았다. 이러한 양상이 나타난 이유는 무엇일까? 이는 당시 한국 경제가 처한 상황이 다른 대부분의 주변부 국가들과 달랐기 때문일 것이다. 과거 식민지 종주국과의 경제적 관계는 사실상 끊어진 상황 속에서 전체 경제에서 수출이 차지하는 비중이 크지 않은 가운데 공업화를 위한 투자재원으로서 광물을 비롯한 1차 산품의 수출은 주목받기 어려웠다. 하지만 이보다 더 중요했던 것은 전후 한국 경제에서 미국의 원조가 차지하는 규정력이었다. 그렇기에 한국 경제학자들 대다수는 미국의 원조 방식을 문제 삼는 가운데 수입대체산업화를 위한 공업화 재원을 어떻게 마련하고, 어떠한 방식으로 공업화를 추진할 것인가를 핵심적인 문제로 설정했다고 할 수 있다.

박희범 또한 이와 크게 다르지 않았던 것으로 보인다. 그가 1959~1960년

---

21 朴仁錫·李助源 共著, 『貿易槪論』, 普文堂, 1956, 185·212·246쪽 참조.

발표한 국제무역에 관한 논고들은 무역이론의 원론적인 내용을 소개하거나,[22] 시설재 수입을 고려한 '환율' 책정 문제를 제기하는 데 그쳤다.[23] 따라서 1950년대 말부터 1960년대 초반까지 그가 가지고 있었던 문제의식과 관점은 1964년 6·3항쟁, 1965년 한일협정 체결을 전후하여 민족주의가 비등하고 박정희 정권의 수출주도 경제성장이 본격화되기 시작하는 상황에서 남북 문제를 전 세계적인 이슈로 부상케 했던 「프레비쉬 보고」와 만나는 가운데 새롭게 체계화되었다. 그 성과로서 『한국 경제성장론』(1968)에 담긴 것이 바로 '내포적 공업화론'이었던 것이다.

그렇다면 1960년대 초반 그는 후진국 개발과 한국의 경제개발에 대해 어떠한 관점과 논리를 가지고 있었는가? 그는 1950년대 주로 케인즈 경제학과 후진국 개발론 등에 관한 수많은 저작을 꾸준히 번역·소개했다. 그가 본격적으로 한국의 경제개발과 관련된 논고를 잡지에 싣기 시작한 것은 1950년대 말부터였다.[24] 그는 4월혁명 이전에는 후진국 개발을 위한 "균형성장"론을 기

22　朴喜範, 「外國貿易과 靜態理論」(上)·(續), 『産業經濟』 65·66, 1959년 12월·1960년 1월.

23　朴喜範, 「換率과 貿易」, 『國會報』 32, 國會事務處, 1960년 12월.

24　1958년부터 1964년까지 박희범이 저술한 경제개발에 관한 논고(번역 제외) 중에서 현재 필자가 확인한 텍스트는 다음과 같다. 「厚生經濟學의 動向—方法論의 考察」, 『思想界』 1958년 7월호; 「經濟計劃과 價格體系」, 『財政』 제8권 제6호, 1959년 6월; 「韓國經濟와 國際收支」, 『新太陽』 1959년 6월호; 「外國貿易과 靜態理論」(上)·(續), 『産業經濟』 65·66, 1959년 12월·1960년 1월; 「經濟成長을 위한 投資基準의 問題」, 『새벽』 1960년 2월호; 「換率과 貿易」, 『國會報』 32, 國會事務處, 1960년 12월; 「맑스주의와 휴머니즘 經濟思想」, 한국휴머니스트회 편, 『휴머니즘과 現代思想』, 凡潮社, 1961; 「六一年度豫算案과 經濟成長」, 『思想界』 1961년 1월호; 「後進國에 있어서의 經濟計劃」, 『思想界』 1961년 3월호; 「印度의 經濟計劃」, 『思想界』 1961년 6월호; 「民主主義의 土臺로서의 經濟—韓國民主主義의 再建」, 『思想界』 1962년 1월호; 「파키스탄의 經濟計劃과 그 成果—東南亞地域에서 經濟成長 課業에 成功한 一例」, 『思想界』 1962년 2월호; 「經濟自立을 爲한 外資導入」, 『最高會議報』 4, 國家再建最高會議, 1962; 「保稅加工貿易의 位置와 中小企業」, 『最高會議報』 6, 國家再建最高會議, 1962; 「後進國에 있어서의 內資의 調達과 그 産業別配分(其一)」, 『經商論集』 제1권 제1호, 서울大學校 商科大學 韓國經濟硏究所, 1962년 12월; 「物價安定의 恒久策」, 『最高會議報』 17, 國家再建最高會議, 1963; 「軍政과 經濟」, 『Fides』 제10권 제3호, 서울大學校法科大學, 1963년 9월; 朴喜範, 「第一次5個年計劃과 그 展望」, 『大學新聞』 1964. 1. 2, 4면; 朴喜範, 「民主主義 成長과 民族主義」, 『空軍』 82, 空軍本部 政訓監室, 1964년 3월; 「物價理論의 要點」, 『考試界』 제9권 제9호, 國家考試學會, 1964년 9월; 「(書評) Paul A. Baran 著, 『成長의 經濟學』(The Political Economy of Growth, 1957)」, 『經濟論集』 제3권 제3호, 서울大學校 商科

각하고, "선진 경제에서 보여주는 승수효과에 의한 유발투자"도 기대할 수 없다고 하면서 오히려 "파생적 투자의 계기를 촉발하는 불균형 성장의 원리"가 효과적이라고 했다.[25]

그런데 4월혁명 이후 발표한 논고부터는 인도의 제2차 경제개발계획에서 나타난 '중공업건설 노선'을 적극적으로 평가하면서 "인구의 압력과 경제구조의 신속한 변혁 및 빈곤의 악순환으로부터의 탈피"를 위해서는 '사회간접자본 건설→농업→경공업→중공업'의 "점진적이고도 정상적인 발전 과정"이 아니라 "사회간접자본 건설과 중공업에 중점투자"하고, 이어서 "농업개발"로 가는 "소위 속성적이고도 역진적(逆進的)인 발전 과정"을 채택하는 "급진적 개발방식에 의존"하지 않을 수 없다고 했다.[26]

그렇다면 그는 어떠한 이론적 기초 위에서 위와 같은 주장을 전개했는가? 1960년대 초반 그의 '후진국 개발'에 관한 이론적·사상적 토대를 담고 있는 텍스트는 5·16쿠데타 직전에 발표한 「후진국에 있어서의 경제계획」이라 할 수 있는데, 그 내용을 살펴보자. 그는 "사회주의든 자유주의든 후진국이 계획에 의하여 속성 공업화"를 이룰 수 있는 토대는 "농업의 잉여가치생산력"에 있다고 하면서 "속성 공업화는 공업투자에 필요한 투자자원을 농업에서 얼마만큼이나 계속 공급할 수 있느냐"에 달려 있다고 단언했다. 이러한 그의 기본관점은 정확히 돕(M. Dobb)의 관점을 그대로 수용한 것이라 할 수 있다.

이어서 그는 "속성 공업화"를 위해 농업의 잉여가치를 공급하는 방법은

大學 韓國經濟研究所, 1964년 12월; 「後進國에 있어서의 內資의 調達과 그 産業別配分(其二)」, 『經濟論集』 제3권 제4호, 서울大學校 商科大學 韓國經濟研究所, 1964년 12월.

25 朴喜範, 「經濟成長을 위한 投資基準의 問題」, 앞의 책, 137쪽.

26 朴喜範, 「六一年度豫算案과 經濟成長」, 앞의 책; 朴喜範, 「後進國에 있어서의 經濟計劃」, 앞의 책; 朴喜範, 「印度의 經濟計劃」, 앞의 책; 朴喜範, 「파키스탄의 經濟計劃과 그 成果—東南亞地域에서 經濟成長 課業에 成功한 一例」, 앞의 책.

국내 농업을 통하지 않을 경우 "해외 시장이나 해외 식민지를 획득"하는 방법밖에 없다고 했다. 공업화는 "전통적 사회의 테두리를 벗어나지 못하는 점진적 한계적 변화가 아니고, 전통사회 그 자체를 송두리째 변질시키는 구조적 변혁을 의미"하기 때문에, "농업에서 발생하는 잉여가치"를 지속적으로 "공업으로 전환시키는 경제기구"가 마련되기 곤란한 "자유경제 체제"의 경우, "해외 시장 혹은 해외 식민지를 획득하는 소위 제국주의적 여건이 수반되지 않고서는 전통적 사회로부터 체질적 변혁이 불가능"하며, "정체사회에서 탈피하기 어렵다"고 보았다.

이와 같이 후진국의 자유경제 체제에 대한 대단히 정체적이고 정태적인 인식의 근저에는 '시장가격기구' 자체를 '일반균형이론'에 입각하여 극히 제한적인 조건에서 기능할 수 있는 것으로 이해했을 뿐 아니라 민간기업과 개인 등 시장의 행위자들을 '전체'와 '사회'에 대해 맹목적인 존재로만 간주했던 그의 태도가 놓여 있었다. 그는 "가격이 인간 활동의 합리적 기준이 되"는 것은 "상대가격이 한계적 변동을 할 때만"이고 또한 "인간의 경제행위도 역시 한계적 선택이 문제될 때만"이라고 했다. "가격기구에 모든 투자 활동을 맡긴다는 것은 결과적으로 균형성장을 의미"하는데, 이러한 "균형성장은 제 산업의 한계적인 성장을 의미"하기 때문에 "구조적인 변혁"을 이루어낼 수 없다고 했다.

그렇다면 그는 사회주의적 공업화방식을 추진하자는 것인가? 돕의 공업화 이론을 취하여 "시장의 가격기구"의 역할과 기능을 극히 제한적으로 평가하고 사회주의적 체제로의 전환도 전망하지 않는다면 공업화의 구조변혁은 어떻게 가능한가? 혁명을 거치지 않으면서 급속한 공업화를 취할 수 있는 방법은 국가에 의한 자본조달의 강제적 조직화였다.

요컨대 혼합경제 체제를 갖는 후진국이 오늘날 제대로 경제적 성과를 나타내지 못하는 이유는 투자계획이 미비하다든가 자본의 낭비보다도 그 체제에 알맞은 자본조달 및 자본분배기구를 갖지 못한 데 근본 원인이 있다. 반대로 사회주의 진영의 후진국이 허다한 애로를 가지면서도 경제성장에 있어 그들대로의 궤도에 오르고 있는 이유는 그 체제에 특유한 강제적 자본조달기구가 있기 때문이다. 따라서 무엇보다 선진국의 그것이 아닌 후진국적 혼합경제 체제에 알맞은 자본조달기구의 확립, 즉 "제도개선의 문제"가 가장 시급한 과제가 아닐 수 없다.[27] (밑줄―인용자)

그가 공업화의 선결적인 과제로 꼽은 "제도개선의 문제"란 "전(前)자본주의적 고리대"를 비롯한 "원시적 자본축적 성향"이나 "비생산적인 부와 소득", "비생산적인 화폐유통"을 "근대적 산업자본"으로 전환시켜 배분할 수 있는 국가기구, 즉 "산업개발공사"를 창설하는 것이었다. 이는 출발을 의미할 뿐이었다. 그는 "후진국의 경제개발"은 "정부 그 자체의 행정 능력과 과단성 및 그 의욕이 전 정황을 결정짓게 된다"[28]고 하고 "보다 능률적으로, 그리고 보다 계획적으로 필요한 자본을 동원하고 또한 그것에 수반되는 경제적 마찰을 합리적으로 조정"하기 위한 "정책적으로 조작할 수 있는 경제기구의 설정"[29]을 관건으로 보았다. 정체(停滯)에서 헤어나지 못하는 후진사회의 "구조변혁으로서의 공업화"라는 거대한 과업의 수행은 '국가기구와 그 정책'에 대한 물신화로만 가능했던 것이다.

---

27 朴喜範, 「後進國에 있어서의 內資의 調達과 그 産業別配分(其一)」, 앞의 책, 26쪽.
28 朴喜範, 「民主主義의 土臺로서의 經濟―韓國民主主義의 再建」, 앞의 책, 99쪽.
29 朴喜範, 「後進國에 있어서의 內資의 調達과 그 産業別配分(其二)」, 앞의 책, 1쪽.

04

쿠데타 이후 지식인층의 근대화 담론과
민족주의·민주주의*

앞서 살펴본 바와 같이 4월혁명 이후 민족주의의 대두 속에서 쿠데타 세력은 자신들의 정권탈취를 후진국 민족주의 혁명의 일환으로서 정당화했다. 쿠데타 직후 지식인층의 쿠데타에 대한 태도가 비교적 단일했다고 할 수는 없지만, 앞서 언급했던 『최고회의보』, 『시사』 등의 지면에는 쿠데타("군사혁명")의 의의를 적극적으로 평가하고, 쿠데타 세력에 대해 우호적인 관점에서 작성된 글들이 적지 않게 눈에 띈다. 당시 쿠데타의 의의와 필연성, 불가피성을 설파하고 쿠데타를 정당화하는 지식인들의 논리는 다양한 각도에서 전개되었다. 가령 『최고회의보』, 『시사』, 그리고 단행본으로서 『한국 혁명의 방향』 등 쿠데타 직후 발행되었던 텍스트들에서는 역사학자 신석호(申奭鎬)·이병도(李丙燾), 사회과학자 최문환(崔文煥)·강상운(姜尚雲)·차기벽(車基璧) 등 다양한 분야의 지식인·학자들이 쓴 쿠데타의 의의에 관한 논변을 확인할 수 있다.[01]

---

* 본 장의 내용은 홍정완·전상숙, 앞의 책, 제3부 3장의 일부 내용을 축약하고, 새로운 내용을 대폭 가필한 것이다.

01 『最高會議報』 창간호(1961년 8월)에 게재된 이병도(李丙燾)의 「五·一六軍事革命의 歷史的 意義」, 최문환(崔文煥)의 「五·一六軍事革命과 經濟·社會問題」, 이원우(李元雨)의 「五·一六軍事革命과 政治的 改革」, 그리고 『時事』 제2호(1961년 9월)에는 실린 신석호(申奭鎬)의 「國史上으로 본 五·一六革命」와 차기벽(車

본 연구의 주제와 관련하여 정치학자 차기벽이 기고한 「후진 지역과 민주주의」를 살펴보자.[02] 그는 열강이 주도하는 국제적 권력정치에 압박받고 있는 제3세계 국가들의 처지를 언급하면서도 후진 제국이 처한 문제를 '내적 후진성'에 맞추고 있었다. 그는 '제3세계' 지역의 후진성을 역사적 정체(停滯)로 인한 사회구조의 중첩성(重疊性), 그리고 중간계급의 결여로 인한 정치혼란과 빈곤의 악순환에서 찾았다. 그러나 이 지역에서도 제2차 세계대전 이후 '민족혁명(民族革命)'을 원동력으로 경제건설과 사회개혁을 추진하고 있으며, 압축적 발전을 향한 열망이 "부패하고 비능률적이기 일쑤인 후진 지역의 민주주의"와 갈등하게 되었다고 분석했다. 그리고 "난장판을 이루는 후진국 민주정치"의 궁극적 원인은 민주주의 원리 자체가 아니라 "후진성"에 있다고 하면서, "부패하고 비능률적이기 쉬운" 후진국 민주정치로는 근대화 과정을 단축하기 곤란하므로, 이 과정에서 쑨원(孫文)의 훈정(訓政)과 터키 "케말 아타튀르크의 일당독재" 등 "강력한 정권"이 출현했고, "오늘날 아시아 아프리카 후진 제국"의 "군부에 의한 통치" 또한 그러한 예라고 했다.

그는 최근 군부통치의 공통적 특성은 "혁신정치를 단행하여 민주적 터전을 닦는 것"에 있다고 하면서 두 가지 유형, 즉 민주정치 복귀 일시가 미정인 통일아랍공화국, 파키스탄의 "기본적 민주주의", 수카르노의 "교도민주주의" 등의 유형과, 기한부로 통치한 버마 네 윈 장군의 유형을 들고 "금일의 한국과 터키 군부통치"도 후자의 유형이라고 했다. 결론적으로 "근대화를 촉진하여 민주적 기반을 급속히 확대시키기 위해서는 독재적인 수단은 만부득이

基壁)의 「後進地域과 民主主義」, 이와 함께 『韓國革命의 方向』(中央公論社, 1961년 7월)에 실린 강상운(姜尙雲)의 「國家再建의 政治的 方向」, 강병규(姜秉奎)의 「軍事革命과 國家再建」, 그리고 우병규(禹炳奎)의 「國家再建에 있어서 指導者의 意義와 役割」 등을 참조

02 車基壁, 「後進地域과 民主主義」, 『時事』 2, 內外問題研究所, 1961년 9월.

한 것임을 인정치 않을 수 없다"고 하면서, 다만 후진국의 독재는 일시적이어야 한다고 주장했다.[03]

이와 같은 차기벽의 논리는 앞서 검토했던 1950년대 후반의 후진국 개발론, '후진성' 극복담론을 대부분 계승하면서도, '민주주의'는 후진 지역의 '압축적 발전'에 대한 열망을 충족시킬 수 없다는 점, 즉 후진사회의 근대화를 추동하기 위해서는 "독재적인 수단"이 불가피하다고 확언했다는 점에서 새로운 것이었다. 이러한 논리는 당시 민족주의와 후진성 극복을 위한 과감한 개혁을 연계하여 파악하고 있던 지식인층에게 찾아보기 힘든 것이 아니었고, 5·16쿠데타로 집권한 군부 세력의 통치를 정당화하는 주요한 논리의 하나였다.

이상과 같은 쿠데타에 대한 지식인층의 동조, 결합의 문제는 쿠데타 세력의 억압과 동원·포섭의 차원을 넘어서 일부 지식인층의 적극적인 협력, 참여라는 측면으로 확대될 필요가 있다고 판단된다. 이러한 측면에서 5·16쿠데타 이후 새롭게 창간된 잡지들, 예를 들어 『신사조(新思潮)』, 『신세계(新世界)』, 『세대(世代)』 등에 주목할 필요가 있다. 창간부터 1960년대 전반기까지 이들 잡지의 논조는 쿠데타에 대해 적극적인 동조와 지지 일색이었다고 할 수는 없으나, 대체로 우호적인 경향을 띠었다.[04]

---

03 인도의 경우, 장기간의 영국 지배로 인한 훈련으로 정치의 민주적 운영과 함께 경제건설, 사회개혁 또한 민주적 방법으로 순조롭게 진전되고 있다고 하여 예외적인 경우로 설명하고 있다. 車基璧, 「後進地域과 民主主義」, 앞의 책, 27쪽. 이 글이나 비슷한 시기 차기벽이 쓴 「民族主義의 現代的 方向」(『思想界』 1961년 11월호)에 비해 「後進地域의 民族革命」(『成均館大學校論文集』 6, 1961)이라는 논문이 이 시기 그의 민족주의, 근대화에 대한 관점과 논리 체계를 파악하기에 가장 상세하며 체계적인 글이다. 『時事』에 실린 글에 비해 뒤의 두 글은 "후진 지역"에서 근대화 단행을 위한 "독재"의 불가피성을 다소 완곡한 표현으로 서술하고 있다.

04 『新思潮』는 1962년 2월, 『新世界』는 1962년 11월 각각 창간되었으나, 두 잡지 모두 공교롭게도 군정이 종료되고 제3공화국이 출범한 직후였던 1964년 3월호를 마지막으로 종간되었다. 『世代』는 1963년 6월 창간되었는데, 쿠데타 핵심 세력으로 최고회의 의장 비서였던 이낙선(李洛善)이 고려대학교 국문학과를 갓 졸업

특히 『신사조』의 경우에는 쿠데타 세력의 목소리를 대변하는 매체의 성격이 짙었다. 이는 잡지의 초창기 '특집'을 보면 완연히 드러나는데, 1962년 2월 창간호에는 '경제개발 5개년계획', 3월호에는 '혁명정부 10개월간의 업적', 5월호에는 박정희, 김종필, 이후락(李厚洛) 등의 기명 논설로 구성된 '5·16혁명 1주년 기념' 특집이 실렸다. 그 외에도 앞서 제4부 2장에서 인용한 김종필의 기명 논설, 국가재건최고회의 의장 비서였던 이낙선(李洛善)이 작성한 「박정희론」, 「김종필론」,[05] 당시 중앙정보부 제2국장 석정선(石政善)의 이름으로 작성된 동남아시아 특사(特使) 김종필 수행기 등 쿠데타 세력의 지향과 움직임을 전하는 다수의 글이 실렸다.[06]

이외에도 다양한 방식으로 5·16쿠데타 세력의 지향을 구성하여 보여주었다. 예를 들어 미국 동아시아 전문가인 사이덴스티커(E. Seidensticker)의 5·16쿠데타 정권에 관한 글을 번역, 게재하여 쿠데타를 "아시아 아프리카를 풍미(風靡)하고 있는 내쇼날리즘의 거대한 파도"의 하나로서, 미국에 대해서도 그 이전의 정권과는 달리 "민족의 요구를 주장"할 수 있는 존재임을 부각시키고자 하였다.[07] 그와 함께 『민족일보』 사건으로 투옥되었던 이건호(李建鎬)와 송지

했던 안동(安東) 宣城李氏 동성촌 후배 '이광훈'을 편집장으로 발탁하여 『思想界』에 대항하기 위해 창간과 운영에 관여했던 사실이 확인된다. 이광훈, 「잡지시절」, 『잡지예찬』, 한국잡지협회, 1996; 김용직, 「옛생각 옛사람―그에게는 선비 집안의 품격이… 고 이광훈(故 李光勳) 추모기」, 『안동』 137, 2011년 12월; 「新八道紀 (27) 安東 ⑥」, 『東亞日報』 1978. 5. 10, 5면. 1960년대 전반 쿠데타 세력과 지식인층의 관계를 비롯하여 당대 지식인들의 동향과 지향을 파악하기 위해서는 다각적인 연구의 진전이 필요하다. 예를 들어 『世代』 (1963년 7월호)에서는 박정희의 『우리 民族의 나갈 길』에 대한 특집(「朴正熙 著, 『우리 民族의 나갈 길』을 批判한다」)에 김팔봉(金八峯), 박동운(朴東雲), 백철(白鐵)이 비평을 남겼는데, 앞서 언급했듯이 김팔봉은 『國家와 革命과 나』를 감수한 인물이었다. 또한 이러한 특집에 대해 이낙선의 반비판 글을 게재되기도 했다. 李洛善, 「빗나간 화살을 向하여」, 『世代』 1963년 8월호 참조.

05 李洛善(議長祕書官), 「朴正熙論―淸廉潔白·强靭不屈의 指導者」, 『新思潮』 1962년 5월호; 李洛善(最高會議議長祕書官), 「(프로필) 金鍾泌論」, 『新思潮』 1962년 6월호.

06 石政善(中央情報部 第二局長), 「(東南亞巡訪記) 金鍾泌特使隨行記」, 『新思潮』 1962년 4월호. 이는 1962년 2월 특사(特使)로서 동남아시아 각국을 순방했던 중앙정보부장 김종필을 수행한 기록이다.

07 E. 싸이덴스틱커, 「(特輯: 外國人이 본 韓國) 朴政權은 지지를 받고 있는가」, 『新思潮』 1962년 4월호.

영(宋志英)의 옥중수상록을 게재함으로써 4월혁명 이후 부상한 민족주의적 흐름에 대한 편승과 억압의 구도를 통해 쿠데타 세력의 지향을 담아냈다.[08]

앞서 본 바와 같이 쿠데타 주도 세력은 특정한 경향의 관점과 이론적 프레임을 활용하여 쿠데타가 "민족주의적" 혁명임을 표방할 수 있었지만, 4월혁명을 거친 한국 사회에서 민주주의는 쉽게 무시될 수 없는 것이었기 때문에 궁극적으로 '민주주의'의 실현을 내세우지 않을 수 없었다. 1961년 8월 박정희에 의해 민정이양이 성명되고, 이후 우여곡절을 겪었지만 군정에서 민정으로의 전환 과정에서 '민주주의'는 다시 한국 사회의 뜨거운 이슈로 떠올랐다.

쿠데타 직후 김준엽(金俊燁)을 비롯해 『사상계』의 주요한 필자로서 이정환(李廷煥), 성창환(成昌煥) 등 경제학자들이 군사정권에 참여했으나,[09] 쿠데타에 대한 함석헌의 전면적 비판이 실리고,[10] 민정이양 문제 등이 부각되면서 비교적 이른 시기라 할 수 있는 1961년 말경부터 『사상계』를 주도했던 지식인들은 군사정권이 내세웠던 '제3세계' 민족주의론에 근거한 정당화 논리에 대해 민주주의의 원리와 가치를 중심으로 대항적 담론을 구축해 나갔다. 당시 편집주간이었던 양호민은 "민주주의에 선행하여 경제발전이 이룩되어야" 한다는 주장 등에 대해 후진국 인도와 파시스트 스페인 등을 대비시켜 비판했

08 宋志英, 「(獄中隨想錄) 作家宋志英의 獄中記」, 『新思潮』 1권 10호, 1962년 11월호; 宋志英, 「그리운 얼굴들」, 『新世界』 2권 7호, 1963년 7월호; 李建鎬, 「(特別全載) 獄中에서 親愛하는 大學生에게」, 『新思潮』 1권 9호, 1962년 10월호.

09 잘 알려져 있듯이, 쿠데타 직후 발간되었던 『思想界』(1961년 6월호)의 「(卷頭言) 五·一六革命과 民族의 進路」는 쿠데타를 "부패와 무능과 無秩序와 共産主義의 책동을 타파하고 국가의 진로를 바로 잡으려는 民族主義的 軍事革命"이라고 하면서, "우리들이 육성하고 開花시켜야 할 民主主義의 理念에 비추어볼 때는 불행한 일이요, 안타까운 일이 아닐 수 없지만, 위급한 民族의 現實에서 볼 때는 不可避한 일이다"라고 평가하기도 했다.

10 咸錫憲, 「五·一六을 어떻게 볼까?」, 『思想界』 1961년 7월호.

다. 또한 4월혁명 이후 민주당의 치명적 약점을 지적하면서, 민주주의 발전에 놓인 악조건을 타파하고 전진시키기 위해서는 인도 국민의회파와 같은 "지도 세력"의 존재가 절실하다고 주장했다. 나아가 당시 '민주주의'에 대한 회의 속에서 유행하고 있던 '민주주의라는 식물'과 '토양'의 비유를 다음과 같이 비판했다.

> 제2차 세계대전 이후의 세계사의 기본적 특징의 하나는 민주주의가 어떤 특정 국가의 풍토에만 생장할 수 있는 특종식물이 아니라 바야흐로 인류의 공동재산으로 되고 있다는 것과 모든 나라에서 민주주의는 일정한 획일적인 역사적 단계를 통해 발전한다는 소위 역사적 필연성의 관념이 타파된 점에서 발견할 수 있다. 그러므로 후진국에서 민주주의가 하나의 유행어, 수입품, 사치품, 모조품으로 조소를 받던 시기는 벌써 지나가버렸으며, 지금은 어떠한 형태의 독재정치도 민주주의를 가장 또는 표방하지 않고서는 그 명맥을 유지하지 못하게 되었다.[11]

그러면서 다른 아시아 아프리카 신생국가들에 비해 한국은 민주주의 발전에 유리한 조건—국민적 통일성, 언어 문제·종족 문제가 존재하지 않는다는 사실, 자유와 민주주의를 부인하는 종교가 없다는 것, 문맹의 비율이 낮고 국민 일반의 지적 수준이 비교적 높다는 점—에 있음을 강조했다. 그리하여 "자발적 기율에 복종하고", "설득을 통하여 대중의 동의를 얻음으로써 그들을 지도"하는 민주주의 엘리트의 육성을 제안했다. 이러한 양호민의 '민주주의' 재건을 향한 논리와 방법론의 재정향은 이후 신상초, 김성식 등 『사상계』

---

11 梁好民, 「民主主義와 指導勢力」, 『思想界』 1961년 11월호, 51쪽.

의 다른 지식인들에 의해 보완·확장되면서 지속적으로 제기되었다.[12]

앞서 살펴본 바와 같이 쿠데타 이후 차기벽은 '후진성 극복', '근대화'를 위한 '독재적 권력형태'의 불가피성을 주장했고, 『사상계』를 주도했던 지식인들은 '민주주의의 재건'을 향한 논리를 펴 나갔다. 또한 다른 한편에서는 '민족주의'를 기축(基軸)으로 '근대화'와 '민주주의'의 실현 문제를 재구성하려는 논의가 확산되기 시작했다. 여러 지식인들이 유사한 논의를 전개했지만, 본 연구에서는 권윤혁(權允赫)이 제시했던 '민족민주주의(民族民主主義)'를 중심으로 살펴보려고 한다.[13]

앞서 제1부 3장에서 권윤혁이 '행태주의 정치학'을 비판했던 논리를 살펴본 바 있다. 그는 '현대정치학'의 과제로서 '지식인계층'의 주도성, '이데올로기'의 중요성, 그리고 '정치적 실천성'을 제시하고, 이를 바탕으로 '후진국 사회과학'이 체계화되어야 한다고 주장했다. '후진국 사회과학'에서 핵심적인 위상을 차지하는 '이데올로기'로서, 쿠데타 이후 '후진 한국'의 "자주적인 국가건설의 기본이념"이자 "민주주의 수립의 근간원리"로서 그가 제시한 것이 '민족민주주의(民族民主主義)'였다.

그는 자유민주주의를 "부르조아 민주주의"로서 "사회적 주체계급인 부르조와지의 독립불기한 자율적 역량"과 "그들의 능력성과 건전성"을 토대로 하여 "현실적인 실현 가능성과 생활이념으로서의 지속성"을 가지게 되었다고 보았다. 그러나 이와 같은 '부르조아지'의 형성이 불가능한 후진사회에 이식

---

12 申相楚, 「民主主義는 奢侈品인가?」, 『思想界』 1962년 5월호. 이 글에서 신상초는 양호민과 유사하게 인도를 높게 평가하는 가운데 '제3세계'의 다양한 '민주주의' 변형 논리들을 가치 없는 것으로 평가하고 있다.

13 당시 권윤혁의 '민족민주주의'는 '제3세계' 국가들에서 표방되었던 '후진국 민주주의'의 일종으로 범주화되기도 했다. 『新世界』(1963년 12월호)의 '(特輯) 이데올로기로 苦悶하는 後進國—by the people이냐 for the people이냐'에는 「苦悶하는 인도네시아 民主主義」(李邦錫), 「파키스탄의 基本民主主義」(朴奉植), 「印度의 네루이즘」(金永俊), 「가나의 엔쿠루마」(車錫俊), 「카스트로의 民主主義」(金榮培), 「苦悶하는 낫셀리즘」(金昌準), 「韓國의 民族民主主義」(權允赫) 등이 실렸다.

된 자유민주주의는 "뿌리 없는 나무처럼 시들어"버렸다면서 그 결과를 다음과 같이 묘사했다.

> 영국, 프랑스와 같은 나라의 부르조아지는 (…) 광대한 식민지를 밑거름으로 하여, 그리고 또한 막스 웨버(Max Weber)가 밝힌 바와 같이 푸로테스탄티즘의 종교 정신에 정화되어 그렇듯 자율적이며 건실한 민주적 역량을 축적하여갈 수가 있었던 것이다. (…) 오히려 그 조건들과는 정반대의 악조건밖에는 갖추고 있지 못한 후진국에 있어서 건전한 민주주의의 주체 세력으로서의 부르조와지가 형성될 수 있을 리는 없다. 그러함에도 불구하고 그들 후진국에 있어서 역사적 제조건의 차이를 조금도 검토함이 없이 자유민주주의를 직수입해서 그저 그것을 맹목적으로 적용하였던 것이니, 선진국의 부르조와지와는 정반대의 속성을 지니는 매판적이며 부패한 부르조아지를 형성하게 되고, 그것과 상응하여 사대적이며 부패한 관료독재정치 내지는 정상배정치의 수립을 보게 되었다는 것은 필연의 사태였다고 보겠다.[14] (밑줄—인용자)

그는 '자유민주주의', 나아가 '민족민주주의'를 공통적으로 '정치적 주도 세력의 이념'이라는 관점에서 접근했다. 자유민주주의는 서구 "부르조와지"의 이데올로기로서 "공리적인 개인지상주의"를 근본원리로 하고 있지만, 그것이 "건실한 민주주의"를 이룩할 수 있었던 이유는 "푸로테스탄티즘의 정신이 저초(底礎)"하고 있었기 때문이라고 했다. 그러나 "역사적 제조건"이 다른 "한국과 같은 후진지대"에 자유민주주의가 이식되자, "그 역사적 고질인 사대주의와 결부하여 반민족적 반사회적 매국적 이기주의를 형성"하기에 이르

---

14 權允赫,「民族民主主義」,「思想界」 1962년 5월호, 88쪽.

렀으며, "반사회적인 악성적 이기주의의 정신적 풍토"를 배양하게 되었다고 보았다. 따라서 이와 같은 '정신적 풍토'를 일소하고 "우리 민족의 고원한 이상"을 담은 "새로운 민주주의의 이념을 창조적으로 모색해야" 한다고 했다.

> 그러므로 구미 사회와 종교적 문화지반을 달리하고 있는 후진사회에 있어서 민주주의를 수입할 경우에 있어서는 반드시 자유로이 해방된 인민을 구심력적(求心力的)으로 통일할 수 있는 정신적 핵심을 스스로의 문화적 전통에서 구해야 한다는 것은 더 논할 필요조차도 없다. 이 같은 사리(事理)에서 생각건대, 한국이 해방 후 구미식 민주주의를 수입할 경우에 있어 한국 국민의 정신문화의 전통인 민족주의의 기반 위에서 그것을 비판적으로 수입해야 할 것이었다.[15]

그의 구상은 구미(歐美)의 '자유민주주의'-'프로테스탄티즘'에 대응하는 "각 민족의 문화적 전통"에서 "민주주의의 주체적인 정신적 토대"를 찾는 것이었다. 이러한 관점은 앞서 살펴보았듯이 이타가키 요이치가 인도의 힌두교 개혁운동 등에 주목하여 "아시아 종교의식의 자기혁신" 문제를 전망했던 접근법을 따르는 것이었다.[16] 한국의 '민주주의' 또한 그에 걸맞은 '정신적' 구심력이 필요하다고 보고, 그것을 '문화적 전통'으로서의 '민족주의'에서 찾았던 것이다. 이러한 논리하에서 "고대의 순수한" "민족정기(民族正氣)의 성화(聖火)에 감응"하는 "한국적 루네쌍스 운동"을 통해 "순수한 민족정신을 체현함"으로써 이를 "자주적 국가건설의 초석"으로 삼아 "새로운 민주주의의 이념"

---

15 權允赫, 「韓國의 民族民主主義」, 『新世界』 2권 11호, 新世界社, 1963년 12월, 203쪽.

16 權允赫, 『後進國 民族主義의 研究』, 大韓公論社, 1965, 94~102쪽. 이 책은 앞서 언급한 바와 같이 그의 박사학위논문을 출판한 것인데, 내용의 상당부분이 이타가키 요이치의 『アジアの民族主義と經濟發展(日本經濟新報社, 1962)』에 의거하여 작성되었다.

을 마련해야 한다고 주장하기도 했다.[17]

이와 더불어 그는 "낡은 부르조아 민주주의"는 "서구에서 이미 초극되어 대중민주주의로, 그 철저한 형태인 민주사회주의로" 나아가고 있다고 하면서, '민족민주주의'를 "민주사회주의"가 "한국화된 이념형태"라고 했다. '민족민주주의'는 "계급주의의 낡은 사회주의 의식을 일소할 뿐 아니라 중구난방의 부패한 자유주의 의식을 청산"함으로써 "앞으로 세계사를 선도하는 새로운 민주문화"를 열어갈 계기가 될 수도 있다고 했다. 그렇다면 그가 제시한 '민족민주주의'는 어떠한 '정치적 주도 세력(형성)의 이데올로기'인가?

> 지식층(intelligentsia stratum)은 (…) 이제야 그들은 새로운 대중사회(mass society)의 주인공으로서 만하임의 이른바 '자유를 위한 계획사회(planned society for freedom)'의 건설을 위한 주도 세력이 되고 있는 것이다. 그런데 부르조아 자유민주주의 성립 가능성이 전연 없다고 하는 것이 밝혀진 후진국에 있어서 지식층은 더 한층 역사적인 각광을 받고 있는 것이니, 그들은 후진국 민주사회 건설의 유일한 사회 계층적인 지주(支柱)로서 지목되지 않을 수 없게 되어 있다. 그들은 각계각층으로부터 선발된 민족의 정수분자(élite)로서 질적으로 막중한 사회적 비중을 지닌 계층인 것이며, 또한 그들은 본래적인 그 생리에 있어서 민주주의적일 뿐 아니라 불편부당하며 또한 이성적인 계획성을 그 본질로 삼는 것이니, 그들이야말로 낙오된 사회의 후진성을 계획적으로 극복하며 그리고 또 황금보다 이성에 입각한 새로운 민주주의 건설을 지도할 주도 세력이 되지 않을 수 없는 것인데, 사실 이러한 현상은 후진사회에서 널리 실증되고 있는 바이다.[18]

---

17 權允赫, 「民族民主主義」, 앞의 책, 90쪽.
18 權允赫, 위의 글, 95~96쪽.

그는 '민족민주주의'의 주도 세력으로 '대중사회'의 지식인층을, 보다 넓게 말한다면 '화이트칼라 신중간계층'[19]을 설정했으며, 특히 후진국가에서 지식인층이 갖는 위상과 역할을 지극히 높이평가했다. 그리하여 한국의 4월혁명과 5·16쿠데타('군사혁명')를 "민족적 사명감을 지닌 지식층"에 의해 수행된 것으로 "모두 인텔리겐챠 혁명"이라고 보았다. 그는 '민족민주주의'의 이념을 핵심으로 하여 "단결된 새로운 세대의 지식층"이 "새로운 민주주의"와 "경제건설"을 실현하는 "민족의 주체 세력"으로 형성되어야 한다고 주장했다.

그는 "경제계획을 성공적으로 실천"하고 경제건설을 이루기 위해서는 "확고부동한 주도 세력의 형성"이 무엇보다 중요하다고 했다. "빈곤의 악순환에 허덕이고 있는" 후진국가들은 "외자를 도입하지 않고서는 그 악순환을 극복하고 자립경제를 이룩"할 수 없다고 보면서, "외자의 성격"이 "식민주의적 독소를 지닌 것은 아니라 할지라도" "국민경제를 매판화하고 사회의 자주성을 말살하기에 충분한 독소를 지니고 있다"고 지적했다. 때문에 경제건설을 위해 "독소를 내포하는 외자도입을 서두르면 서두를수록, 확고한 이념을 갖춘 주도 세력의 확립"이 무엇보다 긴급한 과제라고 강조했다.[20]

이상에서 살펴본 권윤혁의 '민족민주주의'론은 '민주주의' 재구성의 형식으로 제시되었지만, 그 속에는 이후 한국 지식인층에게 주요 화두로 부상했던 '근대화'와 '서구화'의 관계,[21] 혹은 '근대화'와 '민족적 주체성' 문제에 대한 접근방식과 논리 체계 또한 내포되어 있었다.

---

19 權允赫, 『後進國 民族主義의 研究』, 91쪽.

20 權允赫, 「民族民主主義」, 앞의 책, 96~97쪽.

21 林熺燮, 「韓國의 近代化는 西歐化인가」, 『靑脈』 1964년 12월호.

결론

결론

이 책을 통해 필자는 한국전쟁의 전선 교착과 함께 전후복구, 재건이 시작되는 시점에서부터 한국의 급속한 경제성장이 본격화되었던 1960년대 중반 이전까지의 시기를 한국 자본주의 체제건설의 기본방향이 형성되었던 시기로 설정하고, 그것을 둘러싼 한국 사회의 움직임을 사상사적인 관점에서 밝히려고 하였다. 이를 위해 당시 자본주의 체제건설을 둘러싸고 나타났던 사상적 움직임을 아우를 수 있는 개념이자 용어로서 '근대화'를 택했고, 시기적으로 4월혁명을 기준으로 그 이전과 이후로 나누어 접근했다. 이를 통해 1950년대 후반에 이르러 크게 확산되었던 근대화 담론이 4월혁명 이후 대두한 민족주의와 결부되면서 어떻게 재편되었는가를 규명해보려고 했다.

전후(戰後) 국면에서 근대화 담론을 주도했던 것은 경제학, 정치학 등 사회과학계 지식인들이었다. 당시 한국 사회과학의 학문동향을 두 가지 측면에 유의하여 접근했다. 첫째, 전후 국면에서 사회과학자들의 사상적, 학적 동향을 분석함으로써 '근대화'를 적극적으로 제기했던 학자들의 언설이 어떠한 이론적, 지식적 체계에 토대를 두고 있는지를 밝히려 했다. 둘째, 이 시기는 한국 사회과학 학술지식체계의 거대한 전환이 나타났던 시기이다. 한국 사회과학자들은 일본제국의 고등교육체계에서 수학한 존재로서 1950~60년대를 거치면서 점차 미국 사회과학의 학술지식체계로 전환을 주도하거나 그에 대응해 나갔던 것이다.

정부수립 전후부터 한국전쟁 발발 이전까지 정치학계의 학적, 이념적 경향은 크게 세 가지 흐름으로 나누어 이해될 수 있다. 첫째, 해방 후 첫 정치학 개설서라 할 강상운의 『현대정치학개론』에 담겨 있는 전체주의적 국가주의적 경향이다. 저자는 1920~30년대 유럽을 중심으로 근대 자유주의 정치원리의 파산을 선고하며 대두했던 '전체주의적 정치원리'를 답습, 지속하면서 '후진민족국가'에서 '민족사회주의'가 갖는 의의를 적극적으로 내세웠다.

둘째, 1920~30년대 이마나카 쓰기마로의 정치학, 특히 그의 '정치통제'론에 기대어 산출되었던 서필원·백상건 등의 원론서를 들 수 있다. 이들 원론서는 학적인 차원에서 일본제국-식민지의 고등교육제도를 중심으로 구축되었던 정치학의 학적 체계에 크게 기대어 산출된 것으로서 법과 제도, 정치기구에 대한 검토보다는 '정치현상'과 그것을 대상으로 하는 '정치학'에 대해 논구하는 내용적인 특징을 보였다. 이와 함께 이념적인 측면에서 서필원의 원론서는 공공성에 근거한 균등사회의 수립을 현대국가가 지향해야 할 정치목적으로 규정하고, 바이마르헌법에 담긴 "사회적 법치국가"를 지향했다.

셋째, 영·미 정치학 원론서의 번역 출간을 들 수 있다. 여기에는 두 가지 움직임이 존재했는데, 하나는 미군정의 공보 활동과 간접적으로 연계되어 나타났던 게텔의 정치학 원론서 번역이었고, 다른 하나는 라스키의 정치학 원론서 번역이었다. 전자는 자유주의적인 관점에서 주권론을 토대로 '제도로서의 국가'를 중심으로 '정치'에 접근한 것이었다. 후자는 정치적 다원주의를 전제로 하여 의회민주주의에 근거한 국가권력의 개입을 통해 '경제적 민주주의' 실현을 중시했던 라스키의 온건한 사회주의를 주목한 것이었다. 이는 동시에 페이비언사회주의에 입각한 라스키의 공산주의 비판, 반공주의를 전유, 활용하고자 했던 남한 지식인층의 움직임과 함께하는 것이었다.

한국전쟁 발발 이전 한국 정치학계는 이념적 측면에서 단일하진 않았지만, 대체로 사회민주주의적 경향이 주류였다고 할 수 있다. 이러한 경향은 전쟁 발발 이후 급격히 변화했다기보다는 냉전의 진영논리가 확산되는 가운데 '자유주의적' 경향이 좀 더 강화되는 형태로 나타났다. 전후 정치학계의 '민주주의'론을 이데올로기적 측면에서 크게 나누어본다면 첫째, 신도성·민병대·이동회 등이 표방했던 사회민주주의 내지 민주사회주의적 경향의 민주주의론, 둘째 한태수·강상운 등에서 볼 수 있듯이 전체주의적 국가주의를 야베 데이지의 '협동적 민주정'론을 매개로 조정했던 흐름, 마지막으로 고전적 자유주의에 입각했던 신상초의 민주주의론 등 세 가지 흐름으로 대별해볼 수 있을 것이다.

전쟁 이전에 비해 전후 정치학계의 '민주주의'론에서 찾아볼 수 있는 두드러진 특징으로서 다수의 정치학자들이 야베 데이지의 '협동적 민주정'론을 수용·전유하여 '민주주의'론을 전개했던 점을 들 수 있다. 이러한 현상이 나타나게 된 사상적 여건으로서, 우선 '일본제국-식민지' 고등교육체계 속에서 수학했던 당대 한국 정치학자들 대다수가 여전히 주된 학적 참고체계를 일본 정치학계의 성과에 두고 있었다는 점을 지적할 수 있다. 그러나 설사 반복에 가까운 수용양상이 나타났다 하더라도, 다른 정치이념적 경향이 아니라 왜 '협동적 민주정'론을 적극적으로 전유했는가의 문제를 생각해볼 필요가 있다.

이를 역사적으로 살펴본다면, 한국전쟁 이전 정치학계에서 고전적 자유주의 내지 자유주의적 민주주의를 적극적으로 역설했던 지식인이 상대적으로 드물었던 상황과 결부하여 이해할 필요가 있을 것이다. 미·소의 분할점령과 갈등, 좌·우익 세력의 격렬한 대립 속에서 탄생한 한국은 분단국가로서의 성격과 함께 탈식민 국가로서의 성격을 지니고 있었다. 즉 '분단'국가로서 체제건설 경쟁에서 우위를 확보해야 하는 상황이었던 동시에, 식민지배의 유산을 탈각하고 자주적인 국가·사회 체제건설의 문제에 직면해 있었던 것이다. 그와 같은 상황 속에서 다수의 정치학자들은 '통합'적 국가체제의 이념을 내세웠다고 할 수 있다. 전쟁을 겪으며 한국 정치학계에서는 신상초의 경우에서 볼 수 있듯이 '고전적 자유주의'론을 제기함으로써 이전의 이념적 흐름으로부터 단절을 추구하는 양상이 나타나기도 했지만, 민병태·한태수·강상운 등 다수 정치학자들은 전쟁 이전의 이념체계로부터 급격한 단절보다는 냉전의 진영논리가 확산되는 가운데 '자유주의적' 경향이 다소 강화되는 형태를 보였다.

한국전쟁 이후에도 정치학계 내부의 이념적 편차는 존재했지만, 다수의 정치학자들이 자유주의적 자본주의 질서를 긍정적으로 인식하는 방향으로 전회하기보다는 그에 따른 계급적 대립이나 격차, 내적 분열이 극복·완화되어 동질적이고 통합적인 정치질서가 작동될 수 있는 사회경제적인 조건을 중시했다. 또한 그러한 조건을 조성해 나가는 국가의 입법과 정책이 갖는 역할과 의의를 중시했다고도 할 수 있다. 또한 이들은 이념적 차이에 불구하고 공통적으로 서유럽의 정치이념과 체제를 '선진적인 것'으로 파악하고, 이를 기준으로 소련 공산주의를 러시아의 역사적, 사회경제적 후진성에서 연원하는 독재와 야만, 병리적 현상으로서 파악하여 반공주의를 주장했다. 이와 같은 전후 정치학계의 이념적 경향은 1950년대 후반 이후 행태주의(behavioralism) 정치학으로 대표되는 미국 정치학의 수용·확산과 더불어 크게 재편되기 시작했다.

이와 함께 전후 정치학자들은 야베 데이지, 로야마 마사미치, 이마나카 쓰기마로 등 패전 전후(前後) 일본 정치학계의 학문경향을 적극적으로 참조, 수용하여 학술체계를 구성했다. 국내 정치학자들은 '정치개념 논쟁'의 골자를 교과서 서술형식에 활용하여 대체로 정치를 '국가현상'으로 정의하는 가운데, 특히 '통치'권력으로서 정치권력 내지 '지배'와 '피지배'의 상하관계에서 정치권력에 접근했다. 그러면서도 '정치'에 대한 원리적 해명을 궁구하기보다는 제도적 측면에서 정부형태, 정치제도와 기구를 중심으로 접근하는 경향이 강했다.

한편, 1950년대 중반부터 한국 정치학계는 행태주의로 대표되는 미국 정치학을 적극적으로 소개, 수용하기 시작했다. 이종항·강영호의 정치학 원론서 등에서는 로야마 마사미치, 하라다 고 등 패전 이후 일본 정치학계의 새로운 연구경향을 디딤돌로 삼는 가운데 미국 행태주의 정치학이 수용되는 양상을 살펴볼 수 있다. 그들의 원론서는 행태주의 정치학에 입각하여 구성, 저술된 것이라 평가할 수는 없을지라도, 한국 정치학계에서 미국 행태주의 정치학의 내용이 교과서의 주요한 축을 이루었던 첫 번째 저작이라고 할 수 있다. 또한 김운태, 이상조의 정치학 원론서 등에서 살펴볼 수 있듯이, 미국 기술원조계획의 일환으로서 '미네소타 프로젝트'의 행정분야 기술원조 프로그램이 행태주의 정치학의 수용통로가 되기도 했다. 이들은 미국의 행태주의 정치학을 적극적으로 수용하면서도 당시 미국 정치학계에서 주변화되어 있던 '정치학'에 관한 체계적 정의, 사회구조의 역사적 변동, 이데올로기 등에서는 전후 일본 정치학계의 연구들을 적극적으로 참고하여 저술했다.

행태주의 정치학의 국내 수용 과정에서 가장 주도적이고 적극적인 역할을 했던 학자는 윤천주였다. 그는 1950년대 중반 미국 유학을 마치고 돌아와서 행태주의 정치학의 문제의식과 학문적 특성을 매우 긍정적으로 평가하면서 그 의의를 설파했다. 그는 정치와 정치체제를 구성하는 '정치행태'에 대한 심리학적, 통계적 자료 분석을 통해 '병적인 정치행동'을 진단, 조정, 수정할 수 있는 행태주의 정치학이 갖는 의의를 적극적으로 소개했다. 또한 그는 미국·영국에 대비하여 저개발국가의 정치체제가 갖는 불균형성과 불안정성을 강조하고, 이를 극복하기 위해 '이데올로기'의 역할을 강조하기보다는 '정치화' 또는 '정치교육'에 근거하여 점진적으로 극복해야 한다고 보았다. 그에게 '자유민주주의'는 미국 행태주의 정치학과 흡사하게 특정 '이데올로기'로서 부각되기보다는 '주어진 조건'으로서 전제된 것이었고, 그만큼 이데올로기적인 성격을 강하게 내포한 것이었다.

한편 행태주의 정치학의 수용, 확산 과정에서 민병태, 김영국 등은 정치적 사실에 대한 과학적 연구가 진전되는 것이 필요하다고 하면서도, 정치학에서 '이념'과 '가치'의 문제가 주변화, 배제되는 경향에 대해 비판적 견해를 표명했다. 이와 같은 비판적 입장과는 다소 결을 달리하여 권윤혁은 표면적인 정치현상의 계량화에 치중한 행태주의 정치학은 '후진사회'에 적합하지 않다고 주장했다. 그는 후진국의 사회과학은 '식민지 민족주의'와 같이 당면한 '후진사회'의 현실 문제를 타개할 수 있는 실천적인 이념의 탐구를 목적으로 삼아야 한다고 주장했다.

해방 이후 마르크스주의경제학의 영향력이 컸던 경제학계의 학문경향은 한국전쟁 발발 이후 그 이전과 확연히 다른 학문경향으로 급속히 재편되어갔다. 먼저 한국전쟁의 발발은 대공황과 제2차 세계대전을 겪으며 전 세계적인 정치경제적 체제변동 속에서 자본주의는 "지양될 운명"이라고 평가하는 가운데 이를 한국 경제체제건설과 연관 짓던 한국 경제학계의 사상적 경향을 일변케 하는 결정적 계기가 되었다. 지양(止揚)되어야 할 것이었던 자본주의 체제는 '객관적 필연'으로 긍정되었고, 그 속에서 한국 경제의 후진성은 '전(前) 자본주의' 단계로 낙착되었다. 전쟁을 거치며 '필연'으로서 자본주의 세계질서 속에서 자본주의 선진과 후진의 역사적 거리는 더욱 현격하게 감각되었으며, 그러한 거리가 '전' 자본주의와 자본주의 체제의 구도로 비추어지는 가운데 유럽 자본주의의 탄생 과정은 '부럽게 돌아봐야 할' 근대화의 경전으로 초점화되었다.

한편 전시(戰時)부터 경제학자들의 주된 관심은 케인즈 경제학으로 급격히 전화하였고, 그러한 전화의 지렛대는 1940년대 미국 경제학계에서 산출한 케인즈 경제학 해설서, 즉 케인즈 경제학을 투자·저축·국민소득결정에 관한 경제이론으로 해석한 텍스트들이었다. 당시 고도로 발달한 자본주의 경제체제를 배경으로 산출되었던 케인즈 경제학이 후진적인 한국 경제체제에 적합한 것인가에 대한 회의적 평가 또한 제기되었지만, 케인즈 경제학이 후진국의 경제성장 문제에 활용될 여지가 크다는 점에 주목했다.

케인즈 『일반이론』의 단기적(정태적) 성격, 나아가 장기침체에 대응하는 불황이론적 성격을 장기적인 성장이론으로 확대시켰던 해로드(R. Harrod)-도마(E. Domar) 모델을 바탕으로 한 케인즈 경제학 또한 수용, 확산되었다. 해로드의 소득성장 모형에 근거하여, 일정한 국민소득을 산출하는 데 필요한 자본량(자본계수)을 계산하고 이를 바탕으로 새로운 투자 필요액을 산정하는 방식은 이후 장기개발계획 작성의 이론적 프레임으로 활용되었다.

한국전쟁 정전 이후 새로운 대내외적 여건 속에서 경제재건에 대한 실천적 관심이 비등하는 가운데, 한국의 경제학자들은 구미(歐美)와 일본에서 산출되었던 후진국 개발에 관한 관점과 이론을 적극적으로 수용했다. 당시 경제학계의 후진국 개발론 수용양상은 두 가지 흐름으로 대별해볼 수 있다.

하나는 경제 영역에 한정되지 않는 후진국 사회경제적 구조의 특질을 문제 삼고, 후진국 개발의 방향을 전망하는 논의였다. 이러한 흐름은 주로 1950년대 일본 경제학계의 후진국 개발론에 대한 연구, 특히 이타가키 요이치의 후진국 개발론을 수용하면서 전개되었다. 이타가키는 동남아시아를 비롯한 후진 지역의 경제개발이 성공하기 위해서는 국제적인 불평등성의 완화 제거와 후진국 내부의 주체적 조건과 상황을 변혁하는 것, 즉 사회 내부의 이질성 극복과 전근대적인 사회구조, 생활태도의 변혁이 이루어져야 한다고 주장했다. 그는 후진 지역의 민족주의적 경향을 긍정적으로 평가하면서도 미국을 중심으로 한 서방 세계의 적극적인 경제원조, 무역관계의 재조정 등과 결합함으로써 경제개발이 성공적으로 진척될 수 있다고 보았다. 이와 더불어 최문환을 비롯한 일부 경제학자들은 패전 전후(前後) 일본 사회과학계에서 대두했던 막스 베버의 '근대 자본주의' 이론, 그리고 그와 긴밀히 연결되어 진행되었던 오쓰카 히사오의 경제사 연구를 수용하여 당대 한국 사회의 현실을 진단하고, '사회적, 경제적 근대화'를 주창하기도 했다. 이러한 '후진국 개발'과 '근대화'에 관한 논의는 4월혁명과 5·16쿠데타의 정치적 격동 속에서 '민족주의'의 부상과 함께 '산업화', '근대화'의 추진방법과 주도 세력이라는 정치적 문제와 긴밀히 결부되어 일정한 변용이 나타났다. 또한 1950년대 말 이후 국내에 소개 수용되기 시작했던 미국발 근대화론과의 습합, 긴장관계 속에서 1960년대 사회과학계 지식인들의 '근대화' 언설과 학술체계에 지속적인 영향을 미쳤다고 할 수 있다.

다른 하나의 흐름은 경제 분야에 집중하여 후진국 경제의 현상과 특질을 진단하고, 이를 타개할 이론적 모델을 구축함으로써 개발 전략과 정책 수립을 지향하는 것이었다. 당시 영미 경제학계에서 산출된 다양한 경제개발 이론이 소개되었으나, 가장 큰 영향을 미쳤던 것은 넉시의 이론이었다. 넉시의 개발이론을 토대로 하는 가운데 1950년대 후반 대다수 한국 경제학자들은 '균형발전'와 '수입대체산업화'를 주장했고, 중소기업을 비롯한 민간 경제주체들의 활동을 주축으로 하되, 외부경제의 확충과 일부 중화학공업을 비롯한 주요 기간산업의 건설에 대해서는 정부의 적극적인 역할을 필수적인 것으로 인식했다. 이러한 경제학계의 경제개발론은 1960년 경제개발 3개년계획 입안의 기본적인 이론 틀을 이루는 것이었다고 할 수 있다.

전후 자본주의 체제 건설을 모색하고 추진하는 과정에서 한국 사회의 지식인층은 유사한 처지에 놓여 있었던 '제3세계' 국가들의 동향을 예의주시하였다. 해방 이후 미·소의 냉전이 격화되는 가운데, 국내 좌우 세력의 대립과 갈등 속에서 1948년 남북 분단이 공식화되자, 남한 사회에서 운동할 수 있는 이데올로기적 폭은 점차 협착되어갔으나, 제국주의 식민지배를 경험했던 '조선'에서 탈식민지적 지향은 반공주의로 온전히 전치될 수 없었다. 특히 남한 사회에서 활동하고 있던 중도파(중도좌파, 중도우파) 성향의 지식인층 사이에는 미국과 소련 사이의 양자택일식 사고보다는 양 대국에 의해 분단된(희생된) '한반도'라는 관점이 퍼져 있었고, 이러한 관점에서 '조선' 또한 여전히 아시아의 반제국주의 민족해방운동의 일환으로서 이해했던 것이다.

한국전쟁 이전 존재했던 '제3세계' 민족주의운동에 대한 우호적인 관점과 입장은 한국전쟁을 거치면서 공공연하게 표출될 수 없었고, '진영론'과 반소(反蘇)·반공(反共)·반북(反北)의 이념이 지배하는 가운데 그와 다른 사상적 궤적을 그리는 것은 사실상 억압, 잠재화되었다. 1950년대 후반에 접어들어 미·소를 축으로 한 냉전질서가 장기화되고, 남북의 군사적 대치 또한 안정화되자, '제3세계' 국가들의 비동맹 노선이나 자립적인 경제체제건설을 향한 움직임에 주목하면서, 냉전의 전시장이었던 한국의 지식인층에게도 냉전, 진영대립의 틀로 환원되지 않는 영역이 부상하기 시작했다. 그리고 현실주의 국제정치이론이 수용되는 가운데 국제관계에서 이데올로기가 갖는 규정력을 상대화시키고, 국가(nation)의 이해관계를 본질적인 요인으로서 간주함으로써, 냉전질서를 상대화시키는 주장이 점차 확산되었던 것이다.

1950년대 후반 한국 지식인층이 산출한 '후진성' 담론의 지배적 흐름은 한국 사회의 제반 영역에서 나타나고 있던 현상을 '제3세계' 국가들의 '후진성'과 동일한 수준, 범주로서 인식했다. 당시 한국 지식인층의 '후진성'에 대한 관점은 서구와 대비된 '아시아', '동양'의 역사적 정체성에 다름 아닌 것으로, '서구 근대'를 보편화하는 가운데 그 음각으로서의 내용과 성격을 갖는 것이었다. 따라서 '후진성'의 극복은 '서구 근대사회로의 발전' 과정을 어떻게 인식하는가의 문제로 귀결되었다. 그런데 1950년대 후반 제3세계 군부 세력의 집권이나 집권 세력의 독재적, 권위주의적 경향 등을 불가피한 것으로 정당화하는, 혹은 민족혁명의 일환으로 우호적 관점에서 다룬 글은 찾아보기 어렵다. 한국 지식인층은 '후진성' 극복을 위해 정부의 효과적인 계획과 정책 추진력이 필요하다고 공감했지만, 그것은 민주적인 정부에 의한 것이어야 했다.

4월혁명 직후 혁명의 주인공으로 부각된 '대학생'층은 계몽운동을 전개했다. 대학생층의 계몽운동에 대한 한국 사회의 일반적인 태도는 '정치'와 분리시키고 민족·조국의 발전, 후진성 극복, 근대화 등과 결부시키는 것이었다. 이와 같은 지배적인 관점은 당시 대학생층에게 현실정치가 아닌 '민족'과 '조국'의 발전이라는 관점에 설 것을 고취하는 배경이 되었고, 이승만 독재의 근저에 놓인 기성의 가치체제와 사회질서의 개혁에 대한 열망을 실천하는 형태로 나타났다. 당시 대학생층은 자신들이 전개한 신생활운동, 농촌계몽운동을 '전근대'와 '근대' 사이에 배치하면서, 빈곤과 무지에 허덕이는 민중을 구제하고 근대적 시민사회의 건설을 위해 그들을 계몽·선도할 존재로서 자신들을 자리매김했다.

4월혁명 이후 새롭게 대두했던 민족주의의 양상은 두 가지 흐름으로 대별해볼 수 있다. 두 개의 흐름이 서로 무관하게 독립적으로 진행되었다고 할 수는 없지만, 주된 이념적, 실천적 방향성은 변별된다. 하나는 '발전체제' 수립을 주장한 흐름이다. 7·29총선 이후 민주당의 정치적 분열과 혁명과업의 실천이 지지부진하자, 당시 한국 사회의 급격한 변혁을 열망하던 대학생층 내부에서는 민족주의적 정서가 비등하는 가운데 '자유민주주의'는 한국의 현실에 적합하지 않다는 인식이 확산되기 시작했다. '자유민주주의'를 미국이 약소국에 영향력을 행사하기 위한 이데올로기적 방편으로 치부하거나 급속한 '경제발전'을 방해하는 장애물로 인식하는 등, 기존 지배적 이데올로기와 정치·경제체제에 대한 비판 속에서 '후진성'의 탈피, 산업화를 향한 '민족적인' 정치·경제체제의 건설, 즉 '발전체제'의 수립을 주장했다.

다른 하나는 '탈냉전'적인 민족자주의 변혁론이다. 이는 내부적으로 다소 편차가 있다 하더라도, 당시 남한의 지배체제를 제국주의적 지배질서와 그에 연이은 동·서냉전에 의해 짓눌린 예속적 체제로 파악하는 가운데, 이를 변혁하기 위한 이념과 운동을 전개했다. 이러한 변혁이념과 운동은 당대 세계적으로 크게 부상하고 있었던 '제3세계'의 반제국주의, 반식민주의 민족해방운동과의 공명, 연대의식 속에서 제기된 것이었고, '탈냉전'적인 지향 속에서 민족자주와 평화를 추구하는 운동이었다고 할 수 있다.

5·16쿠데타 세력은 4월혁명 이후 대두했던 민족주의적 흐름 중에서 '제3세계' 민족해방운동에 연대의식을 표명했던 흐름은 강력히 탄압하면서도, '후진성'의 탈피, 산업화를 향한 '민족적' 정치·경제체제의 건설을 주장했던 흐름에 편승하여, 스스로가 4월혁명의 진정한 계승자이자 아시아·아프리카 지역 민족주의 물결의 일환임을 자처했다. 이들은 '제3세계' 국가들의 동향을 특정 방향에서 전유하는 가운데 정체와 당쟁 등 온갖 폐습으로 점철된 빈곤과 굴욕의 민족사와 반봉건·반식민지적인 사회구조를 지적하고, 로스토우의 근대화론을 원용하며 쿠데타를 '근대화'를 향한 '민족주의적 혁명'으로서 정

당화했다.

　1950년대 후반 한국에서 제기된 경제개발론의 흐름은 4월혁명 이후 경제개발에서 장기계획이 갖는 역할과 중요성이 더욱 강조되고, 민족주의의 대두 속에서 정치경제적 '발전체제'의 수립에 관한 논의가 확산되는 가운데 일정한 변동이 나타나게 되었다. 이론적인 측면에서는 경제개발을 촉발 추동할 수 있는 보다 구체적인 정책적 지침에 대한 열망 속에서 계획적이고 전략적인 투자 선택을 강조하는 허쉬먼 등의 불균형발전론이 수용, 확산되었다. 또한 4월혁명을 거치면서 후진경제에서 '시장 가격기구'의 역할과 기능에 대해 극히 제한적으로 평가하는 가운데 돕의 사회주의적 산업화 전략에 주목했던 박희범은 시장의 가격기구가 후진국에서 사실상 작동하기 힘들다는 점을 들어, 시장에 근거한 균형적 성장은 후진경제의 구조적 변혁을 달성할 수 없다고 하였다. 사회주의적인 산업화의 길이 아니라면 후진국 경제가 속성 공업화할 수 있는 유일한 길은 자본조달을 국가가 강제적으로 조직화하는 데 있다고 하면서, 정부의 행정능력과 과단성에 입각한 합리적이고 능률적인 경제기구만이 그 길을 열어갈 수 있다고 보았다. 5·16쿠데타 세력은 자유당 민주당 정권에서 입안되었던 장기개발계획안을 토대로 하면서도 박희범의 경제발전론을 배합하려고 했던 것이다.

　4월혁명과 쿠데타를 거치면서 한국 사회 지식인층 사이에는 '제3세계' 지역에서 부패하고 비능률적인 후진국 민주정치로는 근대화 과정을 단축하기 힘들다는 인식이 점차 퍼져 나갔다. 역사적 정체로 인한 사회구조의 중첩성, 중간계급의 결여로 인한 정치적 혼란과 빈곤의 악순환 등 후진성을 극복하여 민주적 기반을 급속히 확대하기 위해서 독재적인 수단은 불가피하다고 보는 경우가 적지 않았다. 1950년대 후반에 비해 부패하지 않은 정부의 능률성을 강조하기보다는 근대화를 향한 '민족혁명'을 위해 독재적, 권위주의적 국가권력이 불가피한 것으로 주장하는 형태로 바뀌었다고 할 수 있다.

한편 쿠데타 이후 『사상계』의 지식인들은 '제3세계' 민족주의를 바탕으로 후진국에서 '민주주의'를 수입품이자 사치품으로 간주하는 태도를 비판하면서, 민주주의 발전을 위해 민주적인 지도 세력, 민주주의적 엘리트 육성의 방향을 제시했다. 이와 더불어 쿠데타 이후 한국 지식인층 내부에서는 '민족주의'를 기축(基軸)으로 '근대화'와 '민주주의'의 실현 문제를 재구성하려는 논의가 확산되기 시작했다. 서구의 종교적, 정신적 기반 위에서 성립된 자유민주주의는 그와 같은 기반이 결여되어 있는 후진국가에 뿌리내릴 수 없다고 하고, 주체적인 정신적 토대에 입각한 새로운 민주주의의 이념을 모색하는 것이었다.

이상에서 살펴본 한국 사회의 '근대화' 언설과 민족주의는 1960년대 중반 한일협정 체결과 수출 주도 경제성장이 본격화되는 국면을 거치면서 새롭게 재편되어갔다고 할 수 있다. 서론에서 언급한 바와 같이 원론적인 의미에서 '근대화'를 보편적이고 통합된 '근대성'을 실현하려는 움직임이라고 정의한다면 이는 19세기 이래 세계 도처에서 전개된 것으로, 20세기 중반에 그것은 이미 오래된 것이었다. 그러한 긴 역사의 특정 국면에서 미국의 대내적, 대외적 경험과 기획을 재료 삼아 직조되어 나타난 것이 미국발 근대화론이라고 할 수 있다. 그렇기에 미국발 근대화론에는 근대성의 실현이라는 공통적 속성이 내포된 동시에 독특한 선입견과 열망의 염료들이 스며들어 있었다. 한국전쟁 이후 현재에 이르기까지 강도와 범위, 수단과 방법 등 여러 가지 측면에서 미국발 근대화론이 한국 사회에 미친 영향을 탐색하는 작업은 앞으로도 한국 현대사 연구에서 진척시켜야 할 중요한 과제임이 틀림없을 것이다. 그러나 로스토우의 저작을 비롯한 미국발 근대화론에서 후진 세계의 '민족주의'가 경제성장과 근대화에 긍정적인 역할을 했다고 인정했음을 들어 후진 세계의 민족주의적인 정치적, 경제적, 문화적, 지적 운동을 미국발 근대화론의 자장 속에 있는 것이라 평가하는 것은 전도된 관점이라 하지 않을 수 없다. 역으로 본론에서 일부 다룬 바와 같이 근대화를 위해 '독재'가 불가피하다는 식의 주장은 공식적인 미국발 근대화론에서 말하는 안정적으로 발전을 이끌어갈 수 있는 '활력 있고 유능한' 정부를 초과하는 것이라 할 수 있다. 따라서 미국발 근대화론에 내포된 특징을 명확하게 파악하는 것만큼 그와 함께 움직였던 주변부 사회의 조건과 열망이 갖는 힘과 위상이 중요한 해명 과제임을 놓쳐서는 안 될 것이다.

부록

참고
문헌

자료

1. 정기간행물

1) 일간신문
『京鄕新聞』,『國際新報』,『東亞日報』,『民國日報』,『釜山日報』,『서울新聞』,『世界日報』,『嶺南日報』,『韓國日報』.

2) 대학신문
『高大新聞』,『大學新聞』,『東大新聞』,『釜大新聞』,『延世春秋』,『梨大學報』,『週間成大』,『中大新聞』.

3) 정부기관 정기간행물
『經濟調査月報』(부흥부),『企劃』,『文敎月報』,『民主朝鮮』,『復興月報』,『産業銀行月報』,『世界經濟』(한국은행),『時事』,『情報』,『週報』,『調査月報』(한국은행),『最高會議報』.

4) 잡지
(1) 대중종합지 :『開闢』,『建國公論』,『救國』,『國際評論』,『大潮』,『東亞春秋』,『民聲』,『白民』,『思想界』,『思潮』,『새벽』,『世界』,『世代』,『新東亞』,『新思潮』,『新世界』(신세계사),『新世界』(창평사),『新天地』,『新太陽』,『自由公論』,『自由世界』,『自由春秋』,『週間 三千里』,『週間春秋』,『中央政治』,『靑脈』,『韓國評論』,『現代公論』,『現代』,『協同』.

(2) 전문잡지 :『經濟評論』,『經協』,『考試界』,『國防公論』,『國學』,『企業經營』,『金融』,『農硏消息』,『民族文化』,『法律·經濟』,『法律과 經濟』,『法律評論』,『法政』,『비지네스』,『産業經濟』,『亞細亞硏究』,『에코노미스트』,『財政』,『戰時科學』,『朝鮮敎育』,『週間經濟』,『地方行政』,『學風』,『韓國經濟』.

5) 대학 논문집
『慶北大學校 論文集』,『經商論集』·『經濟論集』(서울대),『經商論叢』·『經營論叢』(고려대),『經濟學論集』(중

392 한국 사회과학의 기원—이데올로기와 근대화의 이론 체계

앙대),『慶熙大學校 論文集』,『大邱大學 論文集』,『東亞文化』,『文理大學報』(서울대),『法大學報』·
『Fides』(서울대),『法政論叢』(중앙대),『釜山大學校 論文集』,『中央大學校 論文集』,『靑丘大學 論文集』.

6) 학회지
(1) 일반 학회지 : 『經濟學研究』,『國際政治論叢』,『社會科學』,『韓國政治學會報』,『地方行政』
(2) 대학 학회지 : 『經商學報』·『經濟學報』·『商大學報』(고려대),『經商學報』(중앙대),『經濟學叢』(연희대·연세대),『高大文化』,『國民大學報』,『東國經商』(동국대),『東國經濟』(동국대),『東國政治』(동국대),『社會學報』(서울대),『商大評論』(서울대),『政大』(건국대),『政大學會誌』(건국대),『政外學報』(신흥대/경희대),『政治學論集』(국민대),『政治學論集』(단국대),『政治學論叢』(연세대),『政治學報』(서울대),『政治學報』(성균관대),『政治學報』(전남대),『政治學會報』(건국대),『和白』(연세대).

2. 단행본 자료

〈한국어〉

Albert O. Hirschman, 李賢宰 譯,『經濟發展의 戰略』, 文運堂, 1965.
Alvin H. Hansen, 金聖範 譯,『貨幣理論과 財政政策』, 博英社, 1957.
Alvin H. Hansen, 金容權·李冕錫 共譯,『케인즈經濟學』, 星座社, 1954.
Alvin H. Hansen, 朴宇熙 譯,『現代經濟學』, 東華文化社, 1962.
Alvin H. Hansen, 李冕錫 譯,『景氣變動論史』, 東國文化社, 1955.
Arthur Lewis, 朴喜範 譯,『經濟計劃의 原理』, 凡潮社, 1958.
Arthur Lewis, 朴基淳 外 譯,『經濟成長의 理論』, 東亞出版社, 1958.
Austin Ranney, 尹天柱·禹文孝·金河龍·李廷植·李基遠 共譯,『政治學槪論』, 乙酉文化社, 1963.
Carl L. Becker, 金大薰 譯,『現代民主主義』, 大學敎材公社, 1957.
Carl L. Becker, 尹世昌 譯,『自由와 責任』, 民衆書館, 1956.
Charles E. Merriam, 金成熺 譯,『社會變動과 政治』, 民衆書館, 1955.
Charles E. Merriam, 金雲泰·李宇鉉 共譯,『政治學序說』, 第一文化社, 1955.
Charles E. Merriam, 金雲泰·李宇鉉 共譯,『體系的 政治學』, 一潮閣, 1956.
Dudly Dillard, 權赫紹 譯,『J. M 케인즈의 經濟學』, 文星堂, 1955.
Edward H. Carr, 李元雨 譯,『國際政治學槪論』, 德壽出版社, 1955.
Edward H. Carr, 李元雨 譯,『國際政治學』, 培亙社, 1960.
Gamal Abdel Nasser, 元容贊 譯,『革命의 哲學』, 高句麗文化社, 1958.
Gamal Abdel Nasser, 咸泰岩 譯,『埃及의 解放: 革命의 哲學』, 靑丘出版社, 1957.
George Soule, 高承濟 譯,『新經濟學解說』, 章旺社, 1955.
Hans J. Morgenthau, 李元雨 譯,『國際政治와 美國外交政策』, 永昌書館, 1957.
Hans J. Morgenthau, 李昊宰 譯,『現代國際政治論』, 法文社, 1987.
Hans Kelsen, 李東華 譯,『볼쉐위즘 政治理論의 批判』, 進文社, 1953,
Harold D. Lasswell, Abraham Kaplan, 金河龍 譯,『權力과 社會(上)·(下)』, 思想界社出版部, 1963.
Harold D. Lasswell, 尹河璿 譯,『現代政治分析』, 法文社, 1961.
Harold D. Lasswell, 李善主 譯,『權力과 人間』, 東國文化社, 1958.
Harold D. Lasswell, 李克燦 譯,『政治動態의 分析』, 一潮閣, 1960.
Harold J. Laski, 康文用 譯,『西歐自由主義의 起源』, 志文社, 1962.
Harold J. Laski, 權重輝 譯,『西歐自由主義의 發達』, 大成出版社, 1947.

Harold J. Laski, 金灝旼·金聲大 共譯, 『칼·맑스論』, 科學舍, 1946.

Harold J. Laski, 李相殷 譯, 『共産主義論』, 藝文社, 1947.

Harold J. Laski, 閔丙台 譯, 『政治學綱要: 理論篇』, 文潮社, 1949.

Harold J. Laski, 閔丙台 譯, 『國家論: 理論과 實際』, 白映社, 1954.

Harold J. Laski, 徐任壽 譯, 『政治學槪論』, 科學舍, 1949.

Harold J. Laski, 申相楚 譯, 『政治學講話』, 奎文社, 1967.

Harold J. Laski, 李承鍾 譯, 『近代國家의 自由』, 星座社, 1953.

Harold J. Laski, 車基璧 譯, 『立憲政治의 再檢討』, 民衆書館, 1959.

Joan Robinson, 金鍾遠 譯, 『케인즈 『一般理論』 入門』, 精硏社, 1955.

Joan Robinson, 朴喜範·安台鎬 共譯, 『맑쓰와 케인즈』, 凡潮社, 1957.

Joan Robinson, 李圭東 譯, 『資本蓄積論』, 一潮閣, 1958.

Joan Robinson, 趙璣濬 譯, 『케인즈經濟理論의 一般化』, 一潮閣, 1960.

John M. Keynes, 金斗熙 譯, 『雇用, 利子 및 貨幣의 一般理論』, 民衆書館, 1955.

John M. Keynes, 조순 譯, 『(개역판) 고용, 이자 및 화폐의 일반이론』, 비봉출판사, 2007.

Joseph A. Schumpeter, 변상진 옮김, 『자본주의·사회주의·민수주의』, 한길사, 2011.

Joseph LaPalombara, Myron Weiner, 尹龍熙 譯, 『政黨과 政治發展』, 法文社, 1989.

Kenneth K. Kurihara, 高周元 譯, 『케인즈動態經濟學』, 法文社, 1959.

Lawrence R. Klein, 朴喜範 譯, 『케인즈 革命』, 民衆書館, 1956.

Max F. Millikan, Donald L. M. Blackmer 編, 柳益衡 譯, 『新生國家의 近代化』, 思想界社出版部, 1963.

Maurice Dobb, 兪仁浩 譯, 『後進國經濟發展論』, 一韓圖書出版社, 1960.

Myron Weiner 編著, 車基璧·金雄云·金泳祿 譯, 『近代化』, 世界社, 1967.

Paul A. Samuelson, 金容甲·沈昞求 監譯, 『經濟學』(上)·(下), 創元社, 1957/進明文化社, 1959.

Ragnar Nurkse, 朴東燮 譯, 『後進國의 資本形成論』, 大韓財務協會, 1955.

Raymond G. Gettell, 金敬洙 譯, 『政治學槪論』, 三一出版社, 1949.

Raymond G. Gettell, 金敬洙 譯, 『政治學槪論』, 章旺社, 1955.

Richard V. Clemence, 高承濟 譯, 『新經濟學』, 民衆書館, 1954.

Robert M. MacIver, 金大煥 譯, 『社會學入門』, 白潮書店, 1959.

Robert M. MacIver, 閔丙台 譯, 『近代國家論』, 民衆書館, 1957.

Robert M. MacIver, 吳炳憲 譯, 『民主主義原理新講』, 乙酉文化社, 1959.

Robert M. MacIver, 車基璧 譯, 『民主政治와 經濟의 危機』, 國際語學會出版部, 1955.

Roy Harrod, Evsey Domar, Nicholas Kaldor, John Hicks, 李廷煥·李基俊 編譯, 『經濟成長의 모델』, 一潮閣, 1959.

Roy Harrod, 李廷煥 譯, 『動態經濟學序說』, 一潮閣, 1958.

Seymour E. Harris, 金潤煥 譯, 『케인즈經濟學 入門』, 博英社, 1959.

W. W. Rostow, 李相球 譯, 『反共産黨宣言—經濟成長의 諸段階』, 進明文化社, 1960.

W. W. Rostow, 李相球·姜命圭 共譯, 『經濟成長의 諸段階—反맑스主義史觀』, 法文社, 1961.

United Nations: Department of Economic Affairs, 韓國銀行 調査部 譯, 『後進國經濟開發方案』, 韓國銀行 調査部, 1955.

姜尙雲, 『現代政治學槪論』, 文藝書林, 1948.

姜尙雲, 『(新稿) 政治學槪論』, 唯文社, 1954.

姜五佺, 『韓國經濟開發과 새經濟學』, 進明文化社, 1960.

姜五佺敎授華甲紀念推進委員會 編, 『姜五佺敎授 華甲紀念選集—數理 經濟學과 OR』, 博英社, 1974.

高承濟, 『經濟學』, 章旺社, 1955.

高承濟, 『學問과 人生』, 法文社, 1959.

公報室,『世界의 焦點—東歐義擧와 中東紛爭』, 1956.

國家再建最高會議,『外國軍事革命概要 第一輯』, 1961.

국제신보사 논설위원 일동,『중립의 이론』, 샛별출판사, 1961.

權允赫,『後進國民族主義의 研究』, 大韓公論社, 1965.

金基泰,『世紀의 課題』, 白楊社, 1949.

金桂洙,『韓國政治學—現況과 傾向』, 一潮閣, 1969.

金斗憲,『民族理論의 展望』, 乙酉文化社, 1948.

金斗憲,『民族原論』, 東國文化社, 1960.

金斗熙,『經濟原論』, 博英社, 1956.

金炳淳,『政治要論』, 文化普及社, 1945.

金雲泰,『政治學要論』, 博英社, 1961.

金俊輔,『理論經濟學—케인즈 以後의 分析論體系』, 彩典社, 1961.

金俊輔,『一般經濟學』, 新明文化社, 1958.

柳子厚,『朝鮮民主思想史』, 朝鮮金融組合聯合會, 1949.

劉鎭舜,『經濟政策學要論』, 日新社, 1958.

마루야마 마사오, 김석근 옮김,『현대정치의 사상과 행동』, 한길사, 1997.

閔丙台,『政治學』, 普文閣, 1958.

閔丙台·金榮國,『政治學要綱』, 三中堂, 1962.

民主共和黨,『理念과 政策』, 民主共和黨 總務部, 1965.

朴仁錫·李助源 共著,『貿易槪論』, 普文堂, 1956.

朴一慶,『民主政治講話』, 高麗出版社, 1955.

朴正熙,『指導者道—革命過程에 處하여』, 國家再建最高會議, 1961.

朴正熙,『우리民族의 나갈 길—社會再建의 理念』, 東亞出版社, 1962.

朴正熙,『國家와 革命과 나』, 向文社, 1963.

白尙健,『政治學入門』, 平凡社, 1954.

白尙健,『政治學入門 (增補版)』, 誠美堂, 1956.

白尙健,『政治學原論』, 一潮閣, 1959.

徐必源,『政治學原論』, 愛知社, 1950.

宣文社 篇,『學生과 政治』, 宣文社, 1950.

成昌煥,『經濟學原論』, 第一文化社, 1954.

成昌煥,『經濟原論』, 章旺社, 1956.

成昌煥,『經濟學入門』, 權英社, 1957.

成昌煥,『經濟學槪論』, 東進文化社, 1959.

愼道晟,『民主政治의 基礎理論』, 大洋出版社, 1952.

愼道晟,『民主主義政治學』, 豊文社, 1953.

愼道晟,『政治學槪論講義』, 韓國大學通信敎育部, 1954.

申東旭·韓太壽·趙孝源,『社會科學槪論』, 耕文社, 1956.

申泰煥,『想念의 길목에서』, 正宇社, 1976.

申泰煥,『大學과 國家』, 亞細亞文化社, 1983.

梁好民,『現代政治의 考察』, 思想界社出版部, 1962.

嶺南人士銘鑑編纂會,『嶺南人士銘鑑』, 嶺友會中央本部, 1981.

요한기념사업회,『주요한 문집: 새벽』Ⅰ·Ⅱ, 1982.

유네스코韓國總攬編纂委員會,『유네스코韓國總攬』, 유네스코韓國委員會, 1957.

俞鎭五,『憲法의 基礎理論—憲政研究第一集』, 明世堂, 1950.

윤대석·윤미란 편, 『사상과 현실—박치우전집』, 인하대학교출판사, 2010.
尹世昌, 『政治學槪要』, 第一文化社, 1952.
尹天柱·禹炳奎·李廷植 編譯, 『政治行態의 基礎理論』, 一潮閣, 1960.
尹天柱, 『韓國政治體系—政治狀況과 政治參與』, 高麗大學校出版部, 1961.
尹天柱, 『韓國政治體系序說—政治狀況과 政治行態』, 文運堂, 1961.
尹天柱, 『(增補)韓國政治體系序說—政治狀況과 政治行態』, 文運堂, 1962.
尹行重, 『現代經濟學의 諸問題』, 博文書館, 1943.
尹行重, 『理論經濟學』 第一卷, 서울出版社, 1947.
李丙燾, 『國史上으로 본 우리의 指導理念』, 國民思想指導院, 1952.
李相助, 『新政治學原論』, 서울高試學會, 1961.
李一九, 『現瞬間政治問題小辭典』, 國際申報社, 1961.
李廷煥, 『經濟原論』, 陽文社, 1955.
李廷煥, 『新經濟學』, 進明文化社, 1959.
李鍾極, 『民主主義原理—데모크라씨의 根本思想』, 朝鮮文化研究社, 1948.
李鍾極, 『基礎經濟學』, 研學社, 1949.
李鍾極, 『大韓憲法講義』, 東明社, 1950.
李鍾恒, 『政治學』, 文星堂, 1954.
李鍾恒, 『政治學槪論』, 進明文化社, 1965.
李賢宰·金秀行 譯編, 『經濟發展論』, 서울大學校出版部, 1968.
人民文化研究所 社會科學部 編, 『社會主義經濟學第一步』, 新學社, 1947.
鄭仁興, 『政治學』, 第一文化社, 1954.
鄭仁興, 『政治學原論』, 第一文化社, 1957.
정태영·오유석·권대복 엮음, 『죽산 조봉암 전집』 (1)~(6), 世明書館, 1999.
趙炳玉, 『(政治評論集) 民主主義와 나』, 永信文化社, 1959.
趙孝源, 『亞細亞政治論』, 文鍾閣, 1955.
주요한, 『自由의 구름다리』, 文宣社, 1956.
崔文煥, 『近世社會思想史』, 白映社, 1949.
崔文煥, 『民族主義의 展開過程』, 白映社, 1958.
崔文煥, 『民族主義의 展開過程』(改訂版), 博英社, 1959.
崔文煥, 『막스 웨버 研究』, 三英社, 1977.
崔一秀, 『現實의 文學』, 螢雪出版社, 1976.
崔一秀, 『民族文學新論—崔一秀評論集』, 東泉社, 1983.
崔虎鎭, 『經濟大意』, 一韓圖書出版社, 1953.
崔虎鎭, 『經濟學』, 世光出版社, 1954.
崔虎鎭, 『經濟學』, 博文出版社, 1955.
崔虎鎭, 『經濟原論(增訂)』, 普文閣, 1957.
崔虎鎭, 『經濟大意(增訂)』, 一韓圖書出版社, 1961.
韓國經濟學者十三人 共編, 『後進國經濟論』, 進明文化社, 1961.
韓國産業銀行 調查部, 『經濟政策의 構想』, 1956.
韓國銀行調查部, 『1960年 韓國經濟의 産業聯關分析』, 1964.
韓國政治學會 研究委員會 編, Readings in Political Science, 一潮閣, 1965.
韓國政治學會 研究委員會 編, 『現代의 政治學』, 一潮閣, 1965.
韓培浩, 『理論政治學』, 一潮閣, 1965.
韓太壽, 『政治思想史槪說—新政治原理의 構想』, 修文館, 1952.

韓太壽, 『政治學槪論』, 自由莊, 1952.

韓太壽 述, 『世界思想史』, 國民思想研究院, 1954.

韓太壽, 『(正補)政治學槪論』, 耕文社, 1960.

韓太壽, 『韓國政治評論十年 1958~1968』, 琴泉韓太壽博士華甲紀念事業委員會, 1972.

洪又, 『經濟原論』, 探求堂, 1953.

洪又, 『經濟學入門』, 同志社, 1953.

洪又, 『(新稿)經濟原論』, 一潮閣, 1954.

洪又, 『經濟原論(改訂版)』, 一潮閣, 1956.

洪又, 『現代經濟學槪論』, 乙酉文化社, 1958.

洪又, 『現代經濟原論』, 一潮閣, 1959.

黃山德, 『마스 웨버』, 思想界社出版部, 1960.

曉岡崔文煥先生記念事業推進委員會, 『崔文煥全集』(上)·(中)·(下), 1976.

〈영어〉

David C. Colander and Harry Landreth (ed.), *The Coming of Keynesianism to America: Conversations with the founders of Keynesian Economics*, Edward Elgar, 1996.

Albert O. Hirschman(ed.), *Latin American Issues: Essays and Comments*, Twentieth Century Fund, 1961

Albert O. Hirschman, *Journeys toward progress: studies of economic policy-making in Latin America*, Twentieth Century Fund, 1963.

Alvin Hansen, *Fiscal policy and business cycles*, W. W. Norton, 1941.

Daniel Bell, *The End of Ideology*, The Free Press of Glencoe, 1960.

Daniel Lerner, *The Passing by Traditional Society: Modernizing The Middle East*, The Free Press, 1958.

Gabriel Almond, James Coleman (ed.), *The Politics of the Developing Areas*, Princeton Univ. Press, 1960.

H. W. Singer, *International Development: Growth and Change*, McGraw-Hill, 1964.

Harold D. Lasswell, *Psychopathology and Politics*, University of Chicago, 1930.

Harold D. Lasswell, *The Anaysis of Political Behaviour*, Routledge & Kegan Paul, 1948.

Heinz Eulau, Samuel J. Eldersveld, Morris Janowitz (ed.), *Political Behavior*, The Free Press of Glencoe, 1956.

John Kenneth Galbraith, *A Contemporary Guide to Economics, Peace, and Laughter*, New American Library, 1971.

John M. Keynes, *The General Theory of Employment, Interest and Money*, Macmillan and co., 1936.

Max F. Millikan, Donald L. M. Blackmer(ed.), *The Emerging Nations: Their Growth and United States Policy*, Little, Brown and Company, 1961.

Raúl Prebisch, *The Economic Development of Latin America and Its Principal Problems*, United Nations: Department of Economic Affairs, 1949.

Raúl Prebisch, *Towards a New Trade Policy for Development*, United Nations, 1964.

Raymond G. Gettell, *Poltical Science*, Ginn and Company, 1933.

Robert A. Dahl, *A Preface to Democratic Theory*, The University of Chicago, 1956.

Talcott Parsons, Edward Shils (ed.), *Toward a General Theory of Action*, Havard University Press, 1951.

Walter. W. Rostow, *The Stages of Economic Growth, A Non-Communist Manifesto*, Cambridge University Press, 1960.

〈일본어〉

高田保馬, 『經濟原論』, 日本評論社, 1933.

今中次麿, 『政治學要論』, ロゴス書院, 1928.

今中次麿, 『政治學說史』, 日本評論社, 1931.

今中次麿, 『政治統制論』, 日本評論社, 1938.

今中次麿,『政治學』,朝日新聞社,1941.

今中次麿,『政治學序説』,有斐閣,1951.

今中次麿,『政治學通論』(訂正版),大明堂書店,1953.

今中次麿·信夫清三郎 外編,『政治學講座 (1) 政治原理(上)』,理論社,1955.

吉野作造 編,『(小野塚教授在職廿五年記念) 政治學研究』第一卷,岩波書店,1927.

都留重人,『アメリカ遊學記』,岩波書店,1950.

東京帝國大學學術大觀編輯全學委員會 編,『東京帝國大學學術大觀—法學部·經濟學部』,東京帝國大學,1942.

蠟山政道,『政治學の任務と對象』,嚴松堂書店,1925.

蠟山政道 代表編輯,『(吉野作造先生追悼記念) 政治及政治史研究』,岩波書店,1935.

蠟山政道,『日本における近代政治學の發達』,實業之日本社,1949.

蠟山政道,『政治學原理』,岩波書店,1952.

社會經濟史學會 編,『社會經濟史學の發達』,岩波書店,1944.

小野塚喜平次,『政治學大綱』(上)·(下),博文館,1903.

小野塚喜平次,『歐洲現代立憲政況一斑』,博文館,1908.

小原敬士,『アメリカ經濟思想の潮流』,勁草書房,1951.

孫田秀春 責任編輯,『日本國家科學大系 第四卷: 國家學及政治學』(1)·(2),實業之日本社,1943.

松井清 編,『後進國開發理論の研究』,有斐閣,1957.

矢部貞治,『政治學講義要旨—現代政治危機の諸問題』,1937.

矢部貞治,『民主政機構の基礎原理』,弘文堂,1947.

矢部貞治,『政治學』,海口書店,1947.

矢部貞治,『政治學』,勁草書房,1949.

日本エカフエ協會 編,『アジア經濟發展の基礎理論』,中央公論社,1959.

日本國際經濟學會 編,『國際經濟』第7號,日本評論新社,1955.

田畑忍,『政治學の基本問題』,關書院,1947.

田畑忍,『政治學概論』,法律文化社,1950.

中山伊知郎 編,『ケインズ一般理論解説』,日本評論社,1939.

青山秀夫,『マックス·ウエーバーの社會理論』,岩波書店,1950.

板垣與一『政治經濟學の方法』,日本評論社,1942.

板垣與一,『世界政治經濟論』,新紀元社,1951.

板垣與一,『アジアの民族主義と經濟發展』,日本經濟新報社,1962.

J.M.ケインズ 著,鹽野谷九十九 譯,『雇傭·利子及び貨幣の一般理論』,東洋經濟新報社,1941.

L.R.クライン 著,篠原三代平·宮澤健一 譯,『ケインズ 革命』,有斐閣,1952.

アジア協會 編,『後進國開發の理論』,日刊工業新聞社,1956.

カレツキ,增田操 譯,『ケインズ雇傭と賃銀理論の研究』,戰爭文化研究所,1944.

シュパン 著,三澤弘次 譯,『全體主義國家論』,大都書房,1939.

シュパン 著,秋澤修二 譯,『社會哲學』,白揚社,1943.

セイモア E.ハリス 編,日本銀行調查局 譯,『新しい經濟學』,東洋經濟新報社,1949.

ハンス ケルゼン 著,西島芳二 譯,『民主政治と獨裁政治』,岩波書店,1932.

ハンス ケルゼン 著,矢部貞治 譯,『ボルシエヴイズムの政治學的 批判』,勞動文化社,1950.

マックス·ウエーバー,梶山力 譯,『プロテスタンテイズムの倫理と資本主義の精神』,有斐閣,1938.

연구문헌

1. 단행본

〈한국어〉

Anthony Arblaster, 이중호 역, 『민주주의의 이념과 역사』, 신아출판사, 1998.

Harold J. Laski, 김학준 해설·번역, 『래스키』, 서울대학교출판부, 2007.

Ronald H. Chilcote 著, 金基宇 譯, 『발전과 저발전의 이론』, 나남, 1986.

姜萬吉 外, 『4月革命論』, 한길사, 1983.

高麗大學校 民族文化研究所 編, 『韓國現代文化史大系(2) 學術·思想·宗教史 (上)』, 高麗大民族文化研究所出版部, 1981.

권보드래 외, 『아프레걸(Apre girl) 思想界를 읽다』, 동국대학교출판부, 2009.

그렉 브라진스키 지음, 나종남 옮김, 『대한민국 만들기, 1945~1987』, 책과함께, 2011.

기미야 다다시, 『박정희 정부의 선택』, 후마니타스, 2008.

김건우, 『사상계와 1950년대 문학』, 소화, 2003.

김경일, 『근대와 근대성』, 백산서당, 2003.

金桂洙, 『韓國政治學—現況과 傾向』, 一潮閣, 1969.

김균·이헌창 편, 『한국 경제학의 발달과 고려대학교』, 고려대학교출판부, 2005.

김성보, 『남북한 경제구조의 기원과 전개—북한 농업체제의 형성을 중심으로』, 역사비평사, 2000.

김원홍, 『Harold J. Laski의 국가론』, 한국학술정보, 2006.

김학은, 『연세대학교 상경대학 백년사』, (1), 연세대학교 대학출판문화원, 2015.

김학준, 『두산 이동화 평전』, 단국대학교출판부, 2012.

김학준, 『공삼 민병태 교수의 정치학』, 서울대학교출판문화원, 2013.

나카노 도시오, 서민교·정애영 옮김, 『오쓰카 히사오와 마루야마 마사오』, 삼인, 2005.

남재 김상협선생 전기편찬위원회 엮음, 『南齋 金相浹』, 한울, 2004.

노엄 촘스키 외, 정연복 옮김, 『냉전과 대학』, 당대, 2001.

대한민국학술원 편, 『앞서 가신 회원의 발자취』, 2004.

대한민국 학술원 편, 『한국의 학술연구—국제정치학(인문·사회과학편 제5집)』, 2005.

대한민국 학술원 편, 『한국의 학술연구—경제학(인문·사회과학편 제6집)』, 2005.

대한민국 학술원 편, 『한국의 학술연구—정치학, 사회학(인문·사회과학편 제9집)』, 2008.

대한민국학술원 편, 『앞서 가신 회원의 발자취』 2, 2014.

데이비드 헬드 지음, 박찬표 옮김, 『민주주의의 모델들』, 후마니타스, 2010.

도널드 스턴 맥도날드, 한국역사연구회 1950년대반 옮김, 『한미관계 20년사(1945~1965년)』, 한울아카데미, 2001.

도로시 로스, 백창재·정병기 옮김, 『미국 사회과학의 기원』 (1)·(2), 나남, 2008.

로널드 칠코트 지음, 강문구 옮김, 『비교정치학 이론—새로운 정치학의 모색』, 한울, 1999.

李克燦, 『라스키』, 知文閣, 1968.

李亨純, 『經濟計劃의 理論』, 法文社, 1968.

마루야마 마사오, 김석근 옮김, 『일본의 사상』, 한길사, 1998.

민주주의사회연구소 편, 『산수 이종률 민족혁명론의 역사적 재조명』, 선인, 2005.

朴在黙 編譯, 『第三世界社會發展論』, 創作과批評社, 1984.

박찬승, 『민족·민족주의』, 소화, 2010.

박태균, 『우방과 제국, 한미관계의 두 신화』, 창비, 2006.

박태균, 『원형과 변용』, 서울대학교출판부, 2007.
방기중, 『한국근현대사상사연구』, 역사비평사, 1992.
방기중, 『조선후기 경제사론』, 연세대학교출판부, 2010.
방기중, 『근대 한국의 민족주의 경제사상』, 연세대학교출판부, 2010.
방기중, 『식민지 파시즘론』, 연세대학교출판부, 2010.
방기중, 『근현대 지식인과 경제사상』, 연세대학교출판부, 2010.
방기중, 『분단 한국의 사상사론』, 연세대학교출판부, 2010.
브루스 커밍스 외, 한영옥 옮김, 『대학과 제국』, 당대, 2004.
비자이 프라샤드(Vijay Prashad), 박소현 옮김, 『갈색의 세계사』, 뿌리와이파리, 2015.
사상계 연구팀, 『냉전과 혁명의 시대 그리고 『사상계』』, 소명출판, 2012.
사월혁명연구소 편, 『한국사회변혁운동과 4월혁명(1)·(2)』, 한길사, 1990.
서울대학교 정치학과 60년사 발간위원회, 『서울大學校 政治學科 六十年史』, 2009.
서중석, 『조봉암과 1950년대』 (상)·(하), 역사비평사, 1999.
서중석, 『이승만의 정치이데올로기』, 역사비평사, 2005.
신주백 편, 『근대화론과 냉전 지식체계』, 혜안, 2018.
실비아 나사르, 김정아 옮김, 『사람을 위한 경제학』, 반비, 2013.
안청시 외, 『현대 정치경제학의 주요 이론가들』, 아카넷, 2000.
안트(Heinz W. Arndt) 著, 安鍾吉 譯, 『經濟發展思想史』, 比峰出版社, 1989.
野澤豊 외 지음, 박영민 옮김, 『아시아 민족운동사』, 백산서당, 1988.
역사문제연구소 편, 『1950년대 남북한의 선택과 굴절』, 역사비평사, 1998.
延政六十年史編纂委員會, 『延政六十年史(1945~2004)』, 延世大學校 政治外交學科, 2004.
염홍철, 『다시 읽는 종속이론』, 한울, 1998.
윌리엄 이스털리, 김홍식 옮김, 『전문가의 독재』, 열린책들, 2016.
윌리엄 이스털리, 박수현 옮김, 『성장, 그 새빨간 거짓말』, 모티브, 2008.
윌리엄 존스턴, 변학수·오용록 외 옮김, 『제국의 종말과 지성의 탄생』, 글항아리, 2008.
이계희, 『정치학사』, 을유문화사, 1998.
이명원, 『종언이후—최일수와 전후비평』, 새움, 2006.
이상록, 『한국의 자유민주주의와 『사상계』』, 고려대학교 민족문화연구원, 2020.
이시다 다케시 지음, 한영혜 옮김, 『일본의 사회과학』, 小花, 2003.
이완범, 『박정희와 한강의 기적—1차5개년계획과 무역입국』, 선인, 2006.
이현진, 『미국의 대한경제원조 정책 1948~1960』, 혜안, 2009.
정근식·권형택 편, 『지역에서의 4월혁명』, 선인, 2010.
정근식·이호룡 편, 『4월혁명과 한국민주주의』, 선인, 2010.
조용래, 『유인호평전』, 인물과사상사, 2012.
존 케네스 갤브레이스, 장상환 옮김, 『경제학의 역사』, 책벌레, 2002.
朱樂元, 『社會學의 歷史』, 敎育科學社, 1990.
崔明·金容浩 共著, 『比較政治學序說 (全訂版)』, 法門社, 1994.
忠南大學校三十年史編纂委員會 編, 『忠南大學校三十年史』, 忠南大學校, 1982.
친일인명사전편찬위원회 편, 『친일인명사전』, 민족문제연구소, 2009.
판카지 미슈라, 이재만 옮김, 『제국의 폐허에서』, 책과함께, 2013.
판타르프 엮음, 임을출 옮김, 『원조와 개발』, 한울, 2009.
프랜시스 스토너 손더스, 유광태·임채원 옮김, 『문화적 냉전』, 그린비, 2016.
하워드 J. 위아르다(Wiarda) 엮음, 김일주 옮김, 『비교정치학』, 삼중당, 1988.
韓國經濟學會, 『韓國經濟學會略史』, 1991.

한국농업경제학회 편저, 『韓國農業經濟學의 泰斗, 金俊輔 先生의 삶과 學問世界』, 농민신문사, 2009.

한국역사연구회 4월민중항쟁연구반, 『4·19와 남북관계』, 민연, 2000.

韓國政治學會五十年史 編纂委員會, 『韓國政治學會五十年史(1953~2003)』, 2003.

한수영, 『한국현대비평의 이념과 성격』, 국학자료원, 2000.

韓完相·李佑宰·沈載澤 外, 『4·19革命論』 I, 일월서각, 1983.

홍석률, 『통일문제와 정치·사회적 갈등: 1953~1961』, 서울대학교출판부, 2001.

홍정완·전상숙, 『함께 움직이는 거울, '아시아'―근현대 한국의 '아시아' 인식의 궤적』, 신서원, 2018.

후지이 다케시, 『파시즘과 제3세계주의 사이에서』, 역사비평사, 2012.

〈영어〉

Albert O. Hirschman, *Essays in Trepassing: Economics to Politics and Beyond*, Cabridge Universityu Press, 1981.

Albert Somit and Joseph Tannenhaus, *The Development of American Political Science*, Allyn and Bacon, 1967.

Arturo Escobar, *Encountering Development*, Princeton Univ. Press, 1995.

Crawford B. MacPherson, *Democratic Theory: Essays in Retrieval*, Clarendon Press, 1973.

David Ekbladh, *The Great American Mission*, Princeton University Press, 2010.

Hans Daalder (ed.), *Comparative European Politics, the story of a profession*, PINTER, 1997.

Gabriel Almond, *A Discipline Divided*, Sage Publication, 1990.

Gabriel Almond, *Ventures in Political Science*, Lynne Rienner, 2002.

Giles Scott-Smith and Hans Krabbendam (ed.), *The Cultural Cold War in Western Europe 1945-1960*, Routledge, 2003.

Hans Daalder (ed.), *Comparative European Politics*, PINTER, 1997.

James Farr and Raymond Seidelman (ed.), *Discipline and History*, The University of Michigan Press, 1993.

James Farr, J. S. Dryzek, S. T. Leonard (ed.), *Political Science in History*, Cambridge University Press, 1995.

Jennifer A, Delton, *Rethinking the 1950s*, Cambridge University Press, 2013.

John G. Gunnell, *Imagining the American Polity*, Pennsylvania State University Press, 2004.

John G. Gunnell, *The Descent of Political Theory*, The University of Chicago, 1993.

Joseph L. Love, *Crafting the Third World: Theorizing Underdevelopment in Rumania and Brazil*, Stanford University Press, 1996.

Michael A. Baer, Malcolm E. Jewell, Lee Seligman (ed.), *Political Science in America*, The University Press of Kentucky, 1991.

Michael E. Latham, *Modernization as Ideology*, The University of North Carolina Press Chapel Hill and London, 2000.

Michael E. Latham, *The Right Kind of Revolution*, Cornell University Press, 2011.

Nathan G. Hale Jr., *The Rise and Crisis of Psychoanalysis in the United States*, Oxford University Press, 1995.

Nils Gilman, *Mandarins of the Future*, The Johns Hopkins University Press, 2003.

Peter A. Hall (ed.), *The Political Power of Economic Ideas: Keynesianism across Nations*, Princeton University Press, 1989.

Rainer Kattel & Jan A. Kregel & Erik S. Reinert (ed.), *Ragnar Nurkse (1907-2007): Classical Development Economics and its Relevance for Today*, Anthem Press, 2009.

Thomas Bender and Carl E. Schorske (ed.), *American Academic Culture in Transformation: Fifty Years, Four Discipline*, Princeton University Press, 1998.

Uma Kothari & Martin Minogue (ed.), *Development Theory and Practice: Critical Perspectives*, Palgrve Macmillan, 2002.

Uma Kothari (ed.), *A Radical History of Development Studies: Individuals, Institution and Ideologies*, Zed Books, 2005.

William J. Barber, *Designs within disorder: Franklin D. Roosevelt, the economists, and the shaping of American economic policy, 1933-1945*, Cambridge University Press, 1996.

〈일본어〉

ヴォルフガング・シュヴェントカ-(Wolfgang Schwentker), 野口雅弘 外 共訳, 『マックス・ウエーバーの日本―受容史の研究 1905~1995』, ズミス書房, 2013.

經濟學史學會 編, 『日本の經濟學』, 東洋經濟新報社, 1984.

高田保馬追想錄刊行會編, 『高田保馬博士の生涯と學說』, 創文社, 1981.

關嘉彦, 『現代國家における自由と革命―ラスキ研究入門』, 春秋社, 1952.

橋本努·矢野善郎 編, 『日本マックス·ウエーバー論爭』, ナカニシヤ出版, 2008.

南原繁·蠟山政道·矢部貞治, 『小野塚喜平次―人と業績』, 岩波書店, 1963.

內田義彦·小林昇 編, 『資本主義の思想構造―大塚久雄教授還曆記念』 III, 岩波書店, 1968.

大塚桂, 『近代日本の政治學者群像―政治概念論爭をめぐって』, 勁草書房, 2001.

大塚久雄 編, 『マックス·ヴェーバー研究―生誕百年記念シンポジウム』, 東京大學出版會, 1965.

藤井隆至 編, 『近代經濟思想』, 東京堂出版, 1998.

牧野邦昭, 『戰時下の經濟學者』, 中央公論社, 2010.

山之內靖, 『日本の社會科學とウエーバー體驗』, 筑摩書房, 1999.

上野正治 編著, 松山智雄 序說, 『大塚久雄著作ノート』, 圖書新聞社, 1965.

辛島理人, 『帝國日本のアジア研究』, 明石書店, 2015.

原田鋼, 『政治學原論』, 朝倉書店, 1972.

源川眞希, 『近衛新體制の思想と政治―自由主義克服の時代』, 有志舍, 2009.

伊東光晴 編, 『ケインズ經濟學』, 東洋經濟新報社, 1967.

李鍾元, 『東アジア冷戰と韓美日關係』, 東京大學出版會, 1996.

長幸男·住谷一彦 編, 『近代日本經濟思想史』 II, 有斐閣, 1971.

田口富久治, 『日本政治學史の原流―小野塚喜平次の政治學』, 未來社, 1985.

田口富久治, 『日本政治學の展開―今中政治學の形成と展開』, 未來社, 1990.

田口富久治·中谷義和 編集, 『現代政治の理論と思想』, 靑木書店, 1994.

田中敏弘, 『アメリカの經濟思想』, 名古屋大學出版部, 2002.

早坂忠 編, 『ケインズとの出遭い』, 日本經濟評論社, 1993.

中谷義和, 『アメリカ政治學史序說』, ミネルヴァ書房, 2005.

恒木健太郎, 『思想としての大塚史學: 戰後啓蒙と日本現代史』, 新泉社, 2013.

橫越英一 (編集代表), 『政治學と現代世界―橫越英一敎授退官記念論集』, 御茶の水書房, 1983.

2. 논문

〈한국어〉

강동조, 「종속이론―라틴아메리카 지식인들의 자기 발견」, 『역사와 경계』 91, 부산경남사학회, 2014.

강명구, 「남미의 수입대체 산업화 발전 전략: 허쉬만의 해석을 중심으로」, 『라틴아메리카연구』 21권 4호, 한국라틴아메리카학회, 2007.

姜命圭, 「高承濟博士의 學問世界」, 峯山高承濟博士 古稀紀念論文集 刊行委員會, 『峯山高承濟博士 古稀紀念論文集』, 1988.

기유정, 「근대 한국의 정치학과 그 학적 전환의 논리―1950~60년대 정치학개론서의 변천과 그 담론분석을 중심으로」, 『정치사상연구』 20집 1호, 한국정치사상학회, 2014.

김기현, 「라울 프레비쉬와 종속이론」, 이성형 편, 『라틴 아메리카의 역사와 사상』, 까치, 1999.

김명환, 「페이비언사회주의」, 김영한 엮음, 『서양의 지적 운동』 II, 지식산업사, 1998.

김선미, 「이종률의 민족운동과 정치사상」, 부산대학교 사학과 박사학위논문, 2008.

김성보, 「미국·한국의 냉전 지식 연결망과 북한연구의 학술장 진입」, 『사이間SAI』 22, 국제한국문학문화학회, 2017.

김연철, 「1954년 제네바회담과 동북아냉전질서」, 『아세아연구』 54권 1호, 고려대학교 아세아문제연구소, 2011.

김예림, 「냉전기 아시아 상상과 반공 정체성의 위상학」, 『상허학보』 20, 상허학회, 2006.

김예림, 「1950년대 남한의 '아시아내셔널리즘'론—동남아시아를 정위하기」, 『냉전과 혁명의 시대 그리고 『思想界』』, 소명출판, 2012.

김우민, 「근대화이론과 미국의 지식인들—근대화 이론 연구의 새로운 방향을 위하여」, 『서양사학연구』 16, 한국서양문화사학회, 2007.

김원, 「1960년대 냉전의 시간과 뒤틀린 주체—시민의 시간과 민족의 시간」, 『서강인문논총』 38, 서강대학교 인문과학연구소, 2013.

김은경, 「민병태(閔丙台)와 한국 정치학의 발전」, 서규환 엮음, 『한국사회과학사연구』 I, 인하대학교출판부, 2006.

김인수, 「냉전과 지식정치—박진환의 *Farm Management Analysis*(1966) 성립 사정을 중심으로」, 『동북아역사논총』 61, 동북아역사재단, 2018.

김인수, 「한국 초기 사회과학과 '아연회의'(1965)—사회조사 지식의 의미를 중심으로」, 『사이間SAI』 22, 국제한국문학문화학회, 2017.

김정현, 「1960년대 근대화 노선의 도입과 확산」, 한국역사연구회 현대사연구반, 『한국현대사』 3, 풀빛, 1991.

金學俊, 「具範謨 선생님의 學問世界」, 峻峰 具範謨敎授 華甲記念論叢編輯委員會, 『轉換期 韓國政治學의 새地平』, 나남, 1994.

박상현, 「20세기 발전주의의 미국적 맥락—미국적 현대성의 성쇠를 중심으로」, 『사회와 역사』 100, 한국사회사학회, 2013.

박지영, 「해방기 지식 場의 재편과 '번역'의 정치학」, 『대동문화연구』 68, 성균관대학교 대동문화연구원, 2009.

박태균, 「1950년대 경제개발론 연구」, 『사회와 역사』 61, 한국사회사학회, 2002.

박태균, 「1950년대 경제개발에 대한 논의의 특징과 그 배경」, 『비교한국학』 12권 1호, 국제비교한국학회, 2004.

박태균, 「1960년대 초 미국의 후진국 정책 변화—후진국 사회 변화의 필요성」, 『미국사연구』 20집, 한국미국사학회, 2004.

박태균, 「로스토우 제3세계 근대화론과 한국」, 『역사비평』 66, 역사비평사, 2004.

성낙선·이상호, 「한국 최초의 이론경제학자 윤행중」, 『경제학의 역사와 사상』 2, 한국경제학사학회, 1999.

손열, 「1960년대 한국 근대화 논쟁—민족주의적 근대화 개념의 등장과 쇠퇴」, 하영선·손열 편, 『냉전기 한국 사회과학 개념사』, 대한민국역사박물관, 2018.

辛容玉, 「大韓民國 憲法上 經濟秩序의 起源과 展開(1945~54年)」, 고려대학교 박사학위논문, 2006.

안정옥, 「소비적 현대성과 사회적 권리—미국 헤게모니의 사회적 기원과 한계」, 『경제와 사회』 52, 비판사회학회, 2001.

안종철, 「주일대사 에드윈 라이샤워의 '근대화론'과 한국사 인식」, 『역사문제연구』 29, 역사문제연구소, 2013.

오제연, 「1960년대 전반 지식인들의 민족주의 모색」, 『역사문제연구』 25, 역사문제연구소, 2011.

오진석, 「해방 전후 崔虎鎭의 학문 세계와 학술 활동」, 『한국경제학보』 21권 2호, 연세대학교 경제연구소, 2014.

옥창준, 「미국으로 간 "반둥 정신"—체스터 보울즈의 제3세계」, 『사회와 역사』 108호, 한국사회사학회, 2015.

尹詳絢, 「1950년대 지식인들의 민족 담론 연구」, 서울대학교 박사학위논문, 2013.

이봉규, 「이승만 정권기 행정 분야 기술원조 도입과 행정개혁론의 성격」, 연세대학교 석사학위논문, 2013.

이상호, 「윤행중의 '이론경제학'과 한국의 맑스주의」, 『한국인물사연구』 11, 한국인물사연구소, 2009

이용일, 「유럽중심주의와 근대화—미국적 세계지배비전으로서 근대화이론의 형성과 독일사적 전유」, 『역사와 경계』 69, 부산경남사학회, 2008.

이종현, 「'자본주의 옹호자'로서의 막스베버(Max Weber)?—그 수용의 '한국적 기원'에 대한 탐구」, 『한·독사회과학논총』 15권 2호, 한·독사회과학회, 2005.

임대식, 「1960년대 지식인과 이념의 분화」, 한국사회사학회 편, 『지식변동의 사회사』, 문학과지성사, 2003.

임대식, 「1960년대 초반 지식인들의 현실인식」, 『역사비평』 65, 역사비평사, 2003.

임성모, 「냉전과 대중사회 담론의 외연—미국 근대화론의 한·일 이식」, 『한림일본학』 26, 한림대학교 일본학연구소, 2015.

장세진, 「라이샤워(Edwin O. Reischauer), 동아시아, '권력/지식'의 테크놀로지」, 『상허학보』 36, 상허학회, 2012.

전상숙, 「근대 '사회과학'의 동아시아 수용과 메이지 일본 '사회과학'의 특질」, 『이화사학연구』 44집, 이화사학연구소, 2012.

정문상, 「포드재단(Ford Foundation)과 동아시아 '냉전지식'—한국과 중화민국의 중국근현대사연구 사례를 중심으로」, 『아시아문화연구』 36, 가천대학교 아시아문화연구소, 2014.

정용욱, 「5·16쿠데타 이후 지식인의 분화와 재편」, 노영기 외, 『1960년대 한국의 근대화와 지식인』, 선인, 2004.

정일준, 「미제국의 제3세계 통치와 근대화이론」, 『경제와 사회』 57, 비판사회학회, 2003.

정일준, 「한국 사회과학 패러다임의 미국화—미국 근대화론의 한국전파와 한국에서의 수용을 중심으로」, 『미국학논집』 37권 3호, 한국아메리카학회, 2005.

정재석, 「타자의 초상과 신생 대한민국의 자화상—해방~한국전쟁기 인도 인식을 중심으로」, 『韓國文學硏究』 37집, 동국대학교 문화학술원 한국문학연구소, 2009.

鄭鍾賢·水野直樹, 「日本帝國大學의 朝鮮留學生 硏究」 (1), 『大東文化硏究』 80, 성균관대학교 대동문화연구원, 2012.

정준영, 「경성제국대학과 식민지헤게모니」, 서울대학교 사회학과 박사학위논문, 2009.

정준영, 「해방 직후 대학사회 형성과 학문의 제도화」, 『한국근현대사연구』 67, 한국근현대사학회, 2013.

鄭眞阿, 「제1공화국기(1948~1960) 이승만 정권의 경제 정책론 연구」, 연세대학교 박사학위논문, 2007.

정진아, 「1950년대 후반~1960년대 초반 '사상계 경제팀'의 개발 담론」, 사상계 연구팀, 『냉전과 혁명의 시대 그리고 『思想界』』, 소명출판, 2012.

정진아, 「해방20년(1945~1965) 한국 경제학계와 연세대학교 상경대학의 경제학 교육」, 『한국경제학보』 22권 3호, 연세대학교 경제연구소, 2015.

최영호, 「이승만 정부의 태평양동맹 구상과 아시아민족반공연맹 결성」, 『국제정치논총』 39권 2호, 한국국제정치학회, 1999.

홍석률, 「1960년대 지성계의 동향」, 한국정신문화연구원 편, 『1960년대 사회변화연구: 1963~1970』, 백산서당, 1999.

홍석률, 「1960년대 민족주의의 두 흐름」, 『사회와 역사』 62, 한국사회사학회, 2002.

홍석률, 「1960년대 한국민족주의의 분화」, 노영기 외, 『1960년대 한국의 근대화와 지식인』, 선인, 2004.

홍성찬, 「최호진의 경제사 연구와 저술의 사회사: 1940~60년대」, 『동방학지』 145, 연세대학교 국학연구원, 2011.

홍정완, 「정부수립기 大韓獨立促成國民會의 국민운동 연구」, 연세대학교 석사학위논문, 2006.

홍정완, 「전후재건과 지식인층의 '道義' 담론」, 『역사문제연구』 19, 역사문제연구소, 2008.

홍정완, 「해방 이후 남한 '국민운동(國民運動)'의 국가·국민론과 교토학파의 철학」, 『역사문제연구』 23, 역사문제연구소, 2010.

홍종욱, 「해방을 전후한 경제통제론의 전개—박극채·윤행중을 중심으로」, 『역사와 현실』 64, 한국역사연구회, 2007.

황병주, 「박정희 체제의 지배담론」, 한양대학교 박사학위논문, 2008.

후지이 다케시(藤井たけし), 「한 정치학개론의 운명—탈식민 국가와 냉전」, 정근식·한기형·이혜령·고노 겐스케·고영란 엮음, 『검열의 제국—문화의 통제와 재생산』, 푸른역사, 2016.

〈일본어〉

鍋島直樹, 「M·カレツキー現代政治經濟學の源流」, 橋本努 責任編集, 『20世紀の經濟學の諸潮流』, 日本經濟評論社, 2006.

大谷伸治, 「昭和戰前期の國體論のデモクラシ」, 『日本歷史』 777號, 日本歷史學會, 2013.

大谷伸治, 「矢部貞治の衆民政論と國體論—講義案の改定をめぐつて」, 『史學雜誌』 124編 2號, 史學會, 2015.

三谷太一郞, 「日本の政治學のアイデンテイテイを求めて: 蠟山政治學に見る第一次世界戰爭後の日本の政治學とその変容」,『成蹊法學』49, 成蹊大學, 1999.

三笘利幸,「ウェーバー研究史における逆說─歷史の分斷と密かな連續」,『Quadrante』1號, 東京外國語大學, 1999.

三笘利幸,「戰時期の經濟學におけるヴェーバー受容: 板垣與一を中心に」,『情況』(第二期) 11巻 6號, 情況出版, 2000.

三笘利幸,「戰時期における"沒價値性"論と"東亞共榮圈"─出口勇藏を手がかりに」,『エコノミア』53巻 2號, 橫濱國立大學, 2002.

細野昭雄,「プレビッシュの經濟思想」,『アジア經濟』6巻 3號, アジア經濟研究所, 1965.

細野昭雄,「ラテン・アメリカの構造學派」,『アジア經濟』6巻 1號, アジア經濟研究所, 1965.

小原敬士,「還曆のアルヴィン・ハンセン敎授」,『金融經濟』第1號, 金融經濟研究所, 1949.

松澤弘陽,「民主社會主義の人びと─蠟山政道ほか」(1978),『共同研究 轉向(5) 戰後編(上)』, 平凡社, 2013.

秋元律郎,「日本における知識社會學の受容とK.マンハイム」,『社會科學討究』39巻 1號, 早稻田大學 社會科學研究所, 1993.

波田永実,「矢部貞治における共同体的衆民政論の形成」(1),『流經法學』1巻 1號, 流通經濟大學法學部, 2002년 3월.

波田永実,「矢部貞治における共同体的衆民政論の形成」(2),『流經法學』2巻 1號, 流通經濟大學法學部, 2002년 10월.

波田永実,「矢部貞治における共同体的衆民政論の展開」(I),『流經法學』2巻 2號, 流通經濟大學法學部, 2003년 3월.

波田永実,「矢部貞治における共同体的衆民政論の展開」(II),『流經法學』4巻 1號, 流通經濟大學法學部, 2004년 6월.

| 하 |

| 알파벳 |

역비한국학연구총서 목록